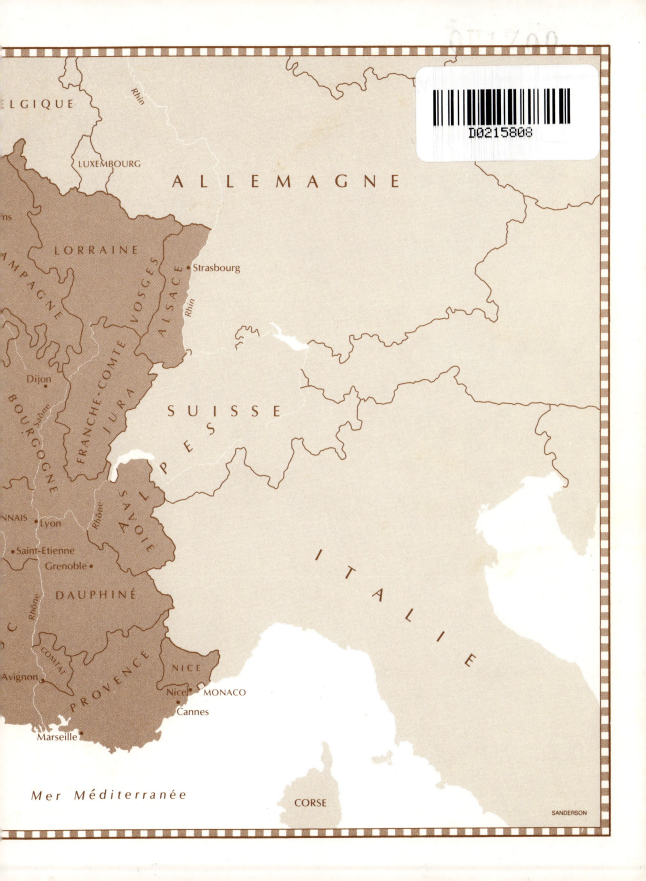

BELGIQUE

Rhin

LUXEMBOURG

ALLEMAGNE

LORRAINE

•Strasbourg

CHAMPAGNE

VOSGES

ALSACE

Rhin

FRANCHE-COMTÉ

JURA

Dijon

Saône

SUISSE

BOURGOGNE

A L P E S

Rhône

SAVOIE

Lyon•

NNAIS

•Saint-Etienne

Grenoble•

ITALIE

DAUPHINÉ

Rhône

COMTAT

NICE

Avignon•

PROVENCE

Nice•

•MONACO

Cannes

Marseille•

Mer Méditerranée

CORSE

Aujourd'hui

Aujourd'hui

Second Edition

MARESA FANELLI
Lafayette College

With the assistance of
MICHEL GUGGENHEIM
Bryn Mawr College

D.C. HEATH AND COMPANY
Lexington, Massachusetts
Toronto

To My Mother and Father

Cover illustration by Bill Ogden

Published simultaneously in Canada.

Printed in the United States of America.

International Standard Book Number: 0-669-02503-8

Library of Congress Catalog Card Number: 79-88113

ILLUSTRATION CREDITS

L'Avant-Scène Cinéma, p. 391 (all six photos).

Canadian Consulate General, pp. 416 and 418.

Chaval, pp. 237 and 238.

Christiane Charillon: Sempé, pp. 136, 137, 139, and 140 (both); Faizant, pp. 153, 195 and 343.

L'Express, pp. 51, 77, and 224.

Éditions Gallimard: Jerry Bauer, pp. 309 and 440.

Éditions Jacques Glénat: Quinto, pp. 35 and 198.

Fotogram: Sophie Talamon, p. 310.

French Cultural Services Division, p. 319.

French Embassy Press and Information Division, pp. 23, 97, 210, 215, 227, 248, 319, 405, 431, 469, and 512.

Hachette, pp. 55 and 96.

Liaison Agency: Abbas, p. 404 (middle left).

Maurice Henry, pp. 112 and 157.

Museum of Modern Art, New York, Gift of D. and J. de Menil: René Magritte, p. 488.

National Film Board of Canada, p. 404 (top).

Paris-Match: Bonneville, p. 256.

Pat Mallet, p. 475.

Peter Menzel, pp. 6, 11, 18, 20, 21 (both), 41, 46, 67, 74, 85, 89, 127, 173, 176, 183, 189, 244, 253, 261, 271, 276, 286, 294, 326, 329, 366 (both), 367 (all six photos), 401 (upper left, upper right and bottom), 404 (bottom right), 409, 429, 458 and 460.

Présence Africaine, p. 162.

Photo Researchers, Inc.: Janine Niepce, p. 266; J. Pavlovsky, p. 283.

Roger Viollet, pp. 164 and 449.

Simon and Schuster: *The French Cat* © 1958 by Sine, pp. 130, 193, 264, 324, 357 and 462.

Union Générale d'Éditions: Copi, p. 115.

United Feature Syndicate, Inc.: Schultz, pp. 60, 107, 159, 234, 346 and 373.

TEXT ACKNOWLEDGMENTS

"Une Présentation de la France" adopted from Roger Girod and Francis Grand-Clément, *Comment vivent les Français*, Sveriges Radio, Stockholm—Hachette, Paris; La Documentation Française, Paris, *Un Aperçu de la France.*

"Les Lefèbvre: Une Famille de la classe ouvrière" by Liliane Sichler, from *Le Bonheur et les Français* by Albert du Roy from *L'Express*, September 19-25, 1977. Reprinted by permission of Georges Borchardt, Inc., New York.

"Comment les Français sont-ils logés?" by Roger Girod et Francis Grand-Clement from *Comment vivent les Français*, Sveriges Radio, Stockholm—Hachette, Paris.

"Les Blanchard: Une Famille bourgeoise" by Jacqueline Rémy from *Le Bonheur et les Français* by Albert du Roy from *L'Express*, September 19-25, 1977. Reprinted by permission of Georges Borchardt, Inc., New York.

"À Quoi rêvent les Français" by Pierre Viansson-Ponté, from *Le Monde* March 12-13, 1978. Reprinted by permission of *Le Monde*, Paris.

"Les Jeunes Français" by Roger Girod et Francis Grand-Clément, from *Comment vivent les Français*, Sveriges Radio, Stockholm—Hachette, Paris.

"Rex" by Sempé and Goscinny from *Le Petit Nicolas*. Reprinted by permission of Éditions Denoël, Paris.

"Astérix" by Goscinny and Uderzo from *Astérix et les Normands*, © 1966. Reprinted by permission of Dargaud Éditeur, Paris.

"Le Pagne Noir" by Bernard Dadié, from *Le Pagne Noir*, © 1955. Reprinted by permission of Présence Africaine, Paris.

"Le Bonheur et les Français" by Albert du Roy from *L'Express*, September 19-25, 1977. Reprinted by permission of Georges Borchardt, Inc., New York.

"Brassens: moi, le plus heureux des Français?" (Interview with Georges Brassens) from "Le Bonheur et les Français" by Albert du Roy from *L'Express*, September 19-25, 1977. Reprinted by permission of Georges Borchardt, Inc., New York.

"Mesurez vos risques de dépression," © 1971, *Time* Inc. All Rights Reserved.

"Le Stylo" by Gérard Sire from *Le Clown et autres contes*. Reprinted by permission of Éditions Jean-Claude Simoën, Paris.

"Combat contre le cancer." Excerpts from an interview in *L'Express*, October 17-23, 1977. Reprinted by permission of Georges Borchardt, Inc., New York.

"Mes Conseils pour courir longtemps sans fatigue" by Michel Jazy from *Paris-Match*. Reprinted by permission of *Paris-Match*, Paris.

"Vivre 130 ans" by Michel Vianey from *Le Nouvel Observateur* 7 Février 1972. Reprinted by permission of Georges Borchardt, Inc., New York.

"Le Dilemme de la femme d'aujourd'hui: Cumuler Travail, Tâches Ménagères et Maternité" by Pierrette Sartin from *Cahiers Français* N°171, *La Condition Féminine*. Reprinted by permission of La Documentation Française, Paris.

"La Viste d'embauche" by France de Lagarde from *Le Monde*, September 28, 1975. Reprinted by permission of *Le Monde*, Paris.

"Jusqu'où vont-elles aller les femmes," Sondage de la Sofres from *L'Express*, May 8, 1972. Reprinted by permission of Georges Borchardt, Inc., New York.

Extract from *Le Deuxième Sexe* by Simone de Beauvoir. Reprinted by permission of Éditions Gallimard, Paris.

"Le Fusil" by Christine Arnothy. Courtesy of the author.

Extract from *Savoir-Vivre* by Nicole Germain. Courtesy of Les Éditions de l'Homme Ltée, Montreal.

"Les Français épinglés" (Interview with Laurence Wylie) from *L'Express*, August 1-7, 1977. Reprinted by permission of Georges Borchardt, Inc., New York.

Excerpts from *La Peau douce*, movie scenario by François Truffaut. Reprinted by permission of L'Avant-Scène Cinéma, Paris.

Extracts from *Guide France Édition 1979 du pneu Michelin* reprinted by permission of Michelin, Paris.

"La Revanche du Québec" by Michèle Georges et Christian Hoche from *L'Express* April 18-24, 1977. Reprinted by permission of Georges Borchardt, Inc., New York.

"Océans: la poubelle déborde mais . . ." by Henri Tincq, from *Réalités*, January, 1972. Reprinted by permission of Agence Top, Paris.

"Au Centre du désert" from *Terre des hommes* by Antoine de Saint-Exupéry. Reprinted by permission of Éditions Gallimard, Paris.

"Énergie: demain la famine" by Jean-Pierre Adine from *Le Point* March 13, 1973. Reprinted by permission of *Le Point*, Paris.

"Extra-terrestres: la vie existe ailleurs" by Daniel Garric from *Le Point*, December 25, 1972. Reprinted by permission of *Le Point*, Paris.

"Que faire si vous voyez une soucoupe volante" by M. Lommoye from *Paris-Match*, January 5, 1974. Reprinted by permission of *Paris-Match*, Paris.

"Le Monstre" by Gérard Klein from *Les Perles du temps*. Reprinted by permission of Éditions Denoël, Paris.

"Les Signes du zodiaque" by Joëlle de Gravelaine and Jacqueline Aimé from *L'Astrologie*. Reprinted by permission of Éditions Jean-Claude Lattès, Paris.

"Les Officiers sont des lions" from *Le Point* N°32-30, April, 1973. Reprinted by permission of *Le Point*, Paris.

Preface

Aujourd'hui, Second Edition, is a complete intermediate program in college French. It could also serve as a sound basis for composition and conversation courses. The components of this program are the student textbook, the laboratory tapes, and the Laboratory Manual and Workbook. (A tapescript is available to the instructor upon request.)

Two of the most widely adopted approaches to intermediate French are the use of a grammar supplemented by one or two readers and the use of a basic textbook. *Aujourd'hui* combines the best features of both these approaches: it offers reading selections as substantial and varied as those found in readers, as well as a comprehensive review of grammar, developed in a coherent and progressive way. Moreover, all elements—vocabulary, grammar, and readings—are fully integrated.

A coordinated program is achieved through this distinctive format. First, key vocabulary is presented with reinforcement strategies. Grammatical explanations and exercises follow. They incorporate the new vocabulary and introduce situations that the student will encounter in the reading selection. The reading selection thus constitutes the culmination of the lesson, and student enjoyment is heightened by previous mastery of the words and structures involved.

This text is distinct from other intermediate French textbooks in the nature and variety of its readings. These are drawn exclusively from contemporary sources, popular and journalistic as well as literary. There are magazine articles, essays, short stories, science fiction, interviews, opinion polls, as well as selections from the comic strip *Astérix*, a movie scenario, and a manual of etiquette. The readings emphasize issues that are topical, yet at the same time of universal importance: life styles, body language, physical fitness, social codes, the women's movement, the supernatural, ecology, and the energy crisis.

Aujourd'hui, Second Edition, presents changes in both content and form. Almost two-thirds of the readings have been updated. All articles on the counterculture that appeared in the first edition have been replaced by readings that are more distinctly oriented towards France and French culture. Readings are shorter and less complex than those of the first edition, and they progress more clearly in level of difficulty throughout the text. Finally, the grammar and verb lessons are shorter and, thus, more easily assimilated.

The author wishes to express her appreciation to the Modern Language staff at D.C. Heath and Company for its sustained interest in this project and assistance during the preparation of the book. The author also wishes to thank her eager and conscientious students at Lafayette College, who provided ideas and inspiration.

MARESA FANELLI

Contents

Verbs Followed by a Complementary Infinitive: Use or
   Omission of a Preposition
Basic Word Order

OTHER COMPONENTS

Laboratory Manual — Workbook
Tapes
   Number of reels: 11 7″ double track
   Speed: $3\frac{3}{4}$ ips
   Running time: 11 hours (approximate)
   Also available in cassettes.

Introduction

General Organization

Aujourd'hui, Second Edition, contains thirty-three units divided into seven thematic parts: *La France: Un Aperçu, La Jeunesse, Le Bien-être Psychique et Physique, La Femme, La Société, Le Monde* and *L'Au-delà.* These units fall into three categories:

1. Feature Units, which contain a vocabulary section, a structure section and the reading selection, are based on topical and provocative magazine articles, or on selections from other popular sources.

2. Literary Units, which present literary selections from a variety of modern writers representing various genres.

3. Verbs Units, which present the forms and uses of moods and tenses of French verbs.

The features of these units are detailed below:

FEATURE UNITS

Vocabulaire

Lexique de mots-clés: Key words and expressions from the reading are grouped and defined. These words are usually associated by the unit theme. They constitute the core vocabulary of a particular aspect of daily experience: family life, the house, social change, health, travel, and so forth. The words are to be assimilated as active vocabulary.

Exercices: A variety of exercises based on synonyms, definitions, fill-ins, and sentence completions reinforce the students' familiarity with the basic vocabulary of the reading.

Lexique de mots secondaires: It is recommended that students learn this vocabulary for passive recognition at this point. However, many of these words will appear in subsequent lessons as active vocabulary. This repetition is a deliberate strategy to facilitate retention of important vocabulary.

Étude de mots explains and illustrates idiomatic expressions, words that demonstrate a linguistic pattern, principles of word recognition and vocabulary building, words requiring special attention, and other lexical items.

Structure

This section covers in progressive sequence all the major points of French grammar. Explanations are in English to avoid compounding the difficulty that the study of grammar poses for so many of today's students, even at the intermediate level. The teacher who prefers an entirely French approach may, of course, use the target language for the classroom presentation. The French grammatical terminology appearing in the structure headings and directions of the exercises will facilitate this approach.

In general, grammatical structures are presented as a coherent whole, rather than in a fragmented or piecemeal fashion. For example, the various aspects of interrogatives—word order, interrogative adverbs, adjectives, and pronouns—are studied in the same unit. This provides students with an integrated picture of related problems.

For each important grammatical point, there are corresponding exercises. Both exercises and model sentences proceed from the context of the reading. They are designed to reinforce the basic vocabulary learned in the previous section and to resolve anticipated difficulties in the reading selection that follows. These exercises attempt to reproduce authentic linguistic situations and call for a real understanding of the point involved. Repetitive, mechanical drills, and contrived sentences are avoided.

In the beginning lessons, the structure sections are more extensive than those in later units, so that most of the essential points of grammar are covered early in the book. There is a gradual phasing out of grammatical explanations and exercises and an increasing emphasis on conversation and composition.

Lecture

The readings constitute the core of the lesson. All were selected for their high degree of interest to today's college students. Composed in a lively, modern idiom by some of France's best writers, they have been edited only for length. These selections reflect significant aspects of modern French culture and of today's society in general. Their broad base of appeal reflects the diverse interests of the students from varied disciplines who study intermediate French.

These readings are more substantial than those appearing in many basic textbooks at this level. They should, however, pose no problem to students, since all inherent difficulties have been anticipated and smoothed away within the very organization of each unit. It is crucial, at this level, to develop reading competence, and this can best be done through motivating material of reasonable length. For maximum flexibility, some texts have been divided into two or more parts. The instructor thus has the option of assigning the entire reading at one time, or breaking it into smaller portions, according to the level of the class. Words not appearing in the vocabulary section that might be unfamiliar to the average student are glossed in the margin. Students may refer to the end glossary for other words. When necessary, footnotes explain various unfamiliar aspects of French culture that appear in the readings. These notes are in English for approximately the first quarter of the text, and thereafter in French.

Compréhension: Each part of the reading selection is followed by questions of a factual nature, based directly on the text. The questions are designed to prevent students from lifting answers verbatim from the text. Students can answer these questions only by assimilating the important information in the reading and personalizing their responses.

Discussion: By this time, students have encountered and formally practiced new vocabulary and structures and have acquired a deeper familiarity with them through reading and comprehension questions. Now the students are ready to use these in an unstructured situation. Because the reading selections have significant contemporary appeal, the discussion questions can be expected to lead to lively classroom exchanges. They may also serve as subjects for written composition.

Composition dirigée: The directed composition has several advantages. First, it guides students along familiar linguistic paths, and generally helps them to avoid the pitfalls of using structures they have not yet studied. Secondly, the directed composition gives students a framework upon which to build their own ideas. A variety of methods has been used to stimulate composition: outlines, incomplete sentences, key words, and so forth. Many of the directed compositions are in the form of a dialogue, allowing students to practice in writing the conversational level of the French language.

Capsules

These short, framed inserts are a special feature of the text. Like the boxed items that often accompany magazine articles, they present lively new material related to the subject at hand but are entirely independent and optional.

LITERARY UNITS

There are about half as many units based on literary selections as on feature items. The literary readings represent a wide variety of genres, such as essay, movie scenario, short story, and science fiction, and constitute an initiation to literature. They have been selected for their appropriateness to the general theme, their qualities as literature, and their general interest and appeal to today's students.

Units based on literature are not preceded by *Vocabulaire* and *Structure*, although they offer all the features associated with the *Lectures*. There are several reasons for this. First, the author wished to avoid the monotony of having more than twenty identically structured lessons in close succession. Secondly, these readings do not introduce any radically different vocabulary or new structures. Finally, because of the reduced preparation involved, students may read these selections primarily for the enjoyment of their literary value.

VERB UNITS

Special attention has been accorded to the verb, for it is the heart of the sentence and backbone of the language. Verb moods and tenses are thrown into relief because they are treated in units separate from those containing readings. They are thus more likely to be retained by students. Each verb unit contains one or more illustrative cartoons, usually borrowed from a French humorist, that further help to establish the verb tenses. Irregular verbs are studied collectively in association with the various verb tenses so that patterns may be observed and more readily learned.

Although verb units are autonomous, the exercises accompanying them are contextually related to adjacent lessons. Moreover, verb units usually introduce a tense that is to appear in the following reading units.

THE APPENDIX

Aujourd'hui includes a thorough appendix. It is recommended that students become familiar with it from the outset in order to use it to full advantage. This section includes appendices for the following:

1. Model regular verbs
2. Stem-changing verbs
3. Irregular verbs
4. Verbs followed by a complementary infinitive; use or omission of a preposition
5. Basic word order

Lesson Planning

To facilitate lesson planning, we suggest the following division of units.

For the semester system:

Fall Semester:	Units 1–16
Spring Semester:	Units 17–33

For the quarter system:

First Quarter:	Units 1–10
Second Quarter:	Units 11–20
Third Quarter:	Units 21–33

While there are certain advantages to following the units in succession, the design of *Aujourd'hui* is flexible enough to allow instructors to assign units out of order according to the special needs of their students and the progress of each class during the semester or quarter. Moreover, there is ample material for selection and elimination.

Supplements

Aujourd'hui is accompanied by a Tape Program and the *Cahier d'exercices supplementaires/Manuel de laboratoire.* The Tape Program is designed to offer students ample practice in three primary language skills: listening, speaking, and writing. It includes a comprehensive review of the principles of French pronunciation, a variety of grammatical exercises, *dictées,* and listening comprehension passages. The *Manuel de laboratoire* is correlated to the Tape Program.

The *Cahier d'exercices supplémentaires* provides supplementary written exercises corresponding to each unit in the text. It is entirely independent of the Tape Program. The entire manual is printed on perforated pages so that workbook and laboratory exercises may be detached and handed in for correction.

La France:
Un Aperçu

In this introductory section, we present a survey (*un aperçu*) of the French nation and the basic facts concerning her geography, climate, population, economy, and political system.

After looking at the country and its vital statistics, we capture a glimpse of the people in sketches of two representative French families: the Lefèbvres, a working class family from the North, and the Blanchards, a young executive, his wife and two children who live in a comfortable Parisian suburb.

PREMIÈRE
PARTIE

Une Présentation
de la France

1

A relatively small country, only four-fifths the size of
Texas, with a population one-fifth that of the United
States, France ranks nevertheless among the world's
major political, cultural, and industrial powers. The
language of France is spoken in thirty-one different
countries and by two hundred-ten million people in
all parts of the world.

VOCABULAIRE

Lexique de mots-clés *Quy Monday*

LES NOMS

la banlieue	suburbs
la côte	coast
la frontière	border
le parti	political party
la partie	portion, part (of a whole)
la politique	politics, policy
la puissance	power
le rang	rank, row
la taille	size
le taux	rate
le taux de natalité	birthrate

le pouvoir

LES VERBES

il s'agit de[1]	it is a matter of, it is about
appartenir *à*	to belong
augmenter	to increase
diminuer	to decrease
élire (élu)	to elect (elected)
s'étendre	to extend, stretch out

LES ADJECTIFS

haut

actuel, actuelle	current
actuellement	currently
élevé	high
moyen, moyenne	average
en moyenne	on the average

DIVERS

environ	approximately, around
parmi	among

EXERCICE

Complétez les phrases suivantes par la forme convenable d'un mot tiré du Lexique de mots-clés.

1. En dépit de sa petite _____, la France est une grande _____ industrielle.
2. La plupart des _____ françaises sont naturelles: l'océan Atlantique, la Manche, le Rhin, la mer Méditerranée, les Pyrénées.

---

[1] Used only with impersonal **il** (*it*) as subject.

3. On ne sait pas précisément la population _____ de la France, mais elle doit être d'_____ 53 millions d'habitants.

4. Pendant très longtemps, le _____ de natalité en France n'était pas très _____ ; le gouvernement a donc développé certaines _____ pour encourager les familles nombreuses.

5. La _____ d'Azur _____ entre Toulon et Menton.

6. En France, le pouvoir législatif _____ au Parlement, composé de l'Assemblé nationale et du Sénat, dont les membres sont _____ respectivement pour cinq ans et neuf ans.

7. Dans cette leçon, _____ la géographie et du climat de la France.

8. La France est au premier _____ parmi les pays du monde pour la production du vin.

9. Les ouvriers constituent la plus grande _____ du _____ communiste en France.

10. Les statistiques indiquent qu'au cours des vingt dernières années, quatre millions de Français ont quitté la campagne. Ainsi la population des grandes villes et de leurs _____ a beaucoup _____, tandis que la population rurale a _____.

11. Paris est _____ les villes les plus peuplées du monde; la densité de la population est, _____, de 3.000 habitants par kilomètre carré.

Lexique de mots secondaires

NOTE POUR LES ETUDIANTS:

Il n'y aura pas d'exercices formels sur le vocabulaire secondaire, mais vous devriez apprendre ces mots assez bien pour les reconnaître dans le contexte de la lecture. Pour faciliter la tâche, nous les imprimons en deux colonnes. Après avoir étudié cette liste, cachez le vocabulaire anglais et vérifiez vos connaissances.

ajouter	to add
d'ailleurs	besides, furthermore
à peu près	almost, nearly
y compris	including
le droit	right
une espèce	kind, type, species
le mélange	mixture
d'une part . . .	on the one hand
de l'autre (part)	on the other (hand)
relier	to connect, join, link
le sort	fate
le voisin	neighbor
selon	according to
une usine	factory

Les français: un mélange de plusieurs ethnies différentes.

Étude de mots

A.   Comment éviter le dictionnaire

Pour beaucoup d'étudiants de français, la connaissance du vocabulaire pose un certain problème. Dans une grande mesure, ce problème est minimisé dans *Aujourd'hui,* parce que vous aurez appris les mots les plus importants avant de commencer la lecture et la plupart des autres sont traduits en marge *(in the margin).* Il y aura néanmoins *(nevertheless)* certains mots que vous ne comprendrez pas et vous aurez la tentation de les chercher tout de suite dans le glossaire à la fin du livre. Mais il y a certaines techniques par lesquelles on peut deviner *(to guess)* le sens d'un mot sans perdre du temps à regarder dans un dictionnaire.

1. Apprenez à reconnaître les mots apparentés *(cognates).* Ce sont les mots qui ont la même racine *(root)* en français et en anglais et qui se ressemblent. Heureusement, la majorité des mots français ressemblent à leurs équivalents anglais. En voici quelques exemples, tirés du texte de la lecture de cette leçon:

l'habitant	inhabitant	**le passé**	past
majeur	major	**le préfet**	prefect
l'autorité	authority	**économique**	economic

2. Apprenez à identifier les mots de la même famille. Par exemple, si vous savez que le verbe **aboutir** veut dire *to end at, to converge on,* vous pourriez deviner que l'expression **point d'aboutissement** signifie *end point.* Vous allez tomber souvent sur des mots que vous ne reconnaissez pas tout de suite mais qui contiennent un mot que vous connaissez déjà. Ce sont des mots composés, comme le verbe **aboutir** ou le nom **aboutissement** qui sont formés à partir du nom **bout** (*end*). Si vous savez que **froid** signifie *cold,* vous pouvez deviner que le verbe **se refroidir** signifie *to become cold.*

3. Un des indices les plus utiles pour découvrir le sens d'un mot est le contexte dans lequel il se trouve. Considérons cette phrase par exemple:

> Selon le recensement officiel de 1975, la France a une population de 52.590.000 habitants.

Évidemment, le mot **recensement** signifie *census.* Pareillement, si vous lisez:

> La superficie de la France est de 550.000 kilomètres carrés.

vous pourriez sans doute déduire que **superficie** signifie *area* et **carré** signifie *square.*

Ne recourez donc pas tout de suite à votre dictionnaire. Jouez au détective et essayez de résoudre le mystère des mots étrangers vous-même.

EXERCICE

En employant les techniques suggérées ci-dessus, traduisez les mots en italique, et expliquez comment vous avez découvert leur sens.

> En 1958, un référendum a approuvé une nouvelle constitution préparée par le gouvernement du général de Gaulle et qui a créé une Communauté *fondée* sur *l'égalité* et la solidarité des peuples qui la composent. Le président de la République est élu pour sept ans par un collège électoral *comprenant* les membres du Parlement, des *conseils* généraux et des assemblées des territoires *d'outre-mer,* ainsi que les représentants élus des conseils *municipaux.* Ses *pouvoirs* sont plus *étendus* que dans la précédente constitution.

B. Les Points cardinaux

le nord	(septentrional)	*North*	(*northern*)
le sud	(méridional)	*South*	(*southern*)
l'est	(oriental)	*East*	(*eastern*)
l'ouest	(occidental)	*West*	(*western*)

C. Les Conjonctions utiles

Les conjonctions sont parmi les mots les plus difficiles à apprendre dans une langue étrangère, mais elles sont aussi parmi les plus utiles. Apprenez donc bien les conjonctions suivantes:

parce que   because
Je ne sortirai pas **parce que** je n'ai pas le temps.

car   for
Fermez la fenêtre, **car** il fait froid.

puisque   since
Allons faire du ski **puisque** la neige est bonne.

cependant, pourtant   yet, however
La France est relativement petite. Elle est **cependant**/**pourtant** l'une des premières puissances mondiales.

toutefois, néanmoins   yet, still, nevertheless
Le taux de naissance a baissé. **Toutefois**/**Néanmoins,** la population a augmenté.

bien que, quoique[1]   although
Jacques n'est pas venu **bien que**/**quoique** je l'aie invité.

tandis que   whereas
Les Français aiment beaucoup le vin **tandis que** les Allemands préfèrent la bière.

STRUCTURE

Numbers (*Les Nombres*)

Cardinal Numbers

Cardinal numbers indicate a quantity.

0	zéro	**13**	treize
1	un (une)	**14**	quatorze
2	deux	**15**	quinze
3	trois	**16**	seize
4	quatre	**17**	dix-sept
5	cinq	**18**	dix-huit
6	six	**19**	dix-neuf
7	sept	**20**	vingt
8	huit	**21**	vingt et un (une)
9	neuf	**22**	vingt-deux . . .
10	dix	**30**	trente
11	onze	**31**	trente et un (une)
12	douze	**32**	trente-deux. . .

---

[1] **Bien que, quoique** take the subjunctive.

40	quarante	92	quatre-vingt-douze
41	quarante et un (une)	100	cent
42	quarante-deux . . .	101	cent un
50	cinquante	102	cent deux . . .
51	cinquante et un (une)	200	deux cents
52	cinquante-deux . . .	201	deux cent un
60	soixante	202	deux cent deux . . .
61	soixante et un (une)	1000	mille
62	soixante-deux . . .	1001	mille un
70	soixante-dix	1100	mille cent, onze cents
71	soixante et onze	1200	mille deux cents, douze cents
72	soixante-douze . . .	1300	mille trois cents, treize cents
80	quatre-vingts	2000	deux mille
81	quatre-vingt-un (une)	2100	deux mille cent
82	quatre-vingt-deux . . .	1.000.000[1]	un million (de)
90	quatre-vingt-dix	2.000.000	deux millions (de)
91	quatre-vingt-onze	1.000.000.000	un milliard (de)

Ordinal Numbers

Ordinal numbers indicate position or order. To form an ordinal number, add the ending **-ième** to the cardinal number. If the cardinal number ends in a mute **e,** drop this letter:

> deux → deux**ième** (**second, seconde,** in a series of only two)
> treiz̸ → treiz**ième**
> vingt et un → vingt et un**ième**

> EXCEPTIONS: un → **premier (première)**
> cinq → cinq**u**ième
> neuf → neu**v**ième

Collective Numbers

Collective numbers indicate approximate quantities. They are formed by adding the ending **-aine** to the cardinal number. If the cardinal number ends in mute **e,** this letter is dropped:

> douz̸ → une douz**aine**[2]
> quinz̸ → une quinz**aine**
> cent → une cent**aine**

> EXCEPTIONS: dix → une d**i**zaine
> mille → un mill**ier**

---

[1] In French, periods are used where a comma is used in English in 10.000 and above. On the other hand, a comma is used in French where a period is used in English to indicate decimals, example: 13,65.

[2] **Une douzaine** means exactly twelve (a dozen). Also, in some cases, when used with the definite article, collective numbers may indicate exact quantities, for example: **Les crayons coûtent 25 francs la centaine.**

The collective numbers require **de** before a noun:

une vingtaine de préfets   *about twenty prefects*
une centaine de maires   *about a hundred mayors*

Fractions

1/2	un demi	**2/5**	deux cinquièmes	**1/4**	un quart	
1/3	un tiers	**6/7**	six septièmes	**3/4**	trois quarts	

REMARQUER:

La moitié is the noun for *half:*

Le climat océanique domine dans **la moitié** ouest de la France.

À moitié is an adverb meaning *half:*

La construction est **à moitié** terminée.

EXERCICES

A. Complétez les séries suivantes.

1. dix, vingt, trente, ____, ____, ____, ____, ____, ____.
2. onze, vingt et un, trente et un, ____, ____, ____, ____, ____, ____, ____.
3. deux, quatre, six, ____, ____, ____, ____, ____, ____, ____, ____.
4. un, trois, cinq, ____, ____, ____, ____, ____, ____.
5. cent, deux cents, ____, ____, ____.
6. mille, deux mille, ____, ____, ____.
7. Un million, deux millions, ____, ____, ____.
8. deux cents, deux cent vingt, deux cent quarante, ____, ____, ____.

B. Lisez à haute voix et écrivez en toutes lettres (*write out in full*) les chiffres suivants.

1. 2	12	20	3. 6	16	60	5. 3	13	33	7. 8	18	88
2. 4	14	44	4. 5	15	50	6. 7	17	70	8. 9	19	90

C. Écrivez en toutes lettres les chiffres entre parenthèses et lisez les phrases à haute voix.

1. La France métropolitaine est divisée en (95) départements.
2. Les départements sont subdivisés en (3.075) cantons et en (37.679) communes.
3. Selon le dernier recensement officiel, la France a une population de (52.590.000) habitants.
4. Paris, la plus grande ville, a (2.590.000) habitants.
5. Le gouvernement français actuel s'appelle la (5e) République.
6. Un kilomètre est l'équivalent d'environ (5/8) d'un mille.
7. L'altitude du Mont-Blanc, la montagne la plus élevée d'Europe, est de (4.807) mètres.

8. La France a une superficie de (551.695) kilomètres carrés.
9. Paris est divisé en (20) arrondissements (*boroughs*). Le (16e) est le plus élégant.
10. La superficie de la France représente environ (4/5) de la superficie du Texas.
11. La France est la (5e) puissance industrielle du monde.
12. La (9e) symphonie de Beethoven est peut-être la mieux connue.
13. La France se trouve entre le (42e) degré et le (51e) degré de latitude Nord.
14. Avec la collaboration de la Grande-Bretagne, la France a produit le (1er) appareil supersonique européen, le Concorde.
15. Les jeunes de moins de (20) ans représentent (32,3%) de la population française.
16. En France, comme partout en Europe, on emploie un système thermo-métrique centésimal: 0° centésimal correspond à 32° Fahrenheit, et 100°C à 212° F.

Vue aérienne de Paris: centre industriel, culturel et administratif.

Dates (*Les Dates*)

A. Names of the days and months are not capitalized in French:

lundi	vendredi	janvier	mai	septembre
mardi	samedi	février	juin	octobre
mercredi	dimanche	mars	juillet	novembre
jeudi		avril	août	décembre

B. The year is expressed in two ways:

1968: dix-neuf cent soixante-huit *or* **mil neuf cent soixante-huit**

REMARQUER:
1000 (mille) may appear as **mil** in dates.

C. Cardinal numbers are used for the days of the month, except for the first day: **le premier.** Also notice that the French put the day before the month: **13/1 = le 13 janvier:**

day	*month*	*year*
le 1er	juin	1970
le 7	avril	1975

D. If the weekday is stated, there are three possibilities:

mardi 2 juin   mardi, le 2 juin   le mardi 2 juin

E. Centuries can be spelled out or presented in roman numbers:

le seizième siècle	le XVIe siècle
le dix-neuvième siècle	le XIXe siècle

F. The prepositions *in* or *on* with dates:

1. Day:

   mardi   on Tuesday (a particular Tuesday)
   Les élections auront lieu **mardi.**

   le mardi   on Tuesdays (regularly)
   Aux États-Unis les élections ont toujours lieu **le mardi.**

   le 22 mars   on March 22
   Le président nommera un nouveau premier ministre **le 22 mars.**

2. Month:

   en janvier, au mois de janvier   in January
   Il fait froid au nord du pays **en janvier.**

3. Seasons:

en été	**en hiver**
en automne	**au printemps**

   Dans le nord, il pleut souvent **en automne.**

4. Centuries:

au vingtième siècle   au dix-huitième siècle
La France a connu sept régimes différents **au dix-neuvième siècle.**

EXERCICES   A.   Lisez à haute voix les phrases suivantes.

1. En 154 avant Jésus-Christ (B.C.), les Romains font les premières incursions en Gaule. 2. En l'an 56, Jules César mène une expédition en Gaule. 3. En 486 les Francs s'établissent en Gaule. 4. En 751 Pépin le Bref est couronné roi; c'est le début de la dynastie des Carolingiens. 5. Charlemagne règne de 771 jusqu'à 814. 6. 1337 marque le début de la guerre de Cent Ans. 7. En 1431 Jeanne d'Arc est condamnée et brûlée à Rouen. 8. En 1598 l'Édit de Nantes reconnaît certains droits aux protestants. 9. Le début du règne personnel de Louis XIV[1] date de 1661. 10. Le 14 juillet 1789, les citoyens de Paris attaquent la Bastille, vieille prison d'état. 11. Napoléon se déclare Empereur en 1804, mais il est exilé à Sainte Hélène après sa défaite à la bataille de Waterloo le 18 juin 1815. 12. Le 11 novembre 1918 on signe l'armistice qui termine la Première Guerre mondiale. 13. Le 6 juin 1944 les alliés débarquent en Normandie. 14. Entre 1954 et 1962 la guerre d'Algérie déchire la France. 15. En 1958 De Gaulle accède au pouvoir; c'est le début de la Ve République. En 1969 les Français élisent Georges Pompidou président. 16. Pompidou meurt en 1974 et Valéry Giscard d'Estaing lui succède.

B.   Répondez aux questions suivantes.

1. Quelle est la date aujourd'hui? 2. Quel jour sommes-nous? 3. Quelle est la date de votre anniversaire? 4. En quelle année êtes-vous né? 5. Quelle est la date de la fête nationale américaine? 6. Quelle est la date de Noël? 7. Quel jour de la semaine célèbre-t-on traditionnellement le Thanksgiving? 8. Quels jours avez-vous une classe de français? 9. Quelle est la date de la fête nationale française? 10. En quel siècle sommes-nous? 11. En quelle saison sommes-nous? 12. En quelle saison fait-on du ski? Du ski nautique? 13. En quelle saison tombent les vacances de Pâques?

C.   Substituez les mots indiqués. Faites tous les changements nécessaires.

1. Charles de Gaulle est né *à midi.*
   novembre / 1890 / dix-neuvième siècle / hiver / 22 novembre

2. On a adopté la nouvelle constitution *à la suite d'un référendum.*
   1958 / septembre / automne / vingtième siècle / 15 septembre

3. Il y a eu une crise en France *à la fin des années soixante.*
   1968 / mai / printemps / 11 mai

---

[1] French uses cardinal numbers for kings, except for the first, thus: **François 1er** (*Francis the First*) but **François II** (*Francis the Second*), etc.

LECTURE | Une Présentation de la France

1

La France a une superficie de 551.695 kilomètres carrés et une population d'environ cinquante-trois millions d'habitants. Elle est un peu moins grande que l'Etat du Texas, dix-neuf fois plus petite que les États-Unis, et quarante-cinq fois plus petite que l'U.R.S.S. (l'Union des républiques socialistes soviétiques). Bien que ces données° la classent au 39e rang pour la superficie et au 13e rang pour la population, parmi les états du globe, la France n'en demeure pas moins° l'une des premières puissances mondiales. Ceci s'explique par son passé glorieux, par son importance économique et surtout par une situation géographique privilégiée.

la donnée fact, datum

n'en ... moins stands nevertheless as

Géographie

La France s'étend entre le 42e et le 51e degré de latitude nord, c'est-à-dire à mi-chemin° entre le pôle et l'équateur, dans la zone tempérée où se trouvent les pays économiquement les plus développés.[1] Le terme d'hexagone est souvent employé pour désigner la France métropolitaine en raison de la forme quasi° hexagonale de son territoire. L'équilibre° de ses traits géographiques, l'agencement° intérieur des plaines, des montagnes (les Pyrénées, le Massif Central, les Alpes, le Jura et les Vosges) et des six bassins fluviaux° (Seine, Loire, Garonne, Rhône, Saône, Rhin) rend les communications aisées et a facilité la formation de l'unité nationale.

Plus de la moitié des frontières françaises sont maritimes, donnant accès aux quatre grandes mers européennes: l'océan Atlantique, la mer Méditerranée, la Manche° et la mer du Nord. À l'est et au sud, des montagnes élevées, les Alpes et les Pyrénées, ont joué un rôle d'isolement et de protection. Par ses plaines septentrionales, le territoire français communique sans barrière naturelle avec l'Europe du

à mi-chemin halfway

quasi = presque
un équilibre balance
un agencement arrangement, disposition
la bassin fluvial river basin

la Manche English Channel

Source: Adopté de Roger Girod et Francis Grand-Clément, *Comment vivent les Français,* Sveriges Radio, Stockholm—Hachette, Paris; La Documentation Française, Paris, *Un Aperçu de la France.*

[1] **où se trouvent les pays ... développés:** Notice the inversion of subject and verb in this clause. This is a common stylistic procedure in French. You will encounter it frequently in this reading and in those that follow. Learn to recognize it to avoid confusion:

Le bifteck qu'a mangé mon père était bon.

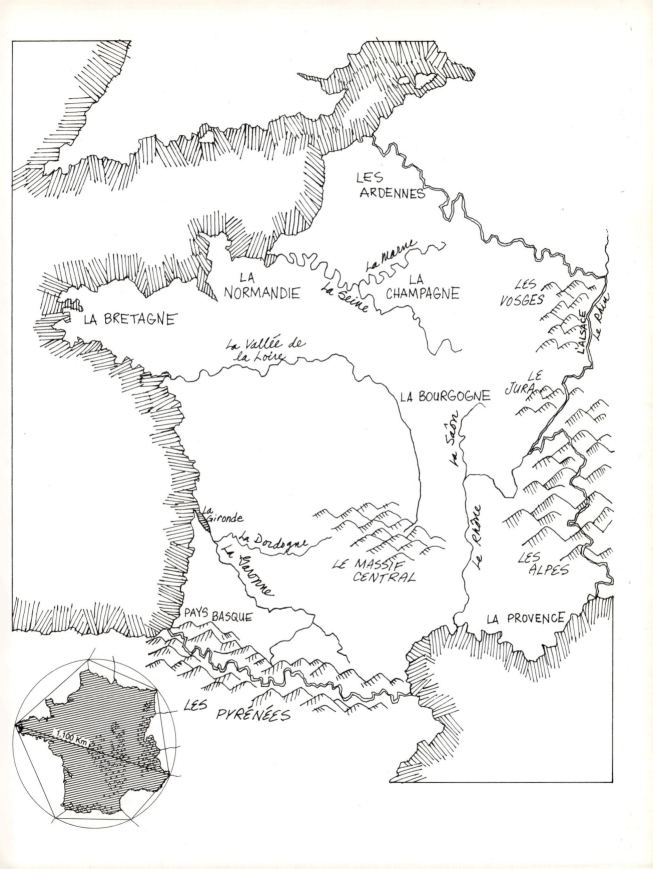

rhénan   of the Rhine river

le paysage   countryside
largement   broadly

la voie   route, way
se jouer   to be played out

nord. Le Rhin le sépare de l'Allemagne, et les pays rhénans° abou-
tissent à des paysages° largement° ouverts. Par là pénètrent les routes de commerce qui relient la France aux Etats de l'Europe conti-
nentale, mais aussi les voies° d'invasion. C'est sur ces frontières que
le sort de la France s'est joué° dans le passé.

Climat

comporter   to allow, admit of

Le climat français présente les mêmes caractères de modération et
de diversité que la géographie du pays. Grâce à la latitude et aux influences océaniques, il ne comporte° pas de caractères extrêmes,
mais il présente beaucoup de variétés dues à la proximité plus ou
moins grande de la mer, à l'altitude, à l'orientation et à l'influence
des vents locaux. On distingue trois types de climats: océanique sur
la moitié ouest, continental au nord-est, méditerranéen au sud-est. À

à l'étranger   abroad
la douceur   mildness
jouir de   to enjoy

au-dessous de   below
geler   to freeze

l'étranger,° on exagère souvent la douceur° de l'hiver en France; une
petite partie seulement de son territoire jouit° d'un climat méditerranéen. En hiver, dans le reste du pays, le thermomètre descend très
souvent au-dessous de° zéro. À Paris, par exemple, il gèle° en
moyenne soixante-six jours par an. Dans les régions montagneuses
(un cinquième du territoire français), il tombe plusieurs mètres de
neige. C'est ce qui a rendu possible l'immense popularité que les
sports d'hiver connaissent aujourd'hui en France. Au sud-est de la
France, par contre, règne un climat où la lumière est vive, la pureté
atmosphérique généralement remarquable. On appelle le sud de la
France «le Midi» et la côte méditerranéenne, «la côte d'Azur». Les

accablant   overwhelming

hivers y sont doux et la chaleur de l'été y est parfois accablante.°

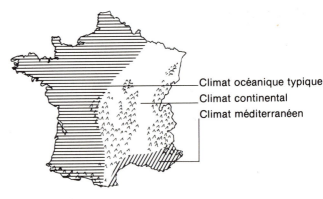

Climat océanique typique
Climat continental
Climat méditerranéen

2

Population

le millénaire   millenium, thousand-
     year period

Pendant des millénaires,° la France a été considérée comme la
pointe extrême des terres habitées, face à l'immensité de l'océan Atlantique. Cette partie de l'Europe occidentale a donc constitué le
point d'aboutissement d'une série de grandes migrations humaines,
préhistoriques et historiques, finalement arrêtées par l'obstacle de la
mer. C'est pourquoi il n'y a pas de race française, mais un peuple
français fait du mélange de plusieurs ethnies différentes.

le chiffre figure
faire illusion to create illusions

Au début de 1968, la population française a atteint cinquante millions d'habitants, mais ce chiffre° ne doit pas faire illusion.° La France est l'un des pays d'Europe qui a la plus petite densité de population: 92 habitants par kilomètre carré (contre 227 au Royaume-Uni, 247 en Allemagne occidentale, et 379 aux Pays-Bas). Pourtant, en 1801, date du premier recensement français, la France était l'État le plus peuplé d'Europe, y compris la Russie.

la diminution decrease, reduction

La diminution° relative de la population française est dû à un déclin rapide du taux de natalité depuis le début du XIXe siècle. En outre, la Première Guerre mondiale a été pour la France une véritable tragédie: 1.325.000 morts parmi les hommes dans la force de l'âge° et, au total, un déficit d'environ 3.685.000 personnes. Toutefois, entre 1946 et 1970, la population française a augmenté de plus de dix millions. Cela semble être le résultat de la politique de la famille menée° par plusieurs gouvernements depuis plus de trente ans. Avec le système d'allocations de salaire unique, de logement, de primes à la naissance, ainsi que des allocations familiales[1] proportionnelles au nombre d'enfants, le gouvernement encourage les familles nombreuses. Actuellement, le taux de croissance° spontanée de la population en France est analogue à celui des pays voisins.

la force de l'âge prime of life

mener to lead, conduct

la croissance growth

D'autre part, depuis de nombreuses années déjà, la France connaît un fort courant d'immigration. C'est pourquoi le nombre d'étrangers sur le territoire français est assez élevé (environ 5 pour cent de la population). Avant la Deuxième Guerre mondiale, il s'agissait surtout de Polonais et d'Italiens. L'après-guerre a vu un afflux° important° de Nord-Africains (Marocains, Tunisiens et Algériens). À l'heure actuelle, les immigrants sont essentiellement des Espagnols et des Portugais.

un afflux influx
important sizeable

Paris et la province

Capitale d'un pays relativement peu peuplé, Paris est pourtant, après Londres, la plus grande ville d'Europe. Paris et sa banlieue comptent près de neuf millions d'habitants, soit en moyenne trois mille habitants au kilomètre carré. On a reproché à Paris d'attirer et d'absorber les forces vives de la France, de transformer le reste du pays en désert. Il est vrai que la capitale est le plus grand centre industriel et culturel ainsi que° le centre administratif. Pour cette raison les Français appellent le reste du pays «la province». La province c'est toute la France moins Paris.

ainsi que as well as

Dans beaucoup de domaines, la vie quotidienne du Parisien moyen est très différente de celle du provincial. Leurs horaires,° leurs salaires et leurs distractions sont différents. Le Parisien gagne°

un horaire schedule
gagner to earn

[1] **allocation de salaire unique:** supplement paid to households where there is only one income; **allocation de logement:** housing subsidy to lower income people; **prime à la naissance:** bonus paid to all families for the birth of a child; **allocations familiales:** subsidies paid to families periodically on the basis of the number of children

Le métro aux
heures d'affluence.

par contre on the other hand
se loger to find housing
la circulation traffic

le métro = le métropolitain,
  subway

beaucoup plus que le Français de province; par contre,° il a beaucoup plus de difficultés à se loger.° La circulation° pose aux Parisiens des problèmes d'une ampleur inconnue, même dans les plus
grandes villes de province. Les Parisiens passent en moyenne une
heure et quart par jour dans le métro,° l'autobus, les trains de banlieue ou leur propre voiture, et ceux qui y passent de deux heures à
trois heures ne sont pas rares.

COMPRÉHENSION

1. Comparez la superficie de la France à celle d'autres pays.
2. L'importance de la France est-elle proportionnelle à sa population et à sa
   superficie? Expliquez.

Géographie

3. Où se trouve la France sur le globe?
4. À quelle forme géométrique compare-t-on la France?
5. Qu'est-ce qui constitue chacun des côtés de cette configuration?
6. Quels sont les montagnes et les fleuves principaux?
7. Lesquelles des frontières françaises ne sont pas naturelles? Quel rôle ont-
   elles joué dans l'histoire française?

Climat

8. Quels sont les trois types de climat qu'on peut distinguer et où dominent-
   ils?
9. L'hiver est-il doux dans toute la France? Expliquez.
10. Pourquoi appelle-t-on le sud de la France «le Midi»?
11. Qu'est-ce que c'est que la côte d'Azur? Pourquoi l'appelle-t-on ainsi?

Population

12. Qu'est-ce qui explique la complexité raciale des Français?
13. Comparez la densité de la population française à celle des pays voisins.
14. La population française a-t-elle diminué ou augmenté depuis 1800 par rapport aux autres grands pays européens?
15. Quels sont les facteurs qui ont influencé la croissance de la population française?
16. Quelles mesures le gouvernement a-t-il prises pour encourager le taux de croissance?
17. L'immigration constitue-t-elle un facteur important dans la démographie française?
18. De quelles nationalités sont la plupart des immigrés?

Paris et la province

19. Paris est-elle la plus grande ville d'Europe?
20. Qu'est-ce que c'est que «la province»? Pourquoi les Français l'appellent-ils ainsi?
21. Comment la vie quotidienne du Parisien moyen est-elle différente de celle d'un provincial?

3

Économie

héberger to shelter
le poids weight

Avec ses 53 millions d'habitants, la France n'héberge° que 1,5% (lisez «un virgule cinq pour cent») de la population mondiale. Son poids° économique sur la planète est cependant beaucoup plus considérable. Elle contribue presque 5% à la production mondiale globale.

L'État et l'économie: Le gouvernement français joue dans la vie économique un rôle considérable. Les secteurs de base de l'économie française sont nationalisés: les transports (Air France, Société nationale des chemins de fer français, Régie autonome des transports parisiens) et l'énergie (Électricité de France, Gaz de France, Charbonnages). L'État dirige et contrôle aussi les principales banques, les communications, certaines compagnies d'assurances,° la régie° Renault, et le pétrole° (Compagnie française de pétroles ELF-ERAP).

la compagnie d'assurances
    insurance company
la régie state-owned works
le pétrole oil

L'économie de la France est relativement équilibrée. Elle a une vocation à la fois industrielle et agricole.

fabriquer to manufacture
la sidérurgie metallurgy of iron
    and steel
tenir to hold, occupy

Industrie: La France est, après les États-Unis, l'Union Soviétique, le Japon et l'Allemagne fédérale, la cinquième puissance industrielle du monde. L'industrie française est très diversifiée; il n'existe pratiquement aucun produit qui ne puisse être fabriqué° dans les usines françaises. Parmi les industries de base, la sidérurgie° tient° une place de choix. Les industries aéronautiques et électroniques françaises sont parmi les plus avancées du monde. Dans le domaine

Dans une usine française.

la marque brand, make

des automobiles, la France tient une place de premier plan. Les quatre marques° principales sont Citroën, Renault, Peugeot et Simca. Plus du tiers de leur production est exportée.

Des traditions de bon goût et de travail bien fait assurent aux produits de luxe français un prestige international. Les noms des grands couturiers et parfumiers parisiens, Chanel, Dior, Lanvin et Yves Saint-Laurent par exemple, sont synonymes d'élégance et de distinction. La mode féminine, dit-on, est créée à Paris. Toute femme connaît les parfums français et tout homme les apprécie. Les noms de Sèvres et de Limoges évoquent des porcelaines de luxe, ceux de Baccarat et Lalique des cristalleries d'un grand raffinement. Il faut ajouter qu'en ce qui concerne les vins de grande qualité, la France ne craint° nulle concurrence.°

craindre to fear
la concurrence competition
une entreprise company, firm

Néanmoins, l'industrialisation souffre d'un véritable retard, dû en particulier à la petite taille des entreprises.° On compte encore en France un travailleur indépendant pour un salarié et demi, ce qui indique l'existence d'un grand nombre d'exploitations agricoles familiales, de petits commerçants° et d'artisans, conséquence du caractère individualiste du Français, de la persistance des traditions et de la faiblesse relative des moyens financiers.

le commerçant merchant

s'accorder to concur, harmonize

Agriculture: La géographie et le climat s'accordent° traditionnellement pour faire de la France un grand pays agricole. La qualité de ses productions est reconnue et lui a valu° en gastronomie un renom universel. Pourtant, en un siècle, la population active employée dans l'agriculture a diminué des deux tiers et le recul° s'accentue, puisque 160.000 jeunes ruraux quittent chaque année la terre.

lui a valu has earned her

le recul regression

■

Au total, on peut classer la France, pour l'ensemble de sa production, au 6ᵉ ou 7ᵉ rang dans l'économie mondiale. Elle est au 1ᵉʳ rang pour la production du vin, au 4ᵉ pour celle du minerai de fer° et pour la construction de voitures de tourisme, au 5ᵉ pour la production de blé,° au 6ᵉ pour celle de fonte d'acier° et de bauxite, au 9ᵉ pour celle du charbon.°

le minerai de fer iron ore

le blé wheat
la fonte d'acier cast steel
le charbon coal

La haute couture parisienne,
synonyme d'élégance
et de distinction.

Les porcelaines de luxe:
tradition de travail bien fait.

Trois événements préparent pour la France de l'avenir un visage très différent de celui d'aujourd'hui: 1) la décision d'ouvrir les frontières et d'adopter une politique commerciale assez libérale; 2) la disparition de l'empire colonial, se traduisant par° un changement appréciable dans les courants commerciaux; 3) enfin, et surtout, la création du Marché commun européen,° qui s'est caractérisé jusqu'à maintenant par l'abolition progressive des obstacles aux échanges° entre les pays membres: l'Allemagne fédérale, le Danemark, la France, la Grande-Bretagne, l'Irlande, l'Italie, le Norvège, les Pays-Bas, la Belgique et le Luxembourg. Le Marché commun devra peu à peu élaborer, pour l'ensemble des pays participants, de véritables politiques économiques communes à substituer aux anciennes° politiques nationales.

se traduisant par resulting in

le Marché commun européen European Common Market

un échange exchange, trade

ancien,-ne former

4

Constitution et Administration

autrefois formerly

Organisation: Autrefois,° sous l'Ancien Régime,[1] la France était divisée en provinces (voir la carte au début du manuel). On a tendance à se référer encore à ces régions-là—la Bourgogne, l'Île de France, la Normandie et la Bretagne, par exemple—qui ont gardé un caractère distinct et unique, mais la division administrative actuelle est le département.

comprendre to include

La France métropolitaine est divisée en 95 départements. La République française comprend° aussi cinq départements d'outre-mer: Guadeloupe, Guyane, Martinique, Réunion, et Saint-Pierre-et-Miquelon. Il existe aussi des territoires d'outre-mer: la Nouvelle Calédonie, la Polynésie, Wallis-et-Futuna, le Condominium des Nouvelles-Hébrides, Mayotte et les Terres australes et antarctiques françaises. (Voir la carte au début de la Leçon 26)

Le département: Chaque département a à sa tête un préfet. Le préfet est assisté d'un Conseil général, dont les membres sont élus pour six ans au suffrage universel. Le Conseil général vote le budget départemental et le préfet est chargé d'éxécuter ses décisions.

La commune: Les départements sont subdivisés en communes. La France en compte environ 37.500. L'administration de chaque commune est confiée à un maire° assisté d'un Conseil municipal.

le maire mayor

en vigueur in force

La Constitution: La Constitution actuellement en vigueur° a été adoptée en septembre 1958, par référendum, à la majorité de 79,5% des suffrages exprimés. La souveraineté appartient au peuple, c'est-à-dire au corps électoral composé de tous les Français et Françaises âgés de dix-huit ans.

---

[1] **l'Ancien Régime:** the Old Régime, the monarchic system of government in France before the revolution of 1789.

Le Président,
Valéry Giscard d'Estaing,
et sa famille.

Le pouvoir exécutif: Il se compose du président de la République et
du gouvernement dirigé par le premier ministre. Elu pour sept ans
au suffrage universel direct, le président de la République a les pré-
rogatives d'un chef d'Etat. Il nomme le premier ministre et, sur la
proposition du premier ministre, les autres membres du gouvernement. Il préside sur le Conseil des ministres. Il est le chef des
armées. Il a le droit de grâce.°

le droit de grâce the right to grant
pardon

    Le premier ministre dirige l'action du gouvernement qui déter-
mine la politique générale de la nation, assure l'exécution des lois et
a la responsabilité de la défense nationale.

Le pouvoir législatif: Il appartient au Parlement composé de
l'Assemblée nationale, élue pour cinq ans au suffrage universel
direct, et du Sénat, élu pour neuf ans au scrutin° indirect. Le
Parlement initie les lois et par le vote du budget et les motions de
censure,[1] il contrôle l'action du Gouvernement.

le scrutin ballot

Les partis politiques: Il existe en France de nombreux partis politiques. Les quatre principaux partis ou groupements sont: d'une part

----

[1] **la motion de censure:** If the majority of the members of the Assembly adopt a motion of censure, the president and the prime minister are compelled to resign.

à savoir namely
appuyer to support

ceux qui, à l'époque des élections de 1978, formèrent une alliance des partis dits de la majorité, à savoir° l'Union de la démocratie française (U.D.F.), groupement créé pour appuyer° le Président Valéry Giscard d'Estaing, et le Rassemblement pour la République (R.P.R.), parti d'origine gaulliste; d'autre part, dans l'opposition, le Parti socialiste (P.S.) et le Parti communiste (P.C.). On peut citer aussi deux partis du centre, moins importants, mais stratégiquement situés: le Centre des démocrates sociaux (C.D.S.), qui adhéra à l'U.D.F., et le Mouvement des radicaux de gauche (M.R.G.).

COMPRÉHENSION

Économie

1. Quel est le rôle du gouvernement dans les secteurs de base de l'économie française?
2. Citez quelques exemples d'entreprises qui sont nationalisées en France.
3. Quelle est l'importance de l'industrie française dans le monde?
4. Citez quelques-unes des industries françaises et leurs produits.
5. Pour quels produits de luxe la France est-elle renommée?
6. Pourquoi l'industrialisation française souffre-t-elle d'un certain retard?
7. Quels facteurs ont favorisé le développement de l'agriculture en France?
8. La population active employée dans l'agriculture a-t-elle augmenté? Précisez.
9. Quels sont les produits français les plus importants dans l'économie mondiale?
10. Quels sont les trois événements qui auront de l'influence sur l'économie française de l'avenir?

Constitution et Administration

11. Qu'est-ce qu'une province?
12. Qu'est-ce qu'un département?
13. Combien de départements d'outre-mer y a-t-il? Citez-en plusieurs.
14. Quels sont les territoires d'outre-mer?
15. Expliquez de façon générale l'administration des départements et des communes.
16. Depuis quand la Constitution française actuelle est-elle en vigueur?
17. Quels Français ont le droit de voter?
18. A qui appartient le pouvoir exécutif?
19. Quels sont les droits et les responsabilités du président?
20. Quel est le rôle du premier ministre?
21. Décrivez l'organisation du Parlement français. Comment ses membres sont-ils élus?
22. Quelle est la fonction du Parlement?
23. Citez les quatre principaux partis politiques français. Quels sont les partis d'opposition et quels sont les partis qui constituent la majorité?

DISCUSSION

1. Comparez le système politique français au système américain. Quelles en sont les ressemblances et les différences principales?
2. Il y a une très grande différence dans la densité de la population en France d'une région à l'autre. Dans la région parisienne il y a 821 habitants au kilomètre carré, tandis qu'en Limousin, une jolie province champêtre (*rural*), la densité n'est que de 44 habitants par kilomètre carré. Où voudriez-vous vivre de préférence? Pourquoi? En général, préférez-vous la ville ou la campagne?
3. Quels sont, selon vous, les produits français les mieux connus aux Etats-Unis?
4. En France, beaucoup d'entreprises importantes sont nationalisées: par exemple, les chemins de fer et les communications (y compris la télévision et la radio). Y a-t-il certaines industries qui sont nationalisées aux Etats-Unis aussi? Le gouvernement devrait-il diriger directement certaines industries, celle du pétrole, par exemple?
5. Que savez-vous du Marché commun?
6. Pouvez-vous citer les noms de plusieurs membres du gouvernement français actuel? Pouvez-vous citer plusieurs hommes politiques appartenant aux partis de l'opposition?

COMPOSITION DIRIGÉE

En suivant le plan suggéré, rédigez une composition sur le sujet suivant:

Mon Idée de la France

   I. Introduction
- A. Définissez le sujet.
- B. Expliquez comment vous allez traiter la question.

  II. Développement
- A. Par quels moyens connaît-on un pays étranger si l'on n'y est jamais allé? Décrivez vos impressions de la France inspirées par
  1. le cinéma
  2. la télévision
  3. les journaux et les revues
  4. les livres
- B. Quelle idée de la France avez-vous retenue de votre premier cours de français?
- C. À quoi pensez-vous quand vous pensez à la France? (À Paris? À Brigitte Bardot? Aux cathédrales gothiques? Aux châteaux? À la Deuxième Guerre mondiale? etc.)

III. Conclusion
- A. Peut-on se fier aux (*trust*) impressions?
- B. Comment peut-on mieux connaître un pays?

Verbes **2**

The Present Tense (*Le Présent*)

FORMS

Regular Verbs

The present indicative forms of regular verbs consist of two parts: the *stem*, which does not change, and the *ending*, which changes to agree with the subject.

Present Indicative of Regular Verbs		
parler	**finir**	**rendre**
je parl**e**	fin**is**	rend**s**
tu parl**es**	fin**is**	rend**s**
il elle} parl**e**	fin**it**	rend
nous parl**ons**	fin**issons**	rend**ons**
vous parl**ez**	fin**issez**	rend**ez**
ils elles} parl**ent**	fin**issent**	rend**ent**

Stem-changing Verbs (*Verbes à radical variable*)

Many regular -**er** verbs undergo certain changes in spelling in order to preserve their regular spoken forms.

Stem-changing Verbs		
Infinitive ending		
-**cer**	c	becomes **ç** before **a** or **o**
-**ger**	g	becomes **ge** before **a** or **o**
e or **é** + *consonant* + **er**	e or é	becomes **è** before mute ending
-**yer**	y	becomes **i** before mute ending
-**ter** (jeter)	t	becomes **tt** before mute ending
-**ler** (appeler)	l	becomes **ll** before mute ending

1. In verbs with an infinitive ending in -**ger** or -**cer, c** becomes **ç,** and **g** becomes **ge** before **a** or **o** in order to preserve the original soft sound of the consonant: **ge** is soft, as in **général; go** is hard, as in **gouvernement.**

   The conjugation of two model verbs follows:

commencer *to begin*	
je commence	nous commen**ç**ons
tu commences	vous commencez
il elle} commence	ils elles} commencent

manger *to eat*	
je mange	nous mang**e**ons
tu manges	vous mangez
il elle } mange	ils elles } mangent

Other such verbs:

déplacer	to move, displace	**changer**	to change
exercer	to exercise	**exiger**	to demand
menacer	to threaten	**obliger**	to require
renoncer	to give up	**nager**	to swim
remplacer	to replace	**voyager**	to travel
tracer	to trace	**arranger**	to arrange

2. Most verbs with an infinitive in **e** or **é** + *consonant* + **er** will take an **accent grave** (`) on the **e** before the mute ending. In the present tense this occurs in all but the **nous** and **vous** forms:

acheter *to buy*		espérer *to hope*	
j'achète	nous achetons	j'espère	nous espérons
tu achètes	vous achetez	tu espères	vous espérez
il elle } achète	ils elles } achètent	il elle } espère	ils elles } espèrent

Other such verbs:

lever	to raise	**préférer**	to prefer
mener	to lead	**exagérer**	to exaggerate
achever	to finish	**répéter**	to repeat
peser	to weigh	**révéler**	to reveal

REMARQUER:

It is a general rule in French that words terminating in **-e** + *consonant* + *mute ending* (**e muet**) will have an *accent grave* on the **e** before the consonant: **manière, fidèle, père, espèce, crème, mère.** There are few exceptions to this pattern: **rêve, fête,** for example.

3. In verbs with an infinitive ending in **-yer, y** becomes **i** before a mute ending:

envoyer *to send*	
j'envoie	nous envoyons
tu envoies	vous envoyez
il elle } envoie	ils elles } envoient

Other such verbs:

payer	to pay (for)	**appuyer**	to lean	**aboyer**	to bark
essayer	to try[1]	**essuyer**	to wipe	**employer**	to use

---

[1] With verbs in **-ayer** it is acceptable to keep the **y**, but the other form is preferred: **je paie** or **je paye,** etc.

4. In certain verbs with an infinitive ending in **-ter** or **-ler, t** becomes **tt** and **l** becomes **ll** before a mute ending:

jeter *to throw*	
je jette	nous jetons
tu jettes	vous jetez
il ⎱ jette elle ⎰	ils ⎱ jettent elles ⎰

appeler *to call*	
j'appelle	nous appelons
tu appelles	vous appelez
il ⎱ appelle elle ⎰	ils ⎱ appellent elles ⎰

Other such verbs:

épeler   to spell   **renouveler**   to renew
rappeler   to recall   **rejeter**   to reject

Irregular Verbs

This appears to be a frighteningly long list of verbs, but as you look it over you will realize that you have studied almost all the basic verbs already. That is because, statistically, these are the most frequently used verbs of the French language. It is virtually impossible to say anything without them. Review them now with their compounds and associates:

aller *to go*	
je vais	nous allons
tu vas	vous allez
il ⎱ va elle ⎰	ils ⎱ vont elles ⎰

dire *to say, tell*	
je dis	nous disons
tu dis	vous dites
il ⎱ dit elle ⎰	ils ⎱ disent elles ⎰

Like **dire: interdire** *to forbid* (except for **vous interdisez**)

avoir *to have*	
j'ai	nous avons
tu as	vous avez
il ⎱ a elle ⎰	ils ⎱ ont elles ⎰

écrire *to write*	
j'écris	nous écrivons
tu écris	vous écrivez
il ⎱ écrit elle ⎰	ils ⎱ écrivent elles ⎰

Like **écrire: décrire** *to describe; **inscrire** to inscribe*

connaître *to know, be familiar with*	
je connais	nous connaissons
tu connais	vous connaissez
il elle} connaît	ils elles} connaissent

Like **connaître: reconnaître** *to recognize;* **paraître,** *to appear;* **disparaître,** *to disappear*

être *to be*	
je suis	nous sommes
tu es	vous êtes
il elle} est	ils elles} sont

croire *to believe*	
je crois	nous croyons
tu crois	vous croyez
il elle} croit	ils elles} croient

faire *to do, make*	
je fais	nous faisons
tu fais	vous faites
il elle} fait	ils elles} font

Like **faire: satisfaire** *to satisfy*

détruire *to destroy*	
je détruis	nous détruisons
tu détruis	vous détruisez
il elle} détruit	ils elles} détruisent

Like **détruire: conduire** *to drive, conduct;* **construire** *to construct;* **instruire** *to instruct;* **produire** *to produce;* **réduire** *to reduce;* **traduire** *to translate*

lire *to read*	
je lis	nous lisons
tu lis	vous lisez
il elle} lit	ils elles} lisent

Like **lire: élire** *to elect*

mettre	*to place, put*
je mets	nous mettons
tu mets	vous mettez
il elle } met	ils elles } mettent

Like **mettre: admettre** *to admit;* **omettre** *to omit;* **promettre** *to promise;* **permettre** *to permit;* **soumettre** *to submit*

savoir	*to know*
je sais	nous savons
tu sais	vous savez
il elle } sait	ils elles } savent

ouvrir	*to open*
j'ouvre	nous ouvrons
tu ouvres	vous ouvrez
il elle } ouvre	ils elles } ouvrent

Like **ouvrir: couvrir** *to cover;* **découvrir** *to discover;* **recouvrir** *to cover up;* **souffrir** *to suffer;* **offrir** *to offer, give*

tenir	*to hold*
je tiens	nous tenons
tu tiens	vous tenez
il elle } tient	ils elles } tiennent

Like **tenir: appartenir** *to belong;* **obtenir** *to obtain;* **maintenir** *to maintain;* **soutenir** *to sustain, support;* **retenir** *to retain*

partir	*to leave*
je pars	nous partons
tu pars	vous partez
il elle } part	ils elles } partent

Like **partir: sortir** *to go out;* **sentir** *to feel, smell;* **servir** *to serve*

venir	*to come*
je viens	nous venons
tu viens	vous venez
il elle } vient	ils elles } viennent

Like **venir: devenir** *to become;* **revenir** *to come back*

pouvoir *to be able*	
je peux (puis)	nous pouvons
tu peux	vous pouvez
il elle } peut	ils elles } peuvent

voir *to see*	
je vois	nous voyons
tu vois	vous voyez
il elle } voit	ils elles } voient

prendre *to take*	
je prends	nous prenons
tu prends	vous prenez
il elle } prend	ils elles } prennent

Like **prendre: apprendre** *to learn;* **comprendre** *to understand;* **surprendre** *to surprise;* **entreprendre** *to undertake*

vouloir *to wish, want*	
je veux	nous voulons
tu veux	vous voulez
il elle } veut	ils elles } veulent

USE OF THE PRESENT TENSE

A. In French, the present tense is used much as it is in English.

1. To express a general truth:

   La plupart des frontières françaises sont naturelles.

2. To express an action occurring at the moment it is told:

   Maintenant nous étudions l'emploi du présent de l'indicatif.

3. To express an action that is currently habitual:

   Richard fait du footing (*jogs*) **tous les jours au bois de Boulogne.**

4. To express an action that will occur in the immediate future:

   Liliane part dans un instant.

REMARQUER:
The French present tense has only one form, whereas the English has three:

Jean **parle** français. { John *speaks* French.
John *does speak* French.
John *is speaking* French.

B.   There are several uses of the present tense in French that do not correspond to English. These deserve special attention.

1. Compare:

Jean-Pierre **travaille** dans cette usine **depuis onze ans.** *Jean-Pierre **has
been working** in this factory **for eleven years.***

Jean-Pierre **travaille** dans cette usine **depuis 1970.** *Jean-Pierre **has
been working** in this factory **since 1970.***

In French the present tense is used to express *an action begun in the
past but continuing in the present.* In the first sentence **depuis** is used to
mean *for,* with the amount of time the action has been taking place
(**depuis onze ans**). In the second sentence, **depuis** means *since,* with the
point in time at which the action began (**depuis 1970**).

In sentences that indicate the amount of time the action has been taking
place (*for two days, for a month,* etc.) the following constructions with
the present tense are also used:

Voici deux ans que ⎫
Voilà deux ans que ⎪
Il y a deux ans que ⎬ **ma famille habite ici.**   =
Cela fait deux ans que ⎭

My family has been living here for two years.

Examine the interrogative forms of this construction:

Depuis combien de temps votre famille habite-t-elle ici?
Ma famille habite ici **depuis deux ans.**
OR:
Voici (Voilà, Il y a, Cela fait) deux ans que ma famille habite ici.

Depuis quand votre famille habite-t-elle ici?
Ma famille habite ici **depuis 1979.**

2. The present tense is often used to recount events that took place in the
past; this makes the narration more lively:

Son service militaire terminé en 1965, Jean-Pierre Lefèbvre rencontre
Christiane Mallet à un bal. Elle est ouvrière et travaille dans une des
grandes usines de la ville.

3. In sentences that take the form "*If . . . (then) . . . ,*" there are two parts: a
clause stating the condition (the *if* clause) and a clause expressing the
result (the result clause). If the result clause is future, the present tense
must be used in the *if* clause in French:

Si je **gagne** 1000 francs de plus, je pourrai payer mes dettes.
*If I **earn** (**will earn**) a thousand francs more, I will be able to pay my
debts.*

EXERCICES

A. Refaites les phrases suivantes en employant les sujets indiqués. (Tous les verbes sont réguliers.)

1. La France fournit des matériels de haute précision.
   (Les Etats-Unis / Nous)

2. Les montagnes descendent vers la côte.
   (Le fleuve / Je)

3. Vous étudiez les statistiques.
   (Le gouvernement / Tu)

4. Tu défends les droits des citoyens.
   (Le premier ministre / Les sénateurs)

5. Tu établis le budget.
   (Vous / Je)

6. Voilà un homme que j'admire.
   (tu / vous)

B. Complétez les phrases suivantes par le présent des verbes indiqués. (Ce sont des verbes à radical variable.)

1. Le chien (aboyer) quand la journaliste arrive.
2. Christiane (se rappeler) les vacances passées à la mer.
3. Le mari (payer) les traites (*installments*) sur la machine à laver.
4. Nous (exercer) le droit de voter.
5. La famille (espérer) déménager bientôt.
6. Les hommes d'affaires (se lever) de bonne heure.
7. Ils (achever) le travail.
8. Madame Blanchard (préférer) consacrer tout son temps à ses enfants.
9. Cette famille ouvrière (mener) une vie difficile.
10. Des montagnes (protéger) la côte méditerranéenne des vents du nord.
11. Nous (diriger) l'usine.
12. On (appeler) le sud de la France «le Midi».
13. Le président (rejeter) la proposition du Sénat.
14. Le linge (sécher) (*dry*) au soleil.
15. Monsieur Blanchard (ne pas acheter) le journal du militant communiste.

C. Refaites les phrases suivantes en employant la forme correcte des verbes irréguliers, selon le modèle.

MODÈLE: Elle est en train de[1] lire le journal.
          Elle lit le journal.

1. Les petites entreprises sont en train de disparaître.
2. Les professeurs sont en train d'inscrire les résultats des examens au tableau.

---

[1] **être en train de** + *inf.:* to be in the process of doing something. (This expression is used to emphasize an ongoing action and is comparable to the progressive present form in English: Elle **est en train de lire** le journal. *She is reading* the newspaper.)

3. La nation est en train d'élire une nouvelle Assemblée.
4. La France est en train de devenir une nation très puissante.
5. Nous sommes en train de voir des transformations très importantes.
6. La police est en train de maintenir l'ordre.
7. Toutes les industries sont en train de souffrir d'un manque d'énergie.
8. Les ouvriers sont en train de détruire la vieille usine.
9. Ils sont en train d'aller à la Côte d'Azur.
10. Le président et son premier ministre sont en train de soumettre le traité au Parlement.

D. Donnez la forme correcte du verbe irrégulier indiqué.

1. *to be able*
   (nous / ils / je)

2. *to describe*
   (les Français / vous / l'article)

3. *to become*
   (vous / elles / on)

4. *to want, wish*
   (tu / tout le monde / ils)

5. *to make, do*
   (je / vous / les maires)

6. *to disappear*
   (il / nous / ils)

7. *to promise*
   (je / il / ils)

8. *to offer*
   (elles / vous / je)

9. *to say, tell*
   (les hommes politiques / vous / il)

10. *to understand*
    (je / elle / elles)

11. *to produce*
    (on / nous / les événements)

12. *to go*
    (je / ils / tu)

E. Donnez le pluriel des verbes suivants. Lisez-les à haute voix en faisant bien attention à la prononciation.

1. il choisit
2. il rend
3. je commence
4. je mange
5. tu jettes
6. tu appelles
7. j'achète
8. je préfère
9. tu mènes
10. tu envoies

11. j'emploie
12. il peut
13. elle veut
14. elle sait
15. il décrit
16. il satisfait
17. je vais
18. elle a
19. il part
20. il reconnaît

21. elle croit
22. il permet
23. elle appartient
24. il revient
25. il surprend
26. elle élit
27. il traduit
28. je construis
29. tu fais
30. tu dis

F. Traduisez les phrases suivantes. S'il y a plus d'une façon de les traduire, donnez-les toutes.

MODELE: Les membres du conseil **élisent** le maire.
          The members of the council *elect (do elect, are electing)* the mayor.

1. Le président met ses lunettes pour mieux voir.
2. Cette dame conduit bien la voiture.

3. Le couple est inscrit au Parti communiste depuis un an et demi.
4. Si le gouvernement supprime les allocations familiales, le taux de natalité baissera.
5. Dans cette région, l'industrie des textiles est depuis longtemps la base de l'économie.
6. Si les séparatistes gagnent, la Corse deviendra un pays indépendant de la France.
7. La Martinique, la Guadeloupe, la Guyane et la Réunion sont des départements depuis 1946.
8. Voilà deux heures que je fais ces exercices et maintenant, j'en ai assez!

G. Répondez aux questions suivantes. Pour les questions 1 et 2, répondez de quatre façons diverses.

1. Depuis combien de temps êtes-vous à l'université?
2. Depuis combien de temps étudiez-vous le français?
3. Depuis quand étudiez-vous le français?
4. Depuis quand habitez-vous cette ville?
5. Depuis quand la Cinquième République existe-t-elle?
6. Si les Dubois fêtent leur dizième anniversaire de mariage aujourd'hui, depuis quand sont-ils mariés? Depuis combien de temps sont-ils mariés?

Les Lefèbvre:
Une Famille française
de la classe ouvrière

3

No family is truly typical, but the Lefèbvres, whose profile we present here, are representative of many French working-class families. They share with them a similar life-style, common problems, political attitudes, and aspirations.

VOCABULAIRE

Lexique de mots-clés

baisser	to lower
le bonheur	happiness
la bourse	scholarship, purse
débourser	to disburse, lay out (money)
le coin	corner
le droit	right
avoir droit à	to be entitled to
gagner	to earn, win
le (la) gosse (fam.)	kid, child
le loyer	rent
louer	to rent
une villa de location	a rented house
peu à peu	little by little
de plus en plus	more and more
le poids	weight
un poids lourd	tractor trailer
le lancer du poids	shot put
rater	to fail
une usine	factory

EXERCICES

A. Quel est le mot qui a un sens contraire à ceux-ci?

1. tout d'un coup
2. lever
3. perdre
4. réussir
5. de moins en moins
6. une grande personne
7. le malheur

B. Quel est le mot qui correspond aux définitions suivantes?

1. angle formé par deux lignes
2. établissement industriel muni de machines
3. ce qu'on paie pour le droit d'occuper un logement
4. force exercée par un corps matériel; lourdeur, pesanteur
5. prérogative, privilège
6. pension accordée à un étudiant

MEMBRES DE LA FAMILLE

le beau-frère	brother-in-law
la marraine	godmother
un(e) aîné(e)	elder, eldest
un(e) cadet(te)	younger, youngest
un petit-fils	grandson

Une promenade
dominicale.

LA MAISON

le bibelot	knick-knack
le couloir	corridor
la cuisinière	stove
la machine à laver	washing machine
les meubles (*m.*)	furniture
la pelouse	lawn
le placard	cupboard
le tapis	rug

LES VÊTEMENTS

les chaussures (*f*)	shoes
la jupe	skirt
le linge	linen, undergarments
la laine	wool
le maillot de bain	bathing suit
le manteau	coat
le pantalon[1]	pants

---

[1] Note that **le pantalon** is singular in French.

IDIOTISMES DES VERBES «*FAIRE*» ET «*AVOIR*»

faire chaud / froid	to be hot/cold (the weather)
faire les comptes	to do the accounts
faire le ménage	to do the housework
faire la navette	to go back and forth, commute
faire la vaisselle	to wash the dishes
faire vivre	to support
avoir dix-huit ans	to be eighteen years old
avoir de la chance	to be lucky

EXERCICES

Répondez aux questions suivantes en employant le vocabulaire de la leçon.

1. Quels vêtements portez-vous aujourd'hui?
2. Qu'est-ce qu'on porte à la plage d'habitude?
3. Avez-vous une sœur aînée? Qui est le cadet (ou la cadette) de votre famille?
4. Quels meubles trouve-t-on dans une cuisine?
5. Les manteaux d'hiver sont-ils faits de coton?
6. Avez-vous beaucoup de bibelots chez vous?
7. Qui est-ce qui fait le ménage chez vous? Qui est-ce qui fait la vaisselle? Et les comptes?

Lexique de mots secondaires

le chiffre	figure, number
coincé	stuck, jammed
le défilé	parade
dès	as early as
enceinte	pregnant
gêné	ill at ease, embarrassed
gronder	to scold
hebdomadaire	weekly
un impôt	tax
le poste (de radio, de télévision)	set, receiver
ranger	to straighten out, put in order
la rentrée	reopening of schools
le roman	novel
se sentir	to feel

Étude de mots

A. **«Chez»**

1. **Chez** signifie «à la maison de»:

Henri habite **chez ses parents.** *Henry lives **in his parents' house.***
Venez dîner **chez moi** samedi soir. *Come have dinner **at my house** Saturday evening.*

2. On dit aussi:

Il travaille **chez Renault.** *He works **at the Renault company.***
Je vais **chez le dentiste** (le boulanger, le boucher, etc.) *I'm going **to the dentist's** (the baker's, the butcher's, etc.)*

3. Au sens figuré, **chez** signifie «dans l'œuvre de» ou «dans la pensée de»:

On ne trouve pas de héros **chez certains écrivains modernes.** *One doesn't find heroes **in the works of certain modern writers.***

B. **«On»** peut signifier *one, people, they, you, we*

1. **On** est un pronom qui s'emploie exclusivement comme sujet. Il sert à désigner d'une manière générale une ou plusieurs personnes indéterminées:

D'habitude, **on** porte un maillot de bain à la plage. *Usually **one** wears a bathing suit at the beach. Usually **people** (**they**) (**you**) wear a bathing suit at the beach.*

2. Dans la langue familière, **on** prend parfois la place de **nous**:

Alors, **on** s'en va? *Well then, shall **we** leave?*
Si je gagnais plus d'argent, **on** serait heureux. *If I earned more money, **we** would be happy.*

REMARQUER:
On is sometimes used with the article (*l'on*) for elegance of speech:

Si **l'on** a de la chance, le succès est facile.

C. "People": **on** vs. **les gens, les personnes, le peuple, du monde**

1. **Les gens** est généralement interchangeable avec **on** au sens de *"people"*:

D'habitude, **les gens** portent un maillot de bain à la plage.

REMARQUER:
Les gens existe seulement au pluriel; au singulier on dit **une personne.**

2. On emploie **personnes** s'il s'agit d'un nombre déterminé:

—Combien de **personnes** y a-t-il dans votre classe?
—Il y a huit **personnes** dans la mienne.

3. **Le peuple** signifie **le prolétariat** ou bien **la populace d'une nation**:

Voltaire n'était pas aristocrate; c'était un homme du **peuple.**
Tous **les peuples** de l'O.N.U. (Organisation des nations unies) devraient faire la paix.

4. Notez l'emploi du mot **monde** dans les phrases suivantes:

—Y avait-il **du monde** à la conférence ce soir?
—Non, il n'y a avait pas **beaucoup de monde.**

EXERCICE

Complétez les phrases suivantes en choisissant entre **on, les gens, les personnes, le peuple** et **le monde** et en faisant les changements nécessaires.

1. _____ dit que Marianne est enceinte.
2. Il ne faut pas croire tout ce que disent _____.
3. En France, la souveraineté appartient à _____.
4. Je n'aime pas _____ comme lui, qui ne paient pas leurs dettes.
5. Il y avait une centaine de _____ à la réunion.
6. Au musée du Louvre, il y a toujours beaucoup de _____.

D. "Time": **le temps, l'heure, la fois, le moment, l'époque, s'amuser**

1. *Duration, continuum:*

> Avez-vous **le temps** de m'aider?
> **Le temps** passe vite.

REMARQUER:
Le temps signifie aussi *weather*:
> —**Quel temps** fait-il?
> —Il pleut.

2. *Clock time:*

> Quelle **heure** est-il? Est-il déjà midi?
> Ne venez pas à huit **heures**. À **cette heure-là**, je suis occupé.

3. *Occasion, instance:*

> Mon cousin a vu *La Guerre des étoiles* neuf **fois!**
> **Cette fois-ci,** c'est moi qui vous invite.

4. *The wrong time, the right time, the proper time:*

> C'est le mauvais **moment** de faire cela.

> On dit aussi **en ce moment-ci** (*at this time*), **en ce moment-là** (*at that time*):

> **En ce moment-ci** Liliane travaille chez Renault.

5. *Period of time, era:*

> À **l'époque** de Louis XIV, les hommes portaient des perruques (*wigs*).

6. *To have a good time:*

> **Je m'amuse** bien pendant le weekend.

EXERCICE

Complétez les phrases suivantes en choisissant entre **temps, heure, fois, moment** et **époque.** Pour accompagner le nom, employez les mots convenables donnés entre parenthèses.

1. Christiane a rencontré son mari en 1956. À (ce/cette) _____, elle travaillait dans une usine.

2. Combien de _____ êtes-vous allé à Paris?
3. À (quel/quelle) _____ commence le spectacle?
4. Combien de _____ avez-vous passé à préparer cette leçon?
5. Il me semble que ce n'est pas (le bon/la bonne) _____ de faire un voyage.
6. Bonjour, Maurice! Il y a longtemps que je ne t'ai pas vu; que fais-tu en (ce/cette) _____?
7. J'aurais bien aimé vivre (au/à la/à l') _____ de Napoléon.
8. (Le dernier/la dernière) _____ que j'ai vu Monsieur Clouzot, c'était en 1978.
9. L'homme voudrait conquérir (le/la/l') _____ et l'espace, ces deux infinis.
10. Quand on est étudiant, il faut bien organiser (son/sa) _____.

STRUCTURE

Time (*L'Heure*)

Official Time

A twenty-four hour clock is used in France for all official schedules and time-tables:

10 h   = *10 A.M.*
14 h 15 = *2:15 P.M.*
0 h 30   = *12:30 midnight*

Informal Time

Quelle heure est-il?

Il est cinq heures du matin.   *5 A.M.*
Il est onze heures dix du matin.   *11:10 A.M.*
Il est midi.   *12 A.M.*
Il est une heure et demie de l'après-midi.   *1:30 P.M.*
Il est sept heures moins le quart du soir.   *6:45 P.M.*
Il est dix heures moins cinq du soir.   *9:55 P.M.*
Il est minuit.   *12 P.M.*

Il est environ minuit.   *It is around midnight.*
Il est environ une heure.   *It is about one.*
Jacques est venu me voir vers une heure.   *Jacques came to see me around one.*
Il est deux heures pile (juste).   *It is two o'clock sharp.*

EXERCICES

A.   Lisez à haute voix les heures suivantes et écrivez-les selon le modèle.

MODÈLE: 13 h 30
          Il est une heure et demie de l'après-midi.

1. 2 h 6	4. 14 h 15	7. 15 h 45
2. 12 h	5. 19 h 45	8. 17 h 30
3. 6 h 30	6. 0 h 20	

B.   Lisez à haute voix les phrases suivantes.

1.   En France il y a beaucoup de magasins qui ferment pour la sieste de 12 h à 14 h.
2.   La plupart des banques françaises sont ouvertes de 9 h jusqu'à 16 h 30.
3.   Les Français dînent d'habitude vers 20 h.
4.   Ma classe de français se réunit le lundi, le mercredi et le vendredi à 10 h.
5.   On peut voir le journal télévisé à 13 h sur la deuxième chaîne.
6.   Dans le bureau où je travaille, on prend chaque jour une pause-café à 15 h 15.
7.   Cet avion décolle à 4 h 07.
8.   Le train arrive à 24 h.
9.   Il y a deux séances pour ce film: la première est à 19 h 20 et la deuxième à 21 h 40.
10.   Mon rendez-vous avec le directeur est à 17 h 45.

C.   Répondez aux questions suivantes.

1.   À quelle heure vous levez-vous d'habitude?
2.   À quelle heure se réunit votre classe de français?
3.   À quelle heure prenez-vous votre déjeuner?
4.   Pendant le week-end, vous couchez-vous de bonne heure ou assez tard?
5.   À quelle heure arrivez-vous à votre classe de français d'habitude? Êtes-vous toujours à l'heure, ou arrivez-vous quelquefois en retard?

The Present Participle (*Le Participe présent*)

FORMATION

Stem: the **nous** form of the present tense minus **ons**: **parl~~ons~~**, **finiss~~ons~~**, **rend~~ons~~**, **fais~~ons~~**, **all~~ons~~**, etc.

Ending: **-ant**

parlant	speaking	**faisant**	doing
finissant	finishing	**allant**	going
vendant	selling		

REMARQUER:

The formation of the present participle is the same for all verbs, both regular and irregular. There are only three exceptions: avoir **ayant** (*having*), être **étant** (*being*), savoir **sachant** (*knowing*).

USE

1. The present participle may be used alone to indicate an action simultaneous to the principal verb; it sometimes has an explanatory value:

   Étant fatigué, il s'est couché.   ***Being*** *tired, he went to bed.*
   Voyant le changement en sa fille, la mère s'inquiétait.   ***Seeing*** *the change in her daughter, the mother worried.*

2. The present participle is often used after **en** to explain how something is done:

   On réussit **en travaillant.**   *You succeed **by working.***
   J'ai complété ces phrases **en employant** le verbe indiqué.   *I completed these sentences **by using** the verb indicated.*

   It may also be used after **en** to tell when another action occurs:

   Christiane a rencontré Jean-Jacques **en allant** en ville.   *Christiane met Jean-Jacques **while going** downtown.*
   En apprenant qu'elle avait gagné le tiercé, Janine a téléphoné à tous ses amis.   ***Upon learning*** *that she had won the bet, Janine phoned all her friends.*

3. Introduced by **tout en,** the present participle indicates simultaneity with a nuance of opposition or contrast:

   Tout en ayant faim, le prisonnier a refusé de manger.   ***Although he was hungry,*** *the prisoner refused to eat.*
   Tout en lisant le journal, il mangeait.   *He was eating **while reading the newspaper.***

REMARQUER:

1. Do not confuse the progressive tense of a verb with the present participle:

   I am speaking.   Je parle.   *I was speaking.*   Je parlais.

2. Although the present participle is frequently used after prepositions in English, *the infinitive is the only verb form that may follow a preposition in French.*

> Le petit-fils part **sans dire** un mot.   *The grandson leaves **without saying** a word.*
> Je suis fatigué **de courir**.   *I am tired **of running**.*

En is the one preposition that can introduce the present participle in French.

EXERCICES

A.   Donnez le participe présent des verbes suivants.

1. gagner	5. faire	9. manger
2. choisir	6. savoir	10. commencer
3. rendre	7. être	11. pouvoir
4. avoir	8. grossir	12. voir

B.   Refaites les phrases suivantes en employant un participe présent comme dans les modèles.

MODÈLE: Il était fatigué et il s'est couché.
          Étant fatigué, il s'est couché.

1. Il était malade et il a consulté un médecin.
2. Il avait soif et il a commandé une bière.
3. Elle savait qu'elle ne pouvait pas payer ses dettes et elle a vendu la maison.

MODÈLE: On réussit à force de (*by dint of*) travailler.
          On réussit en travaillant.

4. On apprend à force d'étudier.
5. On acquiert un bon vocabulaire à force de lire.
6. Le cycliste est arrivé au sommet à force de faire un effort énorme.

MODÈLE: J'ai rencontré Jean-Pierre quand j'allais en ville.
          J'ai rencontré Jean-Pierre en allant en ville.

7. Elle a pleuré quand elle a appris la nouvelle.
8. Les gosses sourient quand ils regardent la télévision.
9. «Où étais-tu?» a-t-elle demandé quand elle a vu sa fille.

MODÈLE: Paul avait faim, mais il a refusé de manger.
          Tout en ayant faim, Paul a refusé de manger.

10. Mon beau-frère est riche, mais il ne fait jamais de voyages.
11. Les Lefèbvre aiment le cinéma, mais ils y vont rarement.
12. Christiane était enceinte, mais elle s'est mariée en robe blanche.

C.   Complétez les phrases suivantes par la forme correcte du verbe donné entre parenthèses. Ensuite traduisez la phrase.

1. Monsieur Lefèbvre se plaint en (faire) _____ ses comptes.
2. Monsieur Lessieur (gagner) _____ environ 5000 francs par mois.

3. Virginie regardait constamment la télé et elle a fini par (rater) _____ son examen.
4. Beaucoup d'ouvriers votent à gauche en (penser) _____ que leur vie s'améliorera.
5. Mon frère aîné (louer) _____ une villa pour l'été.
6. Nous sommes fatigués de (faire) _____ ces exercices.

LECTURE | Les Lefèbvre:[1] Une Famille de la classe ouvrière

1

une entrée entrance
la cité housing project
la filature spinning mill

tournent... réduits operate with reduced personnel
le volant steering wheel

juste close, tight

alourdir to weigh down

j'y arriverais I would make it

la frange bangs
châtain chestnut
tripoter dabble with
éplucher to pare
vient de has just

Jean-Pierre et Christiane Lefèbvre habitent l'entrée° 161/6 de la cité° H.L.M.[2] des Longs-Champs, à Hem, dans la banlieue de Roubaix.[3] L'industrie, ici, c'est depuis toujours les filatures.° Deux usines vont fermer en automne. Plusieurs autres tournent à effectifs réduits:° la crise. Jean-Pierre travaille chez Phildar—les laines—il est chauffeur de poids lourd. De 13 heures à 21 heures, depuis onze ans, il fait la navette entre les usines de l'entreprise au volant° de son 15 tonnes. Il gagne 2 700 francs[4] par mois. Avec les allocations familiales, il arrive à presque 4 000 francs de revenus pour faire vivre sa femme et ses quatre enfants.

«C'est trop juste°», dit-il.

Cet homme de 33 ans aux lunettes sages n'a pas vraiment de révolte au cœur. C'est plutôt un poids qui alourdit° ses épaules, chaque jour que le Bon Dieu fait. Fils et petit-fils d'ouvrier, il se sent coincé dans des rêves immobiles.

«En gagnant 1 000 francs de plus par mois, j'y arriverais,° on serait heureux.»

Ce matin-là, c'est Christelle, la troisième, qui m'a ouvert la porte. Un visage rond sous une frange° châtain.° Sur le balcon, Riquette, la chienne trouvée dans les rues, aboie, Stéphanie, la dernière, 2 ans et demi, tripote° le céleri que sa mère épluche° pour la soupe. Les «grands», Bruno et Virginie, qui ont 9 et 11 ans, jouent dehors. Le linoléum est illuminé de soleil, Christiane vient de° laver par terre à

Source: Liliane Sichler, *L'Express.*

[1] Notez que le pluriel des noms de famille n'a pas de **s** en français: **les Lefèbvre, les Blanchard,** etc.

[2] **H.L.M.:** Habitation à loyer modéré (government-sponsored low-rent housing project)

[3] **Roubaix:** ville du nord, grand centre textile

[4] **2 700 francs** est l'équivalent d'environ $600. (Le taux d'échange du dollar varie entre 4 et 5 francs)

laver à grande eau   to scrub down

étriqué   cramped
le bahut   chest
le coquillage   shell

entasser   to pile up
la caisse en carton   cardboard box
le fouillis   mess
tendu   hung with

lourd   heavy
taillée en sportive   with an athletic
   build
accoudé   leaning (on the elbow)

aligner   line up, set in columns
les frais   expenses
la cantine   school cafeteria

les fournitures scolaires   school
   supplies

un ourlet   hem

ça nous arrange   that makes things
   easier for us
plutôt   rather
le collège   junior high school
toucher   to collect

un arbuste de buis   hedge

poussiéreux   dusty

grande eau.° La cuisine est vaste, «avec tout ce qu'il faut», cuisinière, réfrigérateur et machine à laver. À côté, la salle à manger semble étriquée° entre les deux bahuts° couverts de bibelots en coquillages,° de fleurs artificielles et la table, à un mètre de la télévision. De l'autre côté du petit couloir, trois chambres avec des lits pour seuls meubles. Dans les placards, Christiane a entassé° des caisses en carton° pour «ranger le fouillis».° La petite salle de bains est tendue° de linge qui sèche.

Christiane a 29 ans, un visage bien dessiné sur un corps un peu lourd.° Une grande fille taillée en sportive°—elle a gagné deux médailles au lancer du poids, à Lille[5] autrefois. Elle s'assoit près de Jean-Pierre. Accoudé° à un coin de table de cuisine, il fait les comptes de la rentrée en se plaignant:

«C'est toujours en hiver qu'il y a le plus à payer.»

D'abord, le loyer: 458 f 80 par semestre. Mais, en hiver, il faut ajouter 300 francs de charges. Plus 400 francs d'impôts locaux.

«On nous a annoncé en fanfare l'augmentation des allocations familiales de 60 francs, mais notre allocation logement a baissé de 40 francs.»

Jean-Pierre aligne° des chiffres. Pour les enfants, en additionnant les frais° de cantine,° d'études, de coopérative et d'assurances, il faut débourser 202 francs dès le jour de la rentrée. Plus les fournitures scolaires° et les vêtements. Le pantalon de Bruno, la marraine le lui offrira pour son anniversaire. Pour les filles, Christiane a commencé à s'attaquer aux ourlets° des jupes. La grosse dépense, ce sera les chaussures. Les deux aînés mettront tous les jours leur «manteau du dimanche», qu'on avait acheté un peu ample l'année dernière.

«Virginie a raté son examen d'entrée en sixième,[6] dit le père avec un vague sourire, et ça nous arrange° plutôt.° Le collège° ... avec tout ce que demandent les professeurs! Bien sûr, elle aurait eu droit à une bourse de 500 francs, mais on ne la touche° qu'en décembre...»

Il fait chaud. Sur la pelouse, des papiers volent. Les gosses, le visage en feu, se poursuivent autour des arbustes de buis° poussiéreux° en poussant des cris. Voilà neuf ans que les Lefèbvre habitent ici.

Ils ne sont partis qu'une seule fois, pour leurs trois semaines de vacances, l'été de 1970. Avec les sœurs et les beaux-frères, ils avaient loué une maison sur la Costa Brava.[7] Christiane sort l'album de photos.

«Là, c'est moi. Là, c'est lui. Tu te rappelles...»

---

[5] **Lille**: grande ville industrielle du nord

[6] **La sixième** correspond à la *seventh grade* dans les écoles américaines. Il s'agit en France de la première année dans l'enseignement secondaire.

[7] **la Costa Brava**: partie de la côte d'Espagne

La famille Lefèbvre à la mer.

Des silhouettes en maillot de bain. Des trésors de souvenirs et l'envie des deux cadets, qui n'étaient pas nés et ne se retrouvent pas sur les photos. Mais, au retour, ils n'ont pas pu payer le loyer.

«On nous a envoyé l'huissier»,° gronde° Jean-Pierre.

Humiliation? Ils ne racontent pas, ils ont la pudeur° taciturne des gens du Nord. À l'époque, ils ont réussi à obtenir un crédit de l'office d'H.L.M. Depuis, c'est terminé, les vacances. En août, quand Phildar, sa «boîte»,° ferme, Jean-Pierre reste à la maison avec sa famille.[8]

un huissier process-server
    (judicial term)
gronder to grumble
la pudeur modesty

la boîte *(pop.)* one's place of work

COMPRÉHENSION

1. Quelle sorte de logement les Lefèbvre ont-ils?
2. Quelle est la base de l'économie dans la région où ils habitent?
3. Quel est le métier de Jean-Pierre? Quelles sont ses heures de travail?
4. Depuis combien de temps fait-il ce travail?
5. Combien d'argent Jean-Pierre Lefèbvre gagne-t-il? Combien en reçoit-il du gouvernement comme allocations familiales?

---

[8] En France, tous ceux qui travaillent ont droit à un mois de congé *(vacation)* payé.

6. Le revenu de la famille suffit-il pour la faire vivre confortablement?
7. Comment s'appellent les membres de la famille Lefèbvre et que font-ils quand la journaliste arrive?
8. Faites une description de l'appartement.
9. Que fait Monsieur Lefèbvre quand la journaliste arrive? Pourquoi le fait-il en se plaignant?
10. Pourquoi Monsieur Lefèbvre n'est-il pas très déçu (*disappointed*) que Virginie ait raté son examen d'entrée en sixième?
11. Depuis combien de temps la famille habite-t-elle ici?
12. Sont-ils jamais partis en vacances? Où sont-ils allés?
13. Pourquoi la famille Lefèbvre ne fait-elle plus de voyages?

2

Jean-Pierre est né à Roubaix, dans une famille de six enfants.

«Il n'y avait pas d'argent, mon père est ouvrier tisserand.° Après le certificat d'études,[9] j'ai dû travailler.»

un ouvrier tisserand weaver

À 14 ans, il est apprenti dans une fabrique de tapis. Pas malheureux. Mais il aurait préféré devenir mécanicien,° s'il avait pu «continuer à apprendre». Il donne sa paie aux parents, garde un petit billet pour le bal du samedi. L'aventure de sa vie, ce fut° le service militaire en Allemagne.

le mécanicien mechanic

ce fut = c'était

«J'avais beaucoup d'amis de tous les coins de France. Et, surtout, j'ai appris à conduire: j'étais le chauffeur du capitaine. J'ai même fait le défilé du 14 juillet à Paris. Juste vingt-quatre heures, je n'ai pas eu de temps pour visiter, mais c'était bien. Je n'y suis jamais retourné.»

Le service terminé, en avril 1965, Jean-Pierre rencontre Christiane Magre à Leers, à 5 km de chez lui, au bal de la Fête de la bière. Elle est ouvrière et travaille au bobinoir° à la Lainière de Roubaix. De 5 heures du matin à 13 heures, elle enroule° des fils° autour des bobines.°

le bobinoir winding machine
enrouler to wind, coil
le fil thread
la bobine spool

Son mariage rend Christiane mélancolique.

«J'étais enceinte, et ma mère n'a pas voulu que je porte la belle robe blanche pour la cérémonie.»

Christiane a l'impression de ne jamais avoir eu de chance, sauf, peut-être, quelques jours avant son mariage.

«Jean-Pierre avait joué au tiercé,[10] il a gagné 1 000 francs. On a pu s'acheter la table de cuisine, les chaises et le placard.»

Tout le reste, chez eux, a été acheté à crédit, peu à peu. Ils n'ont

---

[9] **Certificat d'études:** diplôme qui marque la fin des études primaires dans une école technique

[10] **le tiercé:** a state-organized betting game based on horse races in which one selects three winners

marcher to work, function

s'inscrire to enroll

le grand magasin department store

faire bande à part to group together
à part apart, separately

le truc (*pop.*) "thing"
caser to stow away

Reste la télé. That leaves television.

le démarcheur canvasser

fièrement proudly

morceau . . . tablier surrounded by a strip of lawn
la lisière outskirts
emménager to move to

pas encore fini de payer la machine à laver et elle ne marche° déjà plus.

Jean-Pierre et Christiane Lefèbvre sont inscrits° au Parti communiste depuis un an et demi. D'un air un peu sceptique, Jean-Pierre remarque:

«La vie est de plus en plus difficile, mon espoir est devenu politique. Beaucoup d'ouvriers vont voter à gauche en pensant qu'il y aura le bonheur après.»

Pour les Lefèbvre, la seule distraction hebdomadaire, c'est le déjeuner, le dimanche, au self-service d'un grand magasin° d'Hem. Alors, pas de vaisselle pour Christiane, et les enfants s'amusent à faire bande° à part° à une table, loin des parents.

«Nous ne sommes jamais allés dans un vrai restaurant, dit Christiane, c'est trop cher. Je crois que je me sentirais gênée.»

C'est comme le théâtre. À force d'en voir à la télé, Jean-Pierre rêve d'y aller. Le théâtre de Lille n'est pas loin. Mais il a toujours cette sorte de timidité qui lui fait dire: «Un truc° de bourgeois!»

Rarement, quand ils arrivent à «caser»° les gosses, ils se «paient un cinéma». La dernière fois, ils sont allés voir «Love Story». Reste la télé.° Une «dame chez qui Christiane faisait le ménage» leur a donné son vieux poste. La lecture? Jean-Pierre ne lit que «Réalités», le journal local du P.c. Christiane a acheté à un démarcheur° une série d'ouvrages documentaires et de dictionnaires. Encore un crédit.

«Ce sont nos premiers livres, dit fièrement° Christiane. Je ne veux pas de romans, ça n'arrive jamais dans la vie.»

Le dernier jour, ils ont voulu me montrer «leur» maison. Les enfants l'appellent la maison du «petit jardin». C'est à Wattrelos, à 18 km d'Hem. Une maisonnette en bloc de briques superposées avec le garage et un morceau de pelouse en tablier,° à la lisière° d'un bloc d'H.L.M. Jean-Pierre espère y emménager° bientôt, il a fait sa demande à la société d'H.L.M. de Roubaix. Il montre le papier. C'est la demande n° 9/75/2021: «J'y ai droit avec les quatre petits. J'y planterai des fleurs et ma femme mettra quelques légumes.»

COMPRÉHENSION

1. Décrivez la jeunesse de Jean-Pierre.
2. Quelle a été la seule aventure de sa vie?
3. Où a-t-il fait la connaissance de sa femme?
4. Comment les Lefèbvre ont-ils acquis leurs meubles?
5. Depuis quand le couple est-il inscrit au Parti communiste?
6. Quelle est la seule distraction hebdomadaire de la famille?
7. Vont-ils parfois au restaurant, au théâtre ou au cinéma? Expliquez pourquoi ou pourquoi pas.
8. Y a-t-il un poste de télévision à la maison? Les Lefèbvre l'ont-ils acheté?
9. Quelles sont les lectures des Lefèbvre?
10. Quel est le grand espoir de la famille?

DISCUSSION 1. Pensez-vous que la vie de cette famille française ouvrière soit très différente de celle d'une famille américaine de la même classe?
2. Les membres de cette famille sont-ils capables de faire des démarches (*take steps*) pour changer leur condition?
3. Par quels moyens le gouvernement français aide-t-il les Lefèbvre? Le gouvernement américain a-t-il des programmes semblables?

COMPOSITION DIRIGÉE

En prenant l'article de Liliane Sichler comme modèle, racontez une visite imaginaire dans une famille américaine de la classe ouvrière. Suivez le plan ci-dessous:

Les Smith: Une Famille américaine de la classe ouvrière

I. Introduction

Dites où habite la famille et décrivez son logement.

II. Développement

A. Parlez des membres de la famille et de ce qu'ils sont en train de faire quand vous arrivez chez eux.
B. Discutez le métier du père, et celui de la mère, si elle travaille aussi. Décrivez leur situation économique.
C. Quelles sont les plaisirs et les distractions des Smith? Qu'est-ce qu'ils voudraient faire que leur situation économique ne leur permet pas de faire?

III. Conclusion

Les membres de la famille ont ils des projets (*plans*) d'avenir? Lesquels?

Comment les Français sont-ils logés?

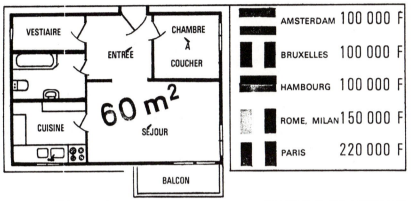

220.000 f—Clé en main.

Prix d'achat d'appartements
dans quelques villes
d'Europe.

La vie quotidienne et la situation économique des Français, depuis la guerre, dépendent beaucoup de l'appartement dans lequel ils habitent et du prix qu'ils le paient. Car la France en 1975 souffre encore d'une crise de logement.

Dans un certain nombre de cas, les loyers français sont «bloqués», c'est-à-dire que la loi fixe leur prix. Les ménages[1] qui habitent un appartement ancien ou un appartement neuf subventionné[2] par l'État paient un loyer faible. Ils peuvent mieux manger, acheter des vêtements plus élégants, partir plus souvent en vacances. Ceux qui ont un appartement neuf au loyer élevé ou qui habitent en meublé[3] sont obligés de faire des économies sur toutes les autres dépenses. Dans la France entière, il y a environ 8 millions de logements anciens et 6 millions d'appartements modernes.

Beaucoup de maisons sont très vieilles. Dans certains quartiers de Paris comme dans de nombreuses villes de province, une maison sur quatre a été construite avant 1850 et une maison sur deux entre 1870 et 1950. 38% des familles françaises habitent des bâtiments[4] construits avant 1900, contre 8% des familles finlandaises, suédoises ou hollandaises. Les Français ont du reste[5]

[1] **le ménage** household
[2] **subventionner** to subsidize
[3] **en meublé** in furnished quarters
[4] **le bâtiment** building
[5] **du reste** besides, moreover

Source: Tiré de Girod et Grand-Clément, *Comment vivent les Français, Sveriges Radio, Stockholm—Hachette, Paris.*

du goût[6] pour leurs vieilles maisons riches d'histoire. À l'achat, le prix d'un appartement ancien est peu différent de celui d'un appartement moderne de même surface.

Beaucoup de Français ont acheté l'appartement qu'ils habitent. C'est leur manière de résoudre la crise du logement. 60% des ménages, soit[7] 9 millions de ménages sur 15, sont propriétaires de leur logement: c'est plus qu'en Allemagne (37%) mais moins qu'en Belgique (66%). 19% des ménages possèdent une résidence secondaire: château, manoir, villa («fermette» dans les environs de Paris), au bord de la mer, à la montagne, ou à la campagne.

Le prix des appartements est très élevé à Paris. C'est que le prix du terrain[8] y est très cher, 10 fois plus qu'à Bonn, par exemple. Un appartement de 60 m², qui coûterait 100.000 f à Amsterdam, à Bruxelles ou à Hambourg, 150.000 f à Milan ou à Rome, vaut[9] 200.000 f à Paris. En province, on pourrait sans doute l'acheter pour la moitié de cette somme.

Heureusement, on construit aussi des appartements plus simples. La salle d'eau y remplace la salle de bains et l'équipement de la cuisine est simplifié. Ces appartements coûtent de 2 000 à 2 500 f le m². Pour les acheter, les

familles peuvent emprunter[10] jusqu'à 90% de leur prix.

Tous les Français ne sont pas propriétaires. Quelle est donc la situation de ceux qui louent un appartement?

Si celui-ci est ancien, le loyer est calculé scientifiquement. On mesure naturellement la surface de l'appartement, mais on tient compte du quartier,[11] de l'étage, de la vue, du nombre des robinets[12] et des radiateurs, de la hauteur du plafond,[13] de l'aspect extérieur de la maison, de l'intérieur—l'escalier est-il couvert d'un tapis?—, on mesure même jusqu'où les rayons du soleil pénètrent dans chaque pièce. On fait ensuite des calculs très compliqués et on obtient ce que l'on appelle la «surface corrigée». Actuellement, un appartement de 100 m², sans chauffage[15] central, coûte environ 420 f par mois. (Il y a ici peu de différence entre Paris et la province.)

Les appartements modernes se divisent en deux groupes principaux.

Les premiers sont réservés aux catégories de Français dont les revenus[16] sont les moins élevés, par exemple les familles nombreuses. Ces appartements sont construits avec l'argent de l'État; ce sont les H.L.M. (Habitation à loyer modéré). Les loyers sont bas[17] dans les H.L.M.; à Paris, 277 f par mois pour 2 pièces-cuisine,

467 f pour 5 pièces, plus les charges,[18] en province, 10 à 20% de moins selon la région. 12% des ménages habitent une H.L.M.

Si l'on ne peut ni acheter un appartement ni obtenir une H.L.M., la seule solution est de louer un appartement moderne dont le loyer est libre. Pour ce second groupe d'appartements, les prix sont élevés. À Paris, on paie 1 500 f par mois un 3 pièces-cuisine qui coûterait moitié moins à Amsterdam, à Rome ou à Düsseldorf. En province, le même appartement coûterait entre 700 et 800 f. Le prix des terrains explique en partie ces différences. Bien sûr, les ménages peuvent toucher une allocation-logement.

Le mécanisme de ces allocations est très compliqué. En voici les grandes lignes. On a fixé le loyer qui semble normal pour chaque type de ménage en fonction de[19] ses revenus et du nombre des enfants. Si le loyer d'une famille dépasse[20] le loyer «normal», l'État prend à sa charge[21] une partie de la différence, 60% pour les ménages ayant un enfant, 85% pour les familles de 4 enfants.

Enfin, il y a un «plafond» à ces allocations. Quand l'appartement est très cher, l'allocation semble bien faible.

---

[6] **avoir du goût pour** to have a taste for
[7] **soit** or
[8] **le terrain** land
[9] **valoir (il vaut)** to be worth
[10] **emprunter** to borrow
[11] **le quartier** neighborhood

[12] **le robinet** tap, faucet
[13] **le plafond** ceiling
[14] **un escalier** stairway
[15] **le chauffage** heating
[16] **le revenu** income
[17] **bas, basse** low

[18] **les charges** maintenance and utilities
[19] **en fonction de** on the basis of
[20] **dépasser** to exceed
[21] **prendre à sa charge** to assume the responsibility of

Verbes 4

The Imperative (*L'Impératif*)

FORMS

Basic Forms

In French, each verb has three imperative forms corresponding respectively to the **tu, vous** and **nous** forms of the present indicative:

1. Familiar

> **Mange** ta salade!   *Eat your salad!*
> **Fais** la vaisselle!   *Do the dishes!*

2. Polite or plural

> **Parlez** plus fort!   *Speak louder!*
> **Écrivez** les exercices!   *Write the exercises.*

3. Collective

> **Partons** tout de suite!   *Let's leave right away!*
> **Commençons** le travail!   *Let's begin work!*

Irregular Forms

A. If the **tu** form of the present indicative ends in **-es** or **-as,** the **s** is dropped in the imperative.[1] This occurs in all regular **-er** verbs and certain irregular verbs:

> **Parle!**   *Speak!*
> **Va** au diable!   *Go to the devil!*

B. A few irregular verbs have an irregular imperative:

avoir
> **Aie** pitié de lui! ⎫
> **Ayez** pitié de lui! ⎭   *Have pity on him.*
> **Ayons** pitié de lui!   *Let's have pity on him.*

être
> **Sois** sage! ⎫
> **Soyez** sage(s)! ⎭   *Be good!*
> **Soyons** sages!   *Let's be good!*

savoir
> **Sachez** la vérité!   *Know the truth!*

---

[1] The **s** is retained if the verb is followed by the pronouns **en** or **y:**

> **Penses-y!**   *Think about it!*
> **Vas-y**   *Go there!*

but:

> **Va-t-en!**   *Go away!*

vouloir
> **Veuillez** m'aider. *Please help me.*

Note that **vouloir** has a special meaning in the imperative. The other imperative forms of **vouloir** and **savoir** are rarely used.

The Negative Imperative

The negative imperative is formed by placing **ne** before the verb and **pas** after:

> **Ne mange pas** ta salade!
> **Ne parlez pas** trop fort!
> **Ne partons pas** tout de suite!

USE OF THE IMPERATIVE

The imperative mood is used:

1. To give commands or express prohibitions:

> **Attaquez!**
> **Ne fumez pas!**

2. To give instructions:

> **Lisez** la leçon et **faites** les exercices.

3. To make suggestions:

> **Allons** au cinéma ce soir.

EXERCICES

A. Refaites les phrases suivantes en employant la forme convenable de l'impératif affirmatif.

MODÈLES: Dites à votre père de louer une voiture.
Loue une voiture.

Dites à ce monsieur de louer une voiture.
Louez une voiture.

Dites à vos amis de louer une voiture avec vous.
Louons une voiture.

1. Dites à la dame de blanchir le linge.
2. Dites à ces gens de demander les indications à l'agent de police.
3. Dites à votre ami d'attendre un instant.
4. Dites à votre sœur de lire ce roman.
5. Dites au professeur d'ouvrir la fenêtre.
6. Dites à vos amis d'aller à la bibliothèque avec vous.
7. Dites à votre client de payer l'addition.
8. Dites aux étudiants d'être à l'heure.
9. Dites à vos collègues d'obtenir la permission.
10. Dites à la petite fille de revenir.

© 1965 United Feature Syndicate, Inc.

11. Dites aux étudiants de détruire les vieux examens.
12. Dites à ce monsieur de sortir vite.
13. Dites à la journaliste de décrire l'appartement.
14. Dites aux gosses de ranger la chambre avec vous.
15. Dites à votre frère de faire le ménage avec vous.

B. Refaites les phrases suivantes en employant la forme conve~~~
l'impératif négatif:

1. Dites à votre tante de ne pas gronder votre petit cousin.
2. Dites au chauffeur de ne pas conduire si vite.
3. Dites à vos belles-sœurs de ne pas rougir.
4. Dites à votre camarade de chambre de ne pas écrire la lettre.
5. Dites aux ouvriers de ne pas demander une augmentation de salaire.
6. Dites au maire de ne pas soutenir le préfet.
7. Dites à votre ami de ne pas venir trop tard.
8. Dites à votre fiancé(e) de ne pas avoir peur.
9. Dites aux ouvriers de ne pas paraître impatients.
10. Dites à votre frère cadet de ne pas être timide.

QUELQUES JEUX

A. Un(e) étudiant(e) dira à l'un de ses camarades de faire quelque chose (ouvrez la porte, allez au tableau, regardez par la fenêtre, etc.) Celui (celle)-ci fera ce qu'on lui demande et ensuite il (elle) donnera un ordre à son tour. Et ainsi de suite à tour de rôle. (*And so on in turn.*) Un(e) étudiant(e) qui ne comprend pas ou qui répète une commande est éliminé(e).

B. Faites le même jeu en employant l'impératif familier.

The Future (*Le Futur*)

FORMS

Verb forms for the future tense consist of two parts: a stem and an ending.

Future Endings

The future endings are the same for all verbs, regular or irregular. You can see them in heavy type in the conjugation of the verb **voyager:**

voyager	
je voyager**ai**	nous voyager**ons**
tu voyager**as**	vous voyager**ez**
il elle } voyager**a**	ils elles } voyager**ont**

Future Stem

1. The future stem for most verbs ending in **-er** and **-ir** is the infinitive:

ouvrir → j'**ouvrir**ai   **parler** → je **parler**ai
partir → je **partir**ai   **finir** → je **finir**ai
dormir → je **dormir**ai

2. The future stem for all verbs ending in **-re,** with the exception of **être** and **faire,** is the infinitive minus **-e:**

dire → je **dir**ai   lire → je **lir**ai
écrire → j'**écrir**ai   prendre → je **prendr**ai

3. The most important irregular verbs whose future stems do not follow the usual pattern are listed below. The future endings, however, are regular.

aller	**ir-**	faire	**fer-**	savoir	**saur-**
avoir	**aur-**	falloir	**faudr-**	tenir	**tiendr-**
courir	**courr-**	mourir	**mourr-**	venir	**viendr-**
envoyer	**enverr-**	pouvoir	**pourr-**	voir	**verr-**
être	**ser-**	recevoir	**recevr-**	vouloir	**voudr-**

REMARQUER:
The future stem always ends in **-r.**

USE OF THE FUTURE TENSE

The future is used in French much as it is in English:

1. To mark an action that is to take place at a future time:

Nous serons en France l'année prochaine.   *We will be in France next year.*

2. As a strong imperative:

Tu ne tueras point.   *Thou shalt not kill.*

Here are some uses of the future that differ from English:

1. After **dès que** and **aussitôt que** (*as soon as*), **tant que** (*as long as*), and **quand** and **lorsque** (*when*), the future is required if the main verb is future or imperative. English uses the present tense in this case. Compare:

Quand nous finirons notre travail **nous partirons.**   *When we finish our work **we shall leave.***
Téléphonez-moi dès que vous arriverez.   *Phone me as soon as you arrive.*

2. The future may be used in French to indicate possibility or probability.

Il n'est pas venu; **c'est qu'il sera malade.**   *He didn't come; **he must be sick.***
Quelle belle voiture de sport! **Elle appartiendra** à quelque vedette de cinéma.   *What a beautiful sports car!   **It must belong** to some movie star.*

REMARQUER:
The near future is often expressed by the verb **aller** + *infinitive.* The same construction exists in English:

Je vais partir.   *I am going to leave.*

— *Je serai bref...*

EXERCICES
A. Refaites les phrases suivantes en mettant les verbes au futur.

MODÈLE: Je vais partir.
Je partirai.

1. La marraine de Bruno va lui offrir un pantalon pour son anniversaire.
2. La plus grosse dépense va être les chaussures.
3. Les deux aînés vont mettre leur manteau du dimanche.
4. Demain il va faire froid et il va y avoir un orage.
5. Bruno et Martin vont faire leur service militaire dans cinq ans.
6. Dimanche les Blanchard vont dîner dans un restaurant.
7. Madame Lefèbvre va planter quelques légumes dans le jardin.
8. Les Lefèbvre vont envoyer la demande demain et ils vont savoir la réponse dans un mois.
9. Nous allons voir beaucoup d'endroits historiques en voyageant.

10. La maladie de ma marraine n'est pas grave; elle ne va pas mourir.
11. Monsieur Leroux ne va pas courir le risque de changer d'emploi.
12. Après le dîner, Monsieur Blanchard va vouloir regarder un match de football (*soccer*) à la télé.
13. Un jour Madame Simon va reprendre son travail.
14. Un jour prochain (*one day soon*) il va falloir aller au théâtre.
15. Ce chien va appartenir à la première personne qui le réclame.

B. Transformez les phrases suivantes selon le modèle.

MODÈLE: Si les élections ont lieu, l'ordre sera rétabli. (Dès que)
Dès que les élections auront lieu, l'ordre sera rétabli.

1. Si les gaullistes obtiennent la plupart des voix, les communistes seront déçus. (Quand)
2. Si vous partez en vacances, vous ne pourrez pas payer le loyer. (Lorsque)
3. S'il existe des inégalités sociales, il y aura des révolutions. (Tant que)
4. Si vous voulez poser une question, dites-le au professeur. (Dès que)
5. Si les Lefèbvre peuvent le faire, ils déménageront. (Dès que)
6. Si Jean-Pierre fait des heures supplémentaires (*works overtime*), il gagnera 500 francs par mois de plus. (Tant que)
7. Si vous avez le temps, lisez des revues françaises. (Lorsque)
8. Si le gouvernement envoie des représentants aux négotiations, on les recevra cordialement. (Quand)
9. Si je reçois la bourse, je pourrai continuer mes études. (Aussitôt que)
10. Si la famille va à la plage, les enfants s'amuseront. (Aussitôt que)

Les Blanchard: Une Famille Bourgeoise

5

The middle class (*la bourgeoisie*) has occupied an important place in French society ever since the Middle Ages. It constitutes a large segment of the population and has traditionally exerted a strong influence upon French culture, politics, and economy. The Blanchard family, which is composed of a young executive, his wife, and two daughters, is similar to many others of the middle class. They work hard but live comfortably and lavish attention upon their children and their homes.

VOCABULAIRE

Lexique de mots-clés

LES NOMS

le bureau	desk, office
le cadre	executive
le canapé	sofa
le complet	man's suit
la cravate	tie
le fauteuil	armchair
le foyer	home, hearth
le souci	care, concern
soucieux	careful, caring
le veston	man's jacket

LES VERBES

céder	to yield
s'engager	to become involved, committed
éviter	to avoid
s'installer	to settle down, move in
mélanger	to mix
mettre	to place, put on, wear
mettre le couvert	to set the table
mettre en marche	to start, turn on
s'occuper de	to take care of
recevoir	to receive, entertain company
souhaiter	to wish, hope

DIVERS

par rapport à	in comparison to, with regard to
volontiers	willingly, gladly

EXERCICES

A. Quels sont les noms qui répondent aux descriptions suivantes?

1. employé qui a la responsabilité de la direction d'une entreprise
2. lieu où travaille un cadre
3. ce que met un cadre pour aller à son travail
4. lieu où habite une famille
5. espèce de meuble qu'on trouve dans un salon
6. inquiétude ou préoccupation

B. Complétez les phrases suivantes par la forme correcte d'un verbe tiré du Lexique de mots-clés. (Certains verbes s'emploient plus d'une fois.)

1. Les Blanchard s'occupent presque exclusivement de leur foyer. Ils ne veulent pas _____ dans la politique.

2. En _____ du bleu et du jaune, on obtient du vert.
3. Cet employé n'aime pas son patron; il essaie donc de l'_____.
4. Robert _____ des enfants pendant que Chantal fait des courses.
5. Le jeune mari réfléchit à des problèmes graves tout en _____ le couvert.
6. Chantal _____ acheter une maison de campagne depuis la naissance des enfants.
7. Après le dîner, toute la famille _____ devant la télé.
8. Monsieur Blanchard veut regarder un match de football à la télé; sa femme préfère regarder un drame. Étant très gentil, Monsieur Blanchard _____.
9. En _____ sa voiture en marche, Richard a remarqué que le moteur faisait un drôle de bruit.

C. Refaites les phrases suivantes en substituant un mot tiré du Lexique de mots-clés aux mots en italique.

1. Le jeune couple parle de ses projets d'avenir *avec plaisir*.
2. Richard *veut* avoir plus de responsabilité.
3. Dans la salle de séjour, il y a un beau *sofa* et deux *chaises confortables*.
4. Les Blanchard *résisteront à* toute discussion politique.
5. Le centre de l'univers pour Madame Blanchard c'est *sa maison*.
6. *En comparaison avec* beaucoup d'autres familles, les Blanchard ont de la chance.

Une cuisine spacieuse.

Lexique de mots secondaires

un accueil	welcome
un avenir	future
un ascenseur	elevator
avaler	to swallow
coupable	guilty
la douche	shower
une échelle	ladder
les fiançailles	engagement
flâner	to stroll
le jouet	toy
las, lasse	weary, tired
orgueilleux, -se	proud
se plaindre de	to complain about
la solde	sale, markdown of merchandise
soupirer	to sigh
traîner	to lie about
voler	to steal (*also*, to fly)

Étude de mots

A. Les Faux-Amis

Quoique beaucoup de mots français ressemblent à des mots anglais qui ont la même signification, il y en a qui, tout en ressemblant à un mot anglais, ont un sens tout à fait différent. En voici quelques exemples tirés des lectures précédentes et de celles qui suivent:

achever	to finish	to achieve: *accomplir*
actuel	current	actual: *réel, véritable*
actuellement	currently	actually: *en réalité, véritablement*
agréable	pleasant	agreeable: *aimable, consentant*
un argument	line of reasoning	an argument: *une dispute*
arguer	to advance a line of reasoning	to have an argument: *se disputer*
le coin	corner	the coin: *la pièce de monnaie*
large	wide, broad	large: *grand*
une lecture	reading	a lecture: *une conférence*
le plan	plane, level	the plan: *le projet*
la propreté	cleanliness	property: *la propriété*
rester	to remain	to rest: *se reposer*

B. "Room"

1. **la pièce** = room (*general term*):

Combien de pièces a cette maison?

2. **la chambre** = small room, bedroom:

> **Dans ce foyer d'étudiants, chacun a sa propre chambre.**

3. **la salle** = large room:

> **Nous allons faire de cette salle une garderie** (*day-nursery*) **pour les enfants.**

4. **la place** = room, space:

> **Il n'y a pas assez de place dans le salon pour mon piano à queue** (*concert grand*).

EXERCICE

Complétez les phrases suivantes en choisissant entre **pièce, chambre, salle** et **place.**

1. La _____ à manger du château était très élégante.
2. Mademoiselle, cherchez-vous un studio à louer ou bien un appartement à deux_____?
3. Dans ma _____ à l'université, il n'y a pas beaucoup de _____.
4. En achetant une maison, il faut bien examiner la cuisine, parce que c'est une _____ très importante.

STRUCTURE

Negatives (*La Négation*)

TERMS OF NEGATION

French expressions of negation consist of two parts: **ne,** which appears before the verb (the auxiliary verb in a compound tense), and a second part that usually appears after the verb. This second term varies according to the particular nuance of negation being expressed.

Negatives			
ne . . . pas	not	**ne . . . personne**	no one
ne . . . point	not at all	**ne . . . nulle part**	nowhere
ne . . . jamais	never	**ne . . . ni . . . ni**	neither, nor
ne . . . plus	no more, no longer	**ne . . . aucun(e)** **ne . . . nul(le)**	none, not any
ne . . . pas encore	not yet		
ne . . . rien	nothing		
ne . . . guère	hardly	**(négative) . . . non plus**	either

POSITION OF NEGATIVES

1. The second term of these negatives immediately follows the verb:

ne . . . pas   not
 Elle **n'**est **pas** ici.   (*simple verb*)
 Elle **n'**a **pas** été ici.   (*compound tense*)

ne . . . point   not at all
 Elle **n'**est **point** ici.
 Elle **n'**a **point** été ici.

ne . . . jamais   never
 Elle **n'**est **jamais** ici.
 Elle **n'**a **jamais** été ici.

ne . . . plus   no longer, no more
 Elle **n'**est **plus** ici.
 Elle **n'**a **plus** d'argent.

ne . . . pas encore   not yet
 Elle **n'**est **pas encore** ici.   *She is not yet here.*

Compare:

 Elle **n'**est **plus** ici.   *She is no longer here.*

ne . . . rien   nothing
 Elle **ne** voit **rien.**
 Elle **n'**a **rien** vu.

ne . . . guère   hardly
 Elle **ne** sort **guère.**
 Elle **n'**a **guère** d'argent.

2. The second term of these negatives follows the past participle in compound tenses:

ne . . . personne   no one
 Elle **ne** voit **personne.**
 Elle **n'**a vu **personne.**

Compare: Je **n'**ai **rien** vu.

ne . . . nulle part   nowhere
 Elle **n'**est allée **nulle part.**

3. The position of the second term(s) of these negatives is the same as in English:

ne . . . ni . . . ni . . .   neither . . . nor . . .
 Elle **n'**a **ni** frère **ni** sœur.
 Je **ne** connais **ni** le frère **ni** la sœur de Marie.

After **ne . . . ni . . . ni. . . ,** the indefinite article **(un, une)** or the partitive **(de la,**

du, de l', des) is not used. The definite article (**le, la, les**) is used when referring to something specific.

ne . . . aucun(e) ⎫
ne . . . nul (le) ⎬ none, not any

> Elle **n**'a **aucun (nul)** scrupule.

Aucun and **nul** are synonymous, but **nul** is somewhat more literary. Both must agree with the noun they modify:

> Elle **n**'a **aucune (nulle)** raison de se plaindre.

Aucun and **nul** may be used as pronouns:

> —Combien de chiens avez-vous?
> —Je **n**'en ai **aucun.**

REMARQUER:

1. When a sentence begins with a term of negation, **ne** must appear before the verb:

> **Personne ne** les aide.
> **Nul ne** les connaît.   (***No one*** knows them.)
> **Ni** Paul **ni** Marc **ne** font la cuisine.
> **Rien n**'arrive.

2. To express "either" at the end of any negative sentence, **non plus** must be used:

> Mon ami ne comprend pas et je ne comprends pas **non plus.**
> Paul ne joue jamais au tennis. Je n'y joue jamais **non plus.**

EXERCICES

A.   Refaites les phrases suivantes en vous servant du terme de négation indiqué. Traduisez la phrase.

1. Monsieur Blanchard va au bureau sans cravate.   (ne . . . jamais)
2. La machine à laver marche.   (ne . . . plus)
3. Richard a acheté un complet.   (ne . . . rien)
4. Les enfants sont mal élevés (*ill-bred*).   (ne . . . point)
5. Il y a de bonnes soldes aujourd'hui.   (ne . . . nulle part)
6. Robert et Chantal souhaitent trouver un appartement à Paris.   (ne . . . plus)
7. En faisant son travail, il est malheureux.   (ne . . . guère)
8. La mère et la grand'mère de Chantal habitent tout près.   (ni . . . ni . . . ne . . .)
9. Il y a un ascenseur et un escalier devant leur porte.   (ne . . . ni . . . ni . . .)
10. Paul est rentré.   (ne . . . pas encore)
11. La douche est en panne (*out of order*); la télévision marche.   (ne . . . plus)
12. En les écoutant, j'ai compris.   (ne . . . guère)

B. Refaites les phrases suivantes en exprimant le contraire par un terme de négation.

> MODÈLE: Richard va **toujours** au bureau en taxi.
> **Richard ne va jamais au bureau en taxi.**

1. Chantal est **encore** une petite fille.
2. **Tout** est en désordre dans leur appartement.
3. Les Blanchard dépendent **beaucoup** de leurs parents.
4. **Tout le monde** cède aux voitures arrivant du côté gauche.
5. Des bibelots fragiles se trouvent **partout** dans le salon.
6. **Et** Isabelle **et** Alexandra fréquentent l'école maternelle.
7. Isabelle a **plusieurs** frères.
8. Le bébé a **déjà** deux ans.
9. Madame Julliard est **très** économe (*thrifty*).
10. Monsieur Blanchard est **quelquefois** en retard au bureau.

C. Répondez aux questions suivantes de la façon indiquée.

1. Êtes-vous souvent allé à Paris?   (*never*)
2. Avez-vous quelque chose à faire ce soir?   (*nothing*)
3. Quels soucis avez-vous?   (*not any*)
4. Êmile a-t-il une femme et des enfants?   (*neither, nor*)
5. Sait-on ce que l'avenir nous réserve?   (*No one*)
6. Madame Blanchard peut-elle aller à Paris?   (*no longer*)
7. Les étudiants ont-ils terminé cet exercice?   (*not yet*)
8. Robert aime-t-il les pièces (*plays*) télévisées?   (*hardly*)
9. Où a-t-on trouvé la clé de la voiture?   (*nowhere*)
10. Cet enfant pauvre a-t-il beaucoup de jouets?   (*not any*)

D. Refaites les phrases suivantes à la première personne en employant **non plus.**

> MODÈLE: Paul n'est pas un enfant.
> **Je ne suis pas un enfant non plus.**

1. Madame Julliard n'achète jamais de vêtements en solde.
2. Dominique n'a pas encore fini ses études.
3. Pauline ne veut point s'engager dans la politique.
4. Héloïse n'a jamais rien volé.
5. Papa ne fume plus jamais de cigarettes.

The Construction «ne . . . que»

Ne . . . que means *only*. **Ne** precedes the verb and **que** is placed before the word it restricts:

> **Chantal veut danser la valse avec son mari.**   *Chantal wants to dance the waltz with her husband.*

> Chantal **ne** veut **que** danser.   *Chantal only wants to dance.*

Chantal **ne** veut danser **que la valse.**   *Chantal wants to dance only the waltz.*

Chantal **ne** veut danser **qu'avec son mari.**   *Chantal wants to dance only with her husband.*

EXERCICES   Refaites les phrases suivantes en employant **ne ... que.**

1. Le bébé a seulement quinze mois.
2. Les Blanchard ont seulement une voiture.
3. Il y a seulement deux enfants dans la famille.
4. Monsieur Lefèbvre gagne seulement 2 700 francs par mois.
5. La famille a fait seulement un voyage.
6. Il y a seulement cinq ans qu'ils sont mariés.
7. Pour leur voyage de noces (*honeymoon*), Martine voulait aller à la Martinique mais elle et son mari sont allés seulement à Nice.
8. Ils invitent tous leurs amis seulement une fois par an.
9. Chantal a du temps seulement pour ses enfants.
10. Il y a seulement un poste de télévision à la maison.

LECTURE | Les Blanchard: Une Famille Bourgeoise

s'élancer   to leap, spring

palpiter   to throb (*here used figuratively*)

ronronner   to purr (*here used figuratively*)

le chef de projet en informatique   head of computer services

un ouragan   hurricane

à fine monture   with thin frames

s'engouffrer   to be swallowed up, rush

qui lui vaut   that causes

l'esprit maison   company spirit

Lorsque Robert Blanchard pousse la porte de son appartement, le soir, sa fille Isabelle, 4 ans, s'élance° dans ses bras.

Il est 19 heures, à Fontenay-aux-Roses, une banlieue verte près de Paris. La résidence du Belvédère palpite° et ronronne:° c'est le retour des hommes. Isabelle et le bébé Alexandra, 15 mois, vont se coucher. Pour Robert Blanchard, 35 ans, et Chantal, 33 ans, sa femme, la vie commence.

Robert est chef de projet en informatique° au Bazar de l'Hôtel-de-Ville,[1] en plein centre de Paris, où il gagne 7 200 francs net par mois, plus un treizième mois. Le matin, il se lève à 8 heures:

«Un ouragan»,° dit sa femme.

Pas de douche: il l'a prise hier, à son retour du travail. Il met ses lunettes classiques à fine monture,° et s'habille: complet-veston, chemise beige.

«Jamais je ne suis allé au bureau sans cravate.»

Puis, il avale debout un bol de café au lait et s'engouffre° dans l'ascenseur. Il est 8 h 15 lorsqu'il met en marche la Peugeot 304 bleu marine qui lui vaut° ses seules dettes.

À 9 heures, il sera assis derrière sa table de travail, efficace, ponctuel. Question de principe: cadre, Robert est soucieux de ses responsabilités, qu'il souhaite plus larges. Il a l'esprit maison,° moins par

---

Source: Jacqueline Rémy, *L'Express.*

[1] **Le bazar de l'Hôtel-de-Ville:** un grand magasin

la probité integrity
badiner to jest, trifle

écorché abraded (*literally,*
    skinned)
bûcher (*pop.*) to work hard
Il entend en jouir. He intends to
    enjoy it.

Tu veux bien . . . ? Will you kindly
    . . . ?
faire le gros câlin to give playful
    caresses
faire rouler roll

s'affairer to busy oneself

tendre l'oreille to listen closely
sursauter d'indignation to leap up
    with indignation
gracier to grant pardon to

se disputer to argue

souci de l'avancement que par probité:° il est honnête. Il ne badine°
pas avec le système, il l'a épousé.

Fils d'ouvrier, écorché° par les difficultés matérielles de ses
parents, il a bûché,° beaucoup, longtemps. Il a payé le prix de la
réussite. Il entend en jouir.°

A 19 heures, Robert Blanchard se repose. Chantal ne lui demande
pas de raconter sa journée:

«Je ne mélange pas travail et vie privée.»

«Tu veux bien° mettre le couvert, mon chéri?

—Oui, oui . . .», répond Robert, et il va faire le gros câlin° rituel à
ses filles avant qu'elles s'endorment.

À 19 h 45, il fait rouler° la télévision du salon à la salle à manger et
la met en marche. Chantal apporte les plats: une cuisine simple,
bonne, sans fantaisie. Robert boit de la bière, soupire sur ses quelques kilos de trop. Chantal s'affaire.°

Le Journal télévisé s'achève. Aux nouvelles sportives, Robert a
tendu l'oreille.° Elle a sursauté d'indignation° aux nouvelles judi-
ciaires: on vient de gracier° un condamné à mort. Chantal est contre
la peine de mort.

«Mais celui-là. . .»

Ils ne discuteront pas. Ils ne se disputeront° pas au sujet des

Une intérieure
bourgeoise.

un accroc hitch, difficulty

«événements» du jour. Ils se parlent comme ils fabriquent leur bonheur, patiemment, sans prétention, en évitant les accrocs.° Après le dîner, Robert voudra regarder le match, Chantal préférera la dramatique: il cédera. Ils s'installent sur le divan du salon. Lui, bien assis,

écarté apart
ramassé gathered up

les jambes écartées.° Elle, ses pieds nus ramassés° sous elle. Lorsqu'elle s'endort, à son côté, il se lève doucement et change de

la chaîne channel

chaîne.°

Quand Robert a fait la connaissance de Chantal, aux fiançailles de leurs amis communs, elle était hôtesse d'accueil à l'aéroport d'Orly. Elle s'est arrêtée de travailler pour élever ses enfants. Elle reprendra peut-être une activité. Au fil des ans,° ils se sont équipés: machine à laver, appareil photo, télévision, voiture. Leur prochain achat: une

au fil des ans over the years

la chaîne hi-fi stereo system

chaîne hi-fi.° Dès leur mariage, en 1971, ils se sont installés à Fontenay, à deux pas° de sa mère à lui.

à deux pas two steps away
un deux-pièces two-room
 (apartment)

Ils ont habité un deux-pièces,° puis un quatre-pièces: deux chambres, une grande entrée «agréable pour recevoir». Loyer: 1 600 francs par mois. Quelques tapis, des fauteuils de style, un canapé acheté faubourg Saint-Antoine.[1] Le bureau est un héritage. Sur les

le napperon doily
repassé ironed
sentir to smell of

tables, des napperons° fraîchement repassés.° La chambre d'enfants est rose, celle des parents, blanche et or. La salle de bains sent° l'after shave.

En juillet, Chantal est partie en vacances dans le Midi, avec une amie et leurs enfants, dans une villa de location. En septembre, elle est repartie, cette fois avec Robert, chez une tante, sur la Côte basque. Mais c'est le va-et-vient de Robert, de la maison au bureau, du bureau à la maison, qui rythme le temps.

Dans la journée, Chantal conduit et va chercher Isabelle à l'école toute proche, elle s'occupe du bébé, elle fait le ménage avec l'énergie orgueilleuse des femmes pour qui la propreté du foyer est le symbole du bonheur. Dimanche dernier, c'était l'anniversaire d'Isabelle. Mercredi, les Blanchard dînent chez des amis. Vendredi, ils vont au restaurant, un vietnamien. Et, dimanche à midi, ils inviteront la mère de Robert pour la remercier d'avoir gardé les enfants deux soirs dans la semaine.

Un jour prochain, il faudra qu'on aille au théâtre, a dit Robert.

Une fois par an, les Blanchard reçoivent tous leurs amis, et l'on danse tard dans la nuit.

Robert et Chantal sont heureux. Ils sont trop superstitieux pour l'affirmer. Ils ne comprendraient pas qu'on dise le contraire.

«Par rapport à beaucoup de gens, nous avons de la chance.»

pousser to grow up
paisiblement quietly, peacefully
attendre here, to expect

Robert a l'impression de progresser rapidement dans l'échelle sociale. Il a doublé son salaire en trois ans. Les deux filles poussent° paisiblement,° se conformant à ce que leurs parents attendent° d'elles.

---

[1] **Faubourg Saint-Antoine:** quartier parisien où il y a de nombreux marchands de meubles.

le parc play-pen

Rien ne traîne dans cet appartement sans cesse aéré, même pas les enfants: tous les jouets dans un parc° et le bébé au milieu. Robert est fier de pouvoir dire à son beau-frère:

«Isabelle me demande la permission de s'asseoir dans le fauteuil du salon.»

Au début de chaque année, il établit un budget prévisionnel très détaillé de leurs dépenses et de leurs revenus mensuels: sur 7 200 francs, il leur reste, chaque mois, environ 4 500 francs pour se nourrir, s'habiller et se distraire.

Sur le marché, un dimanche matin, un militant communiste propose un journal à Robert:

«Vous êtes bien un peu socialisant, vous?»

flotter to hesitate

Robert flotte,° et n'achète pas le journal. Politiquement, sur le plan national, les Blanchard sont pour le gouvernement et contre les partis de gauche.

Catholiques pratiquants, ils ont milité dans des cercles chrétiens. Ils ont arrêté:

tourner en rond to be futile

«Ça tournait en rond.»°

Lorsqu'on leur demande dans quel mouvement ils s'engageraient aujourd'hui, ils hésitent:

«Les écologistes.»

Mais ils ne s'engageront plus. Ils sont trop scrupuleux pour le faire à moitié. Ils préfèrent consacrer leur temps à leur vie familiale:

«C'est un choix.»

s'encroûter to get into a rut

«Je me suis peut-être encroûté° dans mon petit confort intérieur», dit Robert.

esseulé solitary

Un peu lasse, esseulée,° sans voiture dans cette banlieue isolée, Chantal ne se plaint pas. Elle mène l'existence qu'adolescente elle souhaitait déjà: elle est aimée, elle est mariée, elle a deux enfants.

une exposition exhibit

«Bien sûr, je voudrais aller à des expositions,° visiter Beaubourg[1] . . . C'est trop compliqué. . .»

Elle se sentirait coupable de voler à ses enfants le temps qu'elle juge leur devoir.

Le samedi après-midi, quand Robert peut garder les enfants, elle fait les courses dans les supermarchés de Vélizy, à une dizaine de kilomètres. Parfois, elle flâne un peu dans les galeries marchandes.°

la galerie marchande shopping center

Elle résiste mal aux soldes des boutiques à la mode.

Les Blanchard sont fidèles, «par conviction», disent-ils. Ils envisagent volontiers au cours d'une conversation de modifier leur vie. «Mais . . .» Il y aura toujours un «mais». Car ils sont trop occupés à protéger ce qu'ils ont acquis pour avoir même le temps, lui, de faire du tennis, elle, de la danse.

Elle tourne les pages de l'album de photos familial. Là, sont réunis tous ceux qu'elle aime: leurs deux familles, qu'ils voient beau-

---

[1] **Beaubourg, le musée Georges Pompidou:** expositions d'art moderne et populaire

Les Blanchard: «Nous avons de la chance à Fontenay-aux-Roses.»

sainement in a wholesome way
le recueil collection

coup, les amis de Robert, qui sont devenus les leurs. Et surtout les enfants, qu'ils souhaitent élever «sainement».° Le premier recueil° de photos s'intitule: «Les Premières Années de bonheur»: le mariage en blanc, le voyage de noces aux Baléares,[1] le baptême d'Isabelle, puis celui d'Alexandra. Longtemps, les images succéderont aux images.

COMPRÉHENSION

1. À quelle heure Robert Blanchard rentre-t-il chez lui? Qui est-ce qui l'attend?
2. Quel est le métier de Monsieur Blanchard? Où travaille-t-il? Combien d'argent gagne-t-il?

[1] **les Baléares:** îles espagnoles de la Mediterranée occidentale

3. Que fait Monsieur Blanchard le matin?
4. Comment s'habille-t-il pour aller au travail?
5. Robert Blanchard vient-il d'une famille riche? Sa réussite a-t-elle été facile?
6. Racontez une soirée typique chez les Blanchard.
7. Comment Robert a-t-il fait la connaissance de sa femme? Depuis quand sont-ils mariés? Depuis combien de temps sont-ils mariés?
8. Décrivez leur appartement et les meubles et objets qui s'y trouvent.
9. Les Blanchard partent-ils quelquefois en vacances? Précisez.
10. Quels sont les projets du couple pour la semaine suivante.
11. Les Blanchard sont-ils contents de leur vie? Précisez.
12. Quelles sont les attitudes politiques et les croyances religieuses du couple? Pourquoi ne s'engagent-ils pas?
13. Que fait Chantal le samedi après-midi?
14. Quelles photos se trouvent dans leur album?

DISCUSSION

1. En quoi les Blanchard ressemblent-ils à une famille américaine de la même classe sociale? En quoi sont-ils différents?
2. Comparez les deux familles dont nous avons lu le portrait, les Lefèbvre et les Blanchard. Quelles sont les principales différences entre ces deux familles. Ont-elles quelque chose en commun?
3. Y a-t-il dans cet article la suggestion que le bonheur des Blanchard est peut-être superficiel?
4. Pensez-vous que les Blanchard soient beaucoup plus heureux que les Lefèbvre? Le bonheur dépend-il du manque de soucis matériels ou de quelque chose d'autre?

COMPOSITION
DIRIGÉE

Pourquoi je (ne) voudrais (pas) avoir une vie comme celle de Robert (Chantal) Blanchard

I. Introduction

    A.   Expliquez qui sont les Blanchard et ce qu'ils représentent.

    B.   Définissez le sujet.

II. Développement

    A.   Décrivez les aspects positifs de la vie de Robert ou de Chantal. Quels sont leurs occupations, leurs plaisirs et leurs distractions? Quelle satisfaction dérivent-ils de leur vie?

    B.   À votre avis, quel est le côté négatif de leur vie? (Employez beaucoup de termes de négation si possible)

III. Conclusion

    A.   Répondez à la question ou aux questions que vous avez posée(s) dans l'introduction.

    B.   Dites comment vous envisagez votre avenir. (Employez beaucoup de verbes au futur.)

À Quoi rêvent les Français?

À quoi rêvent les Français? D'abord, pour un citadin[1] sur deux, vivre à la campagne, près de la nature, mot magique. C'est la «vraie vie», c'est l'équilibre, le bon sens, la mesure.[2] Preuve «a contrario»: à la campagne, neuf habitants sur dix déclarent qu'ils ne voudraient pour rien au monde aller s'installer ailleurs. Quant à[3] ceux qui vivent à la ville et, tant bien que mal,[4] s'en accommodent sans se sentir trop exilés ni frustrés, ils invoquent des avantages et des compensations. Avantages: le nombre et la variété des distractions, un plus large éventail[5] d'emplois, plus de produits et de marchandises offerts—à la fois tentation et large possibilité de choix,—et surtout de meilleures études pour les enfants. Compensations: les animaux domestiques, plus nombreux en France que partout ailleurs, la résidence secondaire[6] et le mythe du départ, un jour peut-être . . .

Seconde aspiration largement partagée: voyager. Pour s'évader,[7] pour découvrir des paysages et des gens nouveaux, pour connaître l'aventure—à la condition toutefois qu'elle soit confortablement organisée. Cette demande-là passe, et de loin, avant toutes les autres, qu'il s'agisse de[8] mode, de spectacles, de voiture—mais oui!—de vacances, de sport . . . Des millions de Français s'endorment en rêvant qu'ils iront un jour à Tahiti, dont le nom revient sans cesse dans les histoires qu'ils racontent et se racontent.

On soupire[9] ensuite, et c'est le troisième rêve, en songeant à tout ce qu'on aurait voulu créer. Créer, c'est bien souvent bricoler,[10] par goût ou par nécessité, parfois peindre,[11] plus souvent écrire. «La vie d'artiste, quoi», explique cette veuve[12] de cinquante-cinq ans qui aurait tant aimé—et elle n'est pas la seule—«vivre de sa plume.»[13] Que de destins manqués d'écrivains ou de poètes parmi nous! . . .

Dernier rêve largement partagé: être propriétaire.[14] Propriétaire de «sa maison» avec un bout de jardin, même grand comme un mouchoir[15] de poche. Nous avons la passion de la pierre, probablement issue de la pénurie[16] de logements d'entre-deux-guerres. Et qu'il nous tombe demain un petit héritage,[17] un lot à la Loterie, une bonne somme au tiercé, nous saurons qu'en faire: acheter «ma» maison, bien sûr.

[1] **le citadin**   city dweller
[2] **la mesure**   moderation
[3] **Quant à**   As for
[4] **tant bien que mal**   somehow
[5] **un éventail**   range
[6] **la résidence secondaire**   vacation home
[7] **s'évader**   to escape
[8] **qu'il s'agisse de**   whether it be a matter of

[9] **soupirer**   to sigh
[10] **bricoler**   to do odd jobs
[11] **peindre**   to paint
[12] **la veuve**   widow
[13] **vivre de sa plume**   to live by one's pen (by writing)
[14] **le propriétaire**   property owner
[15] **le mouchoir**   handerkerchief
[16] **la pénurie**   shortage
[17] **qu'il . . . héritage**   if we fall into a little inheritance tomorrow

Source: Pierre Viansson-Ponté, *Le Monde* 12–13 mars 1978.

La Jeunesse

Youth has traditionally been viewed as a privileged
period of life, and yet it is possibly the time of
greatest contrasts and conflicts. The problems of
youth are often as intense and varied as its
pleasures. It is a time of great uncertainties and
doubts, but also one of high hopes and sudden joys.
Les Jeunes Français examines the situation particular
to French youth from a sociological perspective. In
a lighter vein, *Rex* evokes the pleasures and pitfalls
of childhood. Narrated from the point of view of a
little French boy, Nicolas, *Rex* is based on an
experience common to many children: bringing
home a stray animal that their mother would not let
them keep. An optional unit, *Astérix*, introduces
students to one of France's most celebrated comic
strip heroes. Finally, the African folk tale, *Le Pagne
noir,* relates the adventures of an abused stepchild.

Les Jeunes Français

6

Youth is today one of the most important segments of French society. More than a third of the French population is twenty years old or younger. *Les Jeunes Français* provides an interesting survey of the problems and pleasures of young people in France: their professional training, spending habits, tastes, leisure activities, and legal rights and obligations.

VOCABULAIRE

Lexique de mots-clés

LES NOMS

un emploi	job
le gymnase	gymnasium
le jeune ménage	young couple
la mode	fashion, style, way
à la mode	in style
la piscine	pool
le repas	meal
le stade	stadium

LES VERBES

attirer	to attract
attirant	attractive
économiser	to save (money)
exiger	to require
exigeant	demanding
mener	to lead, conduct
se plaindre (de)	to complain (about)
renseigner	to inform

DIVERS

bien sûr	of course, naturally
malgré	in spite of
selon	according to

EXERCICES

A. Complétez les phrases suivantes en vous servant d'un mot tiré du Lexique de mots-clés.

1. Ce jeune homme est boxeur; tous les jours il va au _____ pour s'entraîner.
2. _____ change constamment: autrefois c'était les mini-jupes, aujourd'hui ce sont les jupes longues qu'on porte, et demain, qui sait?
3. Quand les _____ n'ont pas assez d'argent pour payer un logement; ils habitent chez des parents.
4. Tu veux savoir si j'aime le sport? Mais _____!
5. Il y a des gens qui n'aiment faire de la natation ni dans la mer ni dans les lacs; ils préfèrent _____.
6. La plupart des jeunes gens réussissent à trouver un emploi _____ la mauvaise situation économique.
7. Le grand match de football aura lieu dans _____ de l'autre université.
8. En France, chaque étudiant a droit à prendre ses _____ dans un restaurant universitaire.

9. _____ les statistiques, un tiers de la population française a moins de vingt ans.

10. Les jeunes se plaignent qu'il est difficile de trouver leur premier _____, parce que les employeurs exigent souvent de l'expérience.

B. Complétez les phrases suivantes en vous servant de la forme correcte d'un verbe tiré du Lexique de mots-clés.

1. Le professeur _____ que nous allions au laboratoire au moins une fois par semaine.

2. Les professions qui offrent des salaires élevés _____ le plus les jeunes.

3. Au lieu de le dépenser, ce jeune homme _____ son argent.

4. Au lieu de _____, il vaut mieux essayer de changer les choses ou s'y adapter.

5. La plupart des jeunes _____ une vie très active.

6. Des sondages (*opinion polls*) nous _____ sur les goûts et les passe-temps préférés des jeunes.

Lexique de mots secondaires

une amélioration	improvement
autant	as much
célibataire	single, unmarried
le chef d'œuvre	masterpiece
comprendre	to include
convenable	appropriate

le drapeau	flag
une émission	broadcast
un enseignement	teaching, field of education
s'inscrire	to register, enroll
net, nette	clear
nettement	clearly
peser	to weigh
prendre au sérieux	to take seriously
quotidien, -ne	daily
souligner	to underscore

Étude de mots

A. Idiotismes (*Idioms*)

   1. Expressions numériques:

      quatre **sur** dix   *four out of ten*
      deux fois **par** semaine   *twice a week*
      une fois **par** mois   *once a month*

   2. Expressions temporelles: **en** cinq ans vs. **dans** cinq ans:

      J'espère finir mes études **en** cinq ans.   *I hope to finish my studies* ***within*** *five years.*
      Il y aura une autre élection **dans** cinq ans.   *There will be another election* ***in*** *(i.e.,* ***at the end of****) five years.*

   3. Expressions diverses:

      avoir du mal à + infinitif   to have difficulty in doing something
      Quand on se couche tard, on **a du mal à** se lever de bonne heure.

      Il en est (va) de même pour . . .   The same is true of . . .
      Les jeunes Français ont du mal à trouver leur premier emploit. **Il en est (va) de même pour** les jeunes Américains.

B. Faux-Amis

   assister à   to attend / to assist: *aider*
   Les étudiants **ont assisté à** une conférence qui les **a aidés** à comprendre la politique.

C. L'Emploi d'adjectifs comme noms

   Notez l'emploi très courant en français de certains adjectifs comme noms:

les jeunes	young people
le vieux	the old man
la vieille	the old lady
le petit, la petite	the little one
les riches	rich people

le pauvre	the poor man
la belle	the beautiful woman
les satisfaits	those who are satisfied
les mécontents	those who are discontent
le dernier, la dernière	the last one

STRUCTURE

Determiners (*Les Mots déterminatifs*)

FORMS

In French, the singular and plural of almost all nouns are pronounced in the same way. For example, *emploi, emplois*. But a French noun is usually introduced by a word that helps the listener to determine its number and gender. These words may be called determiners; they appear below:

	Singular		Plural
	Masculine	Feminine	
Definite Article	**le (l')**	**la (l')**	**les**

Le ski, **la** gymnastique et l'athlétisme sont parmi **les** sports préférés des jeunes.

Indefinite Article	**un**	**une**	**des**

Dans ma chambre à la cité universitaire il y a **un** lit, **une** table et **des** chaises.

Partitive Article	**du (de l')**	**de la (de l')**	—

Avec son argent de poche, cet étudiant a acheté **du** vin, **de la** bière et **de** l'essence pour sa moto.

Demonstrative Adjective	**ce (cet)**	**cette**	**ces**

Cet article dit que les jeunes aiment bien **ce** journal, **cette** revue, et **ces** livres.

Possessive Adjectives	**mon**	**ma (mon)**	**mes**
	ton	**ta (ton)**	**tes**
	son	**sa (son)**	**ses**
	notre		**nos**
	votre		**vos**
	leur		**leurs**

Mon/ton/son avenir dépend de **ma/ta/sa** formation professionnelle, de **mon/ ton/son** intelligence et de **mes/tes/ses** efforts.

Notre / votre / leur gymnase se trouve à côté de **nos / vos / leurs** terrains de sports (*athletic fields*).

REMARQUER:

The forms in parentheses are used before words beginning with a vowel or a mute **h:**

> not l̸a̸ **auto** but **l'auto;** not s̸a̸ **auto** or s̸'**auto** but **son auto;** not c̸e̸ **homme** but **cet homme.**

What is a mute **h?** If the first letter of a word is an **h,** it may be aspirate or mute. The **h** sound is never pronounced, but it affects the pronunciation of the word preceding it. An aspirate **h** is treated as a consonant:

> **le héros   ce héros   la haine   sa haine**

A mute **h** is treated as a vowel:

> **l'héroïne   mon héroïne   l'homme   cet homme**

One must learn whether the initial **h** of a word is aspirate or mute when learning the word. In dictionaries, the aspirate **h** is usually indicated by an asterisk.

USE OF THE DETERMINERS

The use of the determiners is usually parallel in French and in English. The definite article, however, is used much more extensively in French, as is the partitive, for which there is no precise English equivalent. Here are the two most important cases of differing usage:

1. Nouns used in a general (generic) sense have no determiner in English, but require the definite article in French:

   > **Les jeunes** pensent souvent à leur avenir.
   > *Young people often think of their future.*

   > J'aime **la natation** et **le ski.**
   > *I like swimming and skiing.*

   > **La construction** et **le commerce de détail** offrent **des emplois** qui n'exigent pas au départ **des qualifications** très poussées.
   > *Construction and retail trade offer jobs that do not require very advanced qualifications at first.*

2. Nouns used in a restricted or partitive sense (the word *some* being understood) may have no determiner in English, but require **des** or the partitive in French:

   > Les jeunes achètent **des livres** et **des disques.**
   > *Young people buy (some) books and (some) records.*

   > Dans le réfrigérateur il y a **du lait, de la crème** et **de l'eau.**
   > *In the refrigerator there is (some) milk, (some) cream and (some) water.*

A good rule of thumb to follow about the use of **des** is that if you would use **un** or **une** in the singular, you should use **des** in the plural:

> Il a **un ami sympathique.**
> *He has **a nice friend.***

> Il a **des amis sympathiques.**
> *He has **nice friends.***

EXERCICE

Traduisez en français les phrases suivantes.

1. Young people generally like sports.
2. My grandfather is organizing a party (*une fête*) and he wants to invite young people.
3. I know students who are looking for a job.
4. Students hope to find a good job.
5. Universities with a big stadium and gymnasiums attract athletes (*athlètes*).
6. There are universities that have three pools.

À la Sorbonne:
sortie des classes.

7. Students often live with their parents.[1]
8. Madame Perrier rents her apartments to students.
9. In (*À*) the hotel, one can order (*commander*) meals over the phone (*au téléphone*).
10. Meals in a student restaurant (*restaurant universitaire*) cost six or seven francs.
11. Fashion changes constantly.
12. There are fashions that are ridiculous.

SPECIAL REMARKS ABOUT DETERMINERS

A.   The Definite Article

The prepositions **à** and **de** contract with the definite articles **le** and **les** to become **au, du** and **aux, des:**

> Beaucoup de jeunes gens passent directement **du** service militaire **au** mariage.
> Que pensez-vous **des** revues qui sont destinées **aux** jeunes?

REMARQUER:

The object pronouns **le** and **les** do *not* combine with **à** and **de:**

> Avez-vous le journal? J'ai envie **de le** lire. Les mots déterminatifs? Nous commençons **à les** étudier.

B.   The Indefinite Article and the Partitive

1. Both the indefinite article **(un, une, des)** and the partitive **(de, de la, de l')** become **de** after a negative unless the verb is **être:**[2]

> Avez-vous trouvé **un** emploi? Non, je n'ai pas trouvé **d'**emploi.
> Faites-vous **des** économies? Non, je ne fais plus **d'**économies.
> Met-il **de l'**argent à la banque? Non, il ne met jamais **d'**argent à la banque.

but

> Est-ce **un** stade? Non, ce n'est pas **un** stade.

2. The partitive article **des** usually becomes **de** before a noun preceded by an adjective:

des repas *but* **de bons repas**

The Académie française, a learned society of forty scholars sponsored by the French government, has declared that it is acceptable to say, for

---

[1] The adverb follows the verb in French.

[2] "... **pas un** + noun" means "not a single," except after the verb **être:**

Il n'a **pas un ami**. *He doesn't have a **single friend**.*
Compare:
Il n'a **pas d'ami**. *He doesn't have **a friend**.*

example, **des bons repas** instead of **de bons repas.** The latter is nevertheless the more elegant and most writers use only **de** before a plural noun preceded by an adjective.

C. The Demonstrative Adjective

Ce (cet), cette and **ces** may mean either *this* or *that.* To make a clear distinction between *this* and *that* **-ci** and **-là** are affixed to the noun phrase:

Certains emplois attirent **ces** jeunes gens.
*Certain jobs attract **these / those** young people.*

J'aime **cette mode-ci,** mais je n'aime pas **cette mode-là.**
*I like **this style** but I don't like **that style.***

D. Possessive Adjectives

1. In French, the possessive adjective agrees with the noun it modifies, not with the possessor:

son fils   *his son, her son*
sa fille   *his daughter, her daughter*

2. Do not confuse **ses** (*his* or *hers* with plural nouns) and **leurs** (*their*):

ses enfants   *his children, her children*
leurs enfants   *their children*

3. The possessive adjectives are not usually used with parts of the body. Instead, the definite article and an indirect object pronoun indicate the possessor:

La coiffeuse **nous** arrange **les** cheveux.   *The hairdresser arranges **our** hair.*
Son père **lui** caresse **la** tête.   *His father caresses **his** head.*
Il **s'**est cassé **le** doigt.   *He broke **his (own)** finger.*
Je **me** brosse **les** dents.   *I brush **my** teeth.*

4. Possession may also be indicated by **être à** + *accented pronoun.* This is a very common construction:

Ce disque **est à lui.**   *This record **belongs to him.***

EXERCICES

A. Faites une phrase complète en vous servant de la locution **participer à.** Suivez le modèle.

MODÈLE: Les étudiants/les sports
          Les étudiants participent aux sports.

1. Je/l'élection
2. Tu/compétitions sportives
3. Elle/manifestations politiques (*demonstrations*)
4. Nous/le club du cinéma
5. Vous/la réunion (*meeting*)

B. Faites une phrase complète en vous servant de la locution **se plaindre de.**
Suivez le modèle.

MODÈLE: Les jeunes se plaignent/la situation
           Les jeunes se plaignent de la situation.

1. Je me plains/le salaire insuffisant
2. Tu te plains/les heures de travail
3. Elle se plaint/l'impossibilité de trouver un bon emploi
4. Nous nous plaignons/le manque de temps libre
5. Vous vous plaignez/les frais d'inscription (*tuition costs*)

C. Répondez négativement aux questions suivantes en employant le partitif
ou l'article indéfini, comme il faut.

1. Cherchez-vous un emploi en ce moment?
2. Ce jeune homme économise-t-il de l'argent?
3. Le ping-pong est-il un sport olympique?
4. Y a-t-il une équipe de rugby dans votre université?
5. Avez-vous des examens tous les jours?
6. La plupart des jeunes lisent-ils un journal tous les jours?
7. Est-ce un problème important?
8. Avez-vous des cigarettes?
9. Achetez-vous des vêtements coûteux?
10. Y a-t-il des requins (*sharks*) dans la piscine de votre université?
11. Faites-vous du ski?
12. Ces jeunes gens font-ils du football?

D. Répétez les noms suivants en substituant un article démonstratif à l'article
défini.

MODÈLE: le livre
           ce livre

1. l'hôtel   6. l'héroïne
2. la profession   7. l'industrie (*f.*)
3. les professions   8. les études (*f.*)
4. l'administration publique   9. le logement
5. le métier   10. l'hôpital

E. Refaites les phrases suivantes en vous servant d'un adjectif possessif.

MODÈLE: La maison est à eux.
           C'est leur maison.

1. Le transistor est à elle. C'est . . .
2. La chaîne de haute-fidélité (stereo system) est à lui. C'est . . .
3. Le roman policier est à nous. C'est . . .
4. L'auto (*f.*) est à moi. C'est . . .
5. La moto est à lui. C'est . . .
6. L'appartement est à vous. C'est . . .

7. Les enfants sont à elle. Ce sont . . .
8. Les vêtements sont à toi. Ce sont . . .
9. Le logement est à elles. C'est . . .
10. Les revues sont à eux. Ce sont . . .
11. L'idée (*f.*) est à elle. C'est . . .
12. Les diplômes sont à lui. Ce sont . . .

LECTURE | Les Jeunes Français

1

soit   or, that is

Il y a en France 4.150.000 jeunes gens et jeunes filles âgés de 15 à 19 ans et 4.400.000 âgés de 20 à 24 ans, soit° au total un peu plus de 8.500.000. Les jeunes sont proportionnellement plus nombreux dans les villes que dans les campagnes. La moitié des jeunes exercent une profession.

Quelles sont les professions qui attirent le plus les jeunes? Les secteurs de la vie économique qui offrent des salaires élevés et de grandes possibilités d'avenir sont naturellement très attirants pour les jeunes; c'est le cas des industries mécaniques, des constructions électriques et de l'administration publique.

Or   Now

Mais l'entrée de ces professions est réservée aux jeunes ayant une formation professionnelle satisfaisante. Or,° nous le verrons, la majorité des jeunes Français ne reçoivent pas de formation professionnelle suffisante.

la branche   profession
l'habillement   garment industry
provisoire   temporary
alimentaire   having to do with food
le commerce de détail   retail trade

Les jeunes qui se trouvent dans ce cas sont donc amenés à choisir des branches° où l'on n'exige pas au départ des qualifications très poussées, comme la construction ou l'habillement,° soit des métiers qui leur offrent une solution provisoire,° comme les industries alimentaires° ou le commerce de détail.° Les garçons y travaillent en attendant le service militaire et les jeunes filles en attendant le mariage.

quelle que soit . . . leur formation
   whatever their training may be

Il faut noter que, quelle que soit leur formation,° les jeunes se détournent de certains secteurs de la vie économique comme les travaux agricoles et forestiers.

Quelle est donc la formation professionnelle des jeunes Français?
Sur ce point, malgré de très grands progrès réalisés au cours des 15 dernières années, la situation n'est pas satisfaisante.

Prenons, par exemple, les jeunes gens qui ont fait leur service mili-

---

Source: Tiré de Girod et Grand-Clément, *Comment Vivent les Français, Sveriges Radio, Stockholm—Hachette, Paris.*

répartir to divide, classify

taire en 1969. On peut les répartir° en trois groupes selon la formation qu'ils ont reçue.

Le premier groupe comprend ceux qui ont seulement suivi l'enseignement obligatoire jusqu'à 16 ans. 68% des jeunes gens sont dans ce cas. Le second groupe (20%) est constitué par ceux qui ont continué leurs études après la scolarité obligatoire, mais qui n'ont pas obtenu le baccalauréat.[1] Les autres (12%) ont le baccalauréat ou un autre diplôme universitaire.

un effectif member of a given group
aller en augmentant to be increasing

Pour les jeunes de demain, les effectifs° des 2e et 3e groupes iront en augmentant.° Pour eux, les perspectives sont plus favorables. On prévoit qu'en 1985, 15% seulement des jeunes gens entreront directement dans la vie active après la scolarité obligatoire, c'est-à-dire à 16 ans; sur 10 d'entre eux, 4 recevront une formation professionnelle tout en travaillant et 4 poursuivront des études les menant jusqu'au baccalauréat.

L'Agence nationale pour l'emploi a une section spéciale pour les jeunes qu'elle essaie d'orienter selon leurs qualifications. Les jeunes se plaignent d'avoir beaucoup de mal à obtenir un premier emploi. Les employeurs veulent des jeunes qui aient déjà une certaine expérience. Or cette expérience, ils ne peuvent l'acquérir qu'en travaillant. C'est un cercle vicieux. Le problème est particulièrement

pénible difficult

pénible° en période de récession, comme en 1974–1975 ou en 1978–1979. En 1975, un demi-million de jeunes étaient à la recherche de leur premier emploi.

Que font les jeunes de leur argent? 63% des jeunes de 15 à 20 ans déclarent qu'ils économisent de l'argent. Il faut dire cependant que ces économies ne sont pas en général destinées à former un capital mais à effectuer un achat assez important: une chaîne haute-fidélité,

le mobilier furniture

une moto, une voiture, des vêtements coûteux ou du mobilier.° 800.000 jeunes ont un logement personnel.

En ce qui concerne les jeunes ménages, malgré une amélioration notable depuis 15 ans, la situation n'est pas satisfaisante: 15% habi-

sous-louer to sublet
le particulier private individual

tent à l'hôtel et 15% sous-louent° des chambres chez des particuliers;° c'est une solution coûteuse qui pèse lourdement sur leur budget.

Les jeunes travailleurs célibataires, séparés de leur famille, peuvent habiter dans un «Foyer de jeunes travailleurs», où la demi-pension[2] coûte environ 500 f par mois. Pour 700.000 jeunes isolés, il existait, en 1974, 60.000 places dans les Foyers; il y en aura 100.000 en 1980.

convenable decent, proper

Un étudiant sur 7 peut obtenir une chambre dans une cité universitaire (225 f par mois). Tous les étudiants peuvent prendre un repas convenable° dans un restaurant universitaire pour 3 f.

---

[1] **le baccalauréat:** l'examen de fin d'études secondaires

[2] **la demi-pension:** breakfast and lunch; **la pension:** full board, three meals.

COMPRÉHENSION

1. Combien de jeunes âgés de 15 à 24 ans y a-t-il en France?
2. Quelles sont les professions qui attirent le plus les jeunes?
3. Quelle sorte de travail font ceux qui n'ont pas de formation professionnelle?
4. De quels secteurs de la vie économique se détournent à peu près tous les jeunes?
5. Comment peut-on répartir, du point de vue de leur formation professionnelle, les jeunes qui ont fait leur service militaires en 1969?
6. À l'avenir, y aura-t-il autant de jeunes qui entrent directement dans la vie active après la scolarité obligatoire?
7. De quoi les jeunes se plaignent-ils en ce qui concerne leur premier emploi?
8. Quel pourcentage de jeunes de 15 à 20 ans économisent de l'argent? En général, que comptent-ils faire de leurs économies?
9. En quoi la situation concernant le logement des jeunes ménages n'est-elle pas satisfaisante?
10. Quels privilèges ont les étudiants en ce qui concerne le logement et les repas?

2

Que font les jeunes, pendant leur temps libre? Pour une soirée libre, la principale occupation est d'ordre culturel ou artistique. Cette préférence est plus nette chez les filles que chez les garçons.

Pour un dimanche après-midi, ce sont les activités collectives qui l'emportent° nettement: danser, rencontrer des amis, sortir avec la famille; on peut y ajouter le cinéma, car les jeunes Français vont presque toujours voir des films en groupes, autant pour discuter du spectacle que pour y assister.

Cherchons à préciser la part que la lecture, le cinéma, le théâtre et la radio tiennent dans la vie des jeunes. Dans une proportion de 72% pour les garçons et de 62% pour les filles, les jeunes de 19 ans lisent un journal quotidien au moins deux fois par semaine. Qu'est-ce qui les intéresse le plus dans un journal? Pour les garçons, le sport; pour les filles, la mode et les horoscopes. Chez les garçons, l'intérêt pour la politique est plus intense que chez les filles et il vient plus tôt; dans les communes° rurales, les jeunes s'intéressent moins à la politique que dans les villes. *Salut les Copains*, mensuel de 100 à 200 pages consacré à la musique populaire et aux vedettes° à la mode, est lu par environ 900.000 jeunes et *Mademoiselle Age Tendre* par 450.000 d'entre eux.

Quels livres lisent les jeunes? Bien sûr, ils achètent des romans d'aventures et des romans policiers,° mais il faut souligner qu'ils achètent également° de l'excellente littérature; chaque année 10 millions de livres de poche sont vendus aux jeunes.

l'emporter to prevail

la commune municipality

la vedette celebrity, star

le roman policier detective story
également equally, as well

Garçons	Filles
ACTIVITÉS ARTISTIQUES ET CULTURELLES LECTURE, MUSIQUE, THÉÂTRE, CONFÉRENCES — 4	**ACTIVITÉS ARTISTIQUES ET CULTURELLES** LECTURE, MUSIQUE, THÉÂTRE, CONFÉRENCES — 8
TÉLÉVISION — 6	TÉLÉVISION — 9
VOIR DES AMIS — 22	VOIR DES AMIS — 19
ALLER DANSER — 16	ALLER DANSER — 16
CINÉMA — 16	CINÉMA — 13
BRICOLAGE — 2	TRICOT, COUTURE — 4
SPORTS — 22	SPORTS — 4
SE PROMENER EN FAMILLE — 11	SE PROMENER EN FAMILLE — 25
DIVERS — 1	DIVERS — 2

Les jeunes sont un public fidèle pour le cinéma et le théâtre. Il est important de souligner que les jeunes sont exigeants et qu'ils préfèrent les films de qualité; ce sont en particulier eux qui animent les «ciné-clubs» où les chefs-d'œuvre du cinéma sont montrés en dehors des circuits commerciaux. Il en est de même pour le théâtre: près de la moitié des spectateurs ont moins de 30 ans, et la proportion de jeunes est très forte dans le public des théâtres dont le répertoire est de grande classe, comme le Théâtre National Populaire, à Lyon, ou le Théâtre de l'Est-Parisien.

La télévision intéresse surtout les jeunes de 16 ans et elle a plus de succès à la campagne qu'à la ville. Ainsi, bien qu'il y ait plus de téléviseurs par habitant à Paris qu'à la campagne, les Parisiens regardent deux fois moins la télévision que les jeunes ruraux.

L'attitude des jeunes envers la radio nous renseigne mieux sur leurs goûts que leur attitude envers la télévision; en effet, regarder la télévision se fait en général en famille, et le choix des programmes est limité; les jeunes, s'ils n'ont pas eux-mêmes de transistor, ont presque toujours un frère, une sœur ou un camarade qui en possède un. Et ils écoutent essentiellement les émissions faites spécialement pour eux.

Quels sports pratiquent les jeunes? Dans l'ensemble, la situation est plutôt° encourageante dans le domaine culturel; elle est moins favorable dans celui des sports. Bien sûr, 47% des jeunes pratiquent le football,° 34% la nage,° 22% le tennis et 20% le rugby, mais ils ne prennent pas le sport très au sérieux; le petit nombre des «licenciés» en est une preuve. En France, lorsqu'on veut pratiquer un sport sérieusement, on doit s'inscrire dans une association reconnue, prendre une «licence».° La Fédération française d'athlétisme n'a, par exemple, que 92.000 membres (la Fédération allemande correspondante en a plus de 600.000).

plutôt rather

le football soccer
la nage swimming

la licence permit

L'Équipe de France de football s'est qualifiée pour la Coupe du Monde 1978.

l'athlétisme track and field sports
la natation swimming

C'est le football qui a le plus de licenciés (906.000), suivi par le ski (612.000), la gymnastique, l'éducation physique et le judo (395.000), le basket-ball (209.000), l'athlétisme° (92.000), le rugby (91.000), les sports équestres (77.000) et la natation° (75.000).

La licence elle-même n'est pas toujours la preuve d'une vocation sportive: ainsi, sur 2 millions de skieurs, 612.000 sont licenciés et seulement 5.000 participent aux compétitions sportives.

rattraper le retard to make up the delay

La faute n'en est pas seulement aux jeunes mais aux pouvoirs publics, qui ont très longtemps négligé de construire des stades, des gymnases, des piscines. Actuellement, on essaie de rattraper le retard.° En 5 ans, on a construit autant de piscines que dans les 40 années précédentes. Et cependant, au rythme actuel, on estime que les équipements sportifs ne seront suffisants que dans 15 ans.

Quels sont les obligations et les droits des jeunes? Le service militaire en France est obligatoire. Actuellement, les jeunes sont appelés à 19 ans et restent 12 mois «sous les drapeaux». Les étudiants peuvent obtenir des sursis° jusqu'à 25 ans, et même 27 ans pour les étudiants préparant le doctorat de médecine. Les bacheliers° peuvent demander à partir pour 2 ans comme professeurs dans un pays en voie de développement; 10.000 jeunes Français servent ainsi en Asie, en Afrique ou en Amérique. Ces soldats-professeurs touchent un traitement° de 1.600 f à 2.600 f par mois selon le pays.

le sursis postponement, deferment
les bacheliers *ceux qui ont le baccalauréat*

toucher un traitement to collect a salary

Il est un autre moment de la vie où les jeunes prennent conscience d'être des citoyens, c'est quand ils participent aux élections. En France, le droit de vote a été abaissé° en 1974 de 21 à 18 ans.

abaisser to lower

COMPRÉHENSION

1. Quelles sont les activités préférées des jeunes pour une soirée libre?
2. Quelles sont les activités préférées d'un dimanche après-midi?
3. Combien de jeunes de 19 ans lisent un journal quotidien au moins deux fois par semaine? Qu'est-ce qui les intéresse le plus dans un journal?
4. Nommez deux revues consacrées aux jeunes.
5. Quelles sortes de livres lisent les jeunes?
6. Qu'est-ce que c'est qu'un ciné-club?
7. Citez une statistique qui prouve que les jeunes Français aiment le théâtre.
8. Quelle est la place de la télévision dans la vie des jeunes?
9. Quels sports pratiquent les jeunes Français?
10. Qu'est-ce qui indique qu'il n'y a pas beaucoup de jeunes Français qui prennent les sports au sérieux?
11. Quels sont les sports qui ont le plus de licenciés?
12. Comment peut-on expliquer l'importance relativement faible des sports parmi les jeunes en France?
13. Décrivez le système de service militaire existant actuellement en France.
14. À quel âge a-t-on le droit de vote en France? Depuis combien de temps ce droit est-il en vigueur?

DISCUSSION

1. Faites-vous des économies? Si oui, que comptez-vous en faire?
2. Quelle est votre activité préférée pour une soirée libre?
3. Quelles sont vos activités préférées pour un dimanche après-midi?
4. Lisez-vous un journal régulièrement? Lequel? Qu'est-ce qui vous intéresse le plus dans un journal?
5. Connaissez-vous des revues consacrées aux jeunes aux États-Unis? Les lisez-vous? Qu'en pensez-vous?
6. Pensez-vous que la formation professionnelle des jeunes en France soit comparable à celle de votre pays?
7. D'après ce que vous avez appris dans cet article, quelles sont, à votre avis, les principales différences entre les jeunes Français et les jeunes Américains?

COMPOSITION DIRIGÉE

Les Jeunes aux États-Unis

En vous référant aux jeunes que vous connaissez ou à ce que vous avez lu à propos des jeunes Américains, écrivez une composition en suivant le plan suggéré:

   I. La formation professionnelle des jeunes Américains. (Si possible, citez des statistiques.)

  II. Les activités préférées des jeunes Américains.

     A.   Les sports
     B.   Les passe-temps culturels
     C.   La télévision et la radio
     D.   Le cinéma et le théâtre
     E.   Autres activités

 III. Comment les jeunes Américains gagnent-ils de l'argent? Comment le dépensent-ils?

 IV. Conclusion

Les jeunes Américains sont-ils très différents des jeunes Français? Précisez les points de comparaison.

Verbes **7**

The Present Perfect (*Le Passé composé*)

FORMATION

The present perfect is a compound tense, that is, it is composed of two parts, *the present tense of the auxiliary verb* (**avoir** or **être**) *and the past participle.*

J'ai parlé.	{ *I spoke.* *I have spoken.* *I did speak.*	**Elle est entrée.**	{ *She came in.* *She has come in.* *She did come in.*
Il a fini.	{ *He finished.* *He has finished.* *He did finish.*	**Ils se sont lavés.**	{ *They washed.* *They have washed.* *They did wash.*

As the above examples show, the present perfect is used to express actions completed in the past. It has several meanings in English.

The Auxiliary Verb

1. The *passé composé* of most verbs is formed with the auxiliary verb **avoir**:

   J'**ai** parlé avec une amie.
   Tu **as** fini la chanson.
   Elle m'**a** compris.

2. Pronominal (reflexive) verbs, however, form the *passé composé* with **être**:

   Je me **suis** lavé.
   Il s'**est** trompé.
   Vous vous **êtes** inquiété.

3. A basic group of fourteen verbs of passage (coming, going, staying) are also conjugated with **être**:

aller	Je **suis allé** au match de football.
arriver	L'avion **est arrivé** en retard.
descendre	Rémi **est descendu** dans la cave.
entrer	Nous **sommes entrés** dans le magasin.
monter	Les alpinistes **sont montés** jusqu'au sommet.
mourir	Charles de Gaulle **est mort** en 1970.
naître	Mon père **est né** en 1934.
partir	Ces jeunes gens **sont partis** en week-end.
passer	Nos amis **sont passés** nous voir aujourd'hui.
rester	Ce matin, Jean **est resté** à la maison.
retourner	Maman **est retournée** à Nice.
sortir	Élise **est sortie** avec un groupe d'amis.
tomber	Annette **est tombée** en courant.
venir	Le monsieur **est venu** chercher son chien.

Compounds of these verbs, such as **revenir, devenir, rentrer,** etc., are also conjugated with **être**:

Ils **sont devenus** furieux.

Elle **est rentrée** à cinq heures.

The **être** verbs are easily remembered if associated with this diagram:

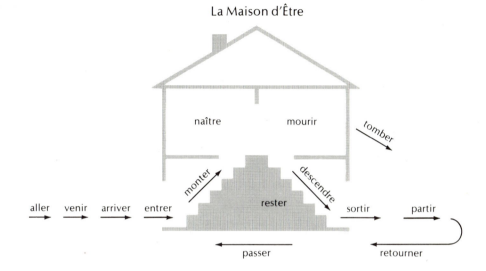

La Maison d'Être

REMARQUER:

Some of these verbs may be used as well with a direct object. In this case, their meaning is somewhat different, and they are conjugated with **avoir.** Compare the following groups of sentences:

descendre[1]

Je **suis** descendu.   *I went down(stairs).*

BUT:

J'**ai** descendu les marches.   *I went down the steps.*

J'**ai** descendu mes bagages.   *I took my luggage down.*

monter[1]

Je **suis** monté au dernier étage.   *I went up to the top floor.*

BUT:

J'**ai** monté l'escalier.   *I went up the stairs.*

J'**ai** monté ma valise.   *I took my suitcase up.*

passer

Étienne **est** passé me voir.   *Steven came by to see me.*

BUT:

J'**ai** passé une semaine à Paris.   *I spent a week in Paris.*

---

[1] Learn the following useful idioms: **descendre de:** to get off (a vehicle); **monter dans:** to get in, on (a vehicle).

Je suis descendu du taxi et **je suis monté** aussitôt dans le train.

retourner

Je **suis** retourné à ma ville natale.   *I returned to the city where I was born.*

BUT:

Le chef **a** retourné le bifteck.   *The chef turned the steak over.*

sortir

Mariane **est** sortie avec Jacques.   *Marion went out with Jack.*

BUT:

Elle **a** sorti la poubelle.   *She took out the trashcan.*

The Past Participle

A. Regular Verbs

The past participle of regular verbs is formed by dropping the infinitive ending and adding the following: **é** for **er** verbs, **i** for **ir** verbs, **u** for **re** verbs.

parler   finir   rendre
parl**é**   fin**i**   rend**u**

B. Irregular Verbs

The past participle of irregular verbs follows no basic pattern. These must be learned by heart:

aller	**allé**	falloir	**fallu**
avoir	**eu**	lire	**lu**
boire	**bu**	élire	**élu**
connaître[1]	**connu**	mettre	**mis**
(ap)paraître	**(ap)paru**	admettre	**admis**
courir	**couru**	permettre	**permis**
croire	**cru**	promettre	**promis**
détruire	**détruit**	mourir	**mort**
conduire	**conduit**	naître	**né**
construire	**construit**	ouvrir	**ouvert**
produire	**produit**	(dé)couvrir	**(dé)couvert**
traduire	**traduit**	offrir	**offert**
dire	**dit**	souffrir	**souffert**
dormir	**dormi**	partir	**parti**
écrire	**écrit**	plaire	**plu**
être	**été**	pleuvoir	**plu**
faire	**fait**	pouvoir	**pu**
satisfaire	**satisfait**	prendre	**pris**

---

[1] The *passé composé* of **connaître** (*to be acquainted with*) and **savoir** (*to know*) have special meanings:

J'**ai connu** mon mari quand j'étais étudiante.   *I met my husband when I was a student.*

apprendre	**appris**	sourire	**souri**
comprendre	**compris**	savoir[1]	**su**
surprendre	**surpris**	vaincre	**vaincu**
recevoir	**reçu**	convaincre	**convaincu**
apercevoir	**aperçu**	vivre	**vécu**
décevoir	**déçu**	voir	**vu**
rire	**ri**	vouloir	**voulu**

Agreement of the Past Participle

In the *passé composé*, as in all other compound tenses, as we shall see, the past participle makes certain agreements in gender and number. There are three basic cases of agreement:

1. When the verb is conjugated with **avoir** the past participle agrees in gender and number with any preceding direct object. This may take the form of:

   an object pronoun:

   > Je **les** ai **vus.**

   a relative pronoun:

   > Je ne crois pas la raison **qu'**il a **donnée.**

   or an interrogative expression:

   > **Quelle question** a-t-il **posée?**

REMARQUER:
There is no agreement with *indirect* objects:

> Je **leur** ai **parlé.**
> Ils **nous** ont **écrit.**

2. When the verb is conjugated with **être** the past participle agrees in gender and number with the subject:

   > **Elle** est **partie.**

3. When the verb is pronominal (reflexive), the past participle agrees in gender and number with the preceding direct object:[2]

   > Elle **s'**est **lavée.**

---

[1] The *passé composé* of **connaître** (*to be acquainted with*) and **savoir** (*to know*) have special meanings:

> L'inspecteur **a su** que Monsieur Leblanc était un espion.   *The inspector **found out** that Monsieur Leblanc was a spy.*

[2] When the reflexive pronoun used with a pronominal verb is an indirect object, there is no agreement (See Lesson 12.):

> Elle s'est lavé les mains.

Agreement of the Past Participle in the Passé Composé and All Other Compound Tenses		
1. Verb conjugated with **avoir** Je **les** ai **vus.**	past participle agrees with	preceding direct object
2. Verb conjugated with **être** **Elle** est **entrée.**	past participle agrees with	subject
3. Pronominal (reflexive) verb Elles **se** sont **lavées.**	past participle agrees with	preceding direct object

The Negative Form of the Passé Composé

In the **passé composé** (and in all compound tenses, as we shall see), **ne** precedes the *auxiliary* verb, and the second term of negation follows:

> Il **n**'a **pas** fini.   Il **n**'a **guère** fini.
> Il **n**'a **point** fini.   Il **n**'a **plus** fini.
> Il **n**'a **rien** fini.

The only terms of negation that are placed after the past participle are **personne, nulle part, ni . . . ni . . . , aucun** and **nul.**

> Il **n**'a vu **personne.**   Il **n**'a vu **ni** sa mère **ni** son père.
> Il **n**'est allé **nulle part.**   Il **n**'a eu **aucun (nul)** problème.

If there is an object pronoun or a reflexive pronoun, it is placed directly before the auxiliary verb. Object pronoun and auxiliary verb form an inseparable core, which is enclosed by **ne** and **pas:**

> Il **ne** les a **pas** finis.
> Ils **ne** se sont **pas** disputés.

Basic Word Order in Compound Tenses					
Subject	**(ne)**	*Object Pronouns*	*Auxiliary Verb*	**(pas)**	*Past Participle*
il elle	**n'**	—	a	**pas**	fini
il elle	**ne**	les	a	**pas**	finis
ils elles	**ne**	se	sont	**pas**	disputés

EXERCICES   A.   Mettez les phrases suivantes au passé composé en employant **être** comme verbe auxiliaire.

1. Philippe sort de la maison. 2. Il va chez Jacques. 3. Quand il arrive il entre dans la maison sans frapper. 4. Philippe monte au premier étage.[1] 5. Il reste avec Jacques dans sa chambre. 6. À l'heure du dîner les deux amis descendent et ils partent ensemble. 7. En sortant, Philippe tombe et il retourne à la maison de Jacques. 8. Jacques passe à la pharmacie chercher un pansement (*bandaid, dressing*).

B.   Mettez les phrases suivantes au passé composé en choisissant le verbe auxiliaire convenable.

1. Le petit Nicolas sort de la maison.
2. Il sort son chien.
3. La concierge monte le courrier.
4. Elle monte les marches avec difficulté.
5. Nous passons une soirée très agréable.
6. Georges passe devant ma maison sans me dire bonjour.
7. Les touristes retournent à la Côte d'Azur.
8. Ève-Marie retourne la photo pour voir ce qui est écrit de l'autre côté.
9. Vous descendez du métro à l'arrêt qui s'appelle Châtelet.
10. Nous descendons la colline.

---

[1] In French, floors are counted thus: **rez de chaussée**, ground floor, **premier étage**, second floor, **deuxième étage**, third floor, etc.

C. Mettez les phrases suivantes au passé composé en choisissant le verbe auxiliaire convenable et en faisant l'accord avec le participe passé, si nécessaire.

1. Hemingway et Fitzgerald vivent à Paris et écrivent des romans.
2. Jules César dit de la Gaule ancienne, «Je viens, je vois, et je vaincs».
3. Le chien ne veut pas suivre le petit garçon.
4. Simone fait tous ses devoirs avec diligence et elle reçoit une bonne note.
5. Quand il reçoit une lettre, il ouvre l'enveloppe, il la lit et ensuite il la remet dans l'enveloppe.
6. Chaque jour certains meurent et d'autres naissent.
7. Les Américains construisent des édifices et ils les détruisent quelques années plus tard.
8. En voyant le chat, la petite fille rit et court vers l'animal.
9. Ce soir j'ai des difficultés: je suis malade et je ne peux pas dormir.
10. Zazie prend le métro et elle va voir Paris.
11. Quand je pars en vacances, je dors dans le train.
12. Quand Jean-Jacques finit ses devoirs, il téléphone à ses amis et il les invite à venir chez lui.
13. À la fin du semestre Michel vend ses livres, mais il les regrette ensuite.
14. Il faut prendre des notes pendant la conférence.
15. Ces vins plaisent aux connaisseurs; ils boivent surtout du vin rouge.
16. Je pleure parce qu'il pleut.

D. Répondez aux questions suivantes au négatif.

1. Voici le journal. L'avez-vous lu?
2. Ce sont de bons disques. Les étudiants les ont-ils achetés?
3. Marie et Louise sont passées nous voir aujourd'hui. Leur as-tu parlé?
4. Regardez Henri. Ses parents lui ont-ils donné cette belle voiture de sport?
5. Il y avait un spectacle au théâtre de l'université. Vos amis y sont-ils allés?
6. Est-ce qu'il y a eu une explosion à l'usine?

chat blis

USE OF THE PASSÉ COMPOSÉ

The *passé composé* is used:

1. To express an action that took place at a precise moment in time, an action of a momentary (rather than an ongoing) nature:

> J'**ai répondu** à la question.
> Nous **avons acheté** une Renault.
> Le petit Nicolas **a vu** un chien.
> Ma mère m'**a écrit** une lettre.

Such actions could be diagrammed by a single point on a line:

2. To express a series of single actions now complete:

> Pendant le semestre, Paul **est allé quatre fois** aux matchs de basketball.
> Mon ami **a vu** *La Guerre des étoiles* **cinq fois!**
> **Pendant trois mois** Marcel **a téléphoné** à Jocelyn chaque soir.

Such actions could be diagrammed by a series of points within definite limits on a line:

3. To express an action of some duration, but whose limits are defined:

> Hemingway **a passé cinq ans** à Paris.
> Vous **avez regardé** la télévision **pendant deux heures.**
> La conférence **a duré cinquante minutes.**

Such actions could be diagrammed by an extended line with marked limits:

EXERCICE

Faites des phrases au passé composé en employant les éléments donnés. Ajoutez des détails pour rendre vos phrases plus vivantes.

MODÈLE: rester/une demi-heure
Yvonne est restée une demi-heure au laboratoire.

1. rendre visite à/trois fois
2. lire/de dix heures jusqu'à minuit.
3. ouvrir/hier
4. rire/pendant trois quarts d'heure
5. pleuvoir/pendant quarante jours et quarante nuits
6. prendre/l'année dernière

The Imperfect (*L'Imparfait*)

FORMATION

The imperfect of a French verb is a single word consisting of a stem and an ending.

Stem

The stem of the imperfect for both regular and irregular verbs is derived from the first person plural of the present tense by dropping the **-ons: parlons, finissons, sortons, faisons,** *etc.* The only exception is the verb **être** whose stem in the imperfect is **ét-.**

Endings

The endings of the imperfect are the same for all verbs, as shown in the table below:

The Imperfect Tense		
Stem	*Endings*	
nous form of the present tense less **-ons**	(je) **-ais** (tu) **-ais** (il) (elle) } **-ait**	(nous) **-ions** (vous) **-iez** (ils) (elles) } **-aient**

je parlais	*I was speaking, I spoke*
il finissait	*he was finishing, he finished*
nous vendions	*we were selling, we sold*
vous étiez	*you were*

REMARQUER:
As we saw in Chapter 2, **c** changes to **ç** before **a** or **o** in verbs ending in **-cer.** Here is a model for the imperfect of verbs like **commencer:**

commencer	
je commençais	nous commencions
tu commençais	vous commenciez
il elle } commençait	ils elles } commençaient

The **g** changes to **ge** before **a** or **o** in verbs ending in **-ger.** Here is a model for the imperfect of verbs like **manger:**

manger	
je mangeais	nous mangions
tu mangeais	vous mangiez
il elle } mangeait	ils elles } mangeaient

Verbs ending in **-ier** keep their stem ending in **i**, for example:

	oublier	
j'oubliais		nous oubliions
tu oubliais		vous oubliiez
il elle } oubliait		ils elles } oubliaient

The other kinds of stem-changing verbs present no difficulties in the imperfect. The stem derived from the **nous** form of the present tense is the same throughout the imperfect.

EXERCICE

Mettez les phrases suivantes à l'imparfait.

1. Elle dort très tard.
2. Nous sommes malheureux.
3. Maman ne peut pas comprendre.
4. Le chien s'appelle Rex.
5. Ce garçon veut seulement s'amuser.
6. Nous oublions de mettre les accents.
7. La mère de Chantal fait le ménage pour les voisins.
8. Vous croyez en Dieu.
9. Je rougis quand j'y pense.
10. Tu as de la chance.
11. Marie ne mange pas toujours ce qu'il faut.
12. Mon père préfère les cheveux courts.
13. Robert déteste l'université; il finit ses études pour faire plaisir à ses parents.
14. Ses parents commencent à le comprendre.
15. Cette jeune fille voit souvent sa famille.

USE OF THE IMPERFECT

The imperfect is used:

1. To describe things as they were in the past:

> Quand Lisette **était** jeune, elle **avait** les cheveux blonds.
> Ce jour-là, il **faisait** froid et il **pleuvait.**
> Autrefois Claudette **avait** beaucoup d'amis.

Such actions could be diagrammed by a line with indefinite limits:

$$\longleftrightarrow$$

Certain verbs, by their very meaning, express a state of continuity. Thus, verbs of states of mind or intellectual processes are often used in the imperfect: **penser, savoir, croire, pouvoir, avoir peur, avoir envie,** etc.

— Il était si mignon quand il était petit...

2. To express a repeated or habitual action in the past, if the limits of this action are not specified.

> **Tous les jours,** les deux amants **se promenaient** dans les bois.
> **D'habitude,** Monsieur Lefèbvre **rentrait** vers sept heures du soir.
> Ces jeunes **allaient souvent** au théâtre.

Such actions could be diagrammed by a series of points with no definite limits:

$$\longleftarrow \bullet \quad \bullet \quad \bullet \quad \bullet \quad \bullet \quad \bullet \quad \bullet \quad \bullet \quad \bullet \longrightarrow$$

Some Special Uses of the Imperfect

1. The imperfect is used to describe the background circumstances (what was going on) that were simultaneous to a completed action in the past:

> **Elle dormait** quand le téléphone **a sonné.**
> (what was going on)   (action)

> Il **pleuvait** le soir où elle **est partie.**

2. In *"If ... (then) ..."* sentences, when the result is expressed in the conditional, the **si** (*if*) clause must be in the imperfect:

> Si Paul était riche, Françoise l'épouserait.
> Si je trouvais un chien, je lui donnerais quelque chose à manger.

3. The imperfect may be used to express a wish or a regret.

> Si seulement les parents comprenaient leurs enfants!
> Si j'étais riche!

EXERCICES   A. Mettez les phrases suivantes à l'imparfait en les introduisant 〳 ˹˹⊿

1. Robert a beaucoup de charme et il est toujours bien habillé
2. Elle porte de jolies robes et elle choisit des accessoires très é
3. Frédéric fait tous ses devoirs et il reçoit de bonnes notes.

B. Mettez les phrases suivantes à l'imparfait en les introduisant par l'expression indiquée:

1. Les parents de Jeanine se disputent. (Tous les soirs . . .)
2. Henri sort et rentre très tard. (D'habitude . . .)
3. Jacqueline n'étudie pas et elle ne va pas à ses classes. (Souvent . . .)

C. Transformez les phrases suivantes selon le modèle.

MODÈLE: Je fais de la méditation transcendentale. Ma mère entre dans ma chambre.
Je faisais de la méditation transcendentale quand ma mère est entrée dans ma chambre.

1. Marie lit *Salut, les copains!*. Quelqu'un sonne à la porte.
2. Les étudiants ont peur. Ils reçoivent les résultats de l'examen.
3. Pauline étudie le yoga. Elle décide d'aller en Inde.

D. Transformez les phrases suivantes selon le modèle. (Le conditionnel de l'autre verbe est indiqué entre parenthèses.)

MODÈLE: S'il fait beau, nous partirons en week-end. (nous partirions)
S'il faisait beau, nous partirions en week-end.

1. Si tu voles, tu auras mauvaise conscience. (tu aurais)
2. Si nous allons dans cette ville, il faudra faire de l'auto-stop. (il faudrait)
3. Si mes parents me comprennent, ils ne m'empêcheront pas de partir. (ils m'empêcheraient)

Comparison of the *Passé composé* **and the** *Imparfait*

j'ai parlé	**je parlais**
I spoke	*I spoke*
I did speak	*I did speak*
I have spoken	*I was speaking*
	I used to speak
	I would speak (in the sense of *used to*)

The confusion between the use of the *passé composé* and the *imparfait* that troubles English-speaking students is due to the fact that the simple past tense in English (e.g. *I spoke*) may be translated either by the *passé composé* or the *imparfait.* Occasionally the two are interchangeable, but generally the correct tense must be determined by the context.

1. If the verb is of a descriptive character, use the *imparfait:*

> Il **avait** une barbe et **parlait** doucement.   *He **had** a beard and **spoke** softly.*

If the emphasis is on action, use the *passé composé:*

> Il **a allumé** une cigarette et **a parlé** doucement.   *He **lit** a cigarette and **spoke** softly.*

2. If the duration or the continuity of the action is stressed, use the *imparfait:*

> Elle **était** heureuse; elle **avait** beaucoup d'amis et **sortait** beaucoup. *She **was** happy; she **had** many friends and **went out** a lot.*

If the finality of the action is implicit, use the *passé composé:*

> Elle **a été** heureuse, mais maintenant tout **a changé.**   *She **was** happy but now everything **has changed.***

3. Verbs of thinking and feeling, intellectual processes, and states of mind tend to be in the *imparfait:*

> Elle **pensait** à son avenir.   *She **thought** of her future.*
> J'**avais** envie de tout dire.   *I **wanted** to tell everything.*

When there is an indication that the act of thinking or feeling occurred at a precise moment, or suddenly, then the *passé composé* is called for:

> Quand mes parents m'**ont grondé,** j'**ai eu envie** de tout dire.   *When my parents **scolded** me, I **wanted** to tell everything.*
> Soudain, elle **a pensé** à son avenir.   *Suddenly she **thought** of her future.*

4. Often, the choice between the *passé composé* and the *imparfait* is a stylistic matter. When the case is not clear-cut, only the context can determine the best choice. Generally, the speaker uses the *passé composé* if he or she is going on to speak about something else:

> **Hier, j'ai été malade. Aujourd'hui je vais beaucoup mieux. Je me suis réveillé tôt ce matin, j'ai pris un bon petit déjeuner et j'ai déjà joué au tennis!**

The *imparfait* is used if the speaker wants to fill in the action with other details:

> **Hier, j'étais malade. J'avais de la fièvre et j'avais mal à la gorge. Je voulais lire mais j'étais trop fatiguée.**

L'étrange humour de Copi

QUAND J'AVAIS TON ÂGE JE JOUAIS DES POLKAS DANS UN PIANO LAQUÉ BLANC.[1]

ET MAMAN, QUI ÉTAIT SOPRANO, CHANTAIT DEBOUT SUR LE PIANO.

TOUS LES PIGEONS DU QUARTIER VENAIENT NOUS ÉCOUTER SUR LE REBORD DE LA FENÊTRE![2]

ON AVAIT LE SALON REMPLI DE[3] MES SOUPIRANTS?[4]

ET OÙ SONT PASSÉS LE PIANO ET TES SOUPIRANTS?

QUAND ON A DÉMÉNAGÉ[5] DANS UN APPARTEMENT PLUS PETIT, MAMAN EST PARTIE.

ELLE S'EST ENFUIE AVEC LE DÉMÉNAGEUR ET LE PIANO.

J'AI TOUT FAIT POUR GARDER[6] MES SOUPIRANTS À L'HARMONICA, MAIS C'ÉTAIT PLUS PAREIL.[7]

C'EST ÇA, LE TEMPS.

QUAND MAMAN EST REVENUE ELLE AVAIT PERDU LE PIANO, ET MÊME LA VIRGINITÉ.

---

[1] **un piano laqué blanc** a white lacquered piano [2] **le rebord de la fenêtre** the window sill
[3] **rempli de** filled with [4] **un soupirant** a suitor [5] **déménager** to move [6] **garder** to keep
[7] **pareil** the same

EXERCICE

Le passage suivant est tiré du *Petit Nicolas,* un livre humoristique où un petit garçon français raconte ses aventures. En réalité, l'auteur de ces aventures enfantines est Goscinny, le créateur du célèbre *Astérix* (voir la leçon facultative à la page 142). Dans le passage suivant, le petit Nicolas parle du jour où il a quitté la maison. Complétez ce texte en donnant la forme correcte des verbes indiqués entre parenthèses. Choisissez entre l'imparfait et le passé composé.

Je _____ (partir) de la maison! J'_____ (être) en train de jouer dans le salon et j'_____ (être) bien sage, et puis, simplement parce que je _____ renverser)° une bouteille d'encre° sur le tapis neuf, maman _____ (venir) et elle m'_____ (gronder)°. Alors, je _____ (se mettre)° à pleurer et je lui _____ (dire) que je m'en irais et qu'on me regretterait beaucoup et maman _____ (dire): «Avec tout ça il se fait tard,° il faut que j'aille faire mes courses», et elle _____ (partir).

Je _____ (monter) dans ma chambre pour prendre ce dont j'aurais besoin pour quitter la maison. J'_____ (prendre) mon cartable° et je _____ (mettre) dedans la petite voiture rouge que m'_____ (donner) tante Eulogie,[1] la locomotive du petit train à ressort,° avec le wagon de marchandises, le seul qui me reste, les autres wagons sont cassés, et un morceau de chocolat que j'avais gardé du goûter.° Je _____ (prendre) ma tirelire,° on ne sait jamais, je peux avoir besoin de sous,° et je _____ (partir).

C'est une veine° que maman n'ait pas été là, elle m'aurait sûrement défendu de quitter la maison. Une fois dans la rue, je _____ (se mettre) à courir. Maman et papa vont avoir beaucoup de peine, je reviendrai plus tard, quand ils seront très vieux, comme mémé,° et je serai riche, j'aurai un grand avion, une grande auto et un tapis à moi, où je pourrai renverser de l'encre et ils seront drôlement° contents de me revoir.

Comme ça, en courant, je _____ (arriver) devant la maison d'Alceste. Alceste c'est mon copain, celui qui est très gros et qui mange tout le temps, je vous en ai peut-être déjà parlé. Alceste _____ (être) assis devant la porte de sa maison, il _____ (être) en train de manger du pain d'épices.° «Où vas-tu?» m'_____ (demander) Alceste en mordant° un bon coup° dans le pain d'épices. Je lui _____ (expliquer) que j'étais parti de chez moi et je lui _____ (demander) s'il ne _____ (vouloir) pas venir avec moi. «Quand on reviendra, dans des tas° d'années, je lui _____ (dire) nous serons très riches, avec des avions et des autos et nos papas et nos mamans seront tellement contents de nous voir, qu'ils ne nous gronderont plus jamais.» Mais Alceste n'_____ (avoir) pas envie de venir. «T'es pas un peu fou, il me _____ (dire), ma mère fait de la choucroute° ce soir, avec du lard et des saucisses, je ne peux pas partir.» Alors, je _____ (dire) au revoir à Alceste et il m'_____ (faire) signe de la main qui _____ (être) libre,

renverser to spill
l'encre (*m.*) ink
gronder to scold
se mettre à = commencer
il se fait tard it is getting late

le cartable school bag

à ressort springwound

le goûter snack
la tirelire piggybank
les sous = l'argent
la veine = la chance

mémé = grand-mère

drôlement = très

le pain d'épices gingerbread
mordre to bite
un bon coup a good bite

des tas de = beaucoup de

la choucroute sauerkraut

---

[1] Note inverted word order.

l'autre ___I___ (être) occupée à pousser le pain d'épices dans sa bouche.

Je ___PC___ (tourner) le coin de la rue et je ___PC___ (s'arrêter) un peu, parce qu'Alceste m'avait donné faim et je ___I___ (manger) mon bout de chocolat, ça me donnera des forces pour le voyage. Je ___I___ (vouloir) aller très loin, très loin, là où papa et maman ne me trouveraient pas, en Chine ou à Arcachon où nous ___I___ (passer) les vacances l'année dernière et c'est drôlement loin de chez nous, il y a la mer et des huîtres.°

Mais, pour partir très loin, il ___I___ (falloir) acheter une auto ou un avion. Je ___PC___ (s'asseoir) au bord du trottoir° et je ___PC___ (casser) ma tirelire et je ___PC___ (compter) mes sous. Pour l'auto et pour l'avion, il faut dire qu'il n'y en ___I___ (avoir) pas assez, alors, je ___PC___ (entrer) dans une pâtisserie° et je ___PC___ (s'acheter) un éclair au chocolat qui ___I___ (être) vraiment bon.

l'huître (*f.*)   oyster

le trottoir   sidewalk

la pâtisserie   pastry shop

Le Petit Nicolas 8

Little Nicolas is a delightful character with whom we can all identify, for we have all been children once. This endearing little boy is the creation of Goscinny, one of France's foremost humorists, and the text is aptly illustrated by the whimsical drawings of Sempé, a widely syndicated French cartoonist. In this extract, Nicolas recounts, with charming naïveté, the day he brought home a stray dog.

VOCABULAIRE

Lexique de mots-clés

CE QUE FONT LES CHIENS

avoir l'air perdu, content, etc.	to look lost, happy, etc.
faire le beau	to sit up and beg
faire des dégâts	to do damage
faire des tours	to do tricks
le tour	trick
cracher	to spit out
(se) gratter	to scratch (oneself)
lécher	to lick
se méfier de	to mistrust, distrust
la méfiance	mistrust
mordre	to bite
remuer la queue	to wag one's tail
sauter	to jump, leap, bound
suivre	to follow

CE QU'ONT LES CHIENS

le collier	collar
la niche	doghouse
la patte	paw

CE QUE FONT LES ÊTRES HUMAINS

amener	to bring (a person or animal)
ramener	to bring back (a person or animal)
attraper	to catch
rattraper	to catch up with
dresser	to train
garder	to keep, guard
taquiner	to tease

EXERCICE

Complétez les phrases suivantes par la forme correcte d'un mot tiré du Lexique de mots-clés.

1. Pour montrer de l'affection, les chiens vous _____ les mains.
2. On dit qu'il ne faut pas flatter un chien pendant qu'il mange parce qu'il vous _____.
3. Quand les êtres humains sont à table et le chien veut qu'on lui donne quelque chose à manger, il _____.
4. Ce chat doit appartenir à quelqu'un car il porte un beau _____.
5. Pour s'asseoir sur le coussin, il faut que le chien _____ sur le canapé.
6. Après avoir mâché (chewed) une pantoufle (slipper), le chien _____ les petits bouts.

7. Ma perruche s'est envolée par la fenêtre, mais je l' _____ .
8. Ce chien doit être loin de sa maison, il _____ .
9. Si un animal _____ , c'est un signe qu'il a peut-être des puces (*fleas*).
10. Ce chien n'a pas confiance en l'enfant; c'est-à-dire, il _____ de lui.
11. Le célèbre Snoopy se tient souvent sur le toit de sa _____ .
12. Si un chien veut que vous l'adoptiez, il vous _____ partout.
13. Quand un chat est content il ronronne; quand un chien est heureux il _____ .
14. Les enfants _____ souvent des animaux égarés (*strayed*) à la maison.
15. Nous avons appris à notre caniche à obéir à nos ordres; c'est-à-dire, nous l' _____ .
16. Les êtres humains ont des pieds, mais les chiens et les chats ont des _____ .
17. Le petit Nicolas a ramené une souris (*mouse*) à la maison une fois, mais sa mère ne lui a pas permis de la _____ .
18. Il ne faut pas _____ ce gros chien; il se fâchera et ensuite il vous mordra.
19. Si vous laissez un chien enfermé longtemps tout seul dans la maison, il risque de _____ .
20. Les chiens dans les cirques ont été bien dressés; ils savent _____ .

Lexique de mots secondaires

s'amuser	to have a good time
la bêtise	foolish thing
le bout	end, bit
le copain, la copine	pal
le doigt	finger
au lieu de	instead of
mignon, -ne	cute
occupé	busy
un outil	tool
en bonne santé	healthy
sauf	except
se passer	to happen
Tout s'est bien passé.	All went well.
Qu'est-ce qui se passe ici?	What's going on here?
le sens	direction

Étude de mots

A. Le Langage familier

Le texte qui suit est écrit du point de vue d'un petit garçon. Le petit Nicolas n'emploie pas, bien sûr, un français élégant et littéraire. Son langage est celui de tous les jours; c'est ce que les linguistes appellent «le langage familier». Voici quelques exemples d'expressions familières qui paraissent dans le texte:

drôlement = très
Mon copain est **drôlement** gentil.

chouette   swell, nice
Papa m'a dit que je peux garder le chien. C'est **chouette**, n'est-ce pas?

terrible, formidable   terrific, great
Regardez Rex faire des tours. Il est **terrible!**

rigoler = rire
Mon chien nous a fait bien **rigoler** avec ses tours.

le coup du fauteuil = l'incident du fauteuil
Après **le coup du fauteuil**, Maman n'a plus voulu de Rex dans la maison.

Voici un petit lexique de mots populaires ou familiers qui s'emploient couramment. *Nous ne conseillons pas aux étudiants de se servir de ces mots,* mais il est important et même indispensable de les connaître pour comprendre le français parlé des milieux populaires et estudiantins en France.

Les Noms

la bagnole	la voiture	**le flic**	l'agent de police
la baraque	la maison	**le fric**	l'argent
la bouffe	ce qu'on mange	**le (la) gosse**	l'enfant
bouffer	manger	**le machin**	la chose
le boulot	le travail	**le truc**	la chose
boulonner	travailler	**le type**	l'homme
la boîte	lieu où l'on travaille	**les sous**	l'argent
la fac	l'université		

Les Verbes

se ficher de,	
se moquer de	ne pas attacher d'importance à
rouspéter	se plaindre
embêter	ennuyer quelqu'on
engueuler	crier des reproches
trimbaler	porter partout avec soi

Les Adjectifs

dingue	fou	**moche**	laid
fauché	sans argent	**rasant**	boring
marrant	amusant	**rigolo**	amusant

B.   **faire de la peine** vs. **faire mal** vs. **faire du mal**

  faire de la peine   to grieve, cause to feel sorry
  Le petit chien avait l'air d'avoir faim, et cela m'**a fait de la peine**.

  faire mal   to hurt, cause pain
  Quand le chien m'a mordu la main, cela **a fait** très **mal**.

faire du mal   to do harm to
Jean est très méchant; s'il ne vous aime pas, il est capable de vous **faire du mal.**

C.   Faux-amis

crier   to yell   to cry: *pleurer*
la médicine   science of medicine   a medicine: *un médicament*

D.   **Emmener** vs. **amener (ramener)** vs. **emporter** vs. **apporter**

emmener   to take along with, to take to (said of a person or animal)
J'ai emmené Nicolas à l'école ce matin.
Ils **ont emmené** le chien égaré à la fourrière (*pound*).

amener (ramener)   to bring (to bring back) (said of a person or animal)
Nicolas **a ramené** une souris à la maison.
Ne prenez pas un taxi; j'ai ma voiture ce soir et je peux vous **ramener.**

emporter   to carry off, take away (said of things)
Les voleurs **ont emporté** tout l'argent.

apporter   to bring to (said of things)
C'est gentil de m'**apporter** des fleurs.

STRUCTURE

Personal Pronouns

A "pro-noun" stands for a noun. The form of the pronoun depends upon its function in the sentence: it may be the subject, the direct object, the indirect object, or the object of a preposition.

FORM AND FUNCTION

A.   Subject

Nicolas a vu un petit chien. ⟶
Il a vu un petit chien.

Nicolas performs the action of the verb: it is the subject. The subject pronoun **il** replaces **Nicolas.**

B.   Direct Object

Le chien suit **Nicolas.** ⟶
Le chien **le** suit.

Nicolas is the direct object: it is directly acted upon by the verb. (It answers the question, *Whom does the dog follow?*) The direct object pronoun **le** takes the place of **Nicolas.**

C.   Indirect Object

> Le chien donne la patte **à Nicolas.** ⟶
> Le chien **lui** donne la patte.

Nicolas indirectly receives the action of the verb: it is the indirect object. (It answers the question, *To whom is the paw given?*) The indirect object pronoun **lui** replaces **à Nicolas.**

D.   Object of a Preposition (except, in most cases, **à**)

> Le chien fait des tours pour **Nicolas.** ⟶
> Le chien fait des tours pour **lui.**

Pour is a preposition. It forms a logical unit with **Nicolas. Lui** takes the place of **Nicolas** as the object of a preposition. Pronouns used in this way are known as accented pronouns. (Other uses of accented pronouns are discussed in Lesson 19.)

The following is a complete table of the forms and functions of personal pronouns:

Personal Pronouns				
	Subject	*Direct Object*	*Indirect Object*	*Object of Preposition*
Singular				
1st person	**je** (j')	**me** (m')	**me** (m')	**moi**
2nd person	**tu**	**te** (t')	**te** (t')	**toi**
3rd person	**il, elle**	**le, la** (l')	**lui**	**lui, elle**
		se (s')	**se** (s')	
Plural				
1st person	**nous**	**nous**	**nous**	**nous**
2nd person	**vous**	**vous**	**vous**	**vous**
3rd person	**ils, elles**	**les**	**leur**	**eux, elles**
		se (s')	**se** (s')	

Note: The forms in parentheses are used before words beginning with a vowel or a mute **h.**

REMARQUER:
1. **Lui** and **leur** are not used for inanimate objects.
2. **Se** is the reflexive form of object pronouns. It is used only if the object is the same as the subject.

> Il **se voit.**   He sees *himself.*
> Il **se parle.**   He speaks *to himself.*

COMPARE:

> Il **le voit.**   He sees *him.*
> Il **lui parle.**   He speaks *to him.*

Se is also used in the third person with all pronominal verbs. (See Lesson 12).

DETERMINING DIRECT AND INDIRECT OBJECT

Notice that the third person forms of object pronouns differ according to their function. The direct object pronouns are **le, la,** and **les.** The indirect object pronouns are **lui** and **leur.** To know which to use, you must be able to recognize the function of the pronoun in the sentence. This depends upon the verb.

A.   Verbs governing both a direct and indirect object

   1. Verbs of communication (**parler, dire, écrire,** etc.)

   The thing communicated is the direct object; the person to whom it is communicated is the indirect object:

   écrire   to write   On **écrit** quelque chose (objet direct) **à** quelqu'un
   (objet indirect).
   Marie écrit **la lettre à Jacques.**
   d.o.   i.o.

   Marie **la lui** écrit.
   d.o. i.o.

   apprendre   to teach
   On **apprend** quelque chose **à** quelqu'un.

   dire   to say
   On **dit** quelque chose **à** quelqu'un.

   expliquer   to explain
   On **explique** quelque chose **à** quelqu'un.

   montrer   to show
   On **montre** quelque chose **à** quelqu'un.

   répondre   to answer
   On **répond** quelque chose **à** quelqu'un.

   téléphoner   to phone
   On **téléphone à** quelqu'un.

   BUT:

   parler   to speak
   On **parle de** quelque chose **à** quelqu'un.

   2. Verbs of transfer of possession (**donner, vendre, envoyer,** etc.)

   The thing given or transferred is the direct object; the person to whom it is transferred is the indirect object:

   donner   to give   On **donne** quelque chose (objet direct) **à** quelqu'un
   (objet indirect).
   Nicolas donne **les os au petit chien.**
   d.o.   i.o.

   Nicolas **les lui** donne.
   d.o. i.o.

   emprunter   to borrow (from)
   On **emprunte** quelque chose **à** quelqu'un.

envoyer   to send
On **envoie** quelque chose **à** quelqu'un.

offrir   to offer
On **offre** quelque chose **à** quelqu'un.

prêter   to lend
On **prête** quelque chose **à** quelqu'un.

remettre   to hand in
On **remet** quelque chose **à** quelqu'un.

rendre   to give back
On **rend** quelque chose **à** quelqu'un.

vendre   to sell
On **vend** quelque chose **à** quelqu'un.

REMARQUER:

In French, nouns used as indirect objects are always introduced by the preposition **à** (*to*).[1] This is not always so in English. Compare:

Papa donne l'argent **à Pierre.**   { *Papa gives the money **to Pierre.*** \
{ *Papa gives **Pierre** the money.*

B.   Verbs taking an indirect object in French (but a direct object in English)

Study this example:

Nicolas ressemble **à son père.**   Il **lui** ressemble.
*Nicolas resembles **his father.**   He resembles **him.***

Notice that the use of the verb **ressembler** is different from the use of the English verb *to resemble*. The French verb requires an indirect object, whereas the English verb simply takes a direct object. There are many such verbs in French. Here are a few of the most common:

Governs Indirect Object	*Governs Direct Object*
échapper **à** quelque chose, quelqu'un	*to escape (from) someone, something*
obéir **à** quelque, chose, quelqu'un	*to obey someone, something*
permettre **à** quelqu'un	*to permit someone*
plaire **à** quelqu'un	*to please someone*
promettre **à** quelqu'un	*to promise someone*

C.   Verbs that take a direct object in French (but are followed by a preposition in English)

Study the following example:

---

[1] Do not confuse the use of the preposition **à** before an indirect object noun with the preposition required by certain verbs before a complementary infinitive. For example, *to tell someone to do something:* dire **à** quelqu'un (direct object) **de** faire quelque chose (infinitive): Maman dit **à** Rex **de** sortir le chien. For this point, see Lesson 23.

Nous attendons **le week-end.** Nous l'attendons.
*We are waiting **for the week-end.*** *We are waiting **for it.***

The verb **attendre** means *to wait for;* the preposition *for* is not translated.
Here are a few other such verbs:

chercher to look *for*
Je cherche une grande maison.

demander to ask *for*
Je demande la voiture.

écouter to listen *to*
J'écoute la musique.

payer to pay *for*
Je paie l'addition. *(the restaurant bill)*

regarder to look *at*
Je regarde les enfants.

REMARQUER:
On demande quelque chose (d.o.) **à** quelqu'un (i.o.).

Je demande la voiture à mon père.   **Je la lui demande.**
       d.o.   i.o.   d.o. i.o.

I ask my father for the car.   *I ask him for it.*

POSITION OF DIRECT AND INDIRECT OBJECT PRONOUNS

1. In all cases but affirmative commands, direct and indirect object pronouns *precede* the verb, or the auxiliary verb, in a compound tense.

Word Order Pattern in Most Sentences					
Subject	**(ne)**	*Object Pronouns*	*Verb or Aux. Verb*	**(pas)**	*Past Part.*
Il	ne	leur	parle	pas	
Il	ne	leur	a	pas	parlé

Statement:	Le reporter **leur** parle. (*Simple tense*)
	Le reporter **leur** a parlé. (*Compound tense*)
Negative statement:	Le reporter ne **leur** parle pas.
	Le reporter ne **leur** a pas parlé.
Question:	Le reporter **leur** parle-t-il?
	Le reporter **leur** a-t-il parlé?
Negative question:	Le reporter ne **leur** parle-t-il pas?
	Le reporter ne **leur** parle-t-il pas parlé?
Negative command:	Ne **leur** parlez pas!

2. In sentences where there are two verbs, a conjugated verb and a complementary infinitive, object pronouns precede the infinitive.[1]

Word Order in Sentences with Complementary Infinitive			
Subject	*Verb*	*Object Pronouns*	*Infinitive*
Il	veut	**leur**	parler

3. The only time object pronouns do not precede the verb is in affirmative commands. In this case they follow the verb and are linked to it by a hyphen. **Me** and **te** become **moi** and **toi** when they are the last element of the imperative:

Word Order in Affirmative Commands
Verb - Object Pronouns
Parlez-leur.
Parlez-moi.

---

[1] The only case in which object pronouns do not directly precede a complementary infinitive is in the constructions with **laisser** + *infinitive* and **faire** + *infinitive*. These are explained in Lesson 27.

EXERCICES   A.   Refaites les phrases suivantes en substituant un pronom aux noms en italique et en faisant attention à l'ordre des mots. Ensuite, indiquez l'emploi du pronom (sujet, complément d'objet direct, complément d'objet indirect, complément d'une préposition).

1. *Les parents* n'aiment pas que les enfants ramènent des bêtes à la maison.
2. *La maman de Nicolas* n'était pas contente du tout.
3. Le chien gardera *la maison*.
4. Les parents protègent *leurs enfants*.
5. Rex donne la patte *au père*.
6. On fait beaucoup de recommandations *aux enfants*.
7. Nicolas a quitté la maison sans *ses amis*.
8. Il joue souvent avec *le petit chien*.
9. Nicolas a appelé *Rex*.
10. Au début, sa mère n'a pas voulu garder *le chien*.
11. Il a expliqué *à son père* qu'il voulait attraper des bandits avec Rex.
12. Rex crachait *les petits bouts de laine*.
13. Nicolas a demandé *à ses parents* s'il pouvait garder *le chien*.
14. Papa ne veut pas se fâcher avec *maman*.
15. Il a promis *à sa femme* de garder *le chien* dehors.

B.   Refaites les phrases suivantes en employant l'objet direct comme sujet et vice versa. (Attention au verbe!)

MODÈLE: Tu me téléphones.
               Je te téléphone.

1. Tu leur réponds.
2. Nous vous avons écoutés.
3. Vous lui rendez la monnaie.
4. Je leur offre des petits pains au chocolat.
5. Nous ne lui envoyons pas de chèque.
6. Je vous obéis.
7. Tu la cherches.
8. Tu lui ressemblais.
9. Tu ne me croiras pas.
10. Elle m'a embrassé.

C.   Complétez la phrase par le nom entre parenthèses. (Si le verbe régit un objet indirect, n'oubliez pas la préposition **à**.) Ensuite, refaites la phrase en substituant un pronom.

MODÈLE: (les enfants)   Il regarde _____ .
               Il regarde les enfants. Il les regarde.

1. (sa mère)   Nicolas n'écoute pas _____ .
2. (son père)   Nicolas ressemble _____ .
3. (leurs parents)   Les enfants obéissent _____ .
4. (son maître)   Rex attend _____ .
5. (les planches)   Le père cherche _____ .

6. (Nicolas)   Sa mère explique ses raisons _____.
7. (leurs amis)   Les enfants téléphonent _____.
8. (Rex)   Les bégonias plaisent _____.
9. (le petit chien)   Nicolas regarde _____.
10. (Rex)   Nicolas apprend _____ à faire des tours.
11. (le chocolat)   Les enfants demandent _____.
12. (le chat)   On ne permet pas _____ de s'asseoir sur le bon fauteuil.

chat teau

The Adverbial Pronoun «y» (*Le Pronom adverbial «y»*)

USE

The adverbial pronoun **y** is equivalent to:

1. **à** (*to, in, at*) + *noun* when referring to a thing:

> Il répond **à la question.**   Il **y** répond.   (*He answers **it**.*)
> J'obéis **aux règles.**   J'**y** obéis.   (*I obey **them**.*)

REMARQUER:
Y cannot represent a person:

> Il répond **à son père.**   Il **lui** répond.
> J'obéis **à mes parents.**   Je **leur** obéis.

Y may be translated in a variety of ways depending on the meaning of the preposition **à** and the noun that it replaces. These are but a few possible examples:

penser à (quelque chose)   to think about (something)
Je pense **au problème.** J'**y** pense.   (*I think **about it**.*)

s'intéresser à quelque chose   to be interested in something
Il s'intéresse **aux idées.** Il s'**y** intéresse.   (*He is interested **in them**.*)

s'habituer à quelque chose   to get used to something
Je m'habitue **à la nouvelle routine.** Je m'**y** habitue.   (*I get used **to it**.*)

2. any preposition indicating location + *noun:*

> Rex est **dans le jardin.**   Rex **y** est.
> Nicolas va **en classe.**   Nicolas **y** va.
> Le chat est monté **sur la table.**   Le chat **y** est monté.
> Nicolas a ramené le chien **chez lui.**   Nicolas **y** a ramené le chien.

3. **à** + *infinitive phrase* (if the infinitive phrase is equivalent to **cela**):

> Il réussit à **le faire.**   (Il réussit à **cela.**)
> Il **y** réussit.

> Maman ne consent pas à **garder le chien.**   (Elle ne consent pas à **cela.**)
> Maman n'**y** consent pas.
> BUT:
> Il apprend à **nager.**

> No substitution possible. **y** may not be used.

POSITION OF «Y»

Y follows the same rule of placement as object pronouns, that is, it precedes the verb, or the auxiliary verb in a compound tense. If there are object pronouns in the sentence as well, **y** follows them. **Me, te, se, le,** and **la,** become **m', t', s',** and **l'** before **y:**

> J'ai vu **Alceste à l'école.**   Je **l'y** ai vu.
> Le chien **s'**habitue **à la maison.**   Il **s'y** habitue.

EXERCICES

A.   Refaites les phrases suivantes en substituant le pronom adverbial **y** aux mots en italique.

1. Nicolas a vu un petit chien *à la sortie de l'école.*
2. Papa consent *à construire une niche.*
3. Nicolas n'a pas réussi *à se gratter l'oreille comme un chien* bien qu'il ait essayé.
4. Maman pense *aux risques d'adopter un animal égaré.*
5. Le singe (*monkey*) ne peut pas s'habituer *à la petite cage.*
6. Rex fait des dégâts *dans le jardin.*
7. Vous intéressez-vous *aux animaux?*
8. La maison se trouve *près de l'école.*

B.   Refaites les phrases suivantes en substituant **y, lui** ou **leur** aux pronoms en italique. Traduisez les phrases.

1. Je réponds *à la lettre.*
2. Je réponds *à ma mère.*
3. Ils habitent *à Limoges* maintenant.
4. Nous échappons *au danger.*
5. Les enfants participent *au jeu.*
6. Ils se sont connus *à l'école.*

7. Nous avons versé du lait *dans le bol.*
8. Quand je suis parti en voyage, j'ai laissé mon chien *chez ma cousine.*
9. Il faut penser *aux conséquences.*
10. Le professeur a posé des questions personnelles *aux jeunes gens.*

The Adverbial Pronoun «en» (*Le Pronom adverbial «en»*)

USE

The adverbial pronoun **en:**

1. Replaces the preposition **de** + *noun.* Usually the preposition **de** is part of a verbal expression:

   parler de quelque chose   to talk about something
   Nous parlons **de la leçon.**   Nous **en** parlons.   (*We talk **about it.***)

   avoir envie de quelque chose   to want something
   Elle a envie **d'un bon repas.**   Elle **en** a envie.   (*She wants **one.***)

   s'apercevoir de quelque chose   to notice something
   Je m'aperçois **de la différence.**   Je m'**en** aperçois.   (*I notice **it.***)

   s'occuper de quelque chose   to take care of something
   Tout le monde s'occupe **du ménage.**   Tout le monde s'**en** occupe.   (*Everybody takes care **of it.***)

2. Replaces the partitive + *noun:*

   Il y a **de la tension.**   Il y **en** a.   (*There is [**some**].*)
   Nous faisons **du travail.**   Nous **en** faisons.   (*We do [**some**].*)
   Je connais **des** Français.   J'**en** connais.   (*I know **some.***)

3. May replace a clause or an idea introduced by **de:**

   Ils sont heureux **de vivre ensemble.**   Ils **en** sont heureux.   (*They are happy [**for it**].*)

4. Must be used before the verb in a sentence or a clause that ends in:

   a. a number:

      J'ai six enfants.   J'**en** ai **six.**

   b. an expression of quantity:

      Il y a une douzaine de membres.   Il y **en** a **une douzaine.**
      Ils ont beaucoup de place.   Ils **en** ont **beaucoup.**
      J'ai une tasse de café.   J'**en** ai **une tasse.**

   In the above cases, **en** is generally not translated.

   c. the partitive *or* the indefinite article + an adjective used as a noun:

      Nicolas a un nouveau chien.   Il **en** a **un nouveau.**   (*He has a **new one.***)
      Ils ont **de beaux** jardins.   Ils **en** ont de beaux.   (*They have beautiful **ones.***)

POSITION OF «EN»

1. **En** follows the same rule of placement as **y** and other object pronouns: it precedes the verb, or the auxiliary verb in a compound tense:

   > Rex aime les fleures; il **en mange** tous les jours!

2. If there are object pronouns as well, **en** follows. **Me, te, se, le,** and **la** become **m', t', s',** and **l'** before **en:**

   > Maman m'a donné des bonbons.   Elle **m'en** a donné six.
   > Il s'est acheté une nouvelle maison.   Il **s'en** est acheté une nouvelle.

3. If **y** and **en** occur together, **y** precedes **en:**

   > Il n'y a pas beaucoup de gorilles en captivité. Il n'**y en** a pas beaucoup.
   > Max a vu des animaux exotiques au parc zoologique.   Max **y en** a vu.

REMARQUER:
1. The past participle never agrees with **y** or **en.**
2. You may find it useful to memorize the expression **Il y en a** (*There are some*) as this expression occurs frequently.

EXERCICE

Refaites les phrases suivantes en substituant **en** aux mots en italique. Traduisez les phrases.

1. Le petit chien était content *de trouver un ami.*
2. Il n'avait pas envie *de venir avec moi.*
3. Papa n'a pas le droit *de s'asseoir dans ce fauteuil.*
4. Rex a gardé un bout *du coussin* dans ses dents.
5. Les Français ont beaucoup *d'animaux domestiques.*
6. J'ai donné *de l'eau* au chien.
7. Chez nous, c'est Maman qui s'occupe *du chat.*
8. Nous n'avons plus *de poissons rouges,* le chat les a mangés.
9. Il y a *des souris* dans le grenier.
10. Mon ami m'a donné un *petit pain au chocolat.*

Order of Multiple Object Pronouns

A. When there are more than one object pronoun in a sentence, they are placed in the same position as when there is only one. This is true in all cases except that of the affirmative commands. The order of object pronouns before the verb is as follows:

Order of Object Pronouns before the Verb								
me								
te		le		lui				
se	before	la	before	leur	before	y	before	en
nous		les						
vous								

Le chien me donne la patte.   Il **me la** donne.

Nicolas montre Rex à son papa.   Il **le lui** montre.

Le gardien a donné des cacahouètes (*peanuts*) aux éléphants.   Il **leur en** a donné.

REMARQUER:

Here are some hints for remembering the order of multiple object pronouns:

1. **Y** and **en** are always placed last, and in that order: **y en.** (Hi-en! like a donkey)
2. If one of the object pronouns begins with an **l,** it comes after the other: **me le, me la, me les, te le, te la, te les,** etc.
3. If both object pronouns begin with an **l,** place them in alphabetical order: **le lui, le leur, la lui, la leur,** etc.

B. In affirmative commands, the object pronouns *follow* the verbs in this order:

Order of Object Pronouns in Affirmative Commands

Verb-Direct Object-Indirect Object-**y-en**

Expliquez le danger aux enfants!   Expliquez-**le-leur!**

Donne-moi la patte!   Donne-**la-moi!**

Allez-**vous-en!**   (*Go away!*)

REMARQUER:

Moi and **toi** become **m'** and **t'** before **y** and **en:**

Montrez-moi des tours.   Montrez-**m'en.**

Va-**t-en!**

EXERCICE DE RÉCAPITULATION

Refaites les phrases suivantes en substituant des pronoms aux mots en italique. Attention à l'ordre les pronoms.

MODÈLE: Il me donne *l'idée.*
           Il me la donne.

1. Monsieur Blédurt nous montre *les dégâts.*
2. Le médecin donne *le médicament aux malades.*
3. Papa m'a raconté *l'histoire de Louis Pasteur.*
4. Il m'a raconté l'histoire *de la forêt enchantée.*
5. Nous ne prêtons jamais *nos outils aux voisins.*
6. Ne prêtez jamais *vos outils aux voisins!*
7. Soyez gentils, prêtez *vos outils aux voisins!*
8. Le professeur nous a expliqué *la grammaire.*
9. Ramène *le beau chat à ta sœur.*
10. Ne ramène pas *la souris à ta mère.*

11. Donne-moi *des bonbons!*
12. Un monsieur a promis de m'envoyer *ses chiots.* (*puppies*)
13. On vous a montré *la niche de Médor.*
14. Papa s'est fait mal *au doigt.*
15. Il y a *des Sociétés Protectrices des Animaux* en France.

Special Uses of «le» as Direct Object

A. **Le** may, of course, replace any masculine singular noun.

Sylvie taquine **son petit frère.** Elle **le** taquine.

B. **Le** may also replace a whole idea. Note that this **le** is usually required in French; the corresponding *it* may often be only understood in English:

Sa mère lui explique que le chien peut être enragé (*rabid*). Sa mère **le** lui explique.

In the above sentence, **le** replaces the idea **que le chien peut être enragé.**

Rex est en bonne santé. Le père de Nicolas **le** dit.
*Rex is healthy. Nicholas' father says **so**.*

C. **Le** is required to replace an adjective or a predicate noun, whether singular or plural, masculine or feminine, in the second part of a comparison:

Papa est très compréhensif (*understanding*). Maman **l'**est aussi.
Lise est une vraie amie, mais d'autres ne **le** sont pas.

D. **Le** is also used in the second part of a comparison to take the place of a verb that is understood:

Rex a mangé le petit pain aussi vite que **l'**aurait fait Alceste. (*That is,* **aussi vite qu'Alceste aurait mangé le petit pain.**)

Notice the inversion in this type of sentence.

EXERCICE   Répondez aux questions suivantes en employant le pronom neutre **le** dans vos réponses.

MODÈLE: Saviez-vous que Pasteur était un savant français?
           Oui, je le savais.

1. Êtes-vous en bonne santé aujourd'hui?
2. Votre professeur de français est-il sympathique?
3. Croyez-vous que le président parle en toute sincérité?
4. Espérez-vous aller en France un jour?
5. Voudriez-vous être en parfaite santé?
6. Qui a dit «L'État, c'est moi»?
7. Nicolas savait-il à qui Rex appartenait?
8. Les chiens sont-ils plus affectueux que les chats?

LECTURE | Rex

1

En sortant de l'école, j'ai suivi un petit chien. Il avait l'air perdu, le petit chien, il était tout seul et ça m'a fait beaucoup de peine. J'ai pensé que le petit chien serait content de trouver un ami et j'ai eu du mal à le rattraper. Comme le petit chien n'avait pas l'air d'avoir tellement envie de venir avec moi, il devait se méfier, je lui ai offert la moitié de mon petit pain au chocolat et le petit chien a mangé le petit pain au chocolat et il s'est mis à remuer la queue dans tous les sens et moi je l'ai appelé Rex, comme dans un film policier que j'avais vu jeudi dernier.

Après le petit pain, que Rex a mangé presque aussi vite que l'aurait fait Alceste, un copain qui mange tout le temps, Rex m'a suivi tout content. J'ai pensé que ce serait une bonne surprise pour papa et pour maman quand j'arriverais avec Rex à la maison. Et puis, j'apprendrais à Rex à faire des tours, il garderait la maison, et aussi, il m'aiderait à retrouver des bandits, comme dans le film de jeudi dernier.

Eh bien, je suis sûr que vous ne me croirez pas, quand je suis arrivé à la maison, maman n'a pas été tellement contente de voir Rex, elle n'a pas été contente du tout. Il faut dire que c'est un peu de la faute de Rex. Nous sommes entrés dans le salon et maman est arrivée, elle m'a embrassé, m'a demandé si tout s'était bien passé à l'école, si je n'avais pas fait de bêtises° et puis elle a vu Rex et elle s'est mise à crier: «Où as-tu trouvé cet animal?» Moi, j'ai commencé à expliquer que c'était un pauvre petit chien perdu qui m'aiderait à arrêter des tas de bandits, mais Rex, au lieu de se tenir tranquille, a sauté sur un fauteuil et il a commencé à mordre dans le coussin.° Et c'était le fauteuil où papa n'a pas le droit de s'asseoir, sauf s'il y a des invités!°

faire des bêtises to do foolish things

le coussin cushion

un invité guest

défendre to forbid

Maman a continué à crier, elle m'a dit qu'elle m'avait défendu° de ramener des bêtes à la maison (c'est vrai, maman me l'a défendu la

---

Source: Sempé et Goscinny, *Le Petit Nicolas,* © Éditions Denoël.

le balai broom

fois où j'ai ramené une souris), que c'était dangereux, que ce chien pouvait être enragé, qu'il allait nous mordre tous et qu'on allait tous devenir enragés et qu'elle allait chercher un balai° pour mettre cet animal dehors et qu'elle me donnait une minute pour sortir ce chien de la maison.

lâcher to let go

J'ai eu du mal à décider Rex à lâcher° le coussin du fauteuil, et encore, il en a gardé un bout dans les dents, je ne comprends pas qu'il aime ça, Rex. Et puis, je suis sorti dans le jardin, avec Rex dans les bras. J'avais bien envie de pleurer, alors, c'est ce que j'ai fait. Je ne sais pas si Rex était triste aussi, il était trop occupé à cracher des petits bouts de laine du coussin.

Papa est arrivé et il nous a trouvés tous les deux, assis devant la porte, moi en train de pleurer, Rex en train de cracher. «Eh bien, il a dit papa, qu'est-ce qui se passe ici?» Alors moi j'ai expliqué à papa que maman ne voulait pas de Rex et Rex c'était mon ami et j'étais le seul ami de Rex et il m'aiderait à retrouver des tas de bandits et il ferait des tours que je lui apprendrais et que j'étais bien malheureux et

un coup = un peu

je me suis remis à pleurer un coup° pendant que Rex se grattait une oreille avec la patte de derrière et c'est drôlement difficile à faire, on a essayé une fois à l'école et le seul qui y réussissait c'était Maixent qui a des jambes très longues.

Papa, il m'a caressé la tête et puis il m'a dit que maman avait raison, que c'était dangereux de ramener des chiens à la maison, qu'ils peuvent être malades et qu'ils se mettent à vous mordre et puis après, bing! tout le monde se met à baver° et à être enragé et que,

baver to slaver, dribble

guérir to be cured

plus tard, je l'apprendrais à l'école, Pasteur a inventé un médicament, c'est un bienfaiteur de l'humanité et on peut guérir,° mais ça fait très mal. Moi, j'ai répondu à papa que Rex n'était pas malade, qu'il aimait bien manger et qu'il était drôlement intelligent. Papa, alors, a regardé Rex et il lui a gratté la tête, comme il me fait à moi,

quelquefois. «C'est vrai qu'il a l'air en bonne santé, ce petit chien», a dit papa et Rex s'est mis à lui lécher la main. Ça lui a fait drôlement plaisir à papa. «Il est mignon», il a dit papa, et puis, il a tendu l'autre main et il a dit: «La patte, donne la papatte, allons, la papatte, donne!» et Rex lui a donné la papatte et puis il lui a léché la main et puis il s'est gratté l'oreille, il était drôlement occupé, Rex. Papa, il rigolait et puis il m'a dit: «Bon, attends-moi ici, je vais essayer d'arranger ça avec ta mère», et il est entré dans la maison. Il est chouette papa! Pendant que papa arrangeait ça avec maman, je me suis amusé avec Rex, qui s'est mis à faire le beau et puis comme je n'avais rien à lui donner à manger, il s'est remis à gratter son oreille, il est terrible, Rex!

COMPRÉHENSION

1. Qu'est-ce que le petit Nicolas a vu en sortant de l'école? Qu'a-t-il pensé?
2. Le petit chien voulait-il aller avec Nicolas? Comment le garçon a-t-il «persuadé» le chien de l'accompagner?
3. Pourquoi Nicolas a-t-il décidé d'appeler le petit chien «Rex»?
4. La maman de Nicolas a-t-elle été contente de voir Rex?
5. Qu'a fait Rex au lieu de se tenir tranquille?
6. Pourquoi la mère de Nicolas a-t-elle crié?
7. Que faisait Rex pendant que Nicolas était en train de pleurer?
8. Qui est arrivé à ce moment-là? Qu'est-ce que le petit Nicolas lui a expliqué?
9. Rex fait quelque chose qui est difficile pour Nicolas; qu'est-ce que c'est? Quel copain de Nicolas a réussi à le faire et pourquoi?
10. Qu'est-ce que le père de Nicolas lui a expliqué?
11. Comment Rex a-t-il gagné l'affection du père de Nicolas?
12. Pourquoi le père de Nicolas est-il entré dans la maison?

2

Quand papa est sorti de la maison, il n'avait pas l'air tellement content. Il s'est assis à côté de moi, il m'a gratté la tête et il m'a dit que maman ne voulait pas du chien dans la maison, surtout après le coup du fauteuil. J'allais me mettre à pleurer, mais j'ai eu une idée. «Si maman ne veut pas de Rex dans la maison, j'ai dit, on pourrait le garder dans le jardin.» Papa, il a réfléchi un moment et puis il a dit que c'était une bonne idée, que dans le jardin Rex ne ferait pas de dégâts et qu'on allait lui construire une niche, tout de suite. Moi j'ai embrassé papa.

la planche plank, board
le grenier attic

Nous sommes allés chercher des planches° dans le grenier° et papa a apporté ses outils. Rex, lui, il s'est mis à manger les bégonias, mais c'est moins grave que pour le fauteuil du salon, parce que nous avons plus de bégonias que de fauteuils.

trier to sort out

Papa, il a commencé à trier° les planches. «Tu vas voir, il m'a dit, on va lui faire une niche formidable, un vrai palais. —Et puis, j'ai dit, on va lui apprendre à faire des tas de tours et il va garder la maison!

un intrus intruder

—Oui, a dit papa, on va le dresser pour chasser les intrus,° Blédurt par exemple.» Monsieur Blédurt, c'est notre voisin, papa et lui, ils aiment bien se taquiner l'un l'autre. On s'amusait bien, Rex, moi et

se gâter to be spoiled
le coup blow

papa! Ça s'est un peu gâté° quand papa a crié, à cause du coup° de

le marteau hammer

marteau° qu'il s'est donné sur le doigt et maman est sortie de la maison. «Qu'est-ce que vous faites?» a demandé maman. Alors moi, je lui ai expliqué que nous avions décidé, papa et moi, de garder Rex dans le jardin, là où il n'y avait pas de fauteuils et que papa lui fabri-

fabriquer to make
pour le faire enrager to make him mad
pas grand-chose not much

quait° une niche et qu'il allait apprendre à Rex à mordre monsieur Blédurt, pour le faire enrager.° Papa, il ne disait pas grand-chose,° il

sucer   to suck

se suçait° le doigt et il regardait maman. Maman n'était pas contente du tout. Elle a dit qu'elle ne voulait pas de bête chez elle et regardez-moi un peu ce que cet animal a fait de mes bégonias! Rex a levé la tête et il s'est approché de maman en remuant la queue et puis il a fait le beau. Maman l'a regardé et puis elle s'est baissée et elle a caressé la tête de Rex et Rex lui a léché la main et on a sonné à la porte du jardin.

Papa est allé ouvrir et un monsieur est entré. Il a regardé Rex et il a dit: «Kiki! Enfin te voilà! Je te cherche partout! —Mais enfin, monsieur, a demandé papa, que désirez-vous? —Ce que je désire? a dit le monsieur. Je désire mon chien! Kiki s'est échappé pendant que je lui faisais faire sa petite promenade et on m'a dit qu'on avait

le gamin   little boy
par ici   around here, this way

vu un gamin° l'emmener par ici.° —Ce n'est pas Kiki, c'est Rex, j'ai dit. Et tous les deux on va attraper des bandits comme dans le film

faire des blagues   to play jokes

de jeudi dernier et on va le dresser pour faire des blagues° à monsieur Blédurt!» Mais Rex avait l'air tout content et il a sauté dans les

bras du monsieur. «Qui me prouve que ce chien est à vous, a demandé papa, c'est un chien perdu! —Et le collier, a répondu le monsieur, vous n'avez pas vu son collier? Il y a mon nom dessus! Jules

porter plainte   to file a complaint

Joseph Trempé, avec mon adresse, j'ai bien envie de porter plainte!° Viens, mon pauvre Kiki, non mais!» et le monsieur est parti avec Rex.

On est restés tout étonnés, et puis maman s'est mise à pleurer. Alors, papa, il a consolé maman et il lui a promis que je ramènerais un autre chien, un de ces jours.

COMPRÉHENSION

1. Pourquoi, en sortant de la maison, le père de Nicolas n'avait-il pas l'air content?
2. Quelle bonne idée a eue Nicolas?
3. Qu'est-ce que son papa a décidé de faire?
4. Que faisait Rex pendant que le petit Nicolas et son père sont allés chercher des planches?
5. Nicolas et son père s'amusaient bien quand il s'est passé quelque chose qui a gâté leur plaisir. Qu'est-ce qui s'est passé?
6. Comment Rex a-t-il gagné l'affection de la mère de Nicolas?
7. Qui est-ce qui a sonné à la porte du jardin?
8. Qu'est-ce qui prouve que Rex n'est pas un chien perdu?
9. Après que le monsieur est parti avec Rex, la mère de Nicolas était-elle contente? Qu'a dit le père du petit Nicolas pour la consoler?

DISCUSSION

1. Caractérisez le style de ce texte. Relevez des passages qui sont typiques du langage des enfants.
2. En quoi ce texte est-il comique?
3. Relevez les détails ou les expressions qui se répètent pour créer un effet comique.
4. Avez-vous jamais ramené un animal à la maison quand vous étiez petit? Quelle a été la réaction de vos parents?
5. Trouvez-vous que la mère de Nicolas est une mère typique? Votre père aurait-il agi comme le père de Nicolas dans la même situation?

COMPOSITION DIRIGÉE

Un Incident de mon enfance

En employant le passé composé et l'imparfait, racontez un incident de votre enfance. Suivez à peu près le plan suggéré ci-dessous. (L'incident peut être authentique ou imaginaire.)

I. Introduction

Quand j'avais _____ ans . . .
(Description de vous-même et de vos activités quotidiennes)

II. Développement

Une fois . . .
(Récit de l'incident avec des détails comiques, si possible)

III. Conclusion

Parlez des conséquences de cet incident, de ce qu'il vous a appris ou de l'influence qu'il a eue sur vous.

Astérix

Les bandes dessinées (*comic strips*) jouissent d'une grande popularité en France, non seulement parmi les enfants, mais parfois aussi parmi les grandes personnes. *Astérix*, avec le texte de Goscinny et les dessins d'Uderzo, est l'une des plus connues et des mieux aimées des bandes dessinées. N'importe qui peut l'apprécier: pour les enfants, il y a des dessins amusants et de belles aventures; les adultes y trouvent une satire pittoresque des Français et de savoureux jeux de mots. *Les Aventures d'Astérix le Gaulois* ont été traduites en une vingtaine de langues et sont distribuées dans le monde entier.

Nous présentons ici un extrait d'*Astérix et les Normands* où paraît le personnage Goudurix, que chacun reconnaîtra comme caricature de l'adolescent typique.

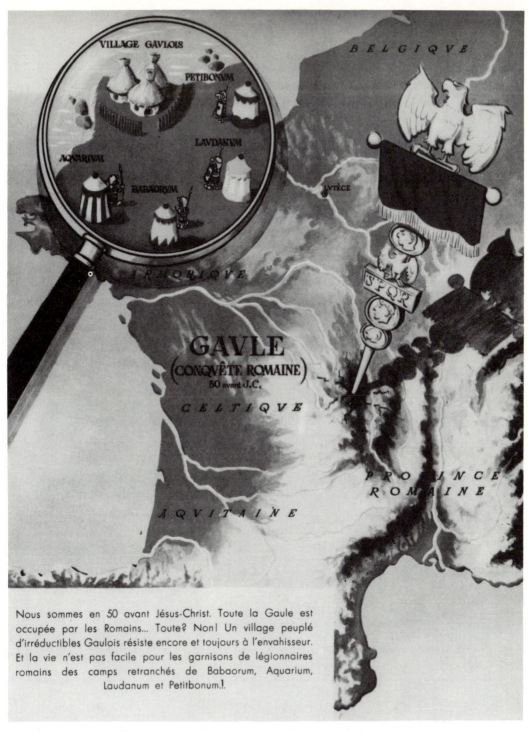

Nous sommes en 50 avant Jésus-Christ. Toute la Gaule est occupée par les Romains... Toute? Non! Un village peuplé d'irréductibles Gaulois résiste encore et toujours à l'envahisseur. Et la vie n'est pas facile pour les garnisons de légionnaires romains des camps retranchés de Babaorum, Aquarium, Laudanum et Petitbonum.!.

avant Jésus-Christ B.C.   **la garnison** garrison   **retranché** entrenched

---

[1] Tous les noms des garnisons romaines sont des jeux de mots comiques: **Babaorum** = baba au rhum, (sorte de gâteau), **Laudanum** est le nom d'un poison, **Petibonum** = petit bonhomme, et **Aquarium** se comprend, n'est-ce pas?

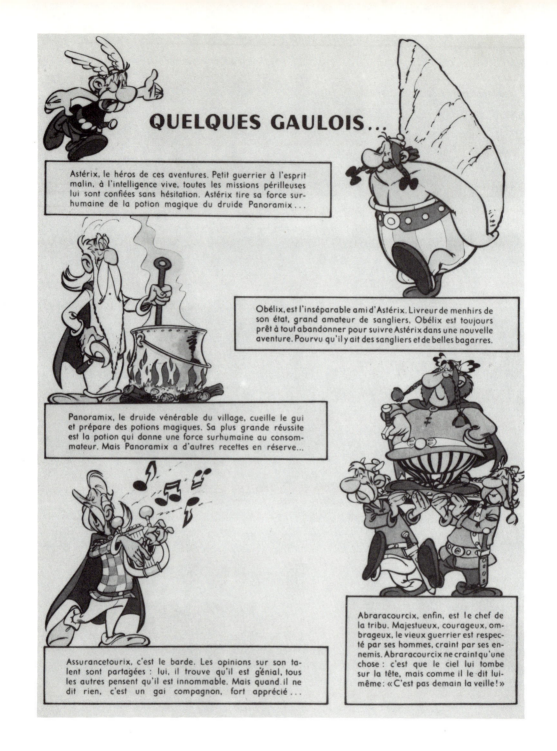

QUELQUES GAULOIS...

Astérix, le héros de ces aventures. Petit guerrier à l'esprit malin, à l'intelligence vive, toutes les missions périlleuses lui sont confiées sans hésitation. Astérix tire sa force surhumaine de la potion magique du druide Panoramix...

Obélix, est l'inséparable ami d'Astérix. Livreur de menhirs de son état, grand amateur de sangliers, Obélix est toujours prêt à tout abandonner pour suivre Astérix dans une nouvelle aventure. Pourvu qu'il y ait des sangliers et de belles bagarres.

Panoramix, le druide vénérable du village, cueille le gui et prépare des potions magiques. Sa plus grande réussite est la potion qui donne une force surhumaine au consommateur. Mais Panoramix a d'autres recettes en réserve...

Assurancetourix, c'est le barde. Les opinions sur son talent sont partagées : lui, il trouve qu'il est génial, tous les autres pensent qu'il est innommable. Mais quand il ne dit rien, c'est un gai compagnon, fort apprécié...

Abraracourcix, enfin, est le chef de la tribu. Majestueux, courageux, ombrageux, le vieux guerrier est respecté par ses hommes, craint par ses ennemis. Abraracourcix ne craint qu'une chose : c'est que le ciel lui tombe sur la tête, mais comme il le dit lui-même : «C'est pas demain la veille!»

---

le guerrier warrior   **à l'esprit malin** cunning   **confié** entrusted   **le livreur** delivery boy   **le menhir** monolith   **de son état** by profession   **un amateur de sangliers** wild boar hunter   **pourvu que** provided that   **la bagarre** brawl   **cueillir** to gather   **le gui** mistletoe   **la recette** recipe   **partagé** mixed   **génial** very talented   **innommable** unnamable, awful   **ombrageux** easily offended   **la veille** the day before

tiens! say!   **le courrier** messenger   **le char** chariot   **en recommandé** by registered mail   **le tri** sorting out   **Lutèce = Paris**   **graver** to chisel   **grave** serious   **s'amollir** to get soft   **citadin** city **à coups de poing** with his fists, i.e. bare-handed

salut hi!   tonton = oncle (*language familier*)   pareil similar   la baffe slap   le plouc = (*arg.*) le paysan

Ah ben ça alors (*common interjection*) How about that!

COMPRÉHENSION

1. Pendant quelle période de l'histoire française les aventures d'Astérix se situent-elles?
2. Qui sont les héros de ces aventures? Décrivez-les.
3. Chacun des noms des gaulois constitue un jeu de mots comique. Par exemple, Astérix = astérisque (*the star*), Obélix = obélisque, Abraracourcix = à bras raccourcis, Pneumatix = pneumatique (*in Paris, a kind of express letter transmitted by a pneumatic tube*), Océanonix = Océano Nox (poème de Victor Hugo, connu de tout écolier français), Goudurix = goût du risque, Idéfix = idée fixe. Pouvez-vous relever d'autres jeux de mots dans le texte?

4. Pourquoi Abraracourcix dit-il que son frère ne *grave* pas au lieu de dire qu'il n'*écrit* pas?
5. En quoi Goudurix est-il la caricature de l'adolescent gâté? Ses goûts et son attitude sont-ils typiques des jeunes gens d'aujourd'hui?
6. En quoi Obélix est-il comique?
7. Pourquoi la remarque d'Obélix «Faut vivre avec son temps, faut être antique», est-elle comique?
8. En regardant bien les dessins vous trouverez de petits détails amusants. Pouvez-vous en signaler quelques-uns?

Verbes **9**

The Pluperfect (*Le Plus-que-parfait*)

FORMATION

The pluperfect is a compound tense consisting of the imperfect tense of the auxiliary verb **avoir** or **être,** and the past participle.

Pluperfect Tense	
Imperfect Tense of Auxiliary Verb **avoir** *or* **être**	*Past Participle*
Elle avait (She had spoken)	**parlé**
Elle était (She had come)	**venue**
Elle s'est (She had stopped)	**arrêtée**

A. The Auxiliary Verb

The use of the auxiliary verb is the same as for all compound tenses:

1. Most verbs are conjugated with **avoir:** j'**avais** parlé; tu **avais** fini; il **avait** vendu, etc.
2. The basic group of fourteen verbs of passage are conjugated with **être.** (See Lesson 7.)
3. All pronominal verbs are conjugated with **être:** je **m'étais** lavé(e), il **s'était** trompé, vous **vous étiez** inquiété(e)(s).

B. Agreement of the Past Participle

As in all compound tenses, the past participle makes certain agreements in gender and number. (See Lesson 7.)

C. Comparison of the *Passé Composé* and the *Plus-que-parfait*

Passé Composé	*Plus-que-Parfait*
elle a parlé she spoke, has spoken	**elle avait parlé** she had spoken
elle est venue she came, has come	**elle était venue** she had come
elle s'est arrêtée she stopped, has stopped	**elle s'était arrêtée** she had stopped

—Viens voir! Il y a un nommé Arvers qui a copié le sonnet que tu avais composé quand on était fiancés!

USE OF THE PLUS-QUE-PARFAIT

A. The **plus-que-parfait** is used much like the English pluperfect tense: to express an action that was completed before another action in the past:

> Le spectacle **avait** déjà **commencé** quand nous sommes arrivés au théâtre. *The show **had** already **begun** when we arrived at the theater.*
> Nous sommes arrivés en retard parce que nous **avions manqué** le train. *We arrived late because we **had missed** the train.*

Note that the above sentences have two verbs, and that the action of one of the verbs occurred before the other. French is very precise in marking that difference by the use of the pluperfect. In English, such distinctions are not required.

> Le policier **a demandé** qui **avait vu** l'accident.
> *The policeman **asked** who **saw** (i.e. **had seen**) the accident.*

B. The **plus-que-parfait** is used in sentences of the «If . . . , then . . .» type. The **si** (*if*) clause is **plus-que-parfait** when the result is past conditional:

> Si vous **aviez passé** une année en France, vous auriez entendu parler d'Astérix. *If you **had spent** a year in France, you would have heard of Astérix.*
> Si vous **aviez étudié** le latin, vous auriez lu les *Commentaires* de Jules César. *If you **had studied** Latin, you would have read Caesar's* Commentaries.

C. The **plus-que-parfait** may express a regret:

Ah! Si vous m'**aviez écouté!**   *Oh, if you **had listened** to me!*

Si tu **n'avais pas insisté** pour avoir une chambre sur la mer! *If you **hadn't insisted** on having a room on the sea!*

EXERCICES

A. Mettez les verbes suivants au plus-que-parfait.

1. je parle	16. ils meurent
2. tu finis	17. elle naît
3. elle rend	18. nous ouvrons
4. nous allons	19. vous partez
5. vous avez	20. je peux
6. ils connaissent	21. ils prennent
7. je cours	22. tu reçois
8. tu crois	23. ils rient
9. il dit	24. je sais
10. nous dormons	25. tu viens
11. vous écrivez	26. il vit
12. ils sont	27. nous voyons
13. vous faites	28. vous voulez
14. nous lisons	29. elles deviennent
15. elle met	30. j'offre

B. Mettez les phrases suivantes au passé en employant le passé composé ou le plus-que-parfait du verbe indiqué.

1. Quand Astérix et ses amis (fonder) leur village, les Romains (occuper) déjà la Gaule.
2. Je (recevoir) le catalogue que je (commander).
3. Abraracourcix (recevoir) une lettre que son frère lui (écrire).
4. Goudurix (arriver) dans un char qu'il (acheter) à Mediolanum.
5. Obélix (se fâcher) parce que Goudurix (arriver) en faisant beaucoup de bruit.
6. Astérix (se demander) si Obélix (n'avoir pas) raison de vouloir donner des baffes au jeune homme.
7. Un guerrier gaulois (menacer) Assurancetourix parce qu'il (croire) entendre une insulte.
8. Obélix (danser) avec la jeune fille qu'Astérix (inviter) pour lui.
9. Les Gaulois (apprendre) que leur chef (organiser) un bal pour son neveu.
10. Goudurix (dire) qu'il (ne jamais entendre) une chose pareille.

C. Complétez de façon logique (et imaginative) les phrases suivantes.

1. Il aurait réussi si _____.
2. Il ne se serait pas suicidé si _____.
3. Nous nous serions étonnés si _____.
4. Vous auriez eu un accident si _____.

5. Elle ne se serait pas mariée si _____.
6. J'aurais reçu une bonne note à l'examen si _____.
7. Je t'aurais aimé si _____.
8. Tout le monde aurait été heureux si _____.
9. La guerre n'aurait pas eu lieu si _____.
10. Tu ne serais pas tombé si _____.

The Near Past (*Le Passé proche*) «venir de» + infinitive

USE

To express the idea of a recently accomplished action (*to have just done something*), French uses the verb **venir** followed by **de** + *infinitive*:

Je **viens d'**arriver.   *I **have just** arrived.*

TENSES

This construction is only used in two tenses. Compare:

1. Present

   Il **vient de** partir.   *He **has just** left.*
   Nous **venons de lui** parler.   *We **have just** spoken to him.*

2. Imperfect

   Il **venait de** partir.   *He **had just** left.*
   Nous **venions de** lui parler.   *We **had just** spoken to him.*

REMARQUER:
Do not confuse the *plus-que-parfait* and the *passé proche*:

PLUS-QUE-PARFAIT	PASSÉ PROCHE
Il était parti.	**Il venait de partir.**
He had left.	*He had just left.*

EXERCICES

A. Répondez aux questions suivantes selon le modèle.

MODÈLE: Avez-vous étudié le passé proche?
   Oui, je viens d'étudier le passé proche.

   OU

   Oui, je viens de l'étudier.

1. Avez-vous ouvert votre livre? 2. Avez-vous déjeuné aujourd'hui?
3. Avez-vous téléphoné à vos parents? 4. Ont-ils acheté une voiture
neuve? 5. Vous ont-ils envoyé de l'argent? 6. Vos amis sont-ils partis pour
l'Europe? 7. Claude a-t-il vu le film qui fait sensation? 8. Claudine lui a-t-
elle demandé son opinion? 9. Avons-nous préparé la leçon? 10. Avons-
nous terminé cet exercice?

B. Refaites les phrases suivantes selon le modèle:

MODÈLE: Je viens d'écrire la lettre.
Je venais d'écrire la lettre, quand le facteur est arrivé.

1. (*a*) Tu viens de résoudre le problème.
    (*b*) _____, quand un autre s'est soulevé.
2. (*a*) Je viens d'acheter le dernier album de Léo Ferré.[1]
    (*b*) _____, quand un ami me l'a offert pour mon anniversaire.
3. (*a*) Nous venons de laver la voiture.
    (*b*) _____, quand il a commencé à pleuvoir.
4. (*a*) Ce jeune homme vient de perdre son poste.
    (*b*) _____, quand un autre malheur lui est arrivé.
5. (*a*) Les amis de mes parents viennent de déménager.
    (*b*) _____, quand leur fils est tombé malade.
6. (*a*) Vous venez d'apprendre le passé proche.
    (*b*) _____, quand le professeur a annoncé un examen.

The Literary Past Tense (*Le Passé simple*)

FORMATION

The *passé simple* consists of a stem, which often resembles the truncated past participle, and an ending. All verbs may be divided into three principal groups according to the endings they take:

Verbs of the «a» System

All regular **-er** verbs, for example, **parler,** and the irregular verb **aller:**

Passé Simple		
Infinitive	*Stem*	*Endings*
parler aller	je tu il nous vous ils **parl all**	-**ai** -**as** -**a** -**âmes** -**âtes** -**èrent**

Verbs of the «i» System

All regular **-ir** and **-re** verbs (**finir, vendre,** etc.) and several irregular verbs:

---

[1] **Léo Ferré:** chanteur français

Passé Simple

Infinitive	Stem	Endings
finir	**fin**	
vendre	**vend**	
détruire	**détruis**	
dire	**d**	
dormir	**dorm**	**-is**
écrire	**écriv**	**-is**
faire	**f**	**-it**
mettre	**m**	**-îmes**
naître	**naqu**	**-îtes**
ouvrir	**ouvr**	**-irent**
partir	**part**	
prendre	**pr**	
voir	**v**	

Verbs of the «u» System

Many irregular verbs (especially those with a past participle in **-u**):

Passé Simple

Infinitive	Stem	Endings
avoir	**e**	
connaître	**conn**	
courir	**cour**	
croire	**cr**	
devoir	**d**	**-us**
être	**f**	**-us**
lire	**l**	**-ut**
mourir	**mour**	**-ûmes**
pouvoir	**p**	**-ûtes**
recevoir	**reç**	**-urent**
savoir	**s**	
vivre	**véc**	
vouloir	**voul**	

—Le soleil quitta la barque du matin, virgule . . .

«Tenir», «venir» and Their Compounds

These are the only verbs that do not belong to any of the three systems:

tenir		venir	
je **tins**	nous **tînmes**	je **vins**	nous **vînmes**
tu **tins**	vous **tîntes**	tu **vins**	vous **vîntes**
il elle } **tint**	ils elles } **tinrent**	il elle } **vint**	ils elles } **vinrent**

Also conjugated like **tenir: contenir, devenir, obtenir, appartenir.**

USE OF THE PASSÉ SIMPLE

The *passé simple* is the literary counterpart of the *passé composé*. It is not used in speaking, except for formal occasions such as lectures, speeches, and interviews. The form most commonly used is the third person singular and plural.

The use of the *passé simple* in formal writing and speech is parallel to the use of the *passé composé* in informal writing and speech. Both tenses are used in conjunction with the *imparfait*. Here is a recapitulation of their use in relation to the *imparfait:*

Passé Simple Passé Composé	Imparfait
Action Elle **lava** la robe. Elle **a lavé** la robe.	*Description* Elle **était** belle.
Momentaneity or suddenness Soudain, elle **sourit.** Soudain, elle **a souri.**	*Duration* Elle **souriait** toujours.
Finality Le temps **passa** et il *oublia.* Le temps **a passé** et il **a oublié.**	*Continuity* Le temps **passait** mais il n'**oubliait** pas.
Limited repetition Elle **marcha** pendant un mois. Elle **a marché** pendant un mois.	*Indefinite repetition* Tous les jours, elle **marchait.**
Elle **lava** la robe dix fois. Elle **a lavé** la robe dix fois.	Elle **lavait** souvent la robe.

EXERCICES

A. Mettez les phrases suivantes au passé composé.

1. Quand l'enfant naquit, la mère mourut.
2. Son mari fut désolé.
3. Le mari fit des funérailles grandioses.
4. Le temps passa.
5. L'homme se remaria.
6. La nouvelle femme battit l'orpheline de toute sa fureur.
7. La jeune fille prit le linge et partit.
8. Elle arriva au bord d'un ruisseau.
9. Les animaux dirent à la jeune fille de partir.
10. Elle mit deux mois à laver le linge.
11. Les autres eurent de la pitié pour elle.
12. Elle appela sa mère.
13. Quand elle vint enfin, la jeune fille la reconnut.
14. Lorsque la marâtre (*stepmother*) vit le linge propre, elle ouvrit des yeux stupéfaits.

B.   Donnez le passé simple qui correspond aux formes suivantes.

1. il a parlé 2. il a fini 3. il a rendu 4. il a fait 5. il a été 6. il a dû 7. il a dit 8. ils ont écrit 9. ils ont mis 10. ils ont acheté 11. ils ont saisi 12. ils ont vendu 13. ils ont fait 14. ils ont été 15. ils ont vu 16. j'ai voulu 17. j'ai cru 18. je suis allé 19. j'ai su 20. je suis descendu 21. jc suis monté 22. il a pu 23. elles ont pris 24. il a vécu 25. je suis venu

The Past Anterior (*Le Passé antérieur*)

The *passé antérieur* consists of the *passé simple* of the auxiliary verb + the *past participle:*

il eut parlé   *he had spoken*   **elle fut venue**   *she had come*

The *passé antérieur* is quite rare; it usually occurs, like the *passé simple*, in formal writing and speech. It is used after certain conjunctions (**quand, lorsque, aussitôt que, dès que, après que,** and **à peine**) to mark an action that occurred immediately before another action in the past:

Quand il eut dîné, il est sorti.   *When he had dined, he went out.*
Dès qu'il eut achevé son discours, **il quitta** la salle. *As soon as he had finished his speech, he left the room.*
À peine eut-elle parlé, que sa sœur commença à pleurer. *Hardly had she spoken, when her sister began to cry.*

Le Pagne noir

10

BERNARD B. DADIÉ

The writings of the many black writers from French-speaking nations in Africa and the Caribbean constitute an important contribution to the body of French literature. Léopold Senghor, poet, essayist, and president of Senegal, was the first to define the distinctive character of this writing as *négritude*. Among other important representatives of *négritude* are Aimé Césaire of Martinique, Birago Diop of Senegal, and Bernard Dadié of the Ivory Coast.

The short story we present here is a traditional African folk tale. It has, nevertheless, many of the elements of well-known western fairy tales: a beautiful and dauntless young heroine, a wicked stepmother, and a good dose of the supernatural. Yet the flavor of this story is distinctly African. In his very unique and enchanting style, Dadié creates a fantastic world of talking animals and plants, a world in which nature and goodness prevail and wrong is always righted.

LECTURE | Le Pagne noir

BERNARD B. DADIÉ

Il était une fois Once upon a time

Il était une fois,° une jeune fille qui avait perdu sa mère. Elle l'avait perdue, le jour même où elle venait au monde.

un accouchement childbirth

Depuis une semaine, l'accouchement° durait. Plusieurs matrones avaient accouru. L'accouchement durait.

le soupir sigh

Le premier cri de la fille coïncida avec le dernier soupir° de la mère.

le calvaire calvary, torment

Le mari, à sa femme, fit des funérailles grandioses. Puis le temps passa et l'homme se remaria. De ce jour commença le calvaire° de la petite Aïwa. Pas de privations et d'affronts qu'elle ne subisse;[1] pas de travaux pénibles qu'elle ne fasse![1] Elle souriait tout le temps. Et son sourire irritait la marâtre qui l'accablait° de quolibets.°

accabler to overwhelm
le quolibet jeer

Elle était belle, la petite Aïwa, plus belle que toutes les jeunes filles du village. Et cela encore irritait la marâtre qui enviait cette beauté resplendissante, captivante.

la corvée heavy task

à ravir ravishingly

Plus elle multipliait les affronts, les humiliations, les corvées,° les privations, plus Aïwa souriait, embellissait, chantait—et elle chantait à ravir°—cette orpheline. Et elle était battue à cause de sa bonne humeur, à cause de sa gentillesse. Elle était battue parce que courageuse, la première à se lever, la dernière à se coucher. Elle se levait avant les coqs, et se couchait lorsque les chiens eux-mêmes s'étaient endormis.

somnoler to doze
la lueur gleam
fauve wild

freiner to check, restrain

La marâtre ne savait vraiment plus que faire pour vaincre cette jeune fille. Elle cherchait ce qu'il fallait faire, le matin, lorsqu'elle se levait, à midi, lorsqu'elle mangeait, le soir, lorsqu'elle somnolait.° Et ces pensées par ses yeux, jetaient des lueurs° fauves.° Elle cherchait le moyen de ne plus faire sourire la jeune fille, de ne plus l'entendre chanter, de freiner° la splendeur de cette beauté.

la case hut
le pagne loincloth
le kaolin china clay

Elle chercha ce moyen avec tant de patience, tant d'ardeur, qu'un matin, sortant de sa case,° elle dit à l'orpheline:

—Tiens ! va me laver ce pagne° noir où tu voudras. Me le laver de telle sorte qu'il devienne aussi blanc que le kaolin.°

Aïwa prit le pagne noir qui était à ses pieds et sourit. Le sourire

---

[1] **subisse, fasse:** Subjunctive forms of **subir** and **faire,** used after an expression of negation. (See Lesson 24.)

le sanglot sob

à l'entour round about

semer to sow
la braise glowing embers
A bras raccourcis, elle tomba
 sur She pummelled
une lune = un mois
le ruisseau stream
mouillé wetted
le nénuphar water-lily
la berge riverbank
le crapaud toad
enfler to swell

pour elle, remplaçait les murmures, les plaintes, les larmes, les sanglots.°

Et ce sourire magnifique qui charmait tout, à l'entour,° au cœur de
la marâtre mit du feu. Le sourire, sur la marâtre, sema° des braises.°
À bras raccourcis, elle tomba sur° l'orpheline qui souriait toujours.

Enfin, Aïwa prit le linge noir et partit. Après avoir marché pendant une lune,° elle arriva au bord d'un ruisseau.° Elle y plongea le
pagne. Le pagne ne fut point mouillé.° Or l'eau coulait bien, avec
dans son lit, des petits poissons, des nénuphars.° Sur ses berges,° les
crapauds° enflaient° leurs voix comme pour effrayer l'orpheline qui
souriait. Aïwa replongea le linge noir dans l'eau et l'eau refusa de le
mouiller. Alors elle reprit sa route en chantant.

> *Ma mère, si tu me voyais sur la route,*
>   *Aïwa-ô! Aïwa!*
> *Sur la route qui mène au fleuve*
>   *Aïwa-ô! Aïwa!*
> *Le pagne noir doit devenir blanc*
> *Et le ruisseau refuse de le mouiller*
>   *Aïwa-ô! Aïwa!*
> *L'eau glisse comme le jour*
> *L'eau glisse comme le bonheur*
> *O ma mère, si tu me voyais sur la route,*
>   *Aïwa-ô! Aïwa!*

Elle repartit. Elle marcha pendant six autres lunes.

Devant elle, un gros fromager° couché en travers de la route et
dans un creux° du tronc, de l'eau, de l'eau toute jaune et bien lim-
pide, de l'eau qui dormait sous la brise, et tout autour de cette eau de
gigantesques fourmis° aux pinces° énormes, montaient la garde. Et
ces fourmis se parlaient. Elles allaient, elles venaient, se croisaient,
se passaient la consigne.° Sur la maîtresse branche qui pointait un
doigt vers le ciel, un doigt blanchi, mort, était posé un vautour° phénoménal dont les ailes° sur des lieues° et des lieues, voilaient° le soleil. Ses yeux jetaient des flammes, des éclairs,° et les serres,° pa-
reilles à de puissantes racines° aériennes, traînaient° à terre. Et il
avait un de ces becs!

le fromager species of large
 tropical tree
le creux hollow

la fourmi ant
la pince pincher

la consigne orders

le vautour vulture

une aile wing
la lieue league (2½ miles)
voiler to veil, block out
un éclair flash
la serre claw
la racine root
traîner to trail, drag

> *Ma mère, si tu me voyais sur la route,*
>   *Aïwa-ô! Aïwa!*
> *La route de la source qui mouillera le pagne noir*
>   *Aïwa-ô! Aïwa!*
> *Le pagne noir que l'eau du fromager refuse de mouiller*
>   *Aïwa-ô! Aïwa!*

Et toujours souriante, elle poursuivit son chemin.

Elle marcha pendant des lunes et des lunes, tant de lunes qu'on ne
s'en souvient plus. Elle allait le jour et la nuit, sans jamais se reposer, se nourrissant de fruits cueillis au bord du chemin, buvant la ro-
sée° déposée sur les feuilles.

la rosée dew

Une femme portant le pagne traditionnel fait la vaisselle.

auxquels to whom
frapper to strike
la poitrine chest
la source spring

la liane tropical vine
bousculé jostled
hélé hailed

franchir to cross over
une étape stopping place
s'enfoncer to go deeper
davantage more
la clairière clearing
le bananier banana tree
sourdre to gush forth
s'agenouiller to kneel
frissonner to shiver

Elle atteignit un village de chimpanzés, auxquels° elle conta son aventure. Les chimpanzés, après s'être tous et longtemps frappé° la poitrine° des deux mains en signe d'indignation, l'autorisèrent à laver le pagne noir dans la source° qui passait dans le village. Mais l'eau de la source, elle aussi, refusa de mouiller le pagne noir.

Et l'orpheline reprit sa route. Elle était maintenant dans un lieu vraiment étrange. La voie devant elle s'ouvrait pour se refermer derrière elle. Les arbres, les oiseaux, les insectes, la terre, les feuilles mortes, les feuilles sèches, les lianes,° les fruits, tout parlait. Et dans ce lieu, nulle trace de créature humaine. Elle était bousculée,° hélée,° la petite Aïwa ! qui marchait, marchait et voyait qu'elle n'avait pas bougé depuis qu'elle marchait. Et puis, tout d'un coup, comme poussée par une force prodigieuse, elle franchissait° des étapes° et des étapes qui la faisaient s'enfoncer° davantage° dans la forêt où régnait un silence angoissant.

Devant elle, une clairière° et au pied d'un bananier,° une eau qui sourd.° Elle s'agenouille,° sourit. L'eau frissonne.° Et elle était si claire, cette eau, que là-dedans se miraient le ciel, les nuages, les arbres.

Aïwa prit de cette eau, la jeta sur le pagne noir. Le pagne noir se mouilla. Agenouillée sur le bord de la source, elle mit deux lunes à

une ampoule blister

laver le pagne noir qui restait noir. Elle regardait ses mains pleines d'ampoules° et se remettait à l'ouvrage.

Ma mère, viens me voir!
                    Aïwa-ô! Aïwa!
Me voir au bord de la source,
                    Aïwa-ô! Aïwa!
Le pagne noir sera blanc comme kaolin
                    Aïwa-ô! Aïwa!
Viens voir ma main, viens voir ta fille!
                    Aïwa-ô! Aïwa!

À peine Hardly

À peine° avait-elle fini de chanter que voilà sa mère qui lui tend un pagne blanc, plus blanc que le kaolin. Elle lui prend le linge noir et sans rien dire, fond° dans l'air.

fondre to melt

Lorsque la marâtre vit le pagne blanc, elle ouvrit des yeux stupéfaits. Elle trembla, non de colère° cette fois, mais de peur; car elle venait de reconnaître l'un des pagnes blancs qui avaient servi à enterrer° la première femme de son mari.

la colère anger

enterrer to bury

Mais Aïwa, elle, souriait. Elle souriait toujours.

la lèvre lip

Elle sourit encore du sourire qu'on retrouve sur les lèvres° des jeunes filles.

COMPRÉHENSION

(À faire par écrit en employant le passé simple au lieu du passé composé.)

1. Comment Aïwa avait-elle perdu sa mère?
2. De quelle façon sa belle-mère maltraitait-elle la jeune fille?
3. Pourquoi cette marâtre était-elle jalouse d'Aïwa?
4. Décrivez la vie d'Aïwa.
5. Que cherchait la marâtre?
6. Que demanda-t-elle à la jeune fille de faire?
7. Quelle difficulté à laver le pagne eut-elle au bord du ruisseau?
8. Décrivez le deuxième endroit où elle s'arrêta et les animaux fantastiques qui s'y trouvaient.
9. Comment Aïwa se nourrissait-elle et buvait-elle pendant qu'elle marchait?
10. Que se passa-t-il dans le village des chimpanzées?
11. En quoi le lieu où elle s'arrêta après le village des chimpanzées était-il étrange?
12. Où trouva-t-elle enfin une source qui mouilla le pagne noir?
13. Qu'arriva-t-il quand Aïwa appela sa mère?
14. Pourquoi la marâtre trembla-t-elle en voyant le pagne blanc?

DISCUSSION

1. En quoi ce conte africain ressemble-t-il à un conte de fées (*fairy tale*) typique? En quoi est-il différent?
2. Pourquoi ce conte est-il susceptible de plaire aux grandes personnes aussi bien qu'aux enfants?
3. Y a-t-il une leçon ou une moralité à tirer de l'histoire d'Aïwa?

COMPOSITION
DIRIGÉE

En suivant le plan suggéré, faites le récit d'un conte de fées traditionnel, ou inventez-en un. (Employez le passé simple, l'imparfait et le plus-que-parfait.)

Un Conte de fées

I. Exposition

Qui sont les personnages principaux?
Comment sont-ils? (laids? beaux? gentils? méchants?
Quelle est la situation?
Commencez «Il était une fois . . . .»

II. Développement

Racontez les événements de l'histoire.

III. Dénouement

Quelle est la conclusion de l'histoire?
Quelle est la leçon ou la moralité à tirer de cette histoire?

Le Bien-être Psychique et Physique

Our well-being, both psychological and physical, is a subject that touches us all deeply. Western society is today experiencing a surge of interest in both physical fitness and spiritual expansion. The following readings include a poll that permits us to examine the French notion of happiness, a short story that raises the question of psychological dependence upon material things, an interview with one of France's foremost cancerologists that reveals the basic facts about this disease and the moral issues associated with it, and, finally, an article on a phenomenon we all face: growing old and dying.

Le Bonheur et les Français

11

In 1977, the popular French weekly *L'Express* commissioned an opinion poll to assess the degree of satisfaction or dissatisfaction of the French public with life in general. The results were surprising. The French, who, like everybody else, are fond of grumbling and prone to affect a certain cynical pessimism, reveal themselves through this poll to be quite happy and optimistic concerning the future.

VOCABULAIRE

Lexique de mots-clés

le célibataire	unmarried person
le contestataire	dissenter
le deuil	mourning, loss of a loved one
un engagement	commitment (to a cause)
un ennui	problem, boredom
une enquête	investigation, study
éprouver	to feel (a feeling)
le fonctionnaire	civil servant
grave	serious
le malheur	unhappiness, misfortune
reconnaître	to acknowledge, recognize
la santé	health
le sondage	public opinion poll
tenir à + *noun*	to value, to be attached to

EXERCICE

Dans le Lexique de mots-clés, choisissez celui qui correspond aux définitions suivantes, et complétez chaque phrase par la forme correcte de ce mot.

1. quelqu'un qui s'oppose au gouvernement

   De nos jours, on parle beaucoup des _____ soviétiques.

2. événement qui affecte péniblement quelqu'un; douleur; peine

   Tout le monde a des bonheurs aussi bien que des _____ dans la vie.

3. acte ou attitude d'un individu qui se met au service d'une cause

   Est-ce que _____ vous paraît être quelque chose d'essentiel au bonheur?

4. bon état physiologique; fonctionnement régulier et harmonieux d'un organisme

   La plupart des Français estiment que _____ est le facteur le plus important pour le bonheur.

5. enquête visant à déterminer la répartition des opinions sur une question

   Avant les élections, les candidats s'intéressent beaucoup aux _____.

6. douleur, affliction qu'on éprouve après la mort de quelqu'un

   Madame Xavier est en _____ ; elle a perdu son père.

7. être très attaché à quelque chose

   Tout le monde _____ à la liberté.

8. admettre, avouer

   Très peu de Français _____ être vraiment malheureux.

9. personne qui occupe un emploi permanent dans l'administration publique

En France, comme aux États-Unis, les _____ sont sélectionnés par un examen compétitif.

10. difficulté, problème

Si vous avez des _____ d'argent, je peux vous aider.

11. sérieux, important

Si les Français perdaient leur confiance en la famille, les conséquences seraient vraiment _____.

12. étude d'une question sociale, économique ou politique

L'Express a organisé une _____ sur le bonheur des Français.

13. ressentir; connaître par l'expérience

Les moments où l'on _____ la plus grande joie sont parfois les moments les plus inattendus.

14. personne qui n'est pas mariée et qui ne l'a jamais été

Diane est restée _____ jusqu'à trente-sept ans, puis elle s'est mariée.

Lexique de mots secondaires

le commerçant	merchant
la croissance	growth
un(e) enseignant(e)	teacher, educator
gâcher	to spoil (said of things)
du moins	at least
la note	grade, academic evaluation
le patron	boss
sur le plan (économique)	on the (economic) level, from the (economic) point of view
en revanche	on the other hand
soulever	to raise (a question)
le retraité	retired person
à travers	through, throughout

Étude de mots

A. «to leave»

1. **quitter quelqu'un ou quelque chose**   to leave someone or something
(*s'emploie toujours avec un objet direct*)
Louis **a quitté** sa famille quand il avait seize ans.

2. **partir, partir de quelque chose**   to leave, depart from
Est-ce que Jacques **est** déjà **parti**?
Votre avion **part d'**Orly à 14 h.

3. **s'en aller**   to leave, go away
    Il se fait tard; je dois **m'en aller** maintenant.
    Je ne veux plus vous voir. **Allez-vous-en!**

4. **sortir, sortir de quelque chose**   to go out, go out of
    Ce jeune ménage **sort** tous les samedi soirs.
    Quand vous **sortez** du métro, le boulevard est à votre droite.

5. **laisser quelqu'un ou quelque chose**   to leave (behind)
    Nous **avons laissé** les enfants chez ma sœur.
    Ah, zut! J'ai dû **laisser** mes clés dans la voiture.

EXERCICE

Complétez les phrases suivantes par la forme correcte du verbe **quitter, partir, sortir, s'en aller** ou **laisser.** (En certains cas, il peut y avoir plus d'une réponse correcte.)

1. Nous _____ la bibliothèque vers quatre heures et nous sommes allés ensuite à la piscine.
2. À quelle heure _____ le train?
3. Ne _____ votre parapluie (*umbrella*), vous en aurez probablement besoin.
4. Au secours! Le tigre _____ de sa cage!
5. _____-moi ta nouvelle adresse avant de _____.
6. Ne restons pas ici. J'ai envie de _____ tout de suite.

B.   «to return»

1. **rentrer**   to return home
    Tous les soirs, Monsieur Leblanc **rentre** vers 7 heures.

2. **retourner quelque part**   to go back somewhere
    Si vous êtes encore malade, **retournez** chez le médecin.

3. **revenir**   to come back
    Nous ne **reviendrons** plus dans ce restaurant, il est trop cher.

4. **rendre**   to give back
    Il faut **rendre** les livres à la bibliothèque.

EXERCICE

Complétez les phrases suivantes par la forme correcte du verbe **rentrer, retourner, revenir** ou **rendre.** (Dans certains cas, il peut y avoir plus d'une réponse correcte.)

1. Jacques m'a emprunté de l'argent, mais il ne me l'_____ pas _____.
2. Son voyage à la Martinique lui a beaucoup plu; il veut y _____ l'année prochaine.
3. J'espère que le beau temps _____ pour le week-end.
4. Demain, le professeur va nous _____ nos examens.
5. Autrefois, la plupart des Français _____ à la maison pour le repas de midi.

Une fête populaire.

C. Les couleurs dans les expressions idiomatiques

Dans le texte qui suit, nous voyons l'expression «voir la vie en rose», qui signifie «être optimiste», «voir les choses sous un jour favorable». Voici quelques autres expressions idiomatiques où il y a des noms de couleurs:

avoir une peur bleue	avoir une très grande peur
avoir des idées noires	avoir des pensées pessimistes
une bête noire	une aversion obsessive
voir rouge	se mettre en colère
donner le feu vert	autoriser
donner carte blanche à quelqu'un	laisser toute liberté à quelqu'un
la langue verte	l'argot
se disputer vertement	se disputer avec rudesse
un vieillard encore vert	une personne restée vigoureuse malgré son âge avancé

STRUCTURE

The Relative Clause

The relative pronouns **qui, que, lequel, laquelle, lesquels, lesquelles,** and **dont** introduce a clause that provides information about a noun previously mentioned in the sentence. (This noun is called the "antecedent.") Sentences with a relative pronoun therefore have two distinct parts: a principal clause and a relative clause. In the examples below, the relative clause is set off in parentheses:

Les Français (qui ont reconnu être malheureux) donnent une raison précise. *The French people (who acknowledged being unhappy) give a precise reason.*

Les Français (que les enquêteurs ont interviewés) avaient de 13 à 89 ans. *The French people (whom the investigators interviewed) were from 13 to 89 years old.*

La société (dans laquelle nous vivons) n'a pas de place pour les malheureux. *The society (in which we live) has no place for unhappy people.*

L'enfance est une période (dont beaucoup de gens ont la nostalgie). *Childhood is a period (for which many people have nostalgia).*

«Qui» versus «que»

The use of **qui** or **que** is determined by the function of the relative pronoun within the relative clause.

A. **Qui** serves as subject:

Les Français (qui ont reconnu être malheureux)
antecedent   subject   verb   complement

B. **Que** serves as direct object:

Les Français (que les enquêteurs ont interviewés)
antecedent   direct   subject   verb
              object

Que is frequently followed by the stylistic inversion of subject and verb:

Le bifteck **(qu'a mangé mon père)** était bon. *The steak (my father ate) was good.*

L'image des Français **(que présente cette enquête)** est optimiste. *The image of the French (that this study presents) is optimistic.*

REMARQUER:

1. **Qui** and **que** may refer to people or things.
2. **Que** becomes **qu'** before a vowel sound; **qui** is invariable.
3. While it is often acceptable to omit the relative pronoun in English, it must be used in French:

The sacrifices (he made) were surprising.   Les sacrifices **(qu'**il a faits)** étaient étonnants.

EXERCICES

A.   Complétez les phrases suivantes par **qui** ou **que**.

1. Cet article présente les résultats d'un sondage _____ a mené la revue hebdomadaire *L'Express*.
2. Les gens _____ y ont participé représentent un échantillon type (*representative sampling*) de la population française.
3. Un assez grand pourcentage de personnes _____ ont moins de 18 ans se déclarent heureux, tandis qu'un tiers seulement des personnes _____ ont plus de 60 ans se disent heureux.
4. Les conclusions _____ on peut tirer de ces réponses sont intéressantes.
5. La personne _____ les Français considèrent la plus heureuse est un chanteur populaire, mais ce sont les médecins _____ constituent le groupe professionnel _____ les Français estiment le plus heureux.
6. «Quand on perd quelqu'un _____ on aime bien, cela crée un trou (*hole*) _____ n'est jamais bouché (*stopped up*)» dit le chansonnier Georges Brassens.
7. Un deuil, une maladie, une phase de dépression sont parmi les malheurs _____ certains Français ont cités.
8. Les éléments les plus importants _____ constituent le bonheur sont la santé, l'amour et la liberté.

B.   Réunissez les deux phrases suivantes pour en faire une seule. Suivez le modèle.

MODÈLE: C'est une question compliquée. Je ne comprends pas la question.
           C'est une question compliquée que je ne comprends pas.

1. J'ai récemment vu à la télévision une pièce. Cette pièce m'a beaucoup impressionné.
2. Il s'agissait d'une famille pauvre. La famille habitait un des quartiers misérables d'une grande ville.
3. Le père de famille avait des ennuis. Il ne pouvait pas confier ses ennuis aux autres.
4. Le grand-père venait de mourir. Il avait été fonctionnaire toute sa vie.
5. La grand-mère avait un peu d'argent. Elle avait reçu cet argent de l'assurance-vie (*life insurance*) de son mari.
6. Le père avait besoin d'argent pour payer des dettes. Il avait accumulé ces dettes au jeu. (*in gambling*)
7. Il voulait voler de l'argent à sa mère pour donner à un type (*a fellow*). Le type le menaçait.
8. La grand-mère comptait se servir de l'argent pour acheter une maison. La maison représentait pour elle la sécurité et le bonheur.
9. À la fin, la grand-mère a découvert le danger qui menaçait son fils. Elle aimait son fils plus que tout au monde.
10. Elle a sacrifié son rêve de posséder une maison pour aider son fils. Il était plus important.

Une image de la tranquillité ou de la mélancolie?

Relative Pronouns as Object of a Preposition

We have seen that the relative pronouns **qui** and **que** serve, respectively, as subject and direct object of a relative clause. However, when a preposition introduces a relative clause, the decision as to which relative pronoun to use is less obvious. There are two factors to consider: Is the antecedent a person or a thing? Is the preposition **de?**

A. The antecedent is a person

1. If the preposition is *not* **de,** use **qui:**

Les vieux n'ont plus personne (avec **qui** ils peuvent partager leur bonheur).
Connaissez-vous le retraité (chez **qui** cet étudiant habite?)

2. If the preposition is **de,** use the form **dont.** It is not incorrect to use **de qui,** but **dont** is preferable. It incorporates the preposition **de** and may be translated in a variety of ways depending upon the meaning of **de.** For example:

parler de   to speak about
Voilà le commerçant (**dont** ils ont parlé).   *There is the merchant (**about whom** they spoke).*

avoir peur de   to be afraid of
Je ne connais pas le professeur (**dont** Jacques a peur).   *I don't know the teacher (**of whom** Jacques is afraid).*

When **de** indicates possession, **dont** means "whose":
J'ai un ami (**dont** le père est enseignant).   *I have a friend (**whose** father is an educator).*

B. The antecedent is an animal or a thing

1. If the preposition is not **de,** use one of the following pronouns. The pronoun must agree in gender and number with the antecedent:

	Masculine	*Feminine*
Singular	lequel	laquelle
Plural	lesquels	lesquelles

La justice est l'unique point (**sur lequel** la majorité des Français ne sont pas satisfaits).
La santé et l'amour sont les valeurs (**auxquelles** les personnes interrogées donnent beaucoup d'importance).

REMARQUER:
The preposition **à** contracts with certain forms of this relative pronoun:

à + lequel	=	**auquel**
à + lesquels	=	**auxquels**
à + lesquelles	=	**auxquelles**

2. If the preposition is **de,** use the pronoun **dont.** Although the forms **duquel, de laquelle, desquels,** and **desquelles** are sometimes used, **dont** is the preferred form:

Les malheurs (**dont** les Français ont parlé) sont universels.
L'Express a mené un sondage (**dont** on a publié les résultats).

REMARQUER:
1. The word order with **dont** is:

dont + subject + verb + object

un sondage (**dont** on a publié les résultats)
*a poll (**whose** results they published)*

2. In expressions such as **à côté de, au delà de, en face de, au moyen de,** etc., the preposition **de** is only a part of the expression and cannot be replaced by **dont:**

Nous nous réunissons dans la salle de classe (**à côté de laquelle** se trouve le laboratoire).
*We meet in the classroom (**next to which** the laboratory is located).*

C. «**Où**»

indicates location, time

1. **Où** may be used in place of a preposition and relative pronoun that indicate location:

Voilà la maison (**dans laquelle** il habite).
Voilà la maison (**où** il habite).

Voici le bureau (**sur lequel** j'ai mis mes notes).
Voici le bureau (**où** j'ai mis mes notes).

2. **Où** may also take the place of prepositional expressions indicating time. In this case it means *when* or *that:*

C'est le mois (**pendant lequel** il a neigé).
C'est le mois (**où** il a neigé).

C'est l'heure (**à laquelle** j'ai rendez-vous).
C'est l'heure (**où** j'ai rendez-vous).

EXERCICE   Complétez les phrases suivantes en traduisant en français les mots indiqués.

1. Le bonheur est un état *(to which)* _____ tout le monde aspire. De nos jours, nous acceptons aussi l'idée que c'est une chose *(to which)* _____ tout le monde a droit. C'est une idée relativement moderne qui fut avancée par la Déclaration d'indépendance américaine *(by which)* _____ la Déclaration des droits de l'homme s'est inspirée. (s'inspirer de = *to be inspired by*)
2. Georges Brassens, *(whose)* _____ tous les Français connaissent les chansons, est l'homme *(with whom)* _____ la plupart des Français changeraient volontiers de place. Il a accordé à un journaliste de *l'Express* une entrevue *(in which)* _____ il parle de son idée du bonheur.

3. Brigitte Bardot, (*of whom*) _____ vous avez sans doute entendu parler, est une actrice française. Elle s'occupe maintenant de moins en moins de cinéma et de plus en plus d'animaux (*in which*) _____ elle s'intéresse beaucoup. (s'intéresser à = *to be interested in*) Récemment, elle est allée au Canada pour lutter contre le massacre des bébés-foques (*baby seals*). C'est une cause (*for which*) _____ elle a fait beaucoup d'efforts.

4. Y a-t-il dans votre vie un ami (*on whom*) _____ vous pouvez compter? L'amitié et l'amour sont des sentiments (*without which*) _____ la plupart d'entre nous ne pourraient pas vivre heureux. Néanmoins, nous traversons tous des périodes (*during which, when*) _____ nous souffrons parce que nous avons été déçus en amitié ou en amour.

5. La dépression nerveuse est une maladie (*about which*) _____ on parle beaucoup ces jours-ci. Mais il y a certaines drogues (*by means of which*) _____ on peut la contrôler. (au moyen de = *by means of*)

The Relative Pronouns «ce qui», «ce que» and «ce dont»

A. All the relative pronouns discussed so far have had specific antecedents, that is, particular nouns to which they refer, identifiable by gender and number. Sometimes, however, the antecedent may be indefinite. If this is the case, **ce qui** is used as subject, **ce que** as object.

Je ne sais pas (**ce qui** est important). *I do not know* (*what is important*).
Les retraités peuvent faire (**ce qu'**ils veulent). *The retirees can do* (*what they want*).

COMPARE:

Je ne sais pas **la chose** (**qui** est importante).—Ils peuvent faire **les choses** (**qu'**ils veulent).

B. **Ce qui** and **ce que** may also be used if the antecedent is a whole idea:

Vingt pour cent des Français interviewés ne connaissent pas le peintre surréaliste Salvador Dali, (**ce qui** n'est pas étonnant).
Presque tous les Français reconnaissent la santé comme essentielle au bonheur, (**ce que** les enquêteurs avaient prévu).

C. If the relative clause is dependent upon the preposition **de,** and there is no specific antecedent, use **ce dont:**

avoir besoin de to need
Montrez-moi (**ce dont** vous avez besoin). *Show me* (*what you need*).

parler de to talk about
Je ne **comprends** pas (**ce dont** il parle). *I don't understand* (*what he is talking about*).

s'agir de to be a matter of, to be about
Voici (**ce dont** il s'agit.) *Here's what it's about.*

EXERCICE   Complétez les phrases suivantes par **ce qui, ce que** ou **ce dont.**

1. Ce sondage permet d'analyser _____ constitue le bonheur.
2. _____ Georges Brassens dit de l'amour est intéressant.
3. _____ rend une personne heureuse n'est pas toujours _____ une autre aurait désiré.
4. Je ne sais pas _____ j'aurais répondu si l'on m'avait posé toutes ces questions.
5. Comprenez-vous _____ il s'agit dans ce paragraphe?
6. _____ nous avons envie n'est pas toujours _____ est le plus apte à nous rendre heureux.
7. Quand vous aurez tout _____ vous désirez et tout _____ vous avez besoin, vous ne serez pas heureux parce que vous n'aurez plus rien à espérer.
8. _____ m'intéresse, c'est _____ les Français pensent de l'amour.

Summary of Relative Pronouns			
	referring to a person	*referring to a thing*	*referring to something indefinite*
Subject	qui	qui	ce qui
Direct Object	que	que	ce que
Object of a Preposition	qui	lequel laquelle lesquels lesquelles	
Object of the Preposition **de**	dont (de qui)	dont (duquel) (de laquelle) (desquels) (desquelles)	ce dont

EXERCICE   **Un Test de votre amabilité**
RÉCAPITULATIF
Complétez les phrases suivantes par le pronom relatif convenable. Ensuite, indiquez *vrai*, *quelquefois vrai* ou *faux* pour chaque phrase. Calculez votre score selon les indications à la fin de l'exercice.

1. Vous écrivez à des amis _____ habitent très loin, même si vous n'avez rien de précis à leur dire.
2. Vous êtes aimable *a priori* avec les personnes _____ vous ne connaissez pas.
3. Vous ne contredisez pas _____ disent vos amis, même si vous n'êtes pas du tout d'accord.
4. Vous avez envie de partager _____ vous fait plaisir: sentiments, expériences, ou choses matérielles.
5. Si une amie porte une robe _____ vous trouvez très vulgaire, vous ne le lui dites pas.

6. Vous gardez votre amitié pour un ami _____ la fiancée vous a insulté.

7. Un ami à _____ vous avez prêté de l'argent ne vous le rend pas. Vous le lui rappelez très délicatement, ou pas du tout.

8. Vous essayez d'apprécier _____ parlent vos amis, même si cela ne vous intéresse pas.

9. Vous ne refusez pas de prêter les affaires (*belongings*) _____ vous tenez.

10. Quand vous recevez un cadeau _____ ne vous plaît pas, vous faites semblant d'en être content.

11. Vous n'êtes pas jaloux d'un ami _____ vient d'acquérir quelque chose _____ vous avez envie depuis longtemps.

12. Vous exprimez votre admiration pour _____ vos amis admirent, même si vous n'êtes pas aussi enthousiaste qu'eux.

Votre score: 3 points pour chaque *vrai*
2 points pour chaque *quelquefois vrai*
1 point pour chaque *faux*

Si vous avez de 30 à 36 points, vous êtes très aimable.
Si vous avez de 18 à 29 points, vous êtes assez aimable.
Si vous avez moins de 18 points, vous n'êtes pas du tout aimable.

LECTURE | Le Bonheur et les Français

affirment l'être affirm that they are
ressortir to stand out

Êtes-vous heureux? Une question compliquée. Et une réponse en apparence toute simple: oui, les Français sont heureux. Ou, du moins, ils affirment l'être.° Voilà ce qui ressort,° avant tout, de l'enquête d'opinion menée pour *L'Express* par l'Institut Dem (Développement, études et marketing).

L'image que les Français donnent d'eux-mêmes à travers le miroir des événements serait donc fausse. On les croit moroses, ils sourient. On les imagine jaloux de leurs voisins alors qu'ils se disent plus heureux, personnellement, que les autres. On pense qu'ils sont pessimistes, ils voient—relativement—l'avenir en rose.

auprès de with

Les 1 053 interviews de quarante-cinq minutes en moyenne, chacune, menées par les enquêteurs de Dem auprès des° Français de 13 ans et plus, ne se sont pas résumées par un: «Oui, je suis heureux», massif, ou par un «Non, je suis malheureux», extrêmement rare (4,6%). Elles ont permis d'analyser ce qui constitue le bonheur.

Exemples . . . Les deux tiers des gens considèrent que la justice et l'égalité sont essentielles pour procurer le bonheur. En revanche, un tiers seulement se disent satisfaits de leur sort sur ce plan. C'est même l'unique point sur lequel les satisfaits sont moins nombreux que les mécontents.

Source: Albert du Roy. *L'Express.*

En sens inverse, la liberté vient en troisième rang parmi les critères du bonheur. L'étonnant est non pas qu'elle soit si bien placée—on n'imagine pas d'être heureux sans être libre—mais plutôt qu'elle ait pris tant d'importance par rapport à des sondages semblables réalisés il y a dix ans. Comme si le grand débat ouvert par les contestataircs soviétiques autour du Goulag[1] avait redonné de l'éclat° à une valeur si traditionnelle qu'on l'avait presque oubliée.

l'éclat brilliancc

Il n'y a pas beaucoup plus d'une dizaine de pays au monde où la liberté d'expression soit aussi grande qu'en France.

Mais la liberté apparaît, à travers le sondage, comme une notion de riche. Cadres, professions libérales, anciens élèves de l'enseignement supérieur sont nettement plus nombreux que les ouvriers à la déclarer essentielle. Non pas que ces derniers y tiennent moins. Mais ils ont fait passer avant° des revendications° plus immédiates: l'argent, le travail. La liberté, ils la voient en plus.

faire passer avant to allow to precede
la revendication demand, claim

L'élément constitutif n⁰ 1 du bonheur est la santé (90,4%). Corollaire: d'après les Français, les gens les plus heureux (88,9%) sont les médecins, supposés détenir° les clefs de la santé. Ce double score n'est pas une surprise. Il traduit, pourtant, un phénomène de société. «Le corps devient de plus en plus important, note l'abbé Jean-François Six. C'est la question d'Hiroshima. L'inconscient collectif a appris que l'humanité était mortelle.» «Si l'on investit autant sur le corps, ajoute le philosophe François Chatelet, c'est qu'on a très peur. Le médecin, c'est le nouveau prêtre. Nous sommes envahis par la médecine—les médias en sont pleins—et tout contribue à nous terroriser davantage.»

détenir to hold, possess

François Chatelet n'est pas seul à penser que la peur est une motivation essentielle des Français. La famille est haut placée parmi les composantes du bonheur. Est-ce seulement parce qu'elle en est «une source fondamentale», comme le note le maire de Dijon, Robert Poujade? Ou bien la romancière Marie Cardinal a-t-elle raison lorsqu'elle suggère: «Les gens préfèrent dire que la famille va bien. Le contraire serait trop grave. Si elle allait mal, cela signifierait que la vie elle-même marche mal.»

«Dans l'ensemble, note Philippe d'Iribarne, directeur du Centre de recherche sur le bien-être, ce qui est relatif à l'être° est plus mal placé que ce qui est relatif à l'avoir.»° C'est vrai en ce qui concerne la vie spirituelle et la foi,° et encore plus spectaculairement en ce qui concerne l'engagement pour une cause. Moins d'une personne sur quatre considère que l'engagement est quelque chose d'essentiel.

ce qui est relatif à l'être what is relative to "being"
ce qui est relatif à l'avoir what is relative to "having"
la foi faith

«Les responsabilités, l'engagement, pour les Français, ce n'est pas le bonheur; ils ne veulent pas d'ennuis.» Robert Poujade explique ainsi le mauvais score du président Jimmy Carter et de M. Jacques

---

[1] **Goulag:** Allusion à l'œuvre d'Alexandre Soljenicyne, *L'Archipel de Goulag,* sur les camps de travaux forcés soviétiques.

«La famille est haut placée parmi les composantes du bonheur.»

Chirac, maire de Paris, lorsqu'on a demandé aux Français s'ils seraient heureux de vivre à leur place. À cette question, c'est Georges Brassens qui triomphe, devant le prince Rainier de Monaco, peut-être parce que s'associent à leur noms des mots—amour, liberté, justice pour Brassens; famille, sécurité pour Rainier—auxquels les personnes interrogées donnent beaucoup d'importance. On verra, dans sa conversation avec Danièle Heymann, comment Brassens apprécie cette place d'honneur.

à quelques jours près within a few days

Les rares personnes interrogées qui ont reconnu être malheureuses ont toujours donné à l'enquêteur une raison précise à ce malheur: un deuil, une maladie, une phase de dépression. À quelques jours ou quelques semaines près,° leur réponse aurait pu être différente. Le malheur est une notion refusée, rejetée. Parce que c'est, là encore, un stéréotype social: la société où nous vivons n'est pas faite pour les gens malheureux. «Si ceux qui le sont vraiment le re-

s'effondrer to collapse

connaissaient, ils s'effondreraient»,° dit Jean-François Six. C'est le cœur du débat soulevé par notre enquête d'opinion. Lorsque quelqu'un se dit heureux, l'est-il vraiment?

la décennie decade

le produit national brut gross national product

le pouvoir d'achat purchasing power

ressentir to feel

Une majorité de Français semble satisfaite des conditions matérielles de la vie d'aujourd'hui. C'est le résultat d'une décennie° où la croissance du produit national brut° a été exceptionnelle. Où la France est devenue, après les pays du Nouveau Monde, le champion du pouvoir d'achat.°

Mais chacun ressent° bien que les conditions économiques mondiales ont changé, que de tels scores ne sont plus possibles. Si le bonheur continue à être fondé sur la croissance, donc sur la quantité, le désenchantement sera grand.

Pourtant, interrogés sur l'avenir, les Français le prévoient encore meilleur que le présent. Conscients ou non des injustices, ils savent qu'ils vivent dans un pays privilégié. Espérer, pour eux, n'est pas seulement un besoin. C'est un droit.

Le bonheur: qu'est-ce que c'est?

Qu'est-ce qui, à votre avis, est essentiel pour procurer le bonheur?

- La santé.. 90,4%
- L'amour.. 80
- La liberté... 75,1
- La famille... 73,5
- La justice et l'égalité............................... 66
- Le travail.. 62,7
- L'argent.. 52,5
- La sécurité... 51,1
- Les plaisirs de la vie et vos centres d'intérêt.. 49,8
- Le savoir, être instruit, cultivé.............. 45,4
- Le confort 40,2
- Le succès personnel................................ 33,8
- La vie spirituelle, la foi......................... 33,2
- La chance... 32,5
- L'engagement pour une cause 24

Êtes-vous heureux?

D'une manière générale, diriez-vous, vous-même, que vous êtes

- Très heureux 28,6%
- Assez heureux 63,6
- Malheureux 4,6
- Ne sait pas 3,2

Et les autres Français?

À votre avis, les Français, dans leur majorité, se considèrent-ils comme

- Heureux 36,6%
- Malheureux 18,4
- Ni l'un ni l'autre...................................... 35,7
- Ne sait pas 9,3

Qui symbolise le bonheur?

Si vous étiez à la place des personnes suivantes, seriez-vous heureux?

	OUI
■ Georges Brassens	64,7%
■ Prince Rainier de Monaco	54,3
■ Jacques Martin	52,7
■ Dominique Rocheteau	42,8
(inconnu pour 20,3% des Français)	
■ Brigitte Bardot	39,6
■ Simone Veil	38,8
■ Johnny Hallyday	34,6
■ Salvador Dali	32,1
(inconnu pour 19% des Français)	
■ Jimmy Carter	30,7
■ Yehudi Menuhin	28,4
(inconnu pour 51,5% des Français)	
■ Anne Gaillard	26,4
(inconnue pour 19,3% des Français)	
■ Jacques Chirac	24,2

Jacques Martin: comédien célèbre
Dominique Rocheteau: joueur de football (*soccer*) très populaire
Simone Veil: ministre de la santé
Johnny Hallyday: chanteur populaire
Yehudi Menuhin: violoniste célèbre
Anne Gaillard: chroniqueur dont les émissions à la radio sont fort écoutées
Jacques Chirac: maire de Paris, leader politique très important

Qui est le plus heureux en France?

À votre avis, parmi les groupes suivants, quels sont ceux qui sont pluôt heureux?

LA PROFESSION	PLUTÔT HEUREUX
■ Les médecins	88,9%
■ Les cadres	78,5
■ Les enseignants	75,6
■ Les fonctionnaires	75,1
■ Les patrons d'entreprise	74,1
■ Les artistes	66
■ Les commerçants et les artisans	65,1
■ Les militaires	60,1
■ Les agriculteurs	59
■ Les employés	51,9
■ Les étudiants	40,5
■ Les retraités	28,1
■ Les ouvriers	22,7

L'ÂGE	PLUTÔT HEUREUX
■ Les moins de 18 ans	61,2%
■ Les 18–30 ans	59,9
■ Les 31–60 ans	57,9
■ Les plus de 60 ans	29,6

LE SEXE	PLUTÔT HEUREUX
■ Les hommes	72,6%
■ Les femmes	59,3

Ce qui va et ce qui ne va pas

Pour chacun de ces éléments, êtes-vous, en ce qui vous concerne personnellement, très ou assez satisfait?

	OUI
■ La famille	87,5%
■ Le confort	87,5
■ La santé	82,5
■ La liberté	80,8
■ L'amour	80,1
■ Les plaisirs de la vie	76
■ La sécurité	75
■ Le travail	67,9
■ Être instruit, cultivé	66,5
■ L'argent	65,7
■ Le succès personnel	65
■ La vie spirituelle	55,5
■ La chance	46,7
■ L'engagement pour une cause	40,6
■ La justice, l'égalité	37

L'avenir

D'une façon générale, pensez-vous que, dans l'avenir, votre situation

■ Sera meilleure	47,3%
■ Sera moins bonne	11,7
■ Sera sans changement	31
■ Sans opinion	10

COMPRÉHENSION

1. Qu'est-ce qui ressort avant tout de l'enquête d'opinion menée pour *l'Express* par l'Institut Dem?
2. Comment les résultats de ce sondage contredisent-ils l'image d'eux-mêmes que les Français donnent d'habitude?
3. Quel est l'unique point sur lequel les satisfaits sont moins nombreux que les mécontents?
4. Qu'est-ce qui est étonnant dans le fait que la liberté vient en troisième rang parmi les critères du bonheur? Quel débat récent aurait redonné de l'éclat à cette valeur traditionnelle?
5. Quels groupes ont déclaré la liberté essentielle au bonheur? Quel autre groupe semble y accorder moins d'importance? Pouvez-vous expliquer cette différence d'attitude?
6. Selon les Français, quel est l'élément le plus important du bonheur? Quel groupe professionnel est considéré comme le plus heureux?
7. Selon l'Abbé Jean-François Six, comment peut-on expliquer l'importance que l'on accorde à la santé dans la société moderne?
8. Quelles sont les deux explications suggérées pour la position importante accordée à la famille?
9. Quelle observation fait le directeur du Centre de recherche sur le bien-être en ce qui concerne l'importance accordée aux choses spirituelles par rapport aux choses matérielles?
10. Comment peut-on expliquer le mauvais «score» de Jimmy Carter, président des États-Unis et de Jacques Chirac, maire de Paris? En revanche, quelles personnes sont jugées les plus heureuses?
11. Quelles sont les raisons données par ceux qui ont reconnu être malheureux?
12. Est-il possible que certains des Français interrogés n'aient pas admis qu'ils sont vraiment malheureux?
13. La majorité des Français sont-ils contents des conditions matérielles de la vie d'aujourd'hui? Quel est le danger que représente cette forme de satisfaction?

LECTURE | Brassens: moi, le plus heureux des Français?

le con   (*vulg.*) idiot

libertin   dissolute

libertaire   believing in unrestricted liberty

L'EXPRESS: Pour les Français qui, à 64,7%, voudraient être à votre place, vous représentez l'homme heureux.

GEORGES BRASSENS: Ah! les cons . . .°

L'EXPRESS: Sans doute parce que vous symbolisez à travers vos chansons une forme de liberté à la limite de l'anarchie dans laquelle beaucoup de Français aiment à se reconnaître. Fidèle «aux copains d'abord» et à la langue de Villon[1] ensuite, un peu libertin,° un peu libertaire.°

_____
[1] **François Villon:** poète français du XVIᵉ siècle

le distique couplet
le vers line of poetry
une espèce species

le frisson shiver, thrill

exiger to demand
embêter (*fam.*) to bother, annoy
faire plaisir à quelqu'un to make
  someone happy
en égoïste as a selfish person
le début beginning

de la cloche (*fam.*) down and out,
  broke

de quoi manger something to eat
les espadrilles (*f.*) cheap sandals
le type (*fam.*) fellow
le ventre belly

qui que ce soit who(m)ever

ils sortent du même coin (*lit.*) they
  come from the same corner, i.e.
  they have the same origin

coliques néphrétiques kidney
  pains

borner to limit

en cabane (*fam.*) in prison

G. BRASSENS: Mon bonheur à moi, c'est de faire des chansons. Le bonheur, c'est un distique,° c'est deux vers° agréables à entendre. Si je n'étais pas célibataire, si j'avais continué l'espèce,° mes enfants auraient sûrement eu plus d'importance que mes chansons, mais, comme il n'y a rien d'autre … J'écris des chansons depuis l'âge de 14 ans. En dehors de ça, je n'existe pas. Je crois, d'ailleurs, que j'aurais été plus heureux, pleinement heureux si j'avais été musicien. Pour moi, rien ne passe par les yeux, je vois mais ne regarde pas, je ne suis pas un glouton optique. Les vrais bonheurs physiques et psychiques que j'ai éprouvés, c'est en écoutant une nouvelle mélodie qui me touche. La musique me donne des frissons° que je n'éprouve même pas en faisant l'amour.

L'EXPRESS: Y a-t-il une période de votre vie dont vous ayez la nostalgie?

G. BRASSENS: C'est un thème pour moi, le passé, je ne l'évoque que dans mes chansons, pas dans la vie. J'ai eu une enfance heureuse mais gâchée. Gâchée par l'école. Parce que ma mère était sévère, elle exigeait° de moi de bonnes notes. Ça m'embêtait° de ne pas lui faire plaisir° mais, en égoïste,° je préférais lui déplaire et ne rien faire!

L'EXPRESS: Vos débuts° ont été difficiles. Le confort, c'est nécessaire?

G. BRASSENS: Non. Quand j'étais de la cloche,° il se trouvait toujours quelqu'un pour me procurer un paquet de tabac ou de quoi manger° le lendemain … J'étais heureux lorsque je pouvais m'offrir une paire d'espadrilles° neuves. J'étais plus heureux alors que le type° que je suis aujourd'hui quand il s'achète une paire de chaussures. On ne se met pas à table le ventre° plein.

L'EXPRESS: L'amour est-il indispensable au bonheur?

G. BRASSENS: L'amour? Je ne connais pas bien. Je ne fais pas la différence entre l'amour que j'ai pour une femme et celui que j'ai pour mes amis, ou celui que j'ai pour mes chats. J'ai une somme de sentiments à donner. À qui que ce soit° que je les dispense, ils sortent du même coin,° non?

L'EXPRESS: Vous donnez l'impression d'être un homme libre.

G. BRASSENS: Quelle liberté? Lorsque, pendant vingt ans, j'ai eu des coliques néphrétiques,° je n'étais plus libre. À ce moment-là, j'aurais donné toutes mes chansons pour cesser de souffrir. Je l'aurais regretté après … Mais j'étais borné° par ma maladie, donc prisonnier. Si vous parlez aussi de liberté, en pensant à la censure, il faut admettre que, sous un régime totalitaire, je serais en cabane.° Et que, dans cette espèce de démocratie fatiguée qui est la nôtre, je peux dire à peu près ce que je veux. Comme tout le monde, d'ailleurs.

L'EXPRESS: Si vous incarnez «le bonheur» pour 64,7% des Français, Jacques Chirac arrive en fin de liste avec seulement 24,2% des suffrages. Pensez-vous que le maire de Paris soit moins heureux que vous?

la midinette   young working girl, hence, naïve

bosser   (*pop.*) to work hard

G. BRASSENS: Que savons-nous de son bonheur ou du mien? La notion que nous avons du bonheur est celle d'une midinette.° Il y a des gens qui sont heureux lorsque la sirène de l'usine sonne, parce qu'ils vont sortir, cesser de bosser.° C'est une plus grande joie, peut-être, pour le type—la sirène qui sonne—que pour moi de trouver un quatrain. Le type, il va rentrer chez lui, trouver sa femme, ses enfants, son journal, sa télévision, sa pipe. Il est heureux, le type, si c'est ça son bonheur. Pour lui, pour Chirac, pour moi, ce n'est que l'accumulation des petites joies qui rend la vie possible.

L'EXPRESS: Les grands malheurs la rendent-elle impossible?

G. BRASSENS: Non. Je ne me couvre pas la tête de pommes de terre lorsque je perds quelqu'un que j'aime bien. Ça me fait un trou, et un trou qui n'est jamais bouché, j'ai l'expérience. Je suis moins heureux que lorsque j'avais 30 ans ... J'ai perdu mon père, j'ai perdu ma mère, des gens, des chats, des chiens. Ces êtres° qui, petit à petit, s'effritent° et s'en vont ... Les vieux sont indifférents parce qu'ils n'ont plus personne avec qui partager° leur bonheur. On ne devrait jamais demander à quelqu'un s'il est heureux.

un être   creature, being
s'effriter   to crumble away
partager   to share

L'EXPRESS: Pourquoi?

G. BRASSENS: Parce que c'est indiscret.

COMPRÉHENSION

1. Qu'est-ce qui constitue le bonheur pour Georges Brassens?
2. Pourquoi Brassens dit-il que son enfance a été gâchée?
3. Brassens croit-il que le confort soit nécessaire pour le bonheur? Expliquez.
4. Quelles sont les idées du chansonnier sur l'amour?
5. Pouquoi Brassens prétend-il avoir été «prisonnier» pendant vingt ans?
6. Selon Brassens, qu'est-ce qui constitue le bonheur pour un ouvrier? Qu'est-ce qui rend la vie possible pour lui?
7. Pourquoi Brassens est-il moins heureux que lorsqu'il avait 30 ans?

DISCUSSION

1. Sous la question «Le bonheur: qu'est-ce que c'est?», il y a une liste d'éléments considérés comme essentiels au bonheur (santé, amour, liberté, etc.) Rangez les éléments de cette liste dans leur ordre d'importance pour vous. Quel est l'élément le plus important? Le moins important? La vie spirituelle et la foi sont-elles plus ou moins importantes que les plaisirs de la vie? Le succès personnel est-il plus important que l'engagement pour une cause?
2. Quand êtes-vous heureux? Dans quels moments de votre vie avez-vous été le plus heureux?
3. Qu'est-ce qui vous rend malheureux? Dressez un inventaire d'événements dans la vie d'un étudiant qui peuvent le rendre malheureux. (Par exemple: échec à un examen, dispute avec un(e) camarade de chambre, manque de nouvelles d'un(e) ami(e) lointain(e), etc.)
4. Le bonheur dépend-il des événements et des circonstances extérieures que nous ne contrôlons pas, ou est-ce notre attitude vis-à-vis de ces circonstances qui détermine ce qu'on appelle le bonheur?

COMPOSITION
DIRIGÉE

En suivant le plan suggéré, essayez de décrire le bonheur ainsi que son contraire, le malheur, pour en arriver à une définition.

Le Bonheur: qu'est-ce que c'est?

I.   Introduction

Écrivez un court paragraphe où vous présenterez le sujet. Expliquez
comment vous allez aborder la question.

II. Le Bonheur
     A. Décrivez les choses qui vous rendent heureux.
     B. Faites une analyse de ces divers éléments de bonheur. Qu'est-ce
         qu'ils ont en commun? S'agit-il généralement d'expériences soli-
         taires, ou est-ce que les autres y jouent un rôle important?
     C. Décrivez une personne que vous estimez heureuse. Pourquoi, à votre
         avis, cette personne est-elle heureuse?

III. Le Malheur
     A. Quels sont les événements qui vous rendent malheureux?
     B. En faisant l'analyse de ces événements, essayez de dégager l'essence
         du malheur. (S'agit-il d'un sentiment de perte, d'une restriction de la
         liberté, d'une contrariété personnelle?)

IV. Conclusion

Qu'est-ce qui constitue le bonheur? Comment peut-on augmenter son
bonheur personnel?

Mesurez vos risques de dépression

Si vous avez tendance à la dépression, souffrirez-vous beaucoup cette année? Un psychiatre américain, le Dr Thomas Holmes, professeur à l'université de Seattle (Washington) a eu l'idée de recenser[1] tous les événements qui peuvent perturber—dans un sens ou dans un autre—la vie d'un individu. Et de leur assigner une note, de 11 à 100, en fonction de leur importance, testée sur plusieurs centaines de malades. Si, pendant douze mois, vous totalisez 300 au moins, vous serez sévèrement touché; entre 150 et 300, ce sera plus facile à supporter.[2] En dessous, la vie est encore belle. Voici le résultat de son enquête:[3]

Décès[4] du conjoint[5]	100
Divorce	73
Séparation conjugale	65
Prison	63
Décès d'un proche parent	63
Blessure ou maladie	53
Mariage	50
Perte de l'emploi	47
Réconciliation conjugale	45
Problèmes de santé chez un proche parent	44
Grossesse[6]	40
Difficultés sexuelles	39
Naissance d'un enfant	39
Changement de situation financière	38
Décès d'un ami très cher	37
Changement dans son travail	35
Diminution des disputes conjugales	35
Traites[7] élevées à payer	31
Changement de responsabilités dans son travail	29
Départ d'un fils ou d'une fille	29
Disputes avec la belle-famille[8]	29
Succès personnel important	28
Épouse qui commence à travailler ou s'arrête	26
Début ou fin des études	26
Changement dans ses habitudes personnelles	24
Mésentente[9] avec son patron	23
Changement dans l'horaire[10] du travail	20
Déménagement[11]	20
Changement dans ses loisirs[12]	19
Changement dans ses relations	18
Changement dans ses habitudes de sommeil	16
Changement dans ses habitudes de se nourrir	15
Infractions légères au code de la route[13]	11

[1] **recenser**   to make a count
[2] **supporter**   to stand, tolerate
[3] **une enquête**   investigation
[4] **le décès**   death (used only in official language)
[5] **le conjoint**   mate (used only in official language)
[6] **la grossesse**   pregnancy
[7] **la traite**   installment payment
[8] **la belle-famille**   in-laws
[9] **la mésentente**   misunderstanding
[10] **l'horaire** (*m.*)   schedule
[11] **le déménagement**   moving
[12] **le loisir**   leisure activity
[13] **le code ... route**   traffic laws

Verbes 12

Pronominal Verbs (*Les Verbes pronominaux*)

Pronominal verbs, as the name suggests, are verbs that are used with a pronoun, the so-called reflexive pronoun. The reflexive pronoun corresponds to the subject of the verb. Pronominal verbs may be regular or irregular in form, but they are always used with the reflexive pronoun.

FORMS

The Present Tense

The present tense of pronominal verbs differs from ordinary verbs only in the use of the reflexive pronoun.

se coucher *to lie down, to go to bed*	
je **me** couche	nous **nous** couchons
tu **te** couches	vous **vous** couchez
il elle } **se** couche	ils elles } **se** couchent

The Present Perfect

In the present perfect, as in all compound tenses, pronominal verbs are conjugated with **être**. There is an agreement between the past participle and the reflexive pronoun if it is a direct object preceding the verb.

je **me** suis couch**é(e)**	nous **nous** sommes couch**é(e)s**
tu t'es couch**é(e)**	vous **vous** êtes couch**é(e)(s)**
il **s'**est couch**é**	ils **se** sont couch**és**
elle **s'**est couch**ée**	elles **se** sont couch**ées**

REMARQUER:
Compare: Elle s'est lavé**e**.
               Elle s'est lav**é** les cheveux.

In the first sentence, **se** is the direct object. In the second sentence, however, **les cheveux** is the direct object, and since it does not precede the verb, there is no agreement.

The Negative

The position of the reflexive pronoun (**me, te, se, nous, vous**) is the same as that of any object pronoun, i.e. it directly precedes the verb (in compound tenses, it precedes the auxiliary verb **être**). If the sentence is negative, the verb and preceding pronoun form an inseparable core, with **ne** before and the second term of negation after:

Affirmative: je **me couche.** (simple tense)
                   je **me suis** couché. (compound tense)

Negative: je ne **me couche** pas. (simple tense)

je ne **me suis** pas couché. (compound tense)

Basic Word Order of Sentences with Pronominal Verbs					
		SIMPLE TENSES			
subject	**(ne)**	*reflexive pronoun*	*verb*	**(pas)**	
Ils	ne	se	couchent	pas	
		COMPOUND TENSES			
subject	**(ne)**	*reflexive pronoun*	*aux. verb*	**(pas)**	*past participle*
Ils	ne	se	sont	pas	couchés

The Imperative

1. The Affirmative Imperative

As with all other forms of pronominal verbs, the imperative must include the reflexive pronoun. Notice that the pronoun follows the verb, and the **te** in this position becomes **toi.**

Couche-toi!   *Go to bed!* (familiar)
Couchez-vous!   *Go to bed!* (polite or plural)
Couchons-nous!   *Let's go to bed!* (collective)

2. The Negative Imperative

In the negative imperative, pronoun objects precede the verb. The pronoun and verb form a core that is enclosed by the negative.

Ne te couche pas!   *Do not go to bed.*
Ne vous couchez pas!   *Do not go to bed.*
Ne nous couchons pas!   *Let's not go to bed!*

chat steté

REMARQUER:

The reflexive pronoun used with a pronominal verb must always agree with the subject:

> **Il** va **se** coucher.
> **Nous** allons **nous** coucher.
> **Je** vais **me** coucher, etc.

CLASSIFICATION OF PRONOMINAL VERBS

Reflexive Pronominal Verbs

These are verbs whose subject performs the action upon itself. Almost any transitive[1] verb may be used as a pronominal verb. Compare:

> **Il le voit.**   *He sees him.*
> **Il l'a vu.**   *He saw him.*

BUT:

> **Il se voit.**   *He sees himself.*
> **Il s'est vu.**   *He saw himself.*

In these two sentences the subject and direct object are identical; the verb **voir** is being used as a reflexive pronominal verb.

Reciprocal Pronominal Verbs

These are verbs with plural subjects that act mutually upon each other. (**On,** though grammatically singular, is in effect plural when used with a reciprocal pronominal verb.)

> **Nous nous influençons.**   *We influence each other.*
> **Ils s'aiment.**   *They love each other.*
> **On se comprend.**   *We (they) understand each other.*

Sometimes **mutuellement** or **l'un l'autre** may be added for emphasis or clarification:

> **Ils se détruisent mutuellement.**   *They destroy one another.*
> **Ils s'adorent l'un l'autre.**   *They adore each other.*

REMARQUER:

With reflexive and reciprocal pronominal verbs, the reflexive pronoun is translated. Almost any transitive verb may be used in both these ways.

Verbs Pronominal by Nature

These verbs may be subdivided into two groups:

1. Those that have a non-pronominal counterpart whose meaning may be very different:

---

[1] A transitive verb is one that governs a direct object: *to take* is transitive, *to go* is not (since one can "take" something but one cannot "go" something.)

agir	to act	**s'agir de**	to be a matter of
attendre	to wait for	**s'attendre à**	to expect
demander	to ask	**se demander**	to wonder
douter	to doubt	**se douter de**	to suspect
passer	to pass by, spend (time)	**se passer**	to happen
tromper	to deceive	**se tromper**	to make a mistake

2. Those that exist only in pronominal form:

s'emparer de   to seize
se souvenir de   to remember

(There are no such verbs as "souvenir" or "emparer".)

REMARQUER:
With verbs that are pronominal by nature, the reflexive pronoun is an integral part of the meaning and usually cannot be translated in itself.

—C'est un programme très séduisant, jeune homme, mais je dois à la vérité de vous prévenir que vous vous êtes trompé de numéro!

Verbs Used Pronominally to Express the Passive Voice

1. Many pronominal verbs are close in meaning to their non-pronominal counterparts, but are passive. That is to say, the subject of these verbs is acted upon, rather than performing the action of the verb:

Active Meaning		*Passive Meaning*	
amuser	to amuse	**s'amuser**	to be amused, have a good time
ennuyer	to bore	**s'ennuyer**	to be bored
étonner	to surprise	**s'étonner**	to be surprised
intéresser	to interest	**s'intéresser à**	to be interested in
inquiéter	to worry	**s'inquiéter de**	to be worried about

2. Frequently, non-pronominal verbs are used pronominally to express passive actions that are habitual or of general truth:

> **Le français se parle au Canada.**   *French is spoken in Canada.*
> **Les stylos se vendent dans une papeterie.**   *Pens are sold in a stationery store.*
> **Certains mots ne se disent pas en bonne compagnie.**   *Certain words are not said in polite company.*

EXERCICES

A. Complétez les phrases suivantes en employant la forme correcte du présent de l'indicatif d'un verbe pronominal choisi dans la liste ci-dessous. (Attention, il y a deux verbes de trop.)

s'accrocher à	to cling to	**s'étonner**	to be surprised
s'apercevoir de	to notice	**s'éveiller**	to awaken
s'arrêter	to stop	**se lever**	to get up
se cogner à	to bump into	**se mettre à**	to begin
se coucher	to go to bed	**se produire**	to occur, happen
se demander	to wonder	**se sentir**	to feel
s'emparer de	to seize	**se servir de**	to use

1. Presque tout le monde a un objet auquel il _____ un peu comme le célèbre Linus à sa couverture.
2. Les révolutions _____ quand il existe de grandes inégalités dans une société.
3. Je _____ où j'ai laissé mon stylo.
4. Quand Jean-Marc ne peut plus écrire, il _____ à boire, par désespoir.
5. En apprenant que sa femme de ménage écrit aussi bien que lui, cet écrivain célèbre _____.
6. Nous devons _____ de bonne heure demain matin pour prendre l'avion à sept heures.
7. Pour dactylographier ta lettre, tu peux _____ de ma machine à écrire.
8. Chaque matin, les fermiers _____ quand ils entendent le cri des coqs.
9. La femme de ménage boit le cognac du maître, mais il ne _____ pas de cela.

10. D'habitude, les étudiants _____ vers minuit, sauf s'il y a un examen le lendemain; dans ce cas-là, souvent ils ne dorment pas.
11. On m'a dit que vous étiez malade hier. Est-ce que vous _____ mieux aujourd'hui?
12. En rentrant de l'école, je _____ devant la vitrine du grand magasin pour regarder les beaux étalages.

B. En vous servant des verbes ci-dessous, composez un court paragraphe au passé composé dans lequel vous parlerez de ce que vous avez fait hier matin. Ajoutez quelques détails pour rendre votre paragraphe plus intéressant. Commencez:

Hier matin, comme d'habitude, je me suis (r)éveillé à sept heures. Ensuite, . . .

se brosser les dents	se lever
se décider à	se maquiller
se dépêcher	se peigner
se doucher	se raser
s'habiller	se regarder dans le miroir

C. (*Exercice facultatif*) Refaites l'exercice précédent en substituant **elle** à **je**. Faites tous les autres changements nécessaires. (Attention aux accords.)

D. Répondez négativement aux questions suivantes.

1. Votre professeur de français se trompe-t-il souvent?
2. Les étudiants s'intéressent-ils à tout?
3. Vous demandez-vous ce que l'avenir vous réserve?
4. Dans cette leçon, s'agit-il d'adjectifs?
5. L'action s'est-elle passée en un seul jour?
6. Nous sommes-nous ennuyés dans la classe de français?
7. Vos amis se sont-ils moqués de vous quand vous avez fait cette erreur?
8. Est-ce que je me suis amusé pendant le week-end des examens?
9. Vos parents s'inquiètent-ils si vous ne téléphonez pas régulièrement?
10. Les petits enfants se sont-ils tus pendant le concert? (se taire = *to be quiet*)

E. Mettez au discours direct les phrases suivantes.

MODÈLE: Nina dit à son fils de se coucher.
          Elle lui dit: **Couche-toi!**

1. Marianne dit à son mari de s'occuper des enfants. Elle lui dit: _____
2. Nina dit à son fils de ne pas se coucher. Elle lui dit: _____
3. Nadine dit qu'elle et ses amis doivent tous s'unir. Elle dit: _____
4. Jean-Paul dit à sa fille de ne pas se peigner à table. Il lui dit: _____
5. Le reporter demande à Henri de s'expliquer. Elle lui dit: _____
6. La mère dit aux enfants de se laver. Elle leur dit: _____
7. Je dis que nous devons tous nous regarder dans le miroir. Je dis: _____
8. Mon meilleur ami me dit de ne pas me marier. Il me dit: _____

9. Les professeurs nous disent de nous souvenir des règles. Ils nous disent: _____

10. On lui dit de ne pas se tromper. On lui dit: _____

F. Refaites les phrases suivantes en employant un verbe pronominal réciproque.

MODÈLE: Christine a regardé son fils et il a regardé Christine.
           Christine et son fils se sont regardés.

1. Eric adorait Jeanne et Jeanne adorait Eric.
2. Paul ne me parle pas et je ne lui parle pas.
3. Picasso a influencé Braque et Braque a influencé Picasso.
4. Vous respecterez les enfants et ils vous respecteront.
5. Jean m'a vu et je l'ai vu.
6. Thérèse vous a embrassé et vous l'avez embrassée.
7. Sylvie a offert un cadeau à Simone et Simone lui a offert un cadeau.
8. Martine ne dit pas bonjour à Pierre et Pierre ne dit pas bonjour à Martine.

G. Comparez et précisez (en anglais) le sens du verbe simple et du verbe pronominal dans les phrases suivantes.

1. Comment *trouvez-vous* le restaurant qui *se trouve* près de Notre Dame?
2. Je voulais *rappeler* Pierre, mais je ne *me rappelais* plus son numéro de téléphone.
3. Je *me demande* pourquoi le professeur *a demandé* à me voir après la classe.
4. Tout le monde *attendait* une réforme du gouvernement, mais on ne *s'attendait* pas à une révolution.
5. J'*ennuie* beaucoup ce professeur parce qu'il est évident que je *m'ennuie* dans sa classe.
6. Ce jeune homme m'*intéresse* énormément et *je m'intéresse* à tout ce qu'il pense.
7. Cette femme jalouse croyait que son mari la *trompait,* mais elle *s'est trompée.*
8. Jacques m'*amuse* beaucoup et *nous nous amusons* toujours ensemble.
9. Thierry *admirait* sa fiancée qui *s'admirait* dans le miroir.
10. *J'ai lavé* la voiture et ensuite *je me suis lavé les mains.*

H. Refaites les phrases suivantes en employant des verbes pronominaux à sens passif.

MODÈLE: On parle français au Canada.
            Le français se parle au Canada.

1. En France, on vend les timbres-poste dans les débits de tabac.[1]
2. On boit le vin blanc avec le poisson.
3. En français, on emploie la voix passive moins souvent qu'en anglais.
4. On mange les feuilles d'artichaut avec les doigts.
5. On ne dit pas «bon matin» en français.
6. On voit encore des costumes traditionnels à la campagne.
7. En France, on ferme les musées le mardi.
8. On achète le lait, la crème et le beurre dans une laiterie.

---

[1] **le débit de tabac:** a store that sells cigarettes and tobacco products.

Le Stylo 13

GÉRARD SIRE

Before his untimely recent death, Gérard Sire
earned a living as a commercial writer of radio
serials, advertising sketches, and movie scenarios.
In his leisure hours, however, he wrote short stories
with the verve, imagination, and humor for which
the *méridionaux* (people from the south of France)
are well known.

The story that follows is drawn from a newly
published posthumous anthology, *Le Clown et autres
contes.* «Le Stylo», like Gérard Sire's other stories
and those of many popular storytellers, O'Henry and
Damon Runyon, for instance, ends with an
unexpected and delightful twist.

LECTURE | Le Stylo

1

On s'accroche à ce qu'on peut: à un dieu, ou à une idée; à une femme, une ambition; à un rêve, une drogue, l'alcool. Ou à rien du tout.

Jean-Marc s'accrochait à son stylo.

Il était écrivain. C'est peut-être un grand mot: il publiait des histoires, des récits.° Le stylo était son principal instrument de travail mais il voyait en lui bien davantage° que cela.

Sans lui attribuer les vertus d'un talisman,° il l'avait paré° de pouvoirs mystérieux basés sur une série de constatations° irréfutables.

Depuis qu'il avait acheté ce stylo, par exemple, ses ouvrages° se vendaient beaucoup mieux. Ou encore: les contrats qu'il signait avec ce stylo s'avéraient° infiniment plus fructueux° que les autres. Ajoutez à cela que le stylo possédait une plume° idéalement douce glissant° sur le papier sans jamais l'égratigner° et donnant à l'écriture° de Jean-Marc une légèreté qui se retrouvait dans le style des phrases.

Ce stylo avait pris dans la vie de Jean-Marc une grande importance. Il le dorlotait,° le mignotait,° avait pour lui des égards° que les hommes réservent généralement à leur auto ou à leur maîtresse. Avec le temps, et par un jeu de l'esprit absolument puéril,° il en était arrivé à° lui attribuer ses propres dons° d'écrivain. De cela, il n'avait soufflé° mot à personne.

Un soir, ayant bu plus que de raison au cours d'un cocktail où l'on célébrait un prix littéraire qu'il venait d'obtenir pour son dernier roman, Jean-Marc égara° son stylo. Il ne s'en aperçut qu'une fois rentré chez lui. Malgré l'heure tardive, malgré son état de semi-ébriété°—ou peut-être à cause de cela—, il repartit pour le restaurant où s'était déroulé° le cocktail. Il s'en fit ouvrir les portes,[1] à force de tempêter,° de taper° sur les volets° fermés. Et, sous les yeux ébahis,° furieux, du tenancier° qu'il avait tiré de son premier sommeil, entreprit de visiter à quatre pattes° les moindres recoins° de l'établissement.

Au cours de ses recherches, il trouva notamment, plusieurs boutons de manchettes° dépareillés,° un lacet de chaussure, un bréviaire,° un carnet de timbres,° un portefeuille et, même, un soutien-gorge° dissimulé° sous un tapis. Mais il ne put mettre la main sur son stylo. Il retourna chez lui fort désappointé et passa le reste de la nuit à se demander comment il ferait pour° continuer d'écrire.

---

le récit narrative

davantage more

le talisman object with magical powers

parer to embellish

la constatation finding, observation

un ouvrage work

s'avérer to prove

fructueux fruitful, profitable

la plume point (of a pen)

glisser to glide

égratiner to scratch

une écriture handwriting

dorloter to pamper

mignoter to fondle

un égard respect, consideration

puéril childish

en arriver à to reach the point of

le don gift

souffler to breathe, whisper

égarer to mislay, lose

la semi-ébriété half-drunkenness

se dérouler to take place, unfold

tempêter to storm, rage

taper to bang, knock

le volet shutter

ébahi flabbergasted

le tenancier proprietor

à quatre pattes on all fours

le recoin nook, recess

le bouton de manchette cuff link

dépareillé odd, mismatched

le bréviaire prayer book

le carnet de timbres booklet of postage stamps

le soutien-gorge brassiere

dissimulé hidden

comment il ferait pour how he would manage to

---

[1] **Il s'en fit ouvrir les portes:** He had its doors opened for him. (This is the causative **faire** construction explained fully in Lesson 27.)

à tout hasard on the off chance
le crayon à bille ballpoint pen
traîner to lie around
au fond de in the back of
le tiroir drawer
le désarroi dismay
demeurer to remain
conjurer le mauvais sort to exorcise ill fate
le papetier stationery dealer
la suavité smoothness

s'emparer de to seize, take over

Il ... annonces He had advertisements appear
une forte récompense a large reward
le signalement official description

déclencher to set off
une étincelle spark
jadis formerly
mettre le feu à to fire
sombrer to sink
noyer to drown
le chagrin deep sorrow
puiser to draw (as from a well)
la dégringolade collapse
venir à to come to the point of
la boisson drink

une émission broadcast
rédiger to draft
débordé de swamped with
la voyante seer, fortune-teller

parvenir à to succeed in
joindre les deux bouts to make ends meet
épousseté dusted
renversé spilled
le cendrier ashtray
débordant de mégots overflowing with cigarette butts
la femme de ménage cleaning woman

À tout hasard,° il prit un crayon à bille° qui traînait° au fond d'un° tiroir,° et tenta de traduire son état d'âme du moment: son angoisse, son désarroi.° Il fut incapable de tracer une ligne. Sa main demeurait° inerte.

Au lendemain matin, bien décidé de conjurer le mauvais sort,° Jean-Marc se rendit chez un papetier,° et acheta un stylo absolument identique à celui qu'il avait perdu. La plume en avait la même douceur, la même suavité.° Une fois devant sa table de travail, il ne retrouva pas son inspiration.

Il passa près d'une semaine face à une feuille blanche, son nouveau stylo à la main. Il avait oublié l'usage des mots et l'angoisse s'empara° de lui.

Retrouver son stylo devint la seule préoccupation de Jean-Marc. Il fit passer des annonces° dans la presse, promettant une forte récompense° à qui le lui rapporterait. Une trentaine de personnes se présentèrent chez lui, dans les heures qui suivirent, avec des stylos répondant rigoureusement au signalement° du sien. Il les essaya les uns après les autres, mais fut tout juste capable, à chaque fois, d'écrire une phrase banale dans le genre: *Le fond de l'air est frais.*

Aucun de ces stylos ne déclencha° en lui l'étincelle° magique qui, jadis,° mettait le feu à° son imagination. De plus en plus désespéré, Jean-Marc sombra° dans l'alcool, dans le double but de noyer° son chagrin° et d'y puiser° les idées qui se refusaient à lui. Son chagrin résista aux vapeurs du whisky, du cognac, du gin et du vin rouge. Quant aux idées, elles continuèrent de se refuser. Ce fut la dégringolade.° L'argent vint à° manquer.

Pour s'acheter les boissons° qui lui étaient devenues indispensables, Jean-Marc écrivit n'importe quoi: des slogans publicitaires, des émissions° de radio, des chansons pour Mireille Mathieu.[2] Il en vint même à rédiger° des horoscopes pour le compte d'une astrologue célèbre qui était débordée de° travail, en raison de son succès. La voyante° avait, en effet, annoncé la victoire de Frazier sur Cassius Clay,[3] et l'exactitude de sa prédiction lui avait fait une extraordinaire publicité.

Grâce à ces expédients, Jean-Marc parvint à° joindre les deux bouts.° Comme il était pris de boisson du matin au soir, son appartement offrait un aspect désolant: la vaisselle n'était jamais faite, les meubles jamais époussetés.° On trouvait des bouteilles vides partout, des verres renversés° sur les tapis ou des cendriers° débordant de mégots.° Dans un moment de lucidité, il décida de prendre une femme de ménage° afin de tenir son intérieur de célibataire. C'est ainsi qu'il engagea Marie.

---

[2] **Mireille Mathieu:** chanteuse célèbre
[3] **Cassius Clay:** now Muhammed Ali

COMPRÉHENSION

1. Pourquoi Jean-Marc s'accrochait-il à son stylo?
2. Comment se fait-il qu'il égare ce stylo?
3. Quels efforts fait-il pour récupérer son stylo égaré?
4. Que se passe-t-il quand Jean-Marc essaie d'écrire avec un crayon à bille?
5. Quelles sont les conséquences psychologiques de la perte de son stylo pour Jean-Marc?
6. De quelle façon Jean-Marc gagne-t-il de quoi acheter les boissons, maintenant qu'il a perdu son inspiration?
7. Décrivez l'appartement de l'écrivain devenu ivrogne.

2

une vingtaine de printemps about twenty youthful years
la joue cheek
éclatant dazzling
avenant comely, pleasing
sot, sotte silly, foolish
la vendeuse saleswoman
une hôtesse d'accueil receptionist

le nid nest
douillet soft

ingurgiter to gulp down
tituber to stagger
se cogner à to bump into
jurer comme un charretier to swear like a mule-driver
efficace efficient

en catimini stealthily
le bloc note pad

dénué de devoid of

Marie avait une vingtaine de printemps,° des joues° rouges, un sourire éclatant° et des formes avenantes.° Elle n'était pas sotte° et ne manquait pas d'ambition, c'est pourquoi elle avait décidé de faire des ménages plutôt que de travailler comme vendeuse° ou comme hôtesse d'accueil,° professions certes plus représentatives mais infiniment moins rémunérées.

En quelques jours, elle transforma l'appartement dévasté de Jean-Marc en un nid° douillet° et confortable. Elle entreprit alors de transformer aussi le maître des lieux. Elle mit de plus en plus d'eau dans les bouteilles de spiritueux dont abusait son patron, de façon à progressivement le désintoxiquer.

Bientôt, le thé remplaça le whisky et la grenadine le vin rouge, sans que Jean-Marc s'en aperçut. Après avoir ingurgité° deux ou trois verres d'eau teintée de café ou de thé, il lui arrivait de tituber,° de se cogner° aux meubles et de jurer comme un charretier.° Marie, discrète mais efficace,° l'observait sans en avoir l'air, et le spectacle qu'il lui offrait était pour elle une source de méditations infinies.

Un soir, une fois seule dans la petite chambre de bonne qu'elle occupait au sixième étage,⁴ elle eut envie de noter quelques-unes de ses pensées. Comme elle n'avait rien pour écrire, elle descendit en catimini° jusqu'à l'appartement de Jean-Marc, et prit dans le tiroir de la table de la cuisine le stylo et le bloc° de papier qui lui servaient à tenir les comptes du ménage. Elle se mit à noter les phrases qui lui étaient venues à l'esprit durant ses heures de réflexion. Elle écrivit clairement, dans un style dénué° de toute prétention . . .

Au bout d'un mois, Marie avait écrit deux ou trois cents pages ra-

---

⁴ Dans beaucoup d'immeubles français, le dernier étage est divisé en petites chambres occupées traditionnellement par les domestiques qui travaillent pour ceux qui habitent les grands appartements des étages inférieurs. Généralement, ce dernier étage de chambres de bonne n'est accessible que par un escalier de service qui communique avec les cuisines des grands appartements.

un ivrogne drunk
la goutte drop
une histoire à dormir debout an
   incredible tale
ranger to put away
le placard closet
vaquer à to go about (a routine)
comme si de rien n'était as if
   nothing had happened

à jeun with an empty stomach,
   having fasted

se prendre à to begin to
à plusieurs reprises several times

revêtir to put on

grimper to climb

au petit matin in the early
   morning
indicible unspeakable
la gueule de bois hangover
étant donné given, in view of
la veille the night before
depuis belle lurette (*fam.*) for ages
mettre sur le compte de to
   attribute to

envoûté enchanted

bondir to start, jump

décapuchonner to uncap

sur-le-champ immediately, right
   away

cligner des yeux to blink

la doublure lining
le veston suit jacket
recoudre to sew up
des tas de (*fam.*) beaucoup de

contant la vie étrange d'un ivrogne° qui ne buvait pas une goutte° d'alcool. C'était, évidemment, une histoire à dormir debout° et il ne lui vint pas à l'esprit qu'elle pourrait faire l'objet d'un livre. Elle rangea° donc son manuscrit dans le placard° de sa chambre, et continua à vaquer° à ses occupations ménagères, comme si de rien n'était.°

À quelque temps de là, Jean-Marc fut invité à dîner. Il but considérablement, cette fois de vrais vins et d'authentiques alcools. En rentrant chez lui, il se trouvait dans un état avancé d'ébriété. Mais, comme il avait ingurgité moins de verres qu'il n'en prenait habituellement chez lui, il se crut pratiquement à jeun° et ne s'étonna pas de se sentir léger, en pleine forme.

Il devait être minuit quand il se coucha. Le sommeil ne le gagnant pas, il se prit à° rêver ... Il rêva à Marie dont, à plusieurs reprises,° la grâce, la beauté, la fraîcheur l'avaient touché. Et l'envie de tenir la jeune fille dans ses bras s'empara de lui, au point qu'il revêtit° sa robe de chambre et grimpa° jusqu'au sixième étage. Marie ne dormait pas. Comme chaque nuit, elle attendait secrètement que le «miracle» se produisît. Elle ouvrit sa porte, le cœur battant, et ...

Quand, au petit matin,° Jean-Marc s'éveilla dans les bras de Marie, il éprouva d'abord un indicible° bonheur. Puis, une abominable gueule de bois.° Ce qui était normal, étant donné° ce qu'il avait bu la veille.° Ignorant que Marie l'avait désintoxiqué depuis belle lurette,° il mit cette gueule de bois sur le compte de° l'amour. Il se leva sans faire de bruit, ouvrit le placard, dans l'espoir d'y trouver un tube d'aspirine, et découvrit le manuscrit que Marie avait enfermé là.

Curieux de nature, il le saisit, le feuilleta, puis, pris par le sujet, envoûté° par le style qui lui rappelait le sien, du temps qu'il avait du talent, il se mit à le lire de la première à la dernière ligne.

Marie dormait encore quand il arriva au mot fin. Était-ce possible que Marie ait pu l'écrire? Son regard allait de la jeune fille au manuscrit. C'est alors qu'il s'arrêta sur le stylo rangé, lui aussi, dans le placard dont la porte était restée ouverte: le stylo ... Il bondit,° s'en empara, le décapuchonna,° écrivit quelques lignes. C'était son stylo; son cher et miraculeux stylo. Il réveilla Marie sur-le-champ.°

—Où l'as-tu trouvé, dis-moi? Où l'as-tu trouvé?

La petite bonne cligna des yeux,° sourit, embrassa Jean-Marc, puis se décida à répondre:

—Dans la doublure° d'un de tes vestons° que j'ai recousu°... Oh! il y a bien longtemps. Comme tu avais des tas° d'autres stylos, j'ai gardé celui-ci pour faire les comptes du ménage...

Aujourd'hui, Jean-Marc et Marie forment un des couples littéraires les plus célèbres de France. Ils publient des romans sous leur double signature, avec le succès que vous savez. Bien entendu, ils n'utilisent qu'un seul stylo: le fameux, l'unique stylo. Le stylo magique!

on ne peut plus + *adj*   as (*adj.*) as can be

fameux   (*fam.*) celebrated (used ironically)

Du moins le croient-ils. En fait, ce stylo-là est un de ceux que Jean-Marc reçut après avoir fait passer son annonce. Il est on ne peut plus° banal. Si je vous dis cela, c'est que l'autre, le vrai, c'est moi qui le possède. Je l'ai volé à Jean-Marc le jour de ce fameux° cocktail littéraire, parce que j'en connaissais les vertus. Ce jour-là, en effet, un peu pris de boisson, Jean-Marc me les avaient révélées car je suis son meilleur ami.

fourrer dans   to stuff into

Ce fameux stylo c'est moi qui l'ai. Et je vais vous dire une chose, je ne l'utilise jamais. Oh! je l'ai essayé, mais ça n'a rien donné. Alors, je l'ai fourré dans° un tiroir, à la maison. Je crois que Lucie, ma vieille bonne, s'en sert de temps à autre, pour faire ses comptes. Je n'ai pas les mêmes croyances que Jean-Marc.

pareille chose   such a thing

Je tape toutes mes histoires directement à la machine à écrire. Une machine, c'est beaucoup plus pratique. Je ne risque pas de la perdre, ou de me la faire voler. Si pareille chose° m'arrivait, je me demande ce que je deviendrais, parce que ma machine n'est pas une machine comme les autres … Elle a, comment vous dire? Pourquoi riez-vous? Pourquoi donc?

COMPRÉHENSION

1. Marie est-elle une femme de ménage typique? Expliquez votre réponse.
2. De quelle façon Marie a-t-elle transformé l'appartement de Jean-Marc?
3. Par quelle méthode compte-t-elle transformer Jean-Marc aussi?
4. Expliquez comment Marie se met à écrire et ce qu'elle écrit.
5. Que se passe-t-il un soir quand Jean-Marc rentre ivre?
6. Par quel hasard trouve-t-il le manuscrit de Marie? Quelle est sa réaction en le lisant?
7. Où Marie avait-elle trouvé le stylo «magique»?
8. Comment la découverte de ce stylo a-t-elle changé la vie de Jean-Marc et de Marie?
9. En quoi le dénouement de ce conte est-il inattendu?
10. En réalité, qu'est devenu le stylo originel?
11. Commentez les dernières phrases de ce texte.

DISCUSSION

1. Le stylo de Jean-Marc avait-il vraiment des pouvoirs mystérieux?
2. En quoi ce conte est-il humoristique? Y a-t-il un côté satirique? De quoi Gérard Sire se moque-t-il?
3. Connaissez-vous des gens qui croient au pouvoir de certains objets?
4. Avez-vous personnellement un objet auquel vous tenez plus que de raison?
5. Croyez-vous aux porte-bonheurs (*good luck charms*)? Croyez-vous qu'il y ait des choses qui portent malheur? Décrivez quelques superstitions courantes concernant la chance (*good luck*) et le malheur.

COMPOSITION DIRIGÉE

Tout le monde a un objet qui lui est particulièrement cher, même si l'on ne croit pas aux pouvoirs magiques. Quel est cet objet pour vous? En revanche, vous avez aussi, probablement, un objet que vous détestez mais que vous êtes obligé de garder, ou dont vous êtes obligé de vous servir. En suivant le plan suggéré, vous allez parler de ces deux objets. (Si nécessaire, inventez deux objets imaginaires.)

Titre
(Choisissez un titre convenable)

I. Un objet auquel je tiens
   A. Description de l'objet
   B. Histoire de l'objet, comment vous l'avez acquis pourquoi il a une importance particulière pour vous.

II. Un objet que je déteste
   A. Description
   B. Explication de la raison pour laquelle vous détestez cet objet
   C. La raison pour laquelle vous ne vous débarrassez pas de l'objet

III. Conclusion

Quelle est en général votre attitude vis-à-vis des objets inanimés? Êtes-vous particulièrement attaché à vos possessions? En prenez-vous soin? Seriez-vous très attristé d'en perdre ou de les voir s'abîmer? Les objets vous paraissent-ils avoir une âme? Ou estimez-vous que les objets sont plutôt indifférents?

Combat contre le cancer

14

Cancer, one of the most dreaded and widespread of all diseases, has thus far resisted the efforts of science to conquer it. Because this illness is often painful and sometimes terminal, it raises many important issues: Should victims be told they have only a short while to live? Should the life of a sufferer with no hope of recovery be sustained by extraordinary means? The following interview with one of France's foremost cancerologists seeks to answer these and other basic questions about the nature and treatment of cancer.

VOCABULAIRE

Lexique de mots-clés

LES NOMS

le dos	back
le cerveau	brain
le foie	liver
la langue	tongue
la nuque	nape of the neck
le poumon	lung
le rein	kidney
le sein	breast

LES VERBES

avaler	to swallow
se débarrasser de	to get rid of
s'essouffler	to become short of breath
frapper	to strike, knock
guérir	to cure, to be cured
menacer	to threaten
soigner	to care for
supporter	to bear, withstand
taire	to silence
tousser	to cough
la toux	cough

Centre medico-social Foch à Suresnes: laboratoire.

EXERCICES

A. Complétez les phrases suivantes par la forme correcte d'un verbe tiré du Lexique de mots-clés.

1. Les gens qui fument trop _____ facilement, même s'ils n'ont pas fait beaucoup d'effort.
2. Il y a certaines formes du cancer dont on peut _____, et d'autres qui sont fatales.
3. Quand on est très enrhumé (**être enrhumé,** *to have a cold*), on éternue (**éternuer,** *to sneeze*) et on _____ beaucoup.
4. J'ai mal à la gorge; il m'est difficile d' _____.
5. Beaucoup de médecins préfèrent _____ la vérité, au lieu de dire à leurs patients qu'ils ont une maladie fatale.
6. Par ses mécanismes immunitaires, le corps est généralement capable de _____ des organismes nocifs (*harmful*).
7. Il y a des gens qui ne peuvent pas _____ d'apprendre qu'ils ont une maladie fatale.
8. Un hôpital est une institution où l'on _____ les malades.
9. Le cancer peut _____ n'importe qui; c'est une maladie qui _____ tout le monde.

B. Complétez les phrases suivantes par la forme correcte d'un nom tiré du Lexique de mots-clés.

1. Les dents, les lèvres et _____ jouent un rôle important dans le langage.
2. Quand vous subissez un examen physique, vous vous allongez sur _____, et le médecin vous ausculte (**ausculter** = *to examine by feel*).
3. Le _____, un organe important contenu dans l'abdomen, produit la bile.
4. Les _____ contiennent les glandes mammaires.
5. La pneumonie est une maladie des _____.
6. On n'a qu'un foie, mais on a deux _____. Ces deux organes jouent un rôle important dans la digestion et l'excrétion.
7. _____ est l'organe principal du système nerveux.
8. J'avais mal au cou et le médecin m'a massé (**masser** = *to massage*) _____.

Lexique de mots secondaires

la chirurgie	surgery
constater	to ascertain by observation
le dérèglement	disruption
le désarroi	dismay
un infirmier, une infirmière	nurse
interdit	forbidden
le lien	link, tie
la malédiction	curse
nocif	harmful
le parent	relative
redouter	to fear
en vouloir à	to bear a grudge against

Étude de mots

A. Étudiez les mots et les expressions suivants:

la médecine	the practice of medicine
le médecin	doctor
le médicament	medicine, medication
la maladie	illness, disease
le mal	evil, illness
le malaise	uneasiness, discomfort
le, la malade	sick person
malade, *adj.*	sick
mal, *adv.*	badly

avoir mal au dos (aux reins, à la tête, etc.)   to have a backache (kidney pain, headache, etc.)

avoir mal au cœur   to be nauseous

avoir du mal à + *inf.*
avoir de la peine à + *inf.* } to have difficulty in (doing something)

J'ai du mal (de la peine) à comprendre.
I have difficulty in understanding.

B. l'an   l'année
    le jour   la journée
                vs.
    le soir   la soirée
    le matin   la matinée

Les formes féminines s'emploient quand on veut insister sur l'activité qui a rempli cette période, ou sur la durée de cette période:

Nous avons passé **la soirée** ensemble.
Ce médecin propose **une journée** annuelle consacrée à la détection du cancer.
Ce traitement a duré pendant toute **l'année.**

On dit aussi:

une journée de travail
les saisons de **l'année**
une soirée agréable

Les formes masculines s'emploient généralement avec les chiffres ou pour marquer un certain moment (au lieu d'une période):

Quel **jour** avez-vous rendez-vous avec le médecin?
Ce **soir,** nous allons au cinéma, mais demain **soir** nous restons à la maison.
Pasteur a passé cinquante **ans** à étudier les maladies contagieuses.

Pourtant on dit:

Pasteur a passé **une cinquantaine d'années** à étudier. . .

STRUCTURE

Position of Adjectives (*La Place de l'adjectif*)

A. In French, adjectives usually follow the noun they modify:

   une maladie **dangereuse**
   la vie **moderne**

B. A group of short, common adjectives precedes the noun. A good way to retain them is by grouping in opposite pairs:

   autre ≠ même

   gentil ⎫
   bon ⎭ ≠ mauvais

   beau ⎫
   bon ⎬ ≠ vilain
   joli ⎭

   jeune ≠ vieux

   gros ⎫
   grand ⎭ ≠ petit

   long ≠ court

   vrai ≠ faux

   premier ≠ dernier

   haut ≠ bas

   moindre ≠ plus

   une **grosse** exagération   une **courte** maladie
   un **bon** examen   un **jeune** médecin

C. For emphasis, adjectives are sometimes placed in the position they do not usually have:

   un **excellent** professeur

D. Certain adjectives have two meanings according to whether they precede or follow the noun. Usually the meaning is literal if the adjective follows, and figurative if it precedes:

	FIGURATIVE	LITERAL
ancien	un **ancien** professeur (*a former teacher*)	un livre **ancien** (*an ancient book*)
brave	un **brave** homme (*a fine man*)	un soldat **brave** (*a brave soldier*)
certain	un **certain** étudiant (*a particular student*)	un ami **certain** (*a sure friend*)
cher	mon **cher** François (*dear François*)	un bracelet **cher** (*an expensive bracelet*)
dernier	la **dernière** année de sa vie (*the last year of his life*) [final, last of a series]	l'année **dernière** (*last year*) [the one just passed]
même	la **même** gentillesse (*the same kindness*)	la gentillesse **même** (*kindness itself*)
pauvre	le **pauvre** enfant (*the unfortunate child*)	un enfant **pauvre** (*a poor [penniless] child*)

propre	mes **propres** mains *(my own hands)*	les mains **propres** *(clean hands)*
seul	la **seule** solution *(the only solution)*	une femme **seule** *(a lonely woman)*
simple	une **simple** activité *(just an activity)*	une activité **simple** *(an easy activity)*

E. When two or more adjectives modify the same noun:

1. Each adjective assumes its usual position:

la **première** découverte **scientifique**

2. If both adjectives have the same position, their placement becomes a matter of style. No hard and fast rules may be laid down, but generally, if both adjectives have the same value, they may be linked by **et:**

une découverte **célèbre et importante**

Sometimes one of the adjectives seems to form a natural unit with the noun:

une **jolie jeune fille** (**jeune fille** forms a unit)
un **médecin français typique** (**médecin français** forms a unit)

Agreement of Adjectives (*L'Accord de l'adjectif*)

All adjectives agree in gender and number with the noun they modify.

Feminine Adjectives

1. The feminine of most adjectives is formed by the addition of a mute **e**:

Masculine	*Feminine*
grand	grand**e**
petit	petit**e**
vrai	vrai**e**
joli	joli**e**

If the masculine singular form of the adjective already ends in a mute **e,** the feminine singular form is identical:

Masculine and Feminine

jeun**e**   difficil**e**   autr**e**

2. Adjectives in **-eux** have the ending **-euse** for the feminine:

Masculine	*Feminine*
séri**eux**	séri**euse**
mystéri**eux**	mystéri**euse**

3. Some of the more common irregular feminine forms are:

ENDING

Masculine Feminine

-**eau**	-**elle**	un nouv**eau** médicament	une nouv**elle** science
-**el**	-**elle**	le sommeil natur**el**	une insomnie natur**elle**
-**en**	-**enne**	le taux moy**en**	la vitesse moy**enne**
-**on**	-**onne**	un b**on** exemple	une b**onne** idée
-**ien**	-**ienne**	un médecin paris**ien**	une cliente paris**ienne**
-**er**	-**ère**	le prem**ier** jour	la prem**ière** heure
-**et**	-**ète**	un homme discr**et**	une femme discr**ète**
-**teur**	-**trice**	un esprit créa**teur**	une force créa**trice**
-**if**	-**ive**	un chercheur act**if**	une équipe act**ive**

Plural Adjectives

1. The plural of most adjectives is formed by the addition of **s** to the singular:

un événement récent   des événements récent**s**
une découverte récente   des découvertes récente**s**

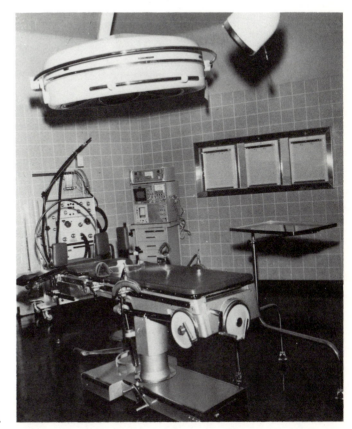

Centre hospitalier de
Gonesse—bloc opératoire.

2. If the singular form of the adjective already ends in **s** or **x,** the plural will be the same:

un rêve mystérieu**x**	des rêves mystérieu**x**
un chat gri**s**	des chats gri**s**

3. The plural of the adjectives ending in **-al** is **-aux:**

l'art médic**al**	les arts médic**aux**

Important exceptions: fin**al** fin**als;** fat**al** fat**als;** ban**al** ban**als**

4. If the ending is **-eau** the plural will be **-eaux:**

un nouv**eau** médicament	de nouv**eaux** médicaments

Comparaisons pittoresques d'adjectifs

beau comme un ange (*angel*)
bête comme ses pieds
bon comme le pain
blanc comme neige
clair comme le jour
doux comme un agneau (*lamb*)
fort comme un Turc
frais comme une rose
heureux comme un poisson dans l'eau

nu (*naked*) comme un ver (*worm*)

orgueilleux (*proud*) comme un paon (*peacock*)

laid comme un pou (*louse*)
léger comme une plume (*feather*)
long comme un jour sans pain
malheureux comme les pierres

pâle comme un linge (*linen*)
rapide comme la flèche (*arrow*)
riche comme Crésus (roi de l'Antiquité)
sage comme une image
simple comme bonjour
sourd (*deaf*) comme un pot
têtu (*stubborn*) comme un mulet
triste comme un bonnet de nuit
vieux comme le monde

Common Irregular Adjectives

MASCULINE		FEMININE	
Singular	*Plural*	*Singular*	*Plural*
bas (*low*)	bas	basse	basses
blanc	blancs	blanche	blanches
franc	francs	franche	franches
doux	doux	douce	douces
épais (*thick*)	épais	épaisse	épaisses
faux	faux	fausse	fausses
favori	favoris	favorite	favorites
fou (*crazy*)	fous	folle	folles
frais	frais	fraîche	fraîches
gentil	gentils	gentille	gentilles
gras (*fat*)	gras	grasse	grasses
grec	grecs	grecque	grecques
gros (*big*)	gros	grosse	grosses
long	longs	longue	longues
mou (*soft*)	mous	molle	molles
public	publics	publique	publiques
turc	turcs	turque	turques
sec (*dry*)	secs	sèche	sèches
sot (*silly, stupid*)	sots	sotte	sottes

Special Forms

A. Five very common adjectives have a special form to be used before masculine singular words beginning with a vowel sound:

vieux	un **vieil** ami
beau	un **bel** homme
fou	un **fol** espoir
nouveau	un **nouvel** exemple
mou	un **mol** objet

B. Compound adjectives of color are invariable:

des yeux bleu-vert	blue-green eyes
des draps vert clair	light green sheets
des feuilles vert foncé	dark green leaves

EXERCICES

A. Répétez le nom avec chaque adjectif ou groupe d'adjectifs. Attention à la forme et à la position des adjectifs.

MODÈLE: une interprétation (faux/original)
une fausse interprétation
une interprétation originale

1. une interprétation
   (bon/mauvais/vrai/mauvais, psychologique/absurde)

2. un rêve
   (naturel/petit/joli/mystérieux, troublant/long)

3. la découverte
   (final/médical/faux/même (*same*)/premier, grand)

4. le médecin
   (beau/jeune, français/gentil/important/actif)

5. la douleur
   (moindre/principal/autre/seul, certain)

6. les yeux
   (sec/grand/brillant/bleu/bleu-vert)

B. Traduisez en français.

1. a former patient 2. an ancient mystery 3. a dear colleague 4. an expensive instrument 5. the poor (unfortunate) man 6. a poor (economically) region 7. his last week before death 8. last week (i.e., *the one before this*) 9. my own bed 10. a clean bed

C. Qualifiez les noms de la colonne **B** en utilisant les adjectifs de la colonne **A**.

MODÈLE: l'œil sec   la langue
           la langue sèche

A	B
1. l'isolement profond	la solitude
2. le développement physique	l'évolution
3. un pouls régulier	la respiration
4. un médicament dangereux	une potion
5. un sentiment subjectif	une plainte
6. un bon examen	une expérience
7. l'âge moyen	la durée
8. un mal naturel	une douleur
9. l'intérêt médical	la curiosité
10. un hôpital public	une clinique
11. un liquide doux	une substance
12. un nouveau drame	une tragédie
13. un procédé favori	une technique
14. un individu créateur	une personne
15. un muscle mou	une substance
16. un faux besoin	une nécessité
17. un rêve fou	une hallucination
18. un chercheur travailleur	une équipe
19. le système européen	l'organisation
20. un drap blanc	une serviette
21. le lait frais	la crème
22. un gentil assistant social	une infirmière

D. Mettez au pluriel les groupes de mots suivants:

1. cette maladie fatale
2. le cerveau normal
3. cet examen final
4. leur nouveau traitement
5. un beau visage
6. une douleur aiguë
7. notre organe vital
8. une stratégie médicale
9. la cellule nerveuse
10. un mal contagieux

The Forms and Use of «tout» (*Les Formes et l'emploi de «tout»*)

«Tout» as Adjective

Study the following forms:

			Singular	
Masculine:	tout	tout hôpital	any every each	hospital
	tout le (l')	tout l'hôpital	the whole hospital	
Feminine:	toute	toute famille	any every each	family
	toute la (l')	toute la famille	the whole family	
			Plural	
Masculine:	tous les	tous les hôpitaux	all hospitals	
Feminine:	toutes les	toutes les familles	all families	

REMARQUER:

1. T̶o̶u̶t̶s̶ does not exist. The masculine plural is **tous.**
2. The plurals **tous** and **toutes** are usually followed by **les, ces,** or a plural possessive adjective (**mes, tes, ses, nos, vos, leurs**).

   tous ces hôpitaux   toutes mes amies

There are several idioms in which **tous** and **toutes** are followed directly by a noun:

   à toutes jambes   *at full speed*
   à tous égards   *in every respect*
   au-dessus de toutes choses   *above all*

3. Note the useful **tout ce qui** and **tout ce que** (*anything/everything* [*that*]):

> **Tout ce qui brille n'est pas or.**   *All that glitters is not gold.*
> **Je suis d'accord avec tout ce que vous dites.**   *I agree with all that you say.*

«Tout» as Pronoun

Tout   everything, all (referring to things):

> **Tout** va bien.   J'ai **tout** vu.

Tout le monde   everyone (people):

> **Tout le monde** doit se soigner.
> Je connais **tout le monde**.

Tous and **toutes**   all (people or things):

> **Tous** sont ici.
> Mes sœurs, je les aime **toutes**.

REMARQUER:
The "**s**" of the pronoun **tous** is pronounced, but if **tous** is followed by a determiner, it is an adjective and the **s** is silent:

> Tou~~s~~ mes amis sont venus.
> Tou**s** sont venus.

«Tout» as Adverb

tout   all, quite

The adverb **tout** is invariable except before a feminine adjective beginning with a consonant or an aspirate **h.** In this case it will agree in gender and number:

> un **tout petit** enfant   ils sont **tout contents**
> BUT:
> une **toute petite** jeune fille   elles sont **toutes contentes**

«Tout» as Noun

le tout   the whole (only occurs in the masculine singular):

> **Le tout** n'est pas toujours égal à la somme de ses parties.

Idioms of «Tout»

tout à fait   completely:

> Selon ce médecin, on ne pourra jamais guérir **tout à fait** le cancer.

tout à coup   all of a sudden:

> J'étais en train de ramasser (*pick up*) des papiers quand, **tout à coup,** j'ai ressenti une douleur au dos.

tout de suite   right away:

> Apportez-moi ces pilules **tout de suite!**

tout à l'heure   in a little while; *also,* a moment ago:

> J'irai **tout à l'heure** à la pharmacie.
> Ce qu'il m'a dit **tout à l'heure** est peu vraisemblable.

à toute allure/à toute vitesse   in all haste, at full speed:

> L'ambulance est arrivée **à toute allure (à toute vitesse).**

de toute façon/en tout cas   in any case:

> Les symptômes ont disparu, mais **de toute façon (en tout cas),** il faut continuer le traitement.

tous/toutes les deux   both:

> Jean et Pierre sont **tous les deux** des patients du Docteur Malle.

tous les deux jours   every other day:

> Il faut prendre ce médicament **tous les deux jours.**

Also: **toutes les deux semaines**
        tous les deux ans, etc.

EXERCICES

A. Complétez les phrases suivantes par **tout, tout le, toute, toute la, tous les** or **toutes les.**

1. En France, _____ villes ont une pharmacie de garde, c'est-à-dire, une pharmacie qui est obligée de rester ouverte _____ nuit.
2. _____ Français est assuré contre la maladie, l'invalidité, et l'accident de travail par la Sécurité sociale.
3. En cas de maladie, la Sécurité sociale ne rembourse pas _____ les frais (*expenses*) médicaux, mais elle en rembourse plus de la moitié.
4. La Sécurité sociale couvre _____ dépenses pour la maternité.
5. L'État assure à _____ hommes de plus de 65 ans et à _____ femmes de plus de 60 ans une pension minimum.
6. _____ famille ayant plus de deux enfants a droit à des allocations familiales.
7. La législation française au sujet de la Sécurité sociale a un caractère nettement familial; elle fait largement bénéficier _____ famille: conjoint (*spouse* in official terminology) et enfants.
8. En cas de maladie, la Sécurité sociale ne peut pas garantir _____ salaire du malade, mais elle lui assure la moitié de son salaire pour une période de trois ans au maximum.

B. Traduisez les phrases suivantes.

1. Everything is possible. 2. Madame, you have an allergy. Get rid of your cat immediately. 3. This illness threatens us all. 4. Both have a cold. 5. Health is all that counts. (*compter*) 6. We know everything that they do. 7. Everyone fears (*redouter*) illness. 8. We are quite tired. 9. He became short of breath because he ran at full speed. 10. I do not know if we can cure this disease, but in any case, we can control the symptoms. 11. Someone knocked on the door a moment ago. 12. He would not have discovered her, if she hadn't coughed all of a sudden.

LECTURE │ Combat contre le cancer

valoir *here*, to earn

Le Pr Léon Schwartzenberg affronte quotidiennement le cancer à l'hôpital Paul-Brousse de Villejuif. Ses travaux lui valent° une notoriété internationale. Dans Changer la mort, *livre qu'il publie avec Pierre Viansson-Ponté, éditorialiste et conseiller de la direction du* Monde,[1] *il s'exprime, avec passion et courage, sur la douleur, le cancer, la mort. Le médecin décrit ce qu'il voit, raconte ce qu'il vit. Le journaliste regarde la médecine, scrute les malades. L'un et l'autre s'en prennent° aux fausses vérités et aux vrais mensonges. Le Pr Schwartzenberg a accepté d'aller plus loin pour* L'Express, *dans un entretien avec Pierre Accoce.*

s'en prendre à
    to attack

1

L'EXPRESS: Vous fumez!

PR LEON SCHWARTZENBERG: Une cigarette, de temps en temps, bien que ce soit interdit dans les services de cancérologie. On ne se déshabitue° jamais complètement. J'en fumais quarante par jour, il y a quinze ans.

se déshabituer to lose a habit

L'EXPRESS: Pourquoi avez-vous arrêté?

L. SCHWARTZENBERG: Je ne pensais pas qu'un cancer ou qu'un accident cardiovasculaire me guettait,° mais je m'essoufflais.

guetter to lie in wait for

L'EXPRESS: Le lien entre cancer et tabac est indiscutable?

L. SCHWARTZENBERG: La cigarette est impliquée dans 98% des cancers bronchiques—à cause de la fumée inhalée. Fumer deux paquets chaque jour pendant vingt ans, ça revient à° multiplier par cinquante le risque éventuel de faire un cancer du poumon.

revenir à to amount to

prétendre to claim

L'EXPRESS: On prétend° que les fumeurs de pipe ou de cigare sont moins menacés . . .

L. SCHWARTZENBERG: Ils n'inhalent pas la fumée: elle est trop forte, trop âcre.° Ils sont donc moins intoxiqués par le goudron.° Ils risquent quand même de faire un cancer de la langue. Mais tous ces dangers ne menacent pas tous les gros fumeurs. Tant que la

âcre pungent
le goudron tar

---

[1] **Le Monde:** un des meilleurs journaux français

miser sur to bet on	science n'expliquera pas pourquoi certains sont frappés et d'autres pas, les drogués du tabac continueront à miser sur° leurs chances d'échapper au cancer.
auparavant before	L'EXPRESS: Fait-il moins peur qu'auparavant?°
	L. SCHWARTZENBERG: Je ne crois pas. C'est une des raisons qui nous a poussés, Pierre Viansson-Ponté et moi, à écrire ce livre sur les
entraîner to cause, entail	souffrances qu'entraîne° le cancer.

J'étais choqué par les campagnes que mènent des services publics et certains médecins à propos du cancer. On répète aux Français: «Vous avez tort de redouter ce mal, c'est une maladie comme une autre. On vous vaccinera. Bientôt, vous en guérirez totalement.» C'est faux.

Ça ne marche pas! Les gens ne se laissent pas tromper. La réalité les frappe lorsqu'un parent ou un ami est touché: deux fois sur trois, il meurt. Ces gens ont raison d'avoir peur. On leur doit donc la vérité. Aujourd'hui, et cela restera vrai longtemps, le cancer est une maladie souvent mortelle.

honteux shameful	L'EXPRESS: Maladie honteuse° aussi?
la nécrologie obituary	L. SCHWARTZENBERG: Du moins en France. Lisez les nécrologies° dans les journaux. On n'y meurt jamais du cancer, toujours d'une «longue et douloureuse maladie», surtout lorsque le disparu avait la Légion d'honneur.[2] Une fois, dans «Le Monde», j'ai lu qu'un
le truand vagrant	homme était mort d'un cancer: c'était Jo Attia, un ancien truand!° Cette mort par cancer est également masquée au Japon, en Union soviétique. Il paraît qu'on la «reconnaît» maintenant en Chine, comme on le fait depuis longtemps aux États-Unis.

L'EXPRESS: Le côté malédiction du cancer disparaîtra-t-il quand on le connaîtra mieux?

qu'il soit solide whether it be solid (**que ... que ...** + *subj.* whether ... or ...)	L. SCHWARTZENBERG: Nous commençons à bien savoir ce que c'est, le cancer ... qu'il soit solide,° sous la forme d'une tumeur plus ou moins bien localisée, ou qu'il navigue, charrié° dans les vaisseaux
charrié transported	de l'organisme: c'est le produit d'un dérèglement cellulaire. Chacun de nous est constitué par environ 75 000 milliards de cellules. À l'exception des cellules nerveuses, qui ne se reproduisent pas, toutes les autres se renouvellent périodiquement. Le cancer naît à
à partir de from	partir de° l'une d'elles, qui diverge de la programmation normale qu'elle devrait suivre. Parce qu'elle ne respecte plus ce code, devenue «indifférenciée», comme nous disons, elle prolifère indé-
abriter to shelter, harbor	pendamment du corps qui l'abrite.° Par leur extension anarchique, toutes ces cellules déviantes attaquent les organes. Elles perturbent les constituants chimiques vitaux de l'organisme.
enrayer to check, arrest	Quand on n'enraie° pas ce développement nocif, il tue l'individu.
le cobaye guinea pig	L'EXPRESS: On n'a jamais utilisé l'homme comme cobaye° pour étudier le cancer?

---

[2] **La Légion d'honneur:** la décoration accordée par l'ordre national du même nom créé par Napoléon en 1802 pour récompenser les services civils et militaires

Le Professeur Léon Schwartzenberg, cancérologue, au cours d'un interview.

le détenu prisoner

leucémique infected with leukemia
la moelle osseuse bone marrow
dégueulasse (*vulg.*) disgusting
la greffe graft

étayer to support, back up

L. SCHWARTZENBERG: Des Américains, vers 1947, dans des prisons civiles, ont injecté des cellules cancéreuses à des détenus° condamnés à mort, «volontaires», disait-on. On a infiltré aussi des cellules leucémiques° dans la moelle osseuse° de cinq ou six de ces hommes. C'est dégueulasse!° On aurait dû mettre ces médecins en prison. Leurs tests ont cependant montré que ces cancers-là n'étaient pas transmissibles. Aucune des greffes° n'a pris.

L'EXPRESS: Le cancer n'est donc pas contagieux?

L. SCHWARTZENBERG: Ah, ce n'est pas clair! Toujours aux États-Unis, on a constaté des faits troublants. Dans certaines écoles, plusieurs enfants ont présenté des leucémies similaires, au même moment. Mais aucun des cas, étudié de près, n'a permis d'étayer° l'hypothèse de la contagion. Chez nous, de jeunes donneurs de sang, qui ne se savaient pas leucémiques, n'ont jamais transmis leur mal aux patients qui ont été transfusés.

COMPRÉHENSION

1. Pourquoi le Professeur Léon Schwartzenberg a-t-il arrêté de fumer?
2. Quel est le lien entre la cigarette, les cancers bronchiques et les cancers du poumon?
3. Pourquoi les fumeurs de pipe et de cigare semblent-ils moins menacés par le cancer?
4. Le Professeur Schwartzenberg croit-il que le cancer est une maladie comme une autre? En quoi le cancer est-il différent?

5. Quelle semble être l'attitude des Français vis-à-vis du cancer?
6. Comment une cellule cancéreuse agit-elle différemment d'une cellule normale?
7. Dans quelles circonstances a-t-on utilisé l'homme comme cobaye pour étudier le cancer? Quelle est l'attitude du Professeur Schwartzenberg à l'égard de ces expériences?
8. Est-on sûr que le cancer n'est pas contagieux? Expliquez.

2

le centre de dépistage précoce early detection center

L'EXPRESS: Combien y a-t-il de centres de dépistage précoce° en France?

L. SCHWARTZENBERG: Aucun! Le recours généralisé à la détection précoce exigerait une stratégie médicale globale. Elle n'a jamais été conçue. Ce dépistage reste donc l'affaire des individus eux-mêmes. Quand ils présentent des troubles trop évidents, ils se décident à consulter un généraliste°—régulièrement débordé.°

le généraliste general practitioner
débordé overloaded, overworked

L'EXPRESS: Que faudrait-il faire en France aujourd'hui?

L. SCHWARTZENBERG: Je propose que l'on remplace la journée annuelle consacrée à quêter pour° le cancer par une journée de détection, avec nos moyens actuels: elle mobiliserait tous les médecins, tous les hôpitaux. On a bien forcé les gens à se faire vacciner! Chaque individu et la collectivité y gagneraient.

quêter pour to collect contributions for

L'EXPRESS: Tous les Français dans les hôpitaux et chez les médecins le même jour! Vous n'êtes pas réaliste . . .

L. SCHWARTZENBERG: Pas tous les Français. Viendraient d'abord ceux que certains signes physiques inquiètent.

L'EXPRESS: Que ferait-on pendant cette journée?

L. SCHWARTZENBERG: Aux hommes, surtout s'ils sont gros fumeurs, une radiographie° des poumons et l'examen éventuel des crachats.° Le diagnostic d'un cancer du poumon pris à son début offre une belle chance de survie. Les toux rebelles, les amaigrissements° importants et rapides, la perte de l'appétit, la plus faible hémorragie, une grosseur° anormale imposeraient ensuite des examens plus poussés.°

la radiographie X-ray
le crachat sputum

un amaigrissement loss of weight
la grosseur lump
poussé extended

L'EXPRESS: Et les femmes?

L. SCHWARTZENBERG: On leur enseignerait comment palper° leurs seins, de dix à quinze jours après le début des règles.° Allongées sur le dos, à plat,° une main sous la nuque, elles sentent ainsi la plus petite anomalie sous la pression des doigts. Elles passeraient également un examen gynécologique. Chez celles qui pratiquent la contraception, le risque du cancer de l'utérus a déjà diminué. Pas à cause de la pilule, mais grâce° aux visites annuelles chez le médecin que son emploi entraîne:° elles mettent en évidence la moindre ulcération. Alors on peut traiter préventivement.

palper to feel
les règles (*f.*) menstrual period
à plat flat

grâce à thanks to
entraîner to entail

L'EXPRESS: Comment soigne-t-on le cancer aujourd'hui?

le bistouri lancet

L. SCHWARTZENBERG: Il y a quatre types de traitement, et quatre seulement. D'abord, pour enlever les cellules depuis l'extérieur, à l'aide du bistouri:° c'est la chirurgie. Ensuite, on les brûle depuis l'extérieur, à l'aide des rayons: c'est la radiothérapie. On peut aussi les tuer à l'intérieur, avec des médicaments: c'est la chimiothérapie. Finalement, on aide l'organisme à s'en débarrasser lui-même: c'est l'immunothérapie. En résumé: couper, brûler, empoisonner, éliminer.

L'EXPRESS: Lorsque vous découvrez un cancer chez un consultant, vous lui dites la vérité?

il convenait de it was appropriate
prôner to extol

L. SCHWARTZENBERG: Pendant des années, j'ai pensé qu'il convenait° de la taire, suivant ainsi le système médical français: il prône° le silence. Je ne me contentais pas d'accepter ce comportement, je le justifiais. «Dire à un être qu'il a un cancer, nous répétaient nos pairs,° c'est lui apprendre qu'il peut en mourir bientôt. S'il s'en tire,° l'angoisse dont il aura été la victime ne s'effacera pas. Il redoutera toujours la rechute.° Et, si son mal s'aggrave, puis donne des métastases,° son désarroi ne pourra que grandir. Le médecin ne doit donc pas trancher° ce dilemme. Il ne doit pas devenir le messager du désespoir.» J'ai suivi ce credo, longtemps. Puis le doute a germé.

le pair peer
se tirer de to get out of
la rechute relapse
la métastase metastasis, change in site of a tumor
trancher to resolve

L'EXPRESS: Semé° par qui?

semer to sow
côtoyer to keep close to

L. SCHWARTZENBERG: Par les infirmières. Elles côtoient° les malades. Elles mesurent toutes leurs souffrances. L'une d'elles, un jour, m'a reproché de mentir au jeune comédien que je traitais pour une leucémie. Je lui racontais qu'il avait une sale angine.° Une autre infirmière m'en a voulu d'abuser° la victime d'un cancer de l'œsophage.° Il se plaignait d'avoir mal, de ne plus pouvoir avaler. Un de mes assistants lui répondait: «Ça va passer.» Cela m'a troublé. Maintenant, je donne cette vérité à la demande: à qui peut la supporter.

une sale angine a nasty tonsillitis
abuser to deceive
l'œsophage esophagus, throat

L'EXPRESS: Quand avez-vous vraiment changé?

L. SCHWARTZENBERG: Il y a cinq ans, pendant un voyage aux États-Unis. On disait alors beaucoup de mal des Américains, parce qu'ils assenaient,° brutalement, répétait-on, cette vérité à leurs patients. On les traitait de sadiques. Je les ai vus au travail, à Bethesda, puis à Houston. J'ai constaté qu'ils n'étaient pas des bourreaux.° Ils passaient beaucoup de temps avec leurs malades. Ils m'ont enseigné comment ils leur apportaient la vérité. Cela me paraît nécessaire aujourd'hui, quand c'est possible, pour faire de la bonne médecine.

assener to hit (a blow)

le bourreau torturer

L'EXPRESS: Que voulez-vous dire par [le titre de votre livre] «changer la mort»?

L. SCHWARTZENBERG: Sa définition a évolué à travers les siècles. Pour les biologistes, la mort reste l'état qui succède à l'arrêt de toutes les fonctions vitales. Pour les théologiens, c'est encore le moment où l'âme quitte le corps. Aux yeux de la loi, c'est l'instant où l'on vous élimine des registres.°

les registres records

Hôpital Antoine
Beclere à
Clamart—bloc
opératoire.

Pour la médecine, ce sont les plumes de l'électro-encéphalo-gramme qui signent la mort d'un homme, lorsqu'elles ne tracent plus que des lignes droites. Le cœur bat encore, le sang circule aussi, mais le cerveau ne vit plus, l'esprit n'est plus. À la famille du disparu, les médecins savent mal expliquer que cette vie qui palpite toujours n'est plus celle du mort, qu'il n'est plus un être, mais une plante. Cette famille voudrait le garder encore. Et, pourtant, c'est l'ultime occasion favorable pour les dons d'organes, dont la chirurgie a besoin pour tenter de sauver d'autres hommes...

Que vient faire, ensuite, le prétendu respect des corps? Si l'on peut vraiment amputer un corps de son cœur, de ses yeux, de ses reins, de son foie, alors, à quoi bon garder le reste, à quoi bon les nécropoles,° la pompe des funérailles? Un petit paquet de cendres° ne suffirait-il pas?

La mort est, tout simplement, inscrite dans notre destin, ni bonne ni mauvaise, ni belle ni laide. Inéluctable.° Faire comprendre cela, c'est déjà changer la mort.

la nécropole elaborate cemetery
la cendre ash

inéluctable inevitable

COMPRÉHENSION

1. En général, de quelle façon le dépistage se déroule-t-il en France?
2. Comment le Professeur Schwartzenberg propose-t-il d'améliorer le dépistage du cancer en France?

3. Que ferait-on aux hommes qui présentent des signes inquiétants pendant cette journée de détection?
4. Quels sont les symptômes qui imposent un examen plus poussé?
5. Que ferait-on aux femmes pendant la journée de détection proposée?
6. Pourquoi le risque du cancer de l'utérus a-t-il diminué pour les femmes qui pratiquent la contraception?
7. Décrivez les quatre méthodes par lesquelles on soigne le cancer aujourd'hui.
8. Autrefois, pourquoi le Professeur Schwartzenberg ne disait-il pas à ses patients qu'ils avaient un cancer?
9. Comment son attitude a-t-elle changé?
10. Quelles sont les diverses définitions de la mort?
11. Quelle est l'attitude du Professeur Schwartzenberg vis-à-vis de la mort?

DISCUSSION

1. Si vous aviez un cancer et qu'il ne vous restait pas longtemps à vivre, voudriez-vous le savoir?
2. Devrait-on maintenir en vie les personnes dont le cerveau est mort mais dont le cœur bat encore?
3. Pensez-vous que l'attitude vis-à-vis du cancer aux États-Unis est vraiment comme le Professeur Schwartzenberg la décrit?
4. Devrait-on continuer à prendre des mesures extraordinaires pour maintenir en vie les personnes qui souffrent horriblement et qui n'ont aucune possibilité de rémission?
5. Fumez-vous? Si oui, pouvez-vous expliquer pourquoi vous le faites? Voudriez-vous abandonner cette habitude?
6. Lisez la capsule sur le «footing». Faites-vous du footing? Que faites-vous pour vous tenir en forme?

COMPOSITION DIRIGÉE

(Avant de faire cette composition, consultez la leçon suivante sur le conditionnel.)

Ce que je ferais s'il ne me restait qu'un an à vivre.

I. Introduction

Décrivez en termes simples quelle sorte de vie vous menez maintenant.

II. Développement

A. Expliquez ce que vous voudriez faire avant de mourir que vous n'avez pas encore eu l'occasion de faire.
B. Expliquez comment vous vous arrangeriez pour faire ce dont vous avez envie.
C. Dites ce que vous ne feriez pas.

III. Conclusion

Analysez la différence entre la vie que vous menez maintenant et ce que vous feriez s'il ne vous restait pas longtemps à vivre. Organisez-vous votre vie actuelle en fonction du présent ou de l'avenir? Devriez-vous peut-être vous comporter autrement même si vous avez une longue vie devant vous?

Mes Conseils pour courir longtemps et sans fatigue

MICHEL JAZY*

C'est la grande mode. On court. Partout. Dans les bois, dans les parcs, dans les rues. C'est ce que les Américains appellent le «jogging» et les Français le «footing». Une fois au moins, vous avez sans doute déjà pensé en voyant courir un adepte[1] amateur dans le Bois de Boulogne:** «Je devrais en faire autant».[2]

Si le manque de temps ou ce que vous croyez être un manque d'aptitude physique vous décourage, les conseils que vous donne aujourd'hui Michel Jazy doivent vous montrer que le footing est à votre portée.[3] Jazy, comme les médecins de l'Institut national des sports, est catégorique: toute personne de santé moyenne peut courir. Il suffit d'adapter sa course—foulées,[4] respiration, distance, parcours[5]—aux capacités de son organisme.

Débutez avec prudence

Vous devrez, dans les premiers jours, vous contenter d'un parcours d'un kilomètre ou un kilomètre et demi au plus. Vous devez être assez raisonnable pour allonger très progressivement la distance de sortie en sortie.

Et surtout, pour éviter les crampes, buvez beaucoup d'eau après votre effort. Vous ne grossirez pas: l'eau contient zéro calorie. Au contraire, vous éliminez les toxines.

Trouvez la position confortable

Michel Jazy sourit lorsqu'on lui demande s'il existe une foulée idéale. Parmi les plus grands champions, certains courent sur la pointe des pieds, d'autres attaquent le sol du talon,[6] d'autres encore courent les pieds à plat. Tout ce que vous devez chercher à faire c'est de trouver une position «confortable». Les bras devraient, dans l'idéal, rester assez ouverts. Mais là encore, rien de très strict.

La respiration, en revanche, est primordiale. Vous devez inspirer[7] et expirer[8] au rythme de vos foulées. Donc, plus la foulée est brève, plus les temps d'inspiration et d'expiration seront brefs. On inspire à la fois par le nez et la bouche et on expire par la bouche. Sachez surtout que vous rejetterez toujours assez d'air. Ce qu'il faut travailler, c'est l'inspiration.

Choisissez bien vos chaussures

La base de votre équipement sera une paire de bonnes chaussures et des chaussettes de laine ou de coton. Le choix des chaussures, très important, est fonction du terrain sur lequel vous courez.

---

[1] **un adepte** fan [2] **en faire autant** to do as much [3] **à votre portée** within your reach, capacity [4] **la foulée** stride [5] **le parcours** run, route [6] **le talon** heel [7] **inspirer** inhale [8] **expirer** exhale

* **Michel Jazy:** athlète qui fut recordman du monde (en 1966) des 2 000 mètres et 3 000 mètres. Il jouit aujourd'hui encore d'un grand prestige dans les milieux d'athlétisme.

** **le Bois de Boulogne:** vaste parc au sud-ouest de Paris

Pour ce qui est de votre tenue de course[9] proprement dite, plus elle sera légère, mieux cela vaudra. En été, un short et un tee-shirt vous suffiront.

Si vous courez en ville, par discrétion, vous pourrez passer un survêtement[10] léger, de préférence en coton (à défaut, optez pour les mélanges coton et synthétiques mais évitez le synthétique intégral qui absorbe mal la sueur). Surtout, choisissez un pantalon de survêtement étroit du bas. Il ne vous gênera pas dans votre course.

Sachez aménager votre emploi du temps

Le lieu et l'heure où courir, ce sont évidemment les conditions clés. En France, le mode de vie n'est pas fait pour faciliter les tentatives sportives. En Amérique, toutes les entreprises ou presque mettent à la disposition de toutes leurs catégories de personnels des douches et des vestiaires.[11] On peut donc laisser une chemise et un costume au bureau, arriver après un footing de dix kilomètres, se changer. Ce n'est pas le cas en France. Si vous avez la chance de pouvoir vous changer sur votre lieu de travail, l'idéal sera pour vous d'aller courir à l'heure du sacro-saint déjeuner, la circulation[12] est moindre. Vous pourrez gagner[13] sans trop de difficulté le jardin public, le bois ou l'espace vert le plus proche de votre bureau. Et n'ayez crainte si l'on se retourne encore sur votre passage quand vous courez dans la rue: d'ici à quelques mois, au rythme auquel se recrutent les adeptes du footing, vous n'étonnerez plus personne.

Cela dit, courir entre midi et deux heures est une sorte de privilège et cela impose de votre part une discipline: prendre un très solide petit déjeuner le matin et remplacer le repas de midi par un casse-croûte[14] au retour du footing.

La course matinale avant le travail pose, elle aussi, de gros problèmes. Partir de chez soi, aller courir, revenir se doucher, tout cela n'est permis qu'à ceux qui ont des horaires relativement élastiques. Cependant, si vous courez le matin, prenez une boisson sucrée avant votre footing, et déjeuner solidement après. Reste la course après le travail. Dans ce cas, vous aurez intérêt à choisir un terrain d'exercice proche de votre domicile. Ceci pour ne pas risquer de vous refroidir au cours d'un trop long trajet[15] après la course.

Prenez un petit déjeuner solide

Quant à la diététique, le seul conseil que l'on puisse donner est de remplacer la tasse de café du matin par un solide déjeuner. Il faut absolument déjeuner solidement, «à l'anglaise» (œufs, jambon, confitures,[16] fromage ou corn-flakes) et, au contraire, alléger le repas de midi. Quant aux cigarettes et à l'alcool, inutile de chercher à les supprimer avant de commencer à courir. C'est au contraire après quelques séances de footing que vous découvrirez que votre organisme «purifié» reprend goût à l'eau claire et que vos nerfs dénoués[17] ne vous poussent plus à allumer une cigarette à l'autre.

---

[9] **la tenue de course** running outfit   [10] **le survêtement** track suit   [11] **le vestiaire** locker room
[12] **la circulation** traffic   [13] **gagner** to reach   [14] **le casse-croûte** snack   [15] **le trajet** trip
[16] **la confiture** jam, jelly   [17] **dénoué** untied, relaxed

Verbes **15**

The Conditional (*Le Conditionnel*)

FORMATION

The conditional mood, expressed by the auxiliary "would" in English, is translated in French by a single verb with a stem and an ending:

je parlerais   I would speak
tu irais   you would go
il se coucherait   he would go to bed

The Conditional Stem

The stem of the conditional is the same as that of the future tense.

For the sake of review, give the future stem of the following common regular and irregular verbs, then check your answers against the forms given in Chapter 4.

parler	envoyer	recevoir
finir	être	savoir
rendre	faire	tenir
aller	falloir	venir
avoir	mourir	voir
courir	pouvoir	vouloir

The Conditional Endings

The endings of the conditional are the same as those of the imperfect tense. They are consistent for all verbs, as shown in the table below:

The Conditional		
Stem	*Endings*	
	endings of imperfect tense	
stem of future tense	(je) _____**ais** (nous) _____**ions**	
	(tu) _____**ais** (vous) _____**iez**	
	(il, elle) _____**ait** (ils, elles) _____**aient**	

USE OF THE CONDITIONAL

1. Just as in English, the conditional mood expresses an action that has not occurred and whose realization depends upon certain conditions. In this sense, the conditional often occurs in sentences of the "if . . . then . . ." type:

   Si vous ne fumiez pas, vous vivriez plus longtemps.   *If you didn't*
     (imperfect)   (conditional)

   smoke, you would live longer.

Note that the **si** (*if*) clause is in the imperfect, when the result is conditional. Sometimes the conditions are not explicit:

Je ne ferais pas cela.   *I wouldn't do that.*
Elle pense qu'il viendrait.   *She thinks he would come.*

2. The conditional tense expresses an action that is future in relation to another action in the past:

Il a dit (*past action*) **qu'il viendrait** (*future in relation to* **il a dit**).   *He said that he would come.*

3. The conditional is used to soften a question, a request, or a wish:

Pourriez-vous me dire où se trouve le cabinet du Docteur Caligari?   *Could you tell me where Dr. Caligari's office is?*
Je voudrais voir le directeur, s'il vous plaît.   *I should like to see the director, please.*
J'aimerais vivre cent ans.   *I should like to live a hundred years.*

4. The conditional is often used, especially in journalistic style, to express something that is hypothetical, or about which there is no absolute certainty:

Selon les chercheurs, une partie du cerveau contrôlerait le sommeil.   *According to researchers, a part of the brain* (probably) *controls sleep.*

REMARQUER:

When *would* in English is equivalent to *used to*, it is the imperfect tense that is called for in French.

After the experiments, the researchers would (used to) compare results.
Après les expériences, les chercheurs comparaient les résultats.
(imperfect)

EXERCICES

A.   Donnez la forme du conditionnel qui correspond aux verbes suivants.

1. je parle
2. tu vieillis
3. il se rend compte
4. nous ouvrons
5. vous connaissez
6. on va
7. je me lève
8. ils font
9. elle meurt
10. nous pouvons
11. elles reçoivent
12. tout le monde sait
13. il vaut mieux
14. on vient
15. tu vois
16. elle veut
17. je dors
18. nous rêvons
19. nous nous réveillons
20. j'ai

B. Complétez les phrases suivantes d'une façon imaginative.

1. Si j'étais riche . . .
2. Si vous aviez le temps . . .
3. Si mon meilleur ami était malade . . .
4. Si nous étions invisibles . . .
5. Si je pouvais vivre à n'importe quelle autre époque de l'histoire . . .
6. Si je pouvais voler comme un oiseau . . .
7. Si je n'avais qu'un mois à vivre . . .
8. Si notre professeur était très gentil . . .

C. Transformez les phrases suivantes du discours direct au discours indirect en les introduisant par **il a dit que** . . .

MODÈLE: «J'irai consulter un psychologue.»
            Il a dit qu'il irait consulter un psychologue.

1. «Le patient guérira tout à fait de sa maladie.»
2. «Ils feront une expérience révélatrice.»
3. «J'enverrai mes clients au laboratoire.»
4. «Les savants apprendront le secret de la vie.»
5. «Elles découvriront bientôt la solution.»
6. «Je ne courrai pas le risque de subir cet examen.»
7. «Elle se souciera de la santé de l'enfant.»
8. «Il se débarrassera de ce vieux médicament.»

D. Transformez les phrases suivantes en atténuant la force du v. l'emploi du conditonnel.

1. Je veux un remède pour les maux de tête.
2. Pouvez-vous m'aider?
3. Avez-vous les petites pilules blanches dont tout le monde parle?
4. Savez-vous si l'action de ce médicament est rapide?
5. Je désire voir les résultats.

E. Transformez les phrases suivantes selon le modèle.

MODÈLE: Le président est malade.
Selon les journalistes, le président serait malade.

1. Cette actrice aime un aristocrate français.
2. L'argent qu'on a découvert caché dans un arbre appartient à quelque millionnaire excentrique.
3. Le premier ministre de cette nation arabe a quinze femmes et cinquante-deux enfants!
4. Les chercheurs sont sur le point de découvrir un remède pour le cancer.
5. Un homme politique important contrôle une grande compagnie pétrolière.

The Past Conditional (*Le Conditonnel passé*)

FORMATION

The *conditionnel passé* is a compound tense. It consists of:

conditional tense of **avoir** or **être**	+	past participle of the verb

j'aurais parlé *I would have spoken.*
il serait allé *he would have gone*
elle se serait couchée *she would have gone to bed*

USE

The use of the *conditionnel passé* closely parallels that of the present conditional:

1. In *"If . . . then . . ."* sentences, when the "**si**" clause is in the pluperfect, the result clause will use the past conditional:

S'il avait fait bien attention, il n'aurait pas perdu son chat.
 pluperfect   past conditional

If he had paid close attention, he would not have lost his cat.

The condition is not always stated:

Elle t'aurait aidé. *She would have helped you.*

Here is the diagram for the most common tense sequences in sentences with a "**si**" (if) clause:

Condition (**si**)	Result
(a) Present	Present / Future / Imperative
(b) Imperfect	Present Conditional
(c) Pluperfect	Past Conditional

(a) **Si** la science **triomphe,** la vie **est** meilleure.
    Si la science **triomphe,** la vie **sera** meilleure.
    Si la science **triomphe, réjouissons-nous!**   (se réjouir *to rejoice*)
(b) **Si** la science **triomphait,** la vie **serait** meilleure.
(c) **Si** la science **avait triomphé,** la vie **aurait été** meilleure.

2. The past conditional expresses an action that would have been realized, relative to another action in the past:

    Il a dit qu'il serait venu.   *He said that he would have come.*
    past action

3. The past conditional is often used to soften a question or wish:

    Auriez-vous vu un petit chat jaune?   *Would you have seen a little yellow cat?*
    J'aurais voulu partir.   *I would have liked to leave.*

4. The past conditional may express an action in the past about which there is an element of doubt:

    Selon les anthropologues, les peuples primitifs auraient cru au pouvoir prophétique des rêves. *According to anthropologists, primitive peoples* (probably) *believed in the prophetic power of dreams.*

REMARQUER:
The conditional tenses of **devoir** are translated by *ought* or *should*.

    Je **devrais** consulter un médecin.   *I **should (ought to)** see a doctor.*
    J'**aurais dû** consulter un médecin.   *I **should have (ought to have)** seen a doctor.*

EXERCICES

A. Donnez la forme du conditionnel passé qui correspond aux verbes suivants.

1. j'ai découvert
2. ils ont mis
3. elles se sont trompées
4. vous avez appris
5. nous nous sommes endormis
6. tu es venu
7. elle a détruit
8. il est descendu
9. on a revu
10. ils sont devenus
11. vous avez dû
12. je suis parti

L'HUMOUR DE CHAVAL

1

— Pardon, Monsieur, vous
n'auriez pas vu un petit chat
gris avec un collier jaune ?

2

— Excusez-moi, Monsieur, mais
n'auriez-vous pas vu un petit
chat gris avec un collier jaune ?

3

— S'il vous plaît, Monsieur l'Agent,
auriez-vous vu un petit chat gris
avec un collier jaune ?

4

— Dis-moi, mon mignon,
as-tu vu un petit chat gris
avec un collier jaune ?

5

— Dites, mon ami,
auriez-vous vu un petit chat gris
avec un collier jaune ?

6

— Par hasard,* vous
n'auriez pas vu un petit chat
gris avec un collier jaune ?

7

... un petit chat gris...

8

— ! ! ! ! !

---

* **par hasard**   by chance

9

— Ce monsieur voudrait savoir si
nous n'avons pas vu un petit chat
gris avec un collier de couleur

10

— Non, c'est pour savoir si
des fois vous n'auriez pas vu
un petit chat gris avec
un collier jaune ?

11

— Vous n'auriez pas vu passer un
petit chat gris avec un collier jaune ?

12

— Votre Majesté aurait-elle daigné
s'apercevoir de la présence
d'un petit chat gris
avec un collier jaune ?

13

— Vous pas avoir vu
petit little cat
with un yellow collar, non ?

14

— J'espère, mon brave, que
vous n'avez pas rencontré un petit
chat gris avec un collier jaune ?

15

— Puis-je vous demander ce que
vous transportez dans ce
panier, Monsieur ?

16

... un petit chat jaune
avec un collier gris

B. Refaites les phrases suivantes selon le modèle.

    MODÈLE: Je demanderais des renseignements à tous les passants.
            Si j'avais perdu mon chat, j'aurais demandé des renseigne-
            ments à tous les passants.

1. _____ Je ferais paraître des annonces dans le journal.
2. _____ Je consulterais la Société Protectrice des Animaux.
3. _____ Je n'interrogerais pas le roi.
4. _____ Je m'adresserais aux enfants.
5. _____ Personne ne le verrait.
6. _____ Je le trouverais dans le panier d'un type louche.
7. _____ Je serais triste.
8. _____ Je m'en achèterais un autre.

C. Complétez les phrases suivantes d'une façon imaginative en employant le conditionnel passé.

1. Si je m'étais couché de bonne heure . . .
2. Selon les bruits qui courent, Marguerite . . .   (les bruits, *the rumors*)
3. Si mon père avait été riche . . .
4. Selon ma grand-mère, nos ancêtres . . .
5. L'autre soir, mon ami m'a dit qu'il . . .
6. Si Marianne avait suivi un régime . . .
7. Si nous avions fait attention en classe . . .
8. Si je n'avais pas lu cet article . . .

The Future Perfect (*Le Futur antérieur.*)

FORMATION

The *futur antérieur* is a compound tense. It consists of:

the future tense of **avoir** or **être**	+	the past participle

J'aurai parlé. *I shall have spoken.*
Tu seras venu. *You will have come.*
Elle se sera lavée. *She will have washed.*

USE

1. The *futur antérieur* is used much like the English future perfect, to express the completion of a future action in relation to a future time:

    Avant l'an 2000, les savants auront découvert un traitement pour le cancer.
    future time   action to have been completed

    Before the year 2000, scientists will have discovered a treatment for cancer.

2. If the future perfect is implied after **quand, lorsque, aussitôt que, dès que,** and **après que,** it must be used, although the present perfect is used in English:

Vous pouvez partir **quand vous aurez fini** l'examen.
futur antérieur

*You can leave **when you have finished** the exam.*
present perfect

3. The *futur antérieur* may express the probability of an action that occurred in the past:

Il n'a pas téléphoné. Il aura perdu le numéro.   *He hasn't phoned. He must have lost the number.*

EXERCICES

A. Mettez les verbes suivants au futur antérieur.

1. il diminuera
2. je réfléchirai
3. nous entendrons
4. elle conduira
5. vous tomberez
6. ils se marieront
7. tout le monde verra
8. ils naîtront
9. je mourrai
10. vous serez
11. on aura
12. nous affaiblirons

B. Refaites les phrases suivantes en les introduisant par **En l'an 2000.** Mettez le verbe au futur antérieur et traduisez la phrase.

MODÈLE: Il y aura une révolution sociale.
En l'an 2000, il y aura eu une révolution sociale.

1. La durée de vie moyenne augmentera
2. La décadence de l'âge avancé disparaîtra.
3. On réduira le taux de maladies fatales.
4. La science vaincra le cancer.
5. Les chercheurs pénétreront les mystères de la vie.
6. Le monde s'améliorera.   (s'améliorer *to improve*)
7. Plusieurs nouvelles générations naîtront.
8. Certains d'entre nous mourront.

C. Traduisez en français les phrases suivantes.

1. He will phone as soon as he has arrived.
2. When they have done the experiments, the scientists will write reports.
3. When we have seen it, we shall believe it.
4. As soon as you have finished, you may leave.

D. Refaites les phrases suivantes en employant le futur antérieur.

1. Le petit chat s'est probablement égaré.   (s'égarer *to stray*)
2. Paul s'est acheté une Citroën de luxe. Il a probablement hérité de quelque oncle riche.
3. Le professeur est absent aujourd'hui. Il est probablement allé à une réunion.

Vivre 130 ans

16

The process of aging and death, long considered
inexorable, may soon fall under the scepter of
modern science. In our century alone, life
expectancy has been nearly doubled. But scientists
point to a brighter future still: we are, they say,
genetically programmed to live much longer even
than the seventy-five years we now consider our due.
Eventually, centenarians will be commonplace;
perhaps it will even be possible to maintain youthful
vigor until the most advanced stages of life when,
suddenly and only briefly, senescence will set in.
This determination to cheat death may well be the
most ambitious of all human undertakings.

VOCABULAIRE

Lexique de mots-clés

LES NOMS

la chute	fall, decline
la durée	duration, length (of time)
une horloge	clock
le processus	process
le retraité	retired person
prendre la retraite	to retire
être à la retraite	to have retired
la vieillesse	old age
le vieillard, la vieille	old person
le vieillissement	aging

LES VERBES

avoir lieu	to take place
constater	to affirm, establish by observation
dépasser	to exceed
écraser	to crush, run over
prolonger	to prolong
retarder	to delay

ADJECTIFS

alimentaire	having to do with food

EXERCICES

A. Donnez le nom, tiré du Lexique de mots-clés, qui correspond aux définitions suivantes.

1. âge avancé
2. développement, mécanisme
3. espace de temps qui s'écoule, période, longueur
4. personne d'âge avancé
5. l'action de tomber
6. appareil destiné à indiquer l'heure
7. personne qui s'est retirée de la vie active ou d'un emploi
8. l'évolution d'un organisme vivant vers la mort

B. Complétez les phrases suivantes par la forme correcte d'un verbe tiré du Lexique de mots-clés.

1. Si Marcel n'avait pas été alcoolique, il _____ sa vie.
2. Les automobilistes semblent _____ les vieillards plutôt que les jeunes.
3. Avant l'année 2020, l'espérance moyenne de vie (*average life expectancy*) _____ cent trente ans.

4. Si vous vous mainteniez en bonne forme physique vous _____ le vieillissement.

5. Ces gérontologues (*gerontologists, specialists in aging*) ont des réunions chaque semaine. Elles _____ le mardi à 4 heures dans le salon de l'asile de vieillards.

6. Après de longues recherches, les savants (*scientists*) _____ que l'hérédité est un facteur important de la longévité.

Lexique de mots secondaires

d'après	according to
un accroissement	increase
d'autant plus	all the more
le comportement	behavior
la décennie	decade
le manœuvre	unskilled worker
le paysan, la paysanne	peasant
le pêcheur	fisherman
la tranche	slice

Étude de mots

A. Faux-Amis

prétendre   to claim   (*to pretend:*   faire semblant)

Certains gérontologues **prétendent** faire attendre Dieu.
Quand on revoit un vieil ami après une longue séparation, on **fait semblant** de ne pas remarquer les signes de vieillissement dans son physique.

user   to wear out   (*to use:*   employer, se servir de)
l'usure   wear   (*use:*   l'emploi, l'usage)

Il faut **employer** un outil spécial pour faire cette tâche.
L'organisme humain ne **s'use** pas de la même façon qu'une machine.

B. Le préfixe **auto-**

autodestruction   self destruction
autoconservation   self preservation

C. Les verbes en **-ir** dérivés d'adjectifs

vieux, vieille old		**vieillir** to grow old	
pauvre poor		**appauvrir** to impoverish	
moindre least		**amoindrir** to lessen	
faible weak		**affaiblir** to enfeeble, weaken	

Des joueurs de pétanque, passe-temps préféré des vieux Français.

EXERCICE   Donnez la signification des adjectifs suivants et des verbes qui en sont dérivés
                  et employez le verbe dans une phrase.

1. blanc, blanche	blanchir	7. riche	enrichir
2. noir	noircir	8. sale	salir
3. rouge	rougir	9. pâle	pâlir
4. jaune	jaunir	10. brun	brunir
5. grand	grandir	11. dur	durcir
6. jeune	rajeunir	12. raid	raidir

STRUCTURE

The Demonstrative Pronouns: celui, ceux, celle, celles

FORMS

	Masculine	Feminine
Singular	**celui** (this, that) one	**celle** (this, that) one
Plural	**ceux** (these, those)	**celles** (these, those)

USE

The demonstrative pronouns **celui, celle, ceux,** and **celles** take the place of a noun already mentioned. They are never used alone, but are always followed by one of the following:

1. **-ci** or **-là** (*this one, that one, these, those,* or *the latter, the former*):

> Les savants ne sont pas tous d'accord. **Ceux-ci** croient que la vieillesse est inévitable. **Ceux-là** croient qu'elle peut être abolie.
> Voici mes deux frères, Paul et Georges. **Celui-ci** (*the latter*) a vingt ans, **celui-là** (*the former*) en a quinze.

2. **de** + *noun* (comparable to English possessive *-'s*):

> Préférez-vous cette horloge moderne ou **celle de mon grand-père** (*my grandfather's*)?

3. a relative clause introduced by **qui, que, dont,** or **où** (*those, the one, the ones*)

> **Ceux qui** (*those who*) naîtront dans quinze ans vivront centenaires.
> Les gens qui sont actifs vivent plus longtemps que **ceux qui** ne le sont pas.
> Admirez-vous les chercheurs? Connaissez-vous **ceux dont** (*those of whom*) on parle dans cet article?
> Dans quel pays découvrira-t-on le secret? Probablement dans **celui où** (*the one where*) l'on affectera le plus d'argent pour les recherches.

REMARQUER:
Learn the useful **tous ceux qui (que), toutes celles qui (que),** *all those who* (*whom*):

> **Tous ceux qui lisent cet article apprendront des choses intéressantes.**

The Demonstrative Pronouns: ceci, cela (ça) and ce

Ceci, cela

Celui, celle, etc., take the place of a specific noun. **Ceci** (*this*) and **cela (ça)** (*that*) replace an indefinite expression that cannot be identified by gender or number. **Cela** (**ça** in informal style) is used when the expression or idea has already been mentioned:

> En l'an 2000 l'âge moyen sera de cent vingt ans; **cela** semble miraculeux.

Ceci is used to introduce an idea:

> **Ceci** va vous étonner; cet homme a cent vingt ans!

Ce

Ce is used before the verb **être**:

1. to replace an indefinite expression:

> Nous allons tous mourir, **c'est** certain.

2. before a noun modified by an article:

    C'est un chirurgien célèbre.   (BUT: **Il est chirurgien. Il est célèbre**)

3. before a proper name:

    C'est Jacques.

4. before pronouns:

    C'est moi.

REMARQUER:
1. **C'est** may be translated as *this, that, he, she, it is.*
   Ce sont may be translated as *those, they are.*
2. **C'est** becomes **ce sont** before a plural except before **nous** and **vous**:

    C'est nous. C'est vous.   BUT: **Ce sont eux.**

3. **C'est** vs. **il, (elle) est**:

C'est + *pronoun:*	**Il (elle) est** + *adj.:*
C'est lui.	**Il est bon.**
C'est + *modified noun:*	**Il (elle) est** + *noun designating religion, nationality, profession:*
C'est un bon médecin.	**Il est** catholique (médecin, français).

EXERCICES

  A. Répondez aux questions suivantes en employant les pronoms démonstratifs dans vos réponses. Suivez le modèle.

    MODÈLE: Quelle activité préférez-vous?
          Je préfère celle-ci (or **celle-là**).

          Quelle activité est la meilleure?
          Celle-ci (or **celle-là**) est la meilleure.

    1. Quel chercheur respectez-vous?
    2. Quelle méthode admirez-vous?
    3. Quel retraité est le plus âgé?
    4. Quels processus avez-vous essayés?
    5. Quelle race est la plus forte?
    6. Quels résultats sont significatifs?
    7. Quelle expérience est révélatrice?
    8. De quel médecin vous méfiez-vous?
    9. Quels médicaments sont dangereux?
    10. Quelles substances étudie-t-on?

  B. Substituez un pronom démonstratif aux noms en italique.

    1. Les hommes ont toujours été fascinés par le rêve. Aujourd'hui *le rêve* résiste encore aux chercheurs. 2. L'insomnie vraie, *l'insomnie* qui a son origine dans le dérèglement des mécanismes de sommeil, est rarissime.

3. Les hommes se divisent en «chouettes» et en «alouettes». *Les alouettes* préfèrent le jour, *les chouettes* aiment la nuit. 4. *Les individus* qui n'écoutent pas leur horloge interne risquent l'insomnie. 5. On a fait une expérience avec deux groupes de souris blanches. *Les souris* qui avaient une petite ration alimentaire ont vécu plus longtemps que *les souris* qui mangeaient davantage. 6. On ne possède aucune substance capable d'agir sur la période de l'enfance ni sur *la période* de l'adolescence. 7. La maladie de ma grand-mère est plus grave que *la maladie* de mon grand-père. 8. Les mécanismes du corps humain sont bien plus compliqués que *les mécanismes* d'une machine. 9. Le paysan qui a les cheveux gris est moins âgé que *le paysan* qui est chauve. 10. La théorie du Docteur Apfelbaum est plus importante que *la théorie* dont nous avons déjà parlé.

C. Complétez la narration suivante par **ceci, cela, ce, il** ou **elle.**

—Qui est ce vieux monsieur?
—_____ est le philosophe célèbre, Henri Savant. _____ est hongrois. Autrefois _____ était épicier (un épicier *grocer*). _____ est étonnant, n'est-ce pas? Maintenant _____ est un des hommes les plus distingués de la ville. _____ va vous amuser: savez-vous comment il est devenu philosophe? Il est tombé amoureux d'une cliente. _____ était une femme riche. Et _____ était aussi intelligente que riche. M. Savant a voulu être digne d'elle, _____ l'a obsédé. Il passait donc tout son temps à lire et à réfléchir. _____ me paraît invraisemblable, mais on dit qu'au bout de cinq ans il s'est transformé en philosophe. _____ est une histoire extraordinaire, n'est-ce pas?

Special Uses of the Definite Article (*L'Emploi de l'article défini*)

A. The definite article is used before titles:

le docteur Lefebvre   **le général de Gaulle**

However, when addressing someone with a title, if the name is mentioned, omit the article:

Bonjour, docteur Lefebvre.   **Merci, professeur Leblanc.**

B. The definite article is used before proper nouns modified by an adjective:

le pauvre Jacques   **le grand Meaulnes**

C. The definite article is used with names of languages, except after the verb **parler** and the preposition **en:**

Le français est une belle langue. J'aime **le français.**

BUT:

Votre père **parle-t-il français?**
Voici une lettre écrite **en français.**

D. The definite article is used before names of countries:

Quand j'irai en Europe, je visiterai **la France, la Belgique** et **le Portugal.**

À tout âge on a
bien des choses à
se raconter.

E. The definite article is used in preference to the possessive adjective with
parts of the body:

Il a les mains sales.   *His hands are dirty.*

When the possessor is the same as the subject, the verb may take a pronominal form:

Elle s'est cassé la jambe.   *She broke her leg.*

If the possessor is different from the subject, the possessor is indicated by
the appropriate indirect object pronoun:

Le médecin m'a tâté la jambe.   *The doctor felt my leg.*
Sa mère lui a lavé les mains.   *His mother washed his hands.*

F.   When **le** is used with days of the week, it means *every*:

Je vais chez mon analyste le vendredi.   *I go to my analyst's every Friday
(on Fridays).*

G.   When the definite article is used with expressions of time of day, it means
in:

Le matin il se sent faible.   *In the morning he feels weak.*
J'ai regardé la télé le soir.   *I looked at T.V. in the evening.*

REMARQUER:
The article is often omitted in enumerations:

**Professeurs, étudiants, hommes, femmes, enfants et adultes, tous peu-
vent être des victimes de la dépression.**
Il a tout perdu: amour, amitié, argent.

Omission of the Indefinite Article (*L'Omission de l'article indéfini*)

A.   The indefinite article is usually omitted before nouns in apposition:

la dépression, maladie dangereuse   *depression, a dangerous illness*
la gérontologie, science nouvelle   *gerontology, a new science*

B.   The article is omitted before predicate nouns designating profession, na-
tionality, and religion, if they are not modified:

Mon père **est ingénieur.**
Jacques **est français.**
Rachel **est juive.**

BUT:

Mon père **est un bon ingénieur.**
Jacques **est un Français typique.**
Rachel **est une juive orthodoxe.**

C.   The article is omitted with certain prepositional expressions:

sans chapeau   *without a hat*
comme professeur   *as a teacher*

EXERCICES   A.   Traduisez en français. Faites attention à l'emploi de l'article défini.

1. I met Doctor Pasteur this morning.
2. I said to him, "Hello, doctor Pasteur, how are you?"
3. He was with his son, little Jacques.
4. His eyes are blue and his hair is blond.

5. Jacques answered, "I broke my leg last week."
6. On Thursdays he used to play with the other children in the park.
7. Now, he reads books in the afternoon because he can't play anymore.
8. Poor little Jacques!
9. I am studying French, but I don't know how to speak French.
10. France is an interesting country.

B. Traduisez en français les phrases suivantes.

1. Doctor Monet, a Freudian psychologist, is well known.
2. The researchers (*chercheurs*) the psychiatrists, and the psychologists all agree.
3. He succeeded without any effort.
4. This gentleman is a researcher.
5. He is a distinguished researcher.

LECTURE | Vivre 130 Ans

le hasard random occurrence, chance

En l'an 2000 ... Mais il est probable que la longévité moyenne sera de quatre-vingt-cinq ans en 1980, de cent en 1990.

«Ce n'est pas hasard,° dit le professeur Paul Berthaux, gérontologue, si les automobilistes écrasent de préférence les vieillards ...» Motivation inconsciente: la présence du vieillard est ressentie comme une menace de mort et de castration. À la fin du siècle dernier, le physiologiste Charles Brown-Sequard s'injectait, à soixante-douze ans, un mélange d'extraits de testicules de chiens et de cochons. Le docteur Voronoff dotait° ses vieux clients d'un jeu° complet de testicules de chimpanzés. Ni l'un ni l'autre n'ont retardé le décret° du temps. Mais la biologie moléculaire, elle, en finira° peut-être bientôt avec la vieillesse.

doter to endow
le jeu set

le décret decree, order
en finir avec to do away with

l'usure wear

La nature exacte de ce phénomène du vieillissement n'a pas encore été élucidée. Penser simplement que l'organisme humain cède à l'usure° comme un mouvement d'horloge ou un vieux tricot, c'est comparer une matière vivante à des choses mortes. À l'inverse d'une machine, les organes musculaires et cérébraux vieillissent d'autant plus vite qu'on les utilise peu. Les fonctions intellectuelles des ouvriers parisiens déclinent rapidement, alors qu'ils conservent longtemps leurs aptitudes physiques. Si les facultés intellectuelles des enseignants sont mieux préservées, leur résistance physique est terriblement amoindrie.° Nous ne vieillissons pas tous au même rythme et il existe un test («Adult Growth Examination») qui permet de déterminer l'âge véritable d'un individu par rapport à sa date de naissance. À trente ans, l'organisme peut présenter le quotient de

amoindrir to lessen, reduce

Source: Michel Vianey, *Le Nouvel Observateur*

le **grison** greybeard, elderly person

le **capital génétique** genetic endowment

le **niveau** level

vieillesse d'un grison° de cinquante, et inversement. La durée de vie varie d'un individu à l'autre selon son capital génétique° et son niveau° social. Dans les professions libérales, on vit dix à douze ans de plus (soixante-douze à soixante-quatorze ans) que chez les manœuvres (cinquante-neuf à soixante-deux ans). Mais tout cela n'explique pas pourquoi nous vieillissons. Cent cinquante théories sur le vieillissement ont été avancées . . .

Les progrès de la science sur la maladie, la chute de la mortalité infantile et une meilleure hygiène ont ralenti le vieillissement et prolongé la durée moyenne de la vie de quarante-cinq à soixante-quinze ans depuis le début du siècle. (Incidemment, on a constaté que l'usage de la pilule anticonceptionnelle retardait la ménopause et semblait avoir des effets de jeunesse prolongée sur les femmes). Mais, puisqu'il est admis que le patrimoine° génétique de l'espèce humaine est programmé pour durer de quatre-vingts à cent ans, pourquoi sommes-nous encore lésés d'une si belle tranche de vie?°

le **patrimoine** heritage

pourquoi . . . de vie? why are we done out of such a fine slice of life?

Autodestruction

Pour commencer, on sait que notre comportement alimentaire agit de façon très active sur le processus du vieillissement. Selon un diététicien, le Dr Marian Apfelbaum, ceux qui naîtront dans quinze ans vivront centenaires,° en partie grâce aux mesures de dépistage° nutritionnel et à une diététique préventive de bon sens. Les biologistes se sont déjà aperçus qu'on pouvait prolonger la vie des souris dans une proportion de cinquante pour cent en réduisant d'un tiers leur ration alimentaire. Ils ont obtenu les mêmes résultats en utilisant des substances chimiques (antioxydants) dont l'expérimentation sur l'homme aura bientôt eu lieu.

vivront centenaires will live to be a hundred

le **dépistage** detection

L'activité dans laquelle la faim maintient les rongeurs° est également un facteur de longévité. Le manque d'exercice, qui appauvrit notre système circulatoire (voir la verdeur° des vieux cyclistes, des yogis, des avaleurs de sabres°), un régime° alimentaire trop riche en calories, le tabac, la pollution atmosphérique et une existence sans plaisirs constituent autant de facteurs de vieillissement et de mort prématurée.

le **rongeur** rodent

la **verdeur** vigor

un **avaleur de sabres** sword swallower

le **régime** diet

En revanche, s'il est vrai qu'un Parisien du 16ᵉ arrondissement[1] vieillit moins vite et meurt plus âgé qu'un pêcheur ou un paysan breton, cela prouve que le grand air ne compense pas une mauvaise hygiène, ni un niveau de vie médiocre. Reste le cancer et les maladies cardiovasculaires. On nous dit que leur prévention ou leur guérison totale augmenterait de cinq ans seulement l'espérance de vie moyenne.

---

[1] **16ᵉ arrondissement:** quartier de caractère bourgeois situé dans l'ouest de Paris.

Révolution sociologique

Un forum international, qui groupait toutes les disciplines scientifiques, a eu lieu récemment à Zurich. Selon ses conclusions, les thérapeutiques préventives du vieillissement provoqueront dans les décennies à venir une révolution sociologique sans précédent: il y aura de très nombreux «jeunes» retraités.

En France, la gérontologie expérimentale semble encore considérée comme une science semi-occulte. L'introduction qualitative du concept de la mort dans celui de la vie est devenue si familière qu'on se méfie de ceux qui prétendent faire attendre Dieu. Aux États-Unis, gérontologues et biologistes ont décidé le gouvernement à adopter le projet de création d'un Institut national de Gérontologie. Détail important: les recherches aux États-Unis, comme ailleurs, ne portent pas sur° l'accroissement de la dernière tranche de vie, mais sur celle de la maturité.

porter sur to bear upon

Si l'on ne possède aucune substance capable d'agir sur la période de l'enfance, de l'adolescence ni sur celle du début de l'âge adulte, il semblerait possible, en revanche, de bloquer le processus du vieillissement qui s'engage vers cinquante ans et de prolonger la vie en conservant intactes toutes les facultés physiques et mentales du sujet jusqu'à un âge très avancé, où le déclin de la sénescence n'interviendrait—comme chez l'animal—que dans les toutes dernières années de l'existence.

D'après une étude de la Rand Corporation, l'espérance moyenne de vie dépassera cent trente ans avant l'année 2020, mais quelques biologistes optimistes pensent que cet objectif pourrait être atteint avant l'an 2000. La grande stabilité du rythme du vieillissement incite à penser qu'il existe peut-être une ou plusieurs «horloges biologiques» accessibles et qu'on pourrait freiner° le rythme des modifications de dégénérescence en agissant sur ces mécanismes avec des antioxydants et des stabilisateurs chimiques. Avant quinze ans, on pense donc qu'un agent capable de réduire le rythme du vieillissement de façon démontrable sera mis au point.°

freiner to slow down, brake

mettre au point to perfect

Limites imprévisibles

En 1990, on connaîtrait un moyen expérimentalement efficace de prolonger la vie active de vingt pour cent environ. Les substances employées seront simples et peu coûteuses. Les résultats des recherches pourront être appliquées dans le monde entier, comme ce fut le cas pour les antibiotiques. La prolongation de la vie sera probablement acquise un peu avant la victoire immunologique ou chimique sur le cancer, prévue pour les premières années 1990.

En 1980, il semble probable que la longévité moyenne sera portée à quatre-vingt-cinq ans, grâce à une thérapeutique antioxydante, à cent ans en 1990, grâce à des drogues immuno-régulatrices, à cent

Tours et tombeaux:
la vie et la mort se
côtoient.

se poursuivre   to proceed, go on
une importance   here, size
affecté   appropriated

trente ans en 2000, si les progrès de la biologie moléculaire et de la génétique se poursuivent° au même rythme et, aussi, selon l'importance° des sommes affectées° à la recherche.

Les premières substances chimiques, dont les essais cliniques auront lieu bientôt devraient retarder le vieillissement et prolonger la vie de cinq à dix ans et, à partir du moment où le processus sera engagé, les limites de l'accroissement possible seront imprévisibles.

Mais nous, dites, et nous? «Nous, répond un biologiste, le docteur Jean-Pierre Fatigue, on gagnera du temps et personne ne peut dire combien d'années . . .»

COMPRÉHENSION

1. Selon le gérontologue Paul Berthaux, quelle serait la raison pour laquelle les automobilistes écraseraient de préférence les vieillards? Que pensez-vous de cette théorie?
2. En quoi le processus du vieillissement chez les hommes est-il différent de l'usure des machines?
3. Quelles différences de rythme de vieillissement les individus présentent-ils? Quels semblent être les facteurs importants dans ces différences?
4. Quelle était la durée moyenne de vie au début du siècle? Quelle est-elle à présent? Quels facteurs ont contribué à l'augmentation de la durée moyenne de vie depuis 1900?
5. Combien de temps les savants estiment-ils que l'homme est génétiquement programmé pour vivre?

Autodestruction

6. Décrivez les expériences du Docteur Marian Apfelbaum. Que prouvent-elles?
7. Quelles sont les facteurs importants dans le vieillissement et la mort prématurée?
8. Est-ce que la conquête du cancer et des maladies cardiovasculaires augmentera considérablement l'espérance de vie moyenne?

Révolution sociologique

9. Quel sera l'effet sociologique des thérapeutiques préventives du vieillissement?
10. La gérontologie est-elle une branche importante de la médecine en France? Quelle est la position de la gérontologie aux États-Unis?
11. Sur quelle période de la vie les substances que nous possédons sont-elles capables d'agir? Comment l'emploi de ces substances modifierait-il le processus habituel du vieillissement?
12. Quelles sont les prédictions de la Rand Corporation?

Limites imprévisibles

13. Quelles innovations prévoit-on pour 1990? Pour 1980?
14. Et nous, que pouvons-nous espérer?

DISCUSSION

1. La méthode du docteur Voronoff pour prolonger la jeunesse peut paraître ridicule à certains. Connaissez-vous d'autres exemples, historiques ou contemporains, des efforts des hommes pour vaincre la vieillesse?
2. Quelle est, dans notre société, l'attitude vis-à-vis des vieillards? Connaissez-vous d'autres cultures où les attitudes sont différentes?
3. Voudriez-vous vivre 130 ans? À quelle condition? (Je voudrais vivre 130 ans si je . . .) Si l'on voulait vivre aussi longtemps que possible, que ferait-on? (Si l'on voulait vivre aussi longtemps que possible, on ne fumerait pas, on . . . etc.)
4. À votre avis, quel est l'âge idéal pour prendre sa retraite? Devrait-on être obligé de prendre sa retraite à un certain âge?
5. Qu'aimeriez-vous faire quand vous aurez pris votre retraite?

COMPOSITION DIRIGÉE

«Le Culte de la jeunesse»

On a beaucoup parlé du culte de la jeunesse si caractéristique de notre société. Comment ce culte se manifeste-t-il? Est-il un signe de la vigueur de notre culture, ou est-ce une attitude plutôt malsaine (*unwholesome*)? Vous discuterez ces questions en suivant le plan ci-dessous:

I. Présentation

    A.   Formulation du problème
    B.   La place des vieillards dans notre société
    C.   La place des jeunes

II. Développement

    A.   Manifestations du culte de la jeunesse:
        1. Les héros de notre culture:
            a. les sports
            b. la musique
            c. le cinéma
            d. la télévision
            e. la politique
        2. La publicité (*advertising*):
            a. la représentation de la jeunesse dans les réclames (*ads*)
            b. la stratégie des publicitaires
    B.   Les méthodes que l'on pratique pour prolonger la jeunesse ou en créer l'illusion:
        1. Le maquillage (*make-up*)
        2. La chirurgie plastique
        3. Les remèdes contre la calvitie (*baldness*)
        4. La gymnastique
    C.   Raisons ou explications possibles du phénomène du culte de la jeunesse

III. Conclusion

    A.   Analyse des valeurs qui semblent compter dans notre société.
    B.   Ces valeurs sont-elles vraiment importantes?
    C.   Jugement: le culte de la jeunesse est-il admirable ou malsain?

L'usure de nos organes

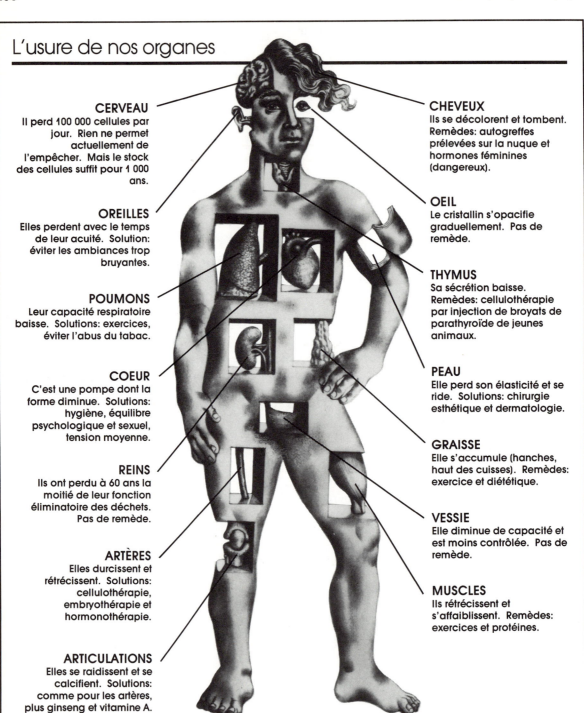

CERVEAU
Il perd 100 000 cellules par jour. Rien ne permet actuellement de l'empêcher. Mais le stock des cellules suffit pour 1 000 ans.

OREILLES
Elles perdent avec le temps de leur acuité. Solution: éviter les ambiances trop bruyantes.

POUMONS
Leur capacité respiratoire baisse. Solutions: exercices, éviter l'abus du tabac.

COEUR
C'est une pompe dont la forme diminue. Solutions: hygiène, équilibre psychologique et sexuel, tension moyenne.

REINS
Ils ont perdu à 60 ans la moitié de leur fonction éliminatoire des déchets. Pas de remède.

ARTÈRES
Elles durcissent et rétrécissent. Solutions: cellulothérapie, embryothérapie et hormonothérapie.

ARTICULATIONS
Elles se raidissent et se calcifient. Solutions: comme pour les artères, plus ginseng et vitamine A.

CHEVEUX
Ils se décolorent et tombent. Remèdes: autogreffes prélevées sur la nuque et hormones féminines (dangereux).

OEIL
Le cristallin s'opacifie graduellement. Pas de remède.

THYMUS
Sa sécrétion baisse. Remèdes: cellulothérapie par injection de broyats de parathyroïde de jeunes animaux.

PEAU
Elle perd son élasticité et se ride. Solutions: chirurgie esthétique et dermatologie.

GRAISSE
Elle s'accumule (hanches, haut des cuisses). Remèdes: exercice et diététique.

VESSIE
Elle diminue de capacité et est moins contrôlée. Pas de remède.

MUSCLES
Ils rétrécissent et s'affaiblissent. Remèdes: exercices et protéines.

suffire to suffice	**une acuité** sharpness	**bruyant** noisy	**les déchets** (*m.*) wastes	**durcir** to harden
rétrécir to shrink	**se raidir** to stiffen	**une autogreffe** transplant	**prélevé** cut off	
se rider to wrinkle	**la graisse** fat	**la hanche** hip	**la cuisse** thigh	**la vessie** bladder

La Femme

Our world is rapidly changing, and not only from the standpoint of technology. Customs and traditions, dating back perhaps to the origins of human society, are today being called into question. The feminist revolution is stirring Western Culture: women are forsaking the subordinate role to which society has long relegated them; they are demanding recognition as individuals.

The texts that follow examine several aspects of the question of woman's role: "Le Dilemme de la femme d'aujourd'hui" examines the plight of the working woman; "Jusqu'où vont-elles aller, les femmes?" looks at the general attitudes of women in France; an extract from *Le Deuxième Sexe* focuses on the factors affecting a woman's conception of her role in society; finally, "Le Fusil" is a short story about one woman's private rebellion.

Le Dilemme de la femme d'aujourd'hui

17

One of the most deeply ingrained traditions of Western society is that the woman's place is in the home and that it is the man's responsibility to earn the family income. Yet, in France, there are more than eight million women, or 38% of the working population, who violate this unwritten law and leave their homes to take a job. Almost universally, they are met with the same discrimination: fewer opportunities, lower wages, and less respect than men of the same competence. The following essay by Pierrette Sartin discusses some of the social and economic factors that have altered the role of today's woman and the reluctance of society to help her adapt to this new role by easing her triple burden: motherhood, housekeeping, and paid employment.

VOCABULAIRE

Lexique de mots-clés

LES NOMS

le congé	leave
un équilibre	balance
la grossesse	pregnancy
le foyer	home, hearth
la tâche	task

LES VERBES

se consacrer à	to be devoted to
se débrouiller	to manage (difficulties), get along
insister sur	to emphasize
s'occuper de	to take care of
pousser à	to induce to

DIVERS

enceinte	pregnant
quant à	as for

EXERCICE · Complétez les phrases suivantes par la forme correcte d'un mot, tiré du Lexique de mots-clés, qui correspond à la définition indiquée.

1. travail déterminé qu'on doit exécuter, besogne

   Le grand problème auquel doit faire face la femme qui travaille est de concilier sa responsabilité professionnelle avec les ＿＿＿ ménagères et la maternité.

2. inciter, décider

   Plus encore que la nécessité économique, c'est l'isolement de la femme moderne dans son foyer qui la ＿＿＿ à trouver un emploi.

3. accentuer, souligner

   On ne peut trop ＿＿＿ sur les changements sociologiques dans le monde d'aujourd'hui.

4. état d'une femme enceinte, période pendant laquelle une femme porte un enfant

   Les progrès de la médecine ont permis aux femmes d'aborder sans trop de troubles les mois de leur ＿＿＿.

5. s'attacher, se dévouer

   Il y a des gens traditionalistes qui croient que les femmes devraient ＿＿＿ entièrement à leur mari et à leurs enfants.

Des avocates au
Palais de Justice.

6. autorisation de partir

   En France, toute femme qui travaille a droit à un _____ de maternité.

7. domicile, maison

   Beaucoup d'hommes pensent que la place de la femme est au _____.

8. se tirer facilement d'une difficulté

   Les enfants dont la mère travaille apprennent à _____ plus tôt que les autres.

9. qui attend un enfant

   Certains hommes prétendent que les femmes sont les plus belles quand elles sont _____; certaines femmes pensent que c'est un mythe créé par les hommes pour les garder assujetties.

10. égalité de force entre deux ou plusieurs choses qui s'opposent

    L'affection et la disponibilité (*availability*) de la mère est indiscutablement un des facteurs importants d'adaptation et d'_____ de l'enfant.

11. prendre soin, surveiller

    Pendant que leurs parents sont absents, nous devons _____ des enfants.

12. pour ce qui est de

    _____ la scolarité des enfants dont la mère travaille, des enquêtes ont montré qu'ils ne sont pas en retard sur les autres.

Lexique de mots secondaires

la crèche	child-care center
une entreprise	company, firm
empêcher de	to keep from
faire pression	to bring pressure to bear
le fardeau	burden
faute de	for lack of
gêner	to disturb, bother, hinder
jouir de	to enjoy
ménager, -ère	having to do with the household
renoncer à	to give up, renounce
songer à	to think, dream about
se soucier de	to be concerned with

Étude de mots

A. Le préfixe «**sous**»

Étudiez les expressions suivantes:

sous-rémunéré	underpaid
sous-développé	underdeveloped
la sous-alimentation	undernourishment
le sous-entendu	innuendo
le sous-marin	submarine
le sous-officier	noncommissioned officer
le sous-sol	basement
le sous-titre	subtitle (as in a movie)
le sous-vêtement	undergarment

B. **Aussi** + *inversion*

Quand le mot **aussi** vient au début d'une phrase ou d'une proposition, il signifie *thus,* et il est est suivi de l'inversion du sujet et du verbe:

Les jeunes filles ne savent pas si l'homme qu'elles épouseront acceptera qu'elles exercent un métier. **Aussi** (*Thus*) **sont-elles** peu enclines à acquérir une formation professionnelle sérieuse.

REMARQUER:
Pour traduire *also* au début d'une phrase ou d'une proposition, employez **de plus, en outre** ou **qui plus est:**

Héloïse est devenue enceinte, **en outre (de plus, qui plus est),** elle a perdu sa place. *Héloïse became pregnant; **also,** she lost her position.*

C. **Peut-être que . . .** or **Peut-être** + *inversion*

When **peut-être** occurs as the first element in a sentence or a clause, it must be followed by **que** or by the inversion of subject and verb:

Peut-être que la situation changera.
Peut-être la situation **changera-t-elle.**

D.   Les Adverbes de quantité

1. Presque tous les adverbes de quantité sont suivis de la préposition **de** + un nom sans article:

assez de temps	*enough* time
autant de difficultés	*as many* difficulties
autant de temps	*as much* time
beaucoup de femmes	*many (a lot of)* women
combien de tâches	*how many* tasks
combien de temps	*how much* time
davantage de problèmes	*more* problems
moins d'enfants	*fewer* children
moins de temps	*less* time
peu de ménages	*few* households
peu de temps	*little (not much)* time (implies "unfortunately")
un peu de temps	*a bit of* time
plus de solitude	*more* loneliness
tant de responsabilités	*so many* responsibilities
tant de temps	*so much* time
trop de tâches	*too many* tasks
trop de temps	*too much* time

REMARQUER:
L'article défini s'emploie avec ces expressions de quantité seulement si le nom est déterminé:

Il y a **beaucoup de femmes** qui travaillent.   (indéterminé)
many women

Beaucoup des femmes qui travaillent ont des enfants.   (déterminé)
many of the women

2. Il y a trois expressions de quantité qui, par exception, s'emploient avec **de** plus l'article: **bien de, la plupart de, encore de:**

bien des Françaises	*many* Frenchwomen
bien du travail	*much* work
bien de la chance	*much* luck
la plupart des jeunes[1]	*most* young people
encore du café	*some more* coffee
encore des ennuis	*some more* troubles
encore de l'eau	*some more* water

---

[1] Pour traduire *"most of the"* avec un nom au *singulier,* employez **la plus grande partie de** + *article:* la plus grande partie de la jeunesse, de la leçon, du travail, etc. *Exception:* la plupart du temps.

3. Notez l'emploi de **plusieurs** (*several*) et de **quelques** (*a few, some*):

> Il y a **plusieurs** raisons pour lesquelles les femmes travaillent. (indéterminé)
> *There are **several** reasons for which women work.*

> **Plusieurs de** ces raisons sont économiques.   (déterminé)
> *Several of these reasons are economic.*

> J'ai **quelques** problèmes.   *I have **some** (**a few**) problems.*

> COMPAREZ:

> J'ai **peu de** problèmes.
> *I have **few** (**not very many**) problems.*

> **Quelques-uns de** mes problèmes sont sérieux.
> ***Some of** my problems are serious.*

STRUCTURE

The Feminine Form of Nouns (*La Forme féminine du nom*)

A. Most nouns form their feminine counterpart by adding an **e**:

| cousin | cousine | marié[1] | mariée[2] | étudiant | étudiant**e** |
| fiancé | fiancé**e** | ami | ami**e** | avocat | avocat**e** |

B. Some nouns alter the final consonant:

| loup[3] | lou**ve** | veuf[5] | veu**ve** |
| juif[4] | jui**ve** | épou**x** | épou**se** |

C. Nouns that end in **-er** become **-ère**:

fermier	fermi**ère**	ouvrier	ouvri**ère**
étranger	étrang**ère**	romancier[6]	romanci**ère**
infirmier	infirmi**ère**	boulanger[7]	boulang**ère**

chat teaubriant

---

[1] **marié**: groom   [2] **mariée**: bride   [3] **loup**: wolf   [4] **juif**: Jewish   [5] **veuf**: widower   [6] **romancier**: novelist   [7] **boulanger**: baker

D. Some nouns double their final consonant:

chat	chat**te**	criminel	criminel**le**
paysan	paysan**ne**	musicien	musicien**ne**

E. Most nouns ending in **-eur** become **-euse**:

voleur[8]	vol**euse**	serveur	serv**euse**	voyageur	voyag**euse**
vendeur[9]	vend**euse**	coiffeur	coiff**euse**	chanteur	chant**euse**

F. Nouns ending in **-teur** become **-trice**:

acteur	ac**trice**	lecteur	lec**trice**
admirateur	admira**trice**	observateur	observa**trice**
directeur	direc**trice**	instituteur[10]	institu**trice**

G. Some nouns ending in mute **e** become **-esse**:

comte	comt**esse**	maître	maît**resse**	prince	princ**esse**
hôte	hôt**esse**	poète	poét**esse**	traître[11]	traît**resse**

H. Some nouns remain the same; only the article changes:

un / une athlète	un / une journaliste
un / une dentiste	un / une propriétaire[12]
un / une élève	un / une psychologue
un / une enfant	un / une secrétaire

I. Some nouns are of a fixed masculine gender but may be made feminine by inserting the word **femme** before the noun:

un écrivain	**une femme écrivain**
un professeur	**une femme professeur**
un médecin	**une femme médecin**
un philosophe	**une femme philosophe**

J. Some nouns alter their root:

compagnon	**compagne**	neveu	**nièce**	**serviteur**	**servante**
dieu	**déesse**	roi	**reine**	**copain**	**copine**
héros	**héroïne**				

K. Some nouns have different feminine counterparts:

le fils	**la fille**	l'homme	**la femme**	le mâle	**la femelle**
le père	**la mère**	le mari	**la femme**		(of animals)
l'oncle	**la tante**	le garçon	**la fille**	le coq	**la poule**
le frère	**la sœur**	le monsieur	**la dame**	le taureau	**la vache**

---

[8] **voleur:** thief   [9] **vendeur:** salesman   [10] **instituteur:** elementary school teacher   [11] **traître:** traitor   [12] **propriétaire:** owner

Une femme, pilote professionnel, commandant de bord sur un Mystère 20.

EXERCICES

A. Mettez les mots en italique au genre contraire; faites les changements nécessaires et traduisez.

1. *Un sorcier* est *un homme* qui pratique la magie.
2. *Un avocat* est *un homme* qui assiste ou représente *ses clients* en justice.
3. *Un veuf* est *un homme* dont *la femme* est morte.
4. *Un chat* est un petit animal domestique à poil doux et aux yeux brillants.

5. *Un coiffeur* est une personne[1] qui fait le métier d'arranger les cheveux.
6. *Un serveur* est *un employé* de restaurant spécialement chargé du service de la table.
7. *Un traître* est une personne qui trahit, qui est déloyale.
8. *Votre neveu* est *le fils* de *votre frère*.
9. *Un professeur* est *un homme* qui enseigne.
10. *Un comte* est *un aristocrate*.
11. *Un enfant* est une jeune personne.
12. *Votre cousin* est *le fils* de *votre oncle*.
13. *Un infirmier* est une personne qui, par profession, soigne les malades sous la direction des médecins.
14. *Un directeur* dirige une entreprise.
15. *Un berger* est *un garçon* qui garde les moutons.[2]
16. *Un boulanger* est *un homme* qui fait et vend du pain.
17. *Un écrivain* est *un homme* qui écrit.
18. *Un spectateur* est une personne qui regarde ce qui se passe.
19. *Le roi* fut la victime[1] de la colère des *paysans*.
20. *Un marié* est *un monsieur* qui vient de se marier; «le mari» désigne une personne qui est mariée depuis quelque temps.

B. Donnez l'équivalent féminin des expressions suivantes.

1. un marié nerveux
2. les ouvriers pauvres
3. le pauvre veuf
4. mon meilleur ami
5. un taureau espagnol
6. son petit copain
7. leur chat gris
8. ce prince allemand
9. un observateur impartial
10. les voyageurs indiens
11. son nouveau mari
12. cet étranger mystérieux

Comparisons of Adjectives (*La Comparaison des adjectifs*)

The Comparative Degree

A. With a noun:

If an adjective normally precedes or follows the noun, its usual position will be respected in the comparative degree. All adjectives, of course, agree in gender and number with the noun they modify.

Positive	*Comparative*
une grande tâche adj. noun	une **aussi** (*as*) grande tâche une **plus** (*more*) grande tâche une **moins** (*less*) grande tâche
une tâche difficile noun adj.	une tâche **aussi** difficile une tâche **plus** difficile une tâche **moins** difficile

---

[1] **Une personne** and **une victime** are invariable. These nouns are always feminine no matter what the antecedent. Un **personnage** (*character*) is always masculine.
[2] **le mouton:** sheep

B. With a second term of comparison:

$$\text{La maternité est} \begin{cases} \textbf{aussi} \\ \textbf{plus} \\ \textbf{moins} \end{cases} \text{difficile } \textbf{que} \text{ la responsabilité professionnelle.}$$

C. Irregular forms:

1. The comparative of **bon** is **meilleur:**

    Connaissez-vous une **meilleure** solution?

2. The comparative of **mauvais** is **plus mauvais** or **pire** (These two forms are often interchangeable):

    La condition de la femme professionnelle est **mauvaise,** mais celle de l'ouvrière est **plus mauvaise (pire).**

3. The comparative of **petit** is **plus petit** (concrete) and **moindre** (abstract).

    Solange est **plus petite** (*smaller*) que Chantal.
    Mes problèmes sont **moindres** (*fewer*) que ceux des autres.

D. Emphasis:

The comparisons may be reinforced by an adverb such as **beaucoup** or **bien:**

    Cette femme est **bien/beaucoup** plus intelligente que Jean.

E. Pleonastic **ne:**

If the second part of the comparison is an expression of opinion, **ne** is used before the verb. The **ne** is not translated:

    Cette femme est plus intelligente qu'il **ne** le pense.   *This woman is more intelligent than he thinks.*

The Superlative Degree

A. With a noun:

Comparative	*Superlative*
une **plus** grande tâche	**la plus grande** tâche
une **moins** grande tâche	**la moins grande** tâche

If the adjective normally follows the noun, the definite article will be repeated:

une tâche **plus** difficile	**la** tâche **la plus** difficile
une tâche **moins** difficile	**la** tâche **la moins** difficile

B. With the group to which the superlative belongs, use **de** to mean *of* or *in:*

    Être mère de famille, dit-on, est le plus beau **des** métiers.   *To be a mother, they say, is the finest **of** professions.*

    Jacqueline est l'étudiante la plus intelligente **de** la classe.
    *Jacqueline is the most intelligent student **in** the class.*

Summary: The Comparison of Adjectives

Comparison of Adjectives		
Positive	*Comparative*	*Superlative*
REGULAR		
adjective	**moins** **aussi** **plus** } + adjective + **que**	**le** **la** **les** } + { **plus** **moins** } + adjective + **de**
IRREGULAR		
bon	**meilleur**	**le meilleur**
mauvais	{ **plus mauvais** **pire**	{ **le plus mauvais** **le pire**
petit	{ **plus petit** (*concrete*) **moindre** (*abstract*)	{ **le plus petit** **le moindre**

EXERCICES

A. Faites une comparaison en vous servant des termes suivants. (Attention à l'accord de l'adjectif.)

MODÈLE: difficile: le rôle de la femme dans notre société, celui de l'homme

Le rôle de la femme dans notre société est plus (moins, aussi) difficile que celui de l'homme.

1. intelligent: les hommes, les femmes
2. nombreux: les femmes qui travaillaient au début du siècle, celles qui travaillent aujourd'hui
3. élevé: le salaire des hommes, celui des femmes
4. intéressant: une carrière, le ménage
5. petit: les chances de promotion des femmes, celles des hommes
6. pénible: les travaux de ferme, le travail d'usine
7. injuste: les patrons, les maris
8. important: la vie familiale, la vie professionnelle
9. indépendant: les enfants dont la mère travaille, ceux dont la mère reste à la maison
10. mauvais: la santé des hommes, celle des femmes
11. isolé dans son foyer: la femme d'aujourd'hui, la femme d'autrefois
12. fréquent: l'absentéisme féminin, celui des hommes

B. Faites une phrase superlative selon le modèle.

MODÈLE: L'asservissement des femmes est une grande injustice. (l'histoire)

L'asservissement des femmes est la plus grande injustice de l'histoire.

1. Anne prétend que Simone de Beauvoir est une femme écrivain célèbre. (l'Europe)

2. Mon travail est pénible.   (l'entreprise)
3. Pour moi, sept heures du matin est un mauvais moment.   (la journée)
4. Josette est une étudiante consciencieuse.   (la classe)
5. Pierre prétend que le Baron de Rothschild est un homme riche.   (la France)
6. Ma mère est une bonne cuisinière.   (la famille)
7. Madame Gilles est une femme occupée.   (le bureau)
8. Certains affirment que le Château Lafite est un bon vin.   (le monde)
9. Pour certaines femmes, la période de la maternité est difficile.   (la vie)
10. La crèche municipale de notre quartier est mauvaise.   (la ville)

LECTURE

cumuler   to combine (a plurality of functions)

incomber à   to be the responsibility of

Le Dilemme de la femme d'aujourd'hui: Cumuler° Travail, Tâches Ménagères et Maternité

Ces mères qui—malgré des enfants en bas âge—sont de plus en plus nombreuses à travailler rencontrent un lourd handicap: comment concilier la journée de travail avec la tenue d'une maison, les soins et l'éducation des enfants, qui, dans notre société, incombent° aux seules femmes? Ne faudrait-il pas remettre en question la sacro-sainte division du travail entre hommes et femmes et faire en sorte que les hommes, moins «dévorés» par leur profession, jouissent de plus de temps à consacrer à leur famille?

1

Une évolution des modes de vie pousse les femmes à travailler

Depuis une vingtaine d'années, la situation des femmes, dans leur rôle d'épouse et de mère, a considérablement évolué. Dans la plupart des pays industrialisés, les femmes d'aujourd'hui ont moins d'enfants que celles des générations précédentes et elles les ont plus tôt. Dans les décennies précédentes, les femmes étaient souvent enceintes jusqu'à 40 ans et voyaient leurs tâches éducatives se prolonger jusqu'à la cinquantaine.

planifier   to plan by stages

autonome   autonomous, independent

Les générations actuelles planifient° les naissances. L'âge moyen de la femme à la naissance de son dernier enfant est de 31 ans en France et de 26 ans aux États-Unis. Quand le dernier enfant devient autonome,° la femme n'a donc guère plus de 35 ans. Ainsi les années consacrées à la maternité n'occupent-elles plus que le septième de la vie totale d'une femme.

Source: Pierrette Sartin, *Vivre au féminin* (Cahiers français No. 171).

Une tâche ménagère: faire le marché.

supprimer to do away with
important sizeable

le collatéral relative (*legal terminology*)
le grand ensemble apartment complex
exigu tiny
accru increased
nouer des liens to make ties

étroit close
meubler to furnish, fill in

on ne saurait = on ne pourrait pas

Par ailleurs, les soins du ménage ne suffisent plus à l'occuper. L'équipement ménager plus développé, les logements plus confortables et d'un entretien plus facile, l'extension de la journée continue qui supprime° le repas de midi au foyer, lui laissent pour la première fois de son histoire un temps libre important.°

Mais elle est aussi, dans son foyer, plus isolée qu'autrefois. Les jeunes quittent plus tôt le foyer, le mari est absent 12 ou 13 heures par jour, parfois des journées ou des semaines entières; les grands-parents et collatéraux° n'ont plus de place dans les grands ensembles° et dans les logements exigus.° Les femmes connaissent ainsi une solitude accrue° dans des cités anonymes où il est plus difficile que dans les petites agglomérations de nouer des liens° avec ses voisins.

D'où le désir de changer de mode de vie, et de trouver un emploi qui leur apporte non seulement un complément de ressources souvent nécessaire, mais aussi un milieu social, une relation plus étroite° avec le monde extérieur, une occupation qui meuble° les heures de solitude et d'ennui dans un foyer qui se réduit désormais au seul couple. Il s'agit là d'un changement sociologique fondamental sur lequel on ne saurait° assez insister.

Mais concilier vie familiale et
vie professionnelle est difficile

En dépit de In spite of
sévir to be severe, to be widespread

En dépit de° cette évolution, l'antagonisme entre vie professionnelle et vie familiale continue à sévir,° notamment pour les femmes âgées de moins de 35 ans qui doivent—pour des raisons diverses mais dans 70% de cas environ pour des raisons économiques—cumuler les maternités, les soins aux jeunes enfants et l'exercice d'un métier ou d'un emploi. Aujourd'hui, 54% des travailleuses sont mariées et mères de famille. En 1970, 50,7% d'entre elles avaient un enfant; 26,6% en avaient deux; 11,6% en avaient trois ou plus.

prétendu alleged

aborder to approach, confront

mettre en avant to advance, put forward

Or Now
valable valid

Grossesse et absentéisme: deux prétendus° handicaps pour l'emploi des femmes. Dans la majorité des cas les progrès de la médecine ont permis aux femmes d'aborder° sans trop de troubles les mois de leur grossesse. Mais celle-ci n'en constitue pas moins pour elles un sérieux handicap devant l'emploi. La crainte de la maternité est un des obstacles le plus fréquemment invoqué au recrutement des femmes, et l'absentéisme féminin est mis en avant° par les employeurs pour justifier leur sous-rémunération et l'inégalité des salaires.

Or° si l'on étudie les rares statistiques valables° que l'on possède, on s'aperçoit que les congés de maternité proprement dits n'entrent que pour une faible part dans l'absentéisme féminin. Ils sont, selon H. Desoille, de l'ordre de 9 pour mille chez les ouvrières et de 12 pour mille chez les employées.[1] La maternité n'entraîne pour la femme qu'une absence de 14 semaines, et rares sont les travailleuses qui ont une famille nombreuse. Les congés de maternité ne représentent donc guère plus de 6 à 8 mois dans une vie professionnelle qui s'étend° sur 25 à 30 ans. C'est beaucoup moins que le service militaire; moins que les congés de maladie de beaucoup d'hommes, victimes d'infarctus,° de dépression nerveuse ou des conséquences de l'alcoolisme, pour lesquels les employeurs ne songent pas à les pénaliser! La reconnaissance de la maternité comme fonction sociale s'impose non seulement dans les déclarations de principe mais dans les faits: elle ne devrait plus constituer un obstacle au recrutement des femmes.

s'étendre sur to extend over

l'infarctus heart attack

sensiblement appreciably, noticeably
subalterne subordinate

Le double fardeau de la femme qui travaille. Si l'absentéisme féminin reste sensiblement° plus élevé que celui des hommes, tout au moins dans les emplois subalternes° d'ouvrières et d'employées, c'est en grande partie en raison du manque de crèches et d'équipements sociaux qui oblige l'un des parents à quitter le travail dès

---

[1] En France, tous ceux qui travaillent sont classés en catégories professionnelles. Parmi les salariés, il y a les ouvriers qui travaillent de leurs mains, les employés qui travaillent dans un bureau ou dans un magasin, les cadres moyens et supérieurs qui dirigent les ouvriers ou les employés et les fonctionnaires qui sont les cadres et les employés de l'État.

la démarche step to be taken

la modicité slenderness

jusqu'ici until now
mettre en œuvre to put into operation
alléger to lighten

soit … soit … either … or …

qu'un incident se produit dans la vie familiale (maladie, démarches,° etc.). C'est aussi en raison de la faiblesse des salaires féminins. Actuellement, les deux tiers des smicards[2] sont des femmes. La modicité° de leur salaire ne permet donc pas aux mères de se faire aider et elles doivent cumuler le double fardeau de la vie professionnelle et de la vie domestique.

Jusqu'ici° aucun ensemble cohérent de mesures n'a été mis en œuvre° pour alléger° le travail domestique et la fatigue des mères et permettre à celles qui travaillent de cumuler dans de meilleures conditions la fonction maternelle et la fonction professionnelle. Faute de solution efficace, l'antagonisme entre vie familiale et vie professionnelle subsiste et contraint les femmes: soit° à renoncer à la maternité; soit à quitter le travail pendant 8 à 10 ans pour satisfaire à leurs obligations maternelles, ce qui perturbe leur vie professionnelle, diminue leurs chances de promotion et gêne les employeurs; soit à sacrifier leur santé et leur équilibre en cumulant des rôles que notre organisation rend trop souvent incompatibles.

COMPRÉHENSION

1. Comment la situation des femmes a-t-elle évolué depuis une vingtaine d'années?
2. Quels sont les effets de ces changements sur la période de la maternité dans la vie d'une femme?
3. Pour quelles autres raisons la femme d'aujourd'hui a-t-elle plus de temps libre?
4. Pourquoi la femme d'aujourd'hui est-elle plus isolée dans son foyer que la femme d'autrefois?
5. Quels sont les attraits d'un emploi hors de la maison pour une femme moderne?
6. Pour quel groupe de femmes est-il particulièrement difficile de concilier la vie familiale et la vie professionnelle? Pourquoi?
7. Quelles sont les deux raisons mises en avant par les employeurs pour justifier un fréquent manque d'enthousiasme dans le recrutement des femmes et leur sous-rémunération?
8. Ces raisons sont-elles valables? Expliquez votre réponse.
9. Mentionnez quelques-unes des raisons à l'origine de l'absentéisme des hommes. Cet absentéisme des hommes est-il pénalisé par les employeurs?
10. Pendant quelle période de leur vie le taux (*rate*) d'absentéisme des femmes est-il le plus élevé?
11. Citez deux facteurs qui obligent les femmes à quitter le travail dès qu'un incident se produit dans la vie familiale.
12. Quel choix les femmes sont-elles contraintes de faire, faute d'une solution efficace à l'antagonisme entre vie familiale et vie professionnelle?

---

[2] **le smicard:** quelqu'un qui travaille pour le SMIG, salaire minimum interprofessionnel garanti, salaire minimum obligatoirement payé à tout travailleur.

2
À la source de ces difficultés:
des blocages socio-culturels

en cours   taking place

La prédominance du rôle maternel. Malgré les évolutions en cours,° notre société reste fortement marquée par la prédominance masculine qui a joué pendant des siècles la mère contre la femme. En glorifiant et en idéalisant la première, elle a trouvé le meilleur moyen d'asservir° la seconde. En s'efforçant° de convaincre la mère que sur elle seule reposaient l'équilibre et l'avenir des enfants, que sa présence était indispensable 24 heures sur 24—ce qui est loin d'être prouvé—notre société ne s'est souciée ni de ce qu'elle exigerait de la femme ni de la situation dramatique dans laquelle celle-ci se trouverait le jour où ses enfants deviendraient adultes, dans une organisation sociale qui ne laisse plus de place aux grands-parents. En effet, la femme, qui voyait autrefois peu de changements intervenir dans ses occupations et qui passait du rôle de mère à celui de grand-mère, suivant une ligne continue et sans heurt,° se voit brusquement reléguée, le troisième âge venu, dans la solitude et dans l'inutilité, sauf dans les cas assez rares où la proximité de logement lui permet de jouer le rôle de gardienne.

asservir   to reduce to servitude
s'efforcer de   to strive to

le heurt   bump, shock

Mais il faut signaler que les jeunes générations de femmes refusent de plus en plus de se laisser enfermer uniquement dans leur rôle maternel. Elles revendiquent non seulement le droit d'être des mères, et de l'être dans les meilleures conditions, mais encore celui d'être des femmes à part entière, participant par leur activité à la vie économique et politique du pays et exerçant des rôles jusque-là uniquement dévolus° aux hommes. Elles continuent à vouloir des enfants mais elles pensent qu'elles ne doivent plus—comme c'est trop souvent le cas aujourd'hui—être seules à en assumer la charge° et l'éducation tandis que le père s'occupe exclusivement de la réussite matérielle de la famille. Elles vont jusqu'à demander que l'on accorde aux hommes des congés de paternité pour qu'ils puissent à leur tour s'occuper du nouveau-né et prendre ainsi une conscience plus aiguë° de leur rôle. Qu'elles travaillent ou non,° les femmes, surtout dans les milieux urbains ou aisés,° sont en effet de plus en plus souvent seules devant l'enfant. Les impératifs de la vie professionnelle, l'inorganisation des transports et l'éloignement° du domicile au lieu de travail font que l'homme est de plus en plus absent de son foyer et qu'il laisse de plus en plus souvent à la femme le soin et la responsabilité des enfants.

dévolu à   fallen to

la charge   responsibility

aigu, aiguë   sharp
Qu'elles travaillent ou
non   Whether or not they work
aisé   well-to-do
un éloignement   distance

Le travail de la mère accusé de tous les maux. La maternité et ses obligations demeurent l'argument suprême brandi° pour empêcher les femmes d'accéder à une vie professionnelle où elles seraient à égalité avec les hommes, en même temps que pour dispenser la na-

brandir   to hold up (as a weapon)

les frais (*m.*)   expenses

tant . . . étranger   in France as well as abroad

quelles que soient   whatever may be

nocif, nocive   harmful
éclairé   enlightened
la disponibilité   availability

déposer   to drop off

la scolarité   schooling

assidu   assiduous, steady

un aléa   risk, hazard

tion de faire les frais° des équipements sociaux indispensables. Mais cet argument ne résiste pas aux études et enquêtes faites tant en France qu'à l'étranger.°

Quant à la délinquance juvénile, si souvent imputée avec légèreté au fait que la mère travaille, les travaux faits pour l'U.N.E.S.C.O. par les docteurs Serin et Lesterlin prouvent que le nombre de jeunes délinquants n'est pas plus élevé dans les ménages où la mère exerce une activité professionnelle que dans les autres. Le manque de tendresse et d'affection, qui est l'un des facteurs de la délinquance juvénile, se rencontre dans tous les milieux, quelles que soient° les occupations de la mère.

Les observations médicales montrent que l'enfant accepte généralement bien que sa mère travaille, s'il sait où elle est, l'heure à laquelle elle rentre, etc. Il est en revanche perturbé par son absence si celle-ci a des causes qui lui paraissent futiles et non obligatoires.

De même on a accusé les crèches d'être nocives° pour les enfants. Mais là-dessus les avis les plus éclairés° sont contradictoires. La qualité de la présence maternelle, la disponibilité° de la mère, sont indiscutablement pour l'enfant des facteurs importants d'adaptation et d'équilibre. Si la mère n'a pas le temps de s'occuper suffisamment de l'enfant avant de le déposer° ou de le reprendre à la crèche, si elle est trop fatiguée ou nerveuse, si le père exige que l'enfant soit couché quand il rentre, il est à peu près certain que des troubles apparaîtront. Mais ce n'est pas obligatoirement la crèche qu'il faudra incriminer.

En ce qui concerne la scolarité° des enfants, toutes les enquêtes faites en France, au Royaume-Uni ou au Danemark montrent que les enfants des femmes qui travaillent ne sont pas en retard sur les autres; au contraire, leurs succès scolaires sont souvent plus grands. Ils apprennent à lire plus vite du fait qu'ils sont plus tôt obligés de se débrouiller seuls et de faire un effort profitable. Une enquête du *British Women's Council* révèle que les enfants des femmes actives sont plus exacts et plus assidus° que ceux des femmes qui ne travaillent pas; ils ont aussi plus d'initiative. Néanmoins, un nouveau problème social est apparu et ne cesse de s'aggraver: celui des enfants livrés à eux-mêmes à la sortie de la classe en l'absence des deux parents (on les appelle les «enfants à la clef» parce que souvent la mère leur accroche autour du cou la clef du logis familial où ils viennent regarder la télévision).

Hors le mariage, point de salut. La vie professionnelle des femmes reste encore étroitement liée et conditionnée par le mariage. Dans la quasi-totalité des cas, la carrière du mari passe avant celle de la femme. Celle-ci reste dépendante de celle du mari et soumise à ses aléas.° Le changement de poste ou de ville du mari oblige la femme à quitter son emploi et parfois à résider dans des régions qui n'offrent pour elle aucune possibilité de travail. Certaines grandes

Au Jardin de Luxembourg une jeune mère surveille ses enfants.

entreprises, notamment en province, font encore pression sur leurs cadres pour que les femmes renoncent à toute activité professionnelle.

De plus, aujourd'hui encore, de nombreux parents et bien des jeunes filles continuent à envisager l'avenir sous l'angle du mariage bien plus que sous celui d'un métier auquel il faut se préparer sérieusement avec l'idée de l'exercer pendant des années parce qu'il deviendra, autant que le mari et les enfants, l'un des éléments fondamentaux de la vie.

Les mentalités masculines n'ont pas évolué autant qu'on pourrait le croire chez les jeunes. Certains, qui acceptent bien que leur femme travaille pour leur permettre de terminer leurs études, les poussent à abandonner leur emploi dès qu'eux-mêmes ont atteint une situation suffisante.° Les jeunes filles ne savent jamais si l'homme qu'elles épouseront acceptera qu'elles exercent le métier auquel elles se sont préparées ou si les circonstances leur permettront de le faire. Aussi sont-elles peu enclines à acquérir une formation professionnelle sérieuse. De leur côté, les employeurs et les Pouvoirs publics, qui supportent le coût élevé de la formation, sont

suffisant   satisfactory, sufficient

accueillir   to receive, welcome

parfois réticents à en faire bénéficier les femmes et à leur ouvrir les écoles professionnelles, sachant qu'elles quitteront le travail à la première ou à la deuxième maternité. On peut s'étonner de l'incohérence d'une pratique qui permet d'accueillir° les filles dans les universités et dans les écoles techniques et les incite ensuite à ne pas utiliser la formation reçue, mais à se consacrer uniquement à leur foyer et qui prévoit enfin pour elles une deuxième formation (sous forme de recyclage), formation qui sera peut-être aussi inutile que la première ... C'est qu'en réalité notre société n'a pas encore admis comme un droit, et moins encore comme un devoir, le travail de la femme à côté de son devoir maternel.

COMPRÉHENSION

1. Quelles ont été les conséquences pour les femmes de la glorification de la maternité?
2. Quelle est la situation «dramatique» dans laquelle la femme moderne risque de se trouver le jour où ses enfants n'ont plus besoin d'elle?
3. Comment l'attitude des femmes vis-à-vis de la responsabilité des enfants a-t-elle évolué?
4. Quels sont les facteurs qui tendent à imposer à la mère toute la responsabilité des enfants?
5. Quel est l'argument suprême brandi souvent par les hommes pour empêcher les femmes d'accéder à une vie professionnelle où elles seraient à égalité avec les hommes?
6. Quels maux sont imputés au fait que la mère travaille? En quoi ces imputations sont-elles injustifiées?
7. Qu'est-ce que c'est que «les enfants à la clef»?
8. Comment le mariage affecte-t-il la vie professionnelle des femmes?
9. Selon l'auteur de cet article, la mentalité masculine a-t-elle beaucoup évolué? Et l'attitude des jeunes filles et des parents vis-à-vis du mariage a-t-elle beaucoup changé?
10. Quelle est la conclusion de l'auteur?

DISCUSSION

1. Dans l'état actuel de notre société, les responsabilités des femmes sont-elles vraiment plus lourdes que celles des hommes?
2. Votre mère travaillait-elle quand vous étiez enfant, ou était-elle toujours à la maison? Si elle travaillait, pensez-vous avoir souffert de son absence? Si elle ne travaillait pas, pensez-vous que vous auriez souffert si elle avait travaillé?
3. Quels sont, aux États-Unis, les métiers «féminins»? Quels sont les métiers masculins? Y a-t-il une bonne explication à cette division des rôles? Les femmes sont-elles particulièrement qualifiées pour les métiers considérés comme féminins et peu aptes aux métiers généralement réservés aux hommes?
4. Connaissez-vous personnellement des cas de discrimination contre les femmes?
5. Le gouvernement américain a-t-il pris des mesures pour rendre plus équitable la condition professionnelle des femmes?

6. La loi exige qu'un certain nombre de postes soient assignés à des personnes minoritaires (femmes, noirs, chicanos, etc.). Êtes-vous pour ou contre cette loi?
7. Les femmes sont-elles partiellement, au moins, responsables de la position subordonnée où elles se trouvent aujourd'hui?
8. Lisez la capsule, *La Visite d'embauche*, et faites-en un commentaire.

DIALOGUE DIRIGÉ

Les femmes sont-elles supérieures ou inférieures aux hommes? Vous allez imaginer un débat entre un «phallocrate»[1] et une femme militante:

Le phallocrate commence par énumérer tous les défauts que l'on impute traditionnellement aux femmes et il en donne des exemples: instabilité émotionnelle, fragilité physique, irrationalité, etc.

La femme se moque de ces idées, elle prétend le contraire: que les femmes sont effectivement les plus fortes parce qu'elles résistent mieux à la douleur, à certaines maladies, aux extrêmes de température, à la tension, etc. Elle prétend que les femmes sont douées d'intuition et d'une intelligence plus fine, d'une sensibilité plus raffinée. . . .

L'homme demande alors pourquoi il n'y a pas eu de femmes philosophes, par exemple; pourquoi dans tant de domaines—l'histoire, la littérature, les sciences, etc.—les personnes les plus importantes sont des hommes?

La femme cite plusieurs exemples de femmes importantes—Jeanne d'Arc, Madame Curie, etc., mais elle admet qu'il y a moins de femmes célèbres que d'hommes, expliquant ce phénomène par des raisons sociologiques: l'oppression par les hommes, le rôle secondaire imposé aux femmes, l'éducation, etc.

L'homme affirme que les femmes n'ont ni curiosité ni ambition comme les hommes, parce que toute leur énergie s'applique à la maternité.

La femme dit qu'il ne s'agit pas de manque d'énergie mais de manque de temps libre. Si les hommes partageaient les responsabilités des enfants et du ménage, les femmes auraient le temps de se développer.

L'homme est scandalisé. Il dit qu'il ne se salira jamais les mains pour laver la vaisselle ni pour changer les couches[2] d'un bébé.

La femme lui dit qu'il est ignoble.

Les répliques deviennent très courtes, chargées d'émotion plutôt que de raisonnement, jusqu'à ce que le phallocrate et la femme militante refusent de se parler.

Des interjections pour animer le dialogue:

Quoi!   **Comment!**
Ça alors!   **Ah ça!**

---

[1] **phallocrate** (*neologism*): "male chauvinist"
[2] **les couches**: diapers

M.L.F*. . . iction
La Visite d'embauche[1]

«C'est pour la petite annonce,[2] madame.

—Bien, dit la chef du personnel. Asseyez-vous. Votre nom?

—Batier, Bernard Batier.

—C'est monsieur ou mondamoiseau?[3]

—Monsieur.

—Alors donnez-moi aussi votre nom de jeune homme.[4]

—Duplat, madame, époux Batier.

—Je dois vous dire, Monsieur Batier, que notre direction n'aime pas beaucoup engager des hommes mariés actuellement. Dans le service de Mme Palonceau, pour lequel nous recrutons, il y a déjà plusieurs personnes en congé de paternité. Il est bien légitime que les jeunes couples désirent avoir des enfants (et notre entreprise, qui fabrique de la layette,[5] les y encourage très vivement), mais les absences des futurs pères et des jeunes pères constituent un lourd handicap pour la marche d'une maison.

—Je comprends, madame, mais nous avons déjà deux enfants et je n'en veux pas d'autre. D'ailleurs (Batier rougit et baisse la voix), je prends la pilule.

—Bien. Dans ce cas, nous pouvons poursuivre. Quelles études avez-vous faites?

—J'ai mon brevet[6] et un C.A.P.[7] de sténo-dactylo.[8] J'aurais bien voulu continuer jusqu'au bac,[9] mais nous étions quatre à la maison, et mes parents ont poussé les filles, ce qui est normal, bien sûr. J'ai une sœur officière et une autre mécanicienne.

—Et où avez-vous travaillé dernièrement?

—J'ai surtout fait des intérims,[10] parce que cela me permettait de m'occuper un peu plus des enfants quand ils étaient petits.

—Quel métier exerce votre femme?

—Elle est chef de chantier[11] dans une entreprise de construction métallique. Mais elle poursuit des études d'ingénieur car elle remplacera un jour sa mère qui a créé l'affaire.[12]

—Revenons à vous. Quelles sont vos prétentions?[13]

—Eh bien ! euh . . .

—Évidemment, avec un poste comme celui de votre épouse et ses perspectives d'avenir, il ne s'agit pour vous que d'un salaire d'appoint.[14] Une sorte d'argent de poche, comme tout jeune homme aime en avoir pour ses petites dépenses personnelles, ses costumes, etc. Treize cents francs pour débuter, voilà ce que nous offrons. Plus le treizième mois,[15] la cantine à 5 francs et une prime d'assiduité.[16]

«J'attire votre attention sur ce point, monsieur Batier: l'assiduité est absolument indispensable à tous les postes. Notre directrice a tenu à créer une prime pour inciter le personnel à ne pas manquer pour un oui ou pour un non. Nous avons réussi à faire diminuer de moitié l'absentéisme masculin, cependant, il y a toujours des messieurs qui manquent sous prétexte que bébé tousse un peu ou qu'il y a une grève[17] à l'école. Quel âge ont vos enfants?

—La fille six ans, et le garçon quatre ans. Ils vont

Source: France De Lagarde, *Le Monde,* 28 septembre 1975.

* **M.l.f.:** Mouvement de libération des femmes
[1] **la visite d'embauche**   job interview
[2] **la petite annonce**   classified ad
[3] **mondamoiseau**   masculine equivalent of *mademoiselle* (never used!)
[4] **nom de jeune homme**   play on *nom de jeune fille*, maiden name
[5] **la layette**   linens for infants
[6] **le brevet**   vocational school diploma
[7] **C.A.P.**   certificat d'aptitude professionnelle

[8] **sténo-dactylo**   stenographer-typist
[9] **le baccalauréat**   equivalent of high school diploma
[10] **faire des intérims**   hold temporary replacement positions
[11] **chef de chantier**   building site supervisor
[12] **l'affaire**   business
[13] **les prétentions**   claims, demands
[14] **le salaire d'appoint**   supplementary income
[15] **le treizième mois** = un mois de salaire supplémentaire (en décembre) exigée par la loi en France
[16] **une prime d'assiduité**   an attendance bonus
[17] **la grève**   strike

tous deux en classe et je les reprends le soir en sortant du travail, avant de faire les courses.

—Et s'ils sont malades, qu'avez-vous prévu?

—Leur grand-père peut les garder. Il n'habite pas loin.

—Parfait, je vous remercie, monsieur Batier. Nous vous ferons connaître notre réponse définitive d'ici quelques jours.»

Batier sortit du bureau, plein d'espoir. La chef du personnel le regardait marcher. Il avait les jambes courtes, le dos un peu voûté[18] et le cheveu rare[19] «Mme Palonceau déteste les chauves[20]» se rappela la responsable de l'embauche. Et elle m'a bien dit: «Plutôt un grand, blond, présentant bien et célibataire . . .» Et Mme Palonceau sera directrice du groupe l'an prochain.

Duplat Bernard, époux Batier, reçut trois jours plus tard une lettre qui commençait par: «Nous avons le regret . . .»

---

[18] **voûté** curved
[19] **le cheveu rare** thin hair
[20] **le chauve** bald man

18

Jusqu'où vont-elles aller, les femmes?

Opinion polls are generally recognized as a fairly accurate index of public sentiment. They are commissioned and consulted by all kinds of agencies: government, business, advertising, the press. In France, as in the United States, poll-taking has become a veritable industry. *L'Express* asked Sofres, the *Société française d'enquêtes par le sondage,* one of France's most important public opinion research institutes, to investigate the attitudes of the average young Frenchwoman on a variety of feminist issues. The results, both revealing and surprising, are set forth in the article that follows.

VOCABULAIRE

Lexique de mots-clés

LES NOMS

un avortement	abortion
le sondage	public opinion poll
le vœu	wish
la voix	voice

LES VERBES

bouger	to move, stir
estimer	to consider, be of the opinion

DIVERS

volontiers	gladly, willingly
doué	gifted, talented
efficace	effective, efficient

EXERCICE
Quels sont les mots du lexique qui correspondent aux définitions suivantes?

1. enquête, investigation visant à déterminer la répartition des opinions sur une question
2. par inclination, avec plaisir
3. souhait, désir
4. interruption provoquée d'une grossesse
5. bruit produit par la vibration des cordes vocales
6. avoir une opinion sur quelque chose, juger
7. qui produit le maximum de résultats avec le minimum d'effort
8. faire un mouvement, remuer

Étude de mots

A. 1. **jusqu'où**   how far?

Jusqu'où vont-elles aller?

2. **jusque** + *noun*   up to, as far as

Il m'a accompagné **jusqu'à** la porte.
J'ai travaillé **jusqu'**aujourd'hui.

3. **jusqu'à ce que** + *clause* with verb in the subjunctive

Les femmes continueront la lutte **jusqu'à ce quelles soient** égales aux hommes.

Manifestation pour la libération de la femme.

4. **jusqu'ici** until now   **jusque-là** until then (there)

En 1945, les femmes en France ont obtenu le droit de vote; **jusque-là,** elles n'avaient pas de voix dans les élections. Mais **jusqu'ici** il y a très peu de femmes qui jouent un rôle important dans la politique.

B. **épouser** vs. **se marier avec, se marier** et **marier**

1. **épouser quelqu'un** to marry someone

Elle épouse un homme riche. *She is marrying a rich man.*

épouser must be used with a direct object.

2. **se marier avec quelqu'un** to marry someone

Elle se marie avec un homme riche. *She is marrying a rich man.*

se marier avec is interchangeable with **épouser.**

BUT: if the direct object is not stated, use:

3. **se marier** to get married

Elle se marie. *She is getting married.*

4. **marier quelqu'un** to marry someone off

Monsieur Duby veut marier sa fille. *Monsieur Duby wants to marry off his daughter.*

C. **penser à** vs. **penser de**

1. **penser à**   to think about, to have in mind, reflect upon

    Madame Thibault **pense** souvent **à** sa jeunesse.

2. **penser de**   to think about, have an opinion of

    Que **pensez-vous du** M.l.f?

STRUCTURE

Basic Questions: Interrogative Word Order (*L'Ordre interrogatif*)

There are two structural ways to make a question out of a declarative sentence. The following statement may be used to illustrate these:

Les femmes cherchent la libération.

A. Use the expression **Est-ce que . . .** as a prefix (This is primarily conversational style):

   Est-ce que les femmes cherchent la libération?

B. Invert the subject and the verb. (This is the preferred written and formal style.)

1. If the subject is a noun, add the corresponding subject pronoun after the verb, and link it by a hyphen:

   Les femmes cherchent-**elles** la libération?[1]

REMARQUER:

The elements of the basic sentence are all present in the same relative order; only the addition of the pronoun and the hyphen has created an interrogative inversion.

2. If the subject is **ce**, **on**, or a personal pronoun, place it after the verb, linked by a hyphen:

   Cherchent-elles la libération?

   If the verb ends in a vowel and the pronoun begins with a vowel, intercalate **-t-** to facilitate pronunciation:

   Cherche-t-elle la libération?
   Cherche-t-on la libération?

   If the subject pronoun is **je**, the inverted form is rarely used except for **suis-je?**, **puis-je?**, **dois-je?**, and **ai-je?**

---

[1] For emphasis a noun subject may be placed at the end: **Cherchent-elles la libération, les femmes?** This is used only in very informal speech or journalism.

3. In certain very short questions, especially those introduced by **où, comment, quand, combien,** or **que,** it is possible to invert the noun subject. In this case no hyphen is used.

> **Comment va votre mari?**
> **Combien coûte un paquet de Gîtanes?**
> **Que cherchent les femmes?**

REMARQUER:

In conversation it is, of course, possible to express interrogation through inflection:

> **Les femmes cherchent la libération?** (*rising intonation*)

It is also possible to add ... **n'est-ce pas?** at the end of a statement if an affirmative answer is anticipated:

> Les femmes cherchent la libération, **n'est-ce pas?**

EXERCICE

Donnez la forme interrogative des phrases suivantes (1) en employant **est-ce que**; (2) par l'inversion.

MODÈLE: Les femmes cherchent la libération.
> **(1) Est-ce que les femmes cherchent la libération?**
> **(2) Les femmes cherchent-elles la libération?**

1. Les femmes sont mal préparées à exercer un métier.
2. On leur apprend un rôle limité.
3. Leur fonction principale est d'être mère.
4. Une femme a néanmoins la même compétence qu'un homme.
5. Selon Nietzsche, la femme n'est que «le repos du guerrier».[1]
6. C'est une idée traditionnelle.
7. Aujourd'hui dans le monde entier, les femmes se révoltent.
8. La société se transformera.
9. Elle sera moins hiérarchisée.
10. Les hommes et les femmes ont été des ennemis traditionnels.
11. Beaucoup de femmes ont fait des choses héroïques.
12. Les hommes n'ont pas voulu reconnaître leurs droits.

Questions with a Question Word

Word Order

Question words such as **pourquoi? où? qui? que?** etc., precede the basic question:

1. With **est-ce que:**

> **Pourquoi est-ce que les femmes cherchent la libération?**
> 　Q.W.　　　prefix　　subject　　　verb　　　complement

-----
[1] **le repos du guerrier:** the respite of the warrior

À quoi cette jeune femme
réfléchit-elle?

2. With inverted statements:

Pourquoi les femmes cherchent-elles la libération?
Q.W.   noun   verb-pronoun   complement
         subject

When the question word is the subject there is only one possible word order:

Qui cherche la libération?
Q.W.   verb   complement
subject

Interrogative Adverbs

The most common interrogative adverbs are:

Combien?	**Pourquoi?**	**Où?**
Comment?	**Quand?**	**Jusqu'où?**

EXERCICE

Posez une question qui porte sur la partie de la phrase en italique. Employez
est-ce que pour les numéros impairs (*odd*) et l'inversion pour les numéros pairs
(*even*).

MODÈLE: Les femmes protestent contre leur sort (*fate*), *parce qu'elles sont
insatisfaites.*
Pourquoi est-ce que les femmes protestent contre leur sort?
OR:
Pourquoi les femmes protestent-elles contre leur sort?

1. *Avant la Première Guerre mondiale* les familles arrangeaient les mariages.
2. *En France* l'institution de la dot (*dowry*) était très importante.
3. Les jeunes filles de bonne famille se soumettaient à la volonté de leurs parents *aveuglément*.
4. Ces mariages de convenance, quoique malheureux, duraient toute la vie, *parce que le divorce était rare*.
5. Pour *beaucoup* de femmes, le mariage était un asservissement humiliant.
6. *Pendant la Première Guerre mondiale* les femmes quittaient souvent leur maison pour travailler.
7. Les enfants restaient *à la maison*.
8. Bien des maris regardaient ce changement *d'un mauvais œil* (*unfavorably*).

Interrogative Pronouns (*Les Pronoms interrogatifs*)

Interrogative Pronouns		
FUNCTION	ANTECEDENT	
	Person	*Thing*
Subject	qui qui est-ce qui	qu'est-ce qui
Direct Object	qui qui est-ce que	que qu'est-ce que
Object of a Preposition	qui qui est-ce que	quoi quoi est-ce que

REMARQUER:

The forms with **est-ce que** are followed by normal word order. **Qui** (except as subject), **que,** and **quoi** require inversion.

Interrogative Pronouns as Subjects

1. **Qui** (*who*) is used as subject when referring to people:

     Qui cherche la libération?   *Who seeks freedom?*

   Qui est-ce qui is used interchangeably with **qui** as subject:

     Qui est-ce qui cherche la libération?   *Who seeks freedom?*

2. **Qu'est-ce qui** (*what*) is used as subject when referring to things:

     Qu'est-ce qui se passe aujourd'hui?   *What is happening today?*

REMARQUER:

Qui, qui est-ce qui, and **qu'est-ce qui** are always followed by a verb in the singular, and the word order is the same as in English:

     subject   verb   complement
     (Int. pronoun)

Interrogative Pronouns as Direct Objects

1. **Qui** (*whom*) + *inverted word order* is used when referring to people:

> **Qui** ont-ils interviewé?   ***Whom** did they interview?*

Qui est-ce que + *normal word order* is used interchangeably with **qui:**

> **Qui est-ce qu'**ils ont interviewé?   ***Whom** did they interview?*

2. **Que** (*what*) + *inverted word order* is used when referring to things:

> **Que** cherchent les femmes?   ***What** are women seeking?*

Qu'est-ce que + *normal word order* is used interchangeably with **que:**

> **Qu'est-ce que** les femmes cherchent?   ***What** are women seeking?*

Interrogative Pronouns as Objects of a Preposition

1. **Qui** (*whom, whose*) + *inverted word order* is used when referring to people:

> **Avec qui** sortez-vous?   ***Whom** do you go out **with**?*
> **De qui** est-elle la fille?   ***Whose** daughter is she?* (**De qui** = *whose?* with people)
> **De qui** parle-t-elle?   ***Whom** is she talking **about**?*
> **À qui** est ce livre?   ***Whose** book is this?* (À qui = *whose?* with things)

qui est-ce que + *normal word order* is used interchangeably with **qui:**

> **Avec qui est-ce que** vous sortez?   ***Whom** do you go out **with**?*

2. **Quoi** (*what*) is used when referring to things:

> **En quoi** avez-vous confiance?   ***What** do you have confidence **in**?*
> **De quoi** parle-t-il?   ***What** is he talking **about**?*

quoi est-ce que + *normal word order* is used interchangeably with **quoi:**

> **En quoi est-ce que** vous avez confiance?   ***What** do you have confidence **in**?*

REMARQUER:

Whereas in English, the preposition often comes at the end of a question, in French it must precede the question word:

> **Avec** qui sortez-vous?   ***Whom** are you going out **with**?*
> **En** quoi avez-vous confiance?   ***What** do you have confidence **in**?*

EXERCICE

Posez une question qui porte sur la partie de la phrase en italique.

MODÈLE: *Simone de Beauvoir* est la femme la plus admirée.
> **Qui est la femme la plus admirée?**

1. *Chantal* fait partie du Mouvement de libération des femmes.
2. Elle n'imite pas *sa mère*.
3. Chantal sort tous les soirs *avec une amie*.

4. *Le mariage traditionnel* représente pour elle une forme d'esclavage.
5. Beaucoup de militantes refusent *la maternité.*
6. Elles ont besoin *d'une liberté absolue.*
7. Chantal voudrait pourtant *épouser un homme libéré.*
8. *La parfaite égalité des sexes* est son idéal.
9. *Son futur mari* fera le ménage et la cuisine tout comme elle.
10. Son futur mari fera *le ménage et la cuisine* tout comme elle.

Interrogative Adjectives and Pronouns (*Les adjectifs et pronoms interrogatifs*)

Interrogative Adjectives (*which . . . ?, what . . . ?*)

FORMS

	Masculine		Feminine	
Singular	**quel**	} *noun*	**quelle**	} *noun*
Plural	**quels**		**quelles**	

USE

1. The interrogative adjective often precedes the noun:

> **Quelles femmes** cherchent la libération?

2. It may be separated from the noun by the verb **être:**

> **Quel est** le problème?
> **Quelles sont** les solutions?

Interrogative Pronouns (*which one?, which ones?*)

FORMS

	Masculine	Feminine
Singular	**lequel**	**laquelle**
Plural	**lesquels**	**lesquelles**

Lequel and **lesquel(le)s** contract with **à** and **de:**

> **auquel, auxquel(le)s; duquel, desquel(le)s**

USE

The interrogative pronoun takes the place of the interrogative adjective + noun: **Quelle femme? = Laquelle?; Quel livre? = Lequel?**

> Voici des femmes célèbres. **Laquelle auriez-vous aimé être?** *Here are some famous women. Which one would you have liked to be?*
> **Lesquelles de ces femmes sont françaises?** *Which of these women are French?*
> **Auxquelles de ces femmes écrivez-vous?** *To which (ones) of these women do you write?*

EXERCICES

A. En employant un adjectif interrogatif, formulez une question qui corresponde à chacune des phrases suivantes.

MODÈLE: Son mari admire *les femmes indépendantes.*
          Quelles femmes son mari admire-t-il?

1. *Ces femmes-ci* font partie du M.l.f.
2. Elles veulent provoquer *des changements sociaux.*
3. *Les attitudes traditionnelles* doivent être transformées.
4. *Cette tâche* est très difficile.
5. Beaucoup de femmes s'opposent *à la loi contre l'avortement.*
6. Elles se souviennent *des injustices du passé.*
7. Elles parlent souvent *des droits de l'individu.*
8. Toutes ces femmes pensent *aux idées des théoriciennes féministes.*
9. Les militantes ont besoin *d'un programme publicitaire.*
10. *Ce moyen* est le plus efficace pour effectuer les réformes voulues.
11. *Le sondage de la Sofres* est révélateur.
12. *L'opinion de la femme française* est relativement conservatrice.

B. Refaites vos réponses à l'exercice A en vous servant d'un pronom interrogatif.

MODÈLE: Quelles femmes son mari admire-t-il?
          Lesquelles admire-t-il?

The Expression «*Qu'est-ce que c'est que . . . ?*»

This expression is used to ask for a definition:

Qu'est-ce que c'est que le M.l.f.?[1]   *What is the M.l.f.?*

Qu'est-ce que . . .? is a more elegant way to ask for a definition:

Qu'est-ce que la littérature?   *What is literature?*

REMARQUER:
Do not confuse **Quel est** . . . (*What is . . .?*) and **Qu'est-ce que c'est que** . . . (*What is . . .?*).

Qu'est-ce que c'est que is used to elicit the definition of words whose meaning is not clear:

Qu'est-ce que c'est qu'un sondage?

Quel est asks for information about something that is understood:

Quel est le sondage le plus récent?

---

[1] **M.l.f. = Mouvement de libération des femmes**

EXERCICE   Traduisez le mot «*what*» dans les phrases suivantes.

1. (What is) _____ le problème? 2. (What is) _____ «la loi salique»?[1] 3. (What) _____ avez-vous fait ce week-end? 4. (What) _____ affecte l'opinion publique? 5. (What is) _____ le M.l.f.? 6. (What) _____ femmes admirez-vous? 7. (What is) _____ leur qualité la plus importante? 8. En (what) _____ croyez-vous?

«Si» and «oui»

To answer a negative question in the affirmative, **si** is used instead of **oui**:

Ne croyez-vous pas à l'égalité pour tous? —Si! *Don't you believe in equality for all? —Yes! (I do!)*

BUT:

Croyez-vous à l'égalité pour tous? —Oui!

EXERCICE   Répondez affirmativement aux questions suivantes.

MODÈLE: N'avez-vous pas confiance dans les femmes?
          Si! J'ai confiance dans les femmes.

1. Ne voulez-vous pas travailler? 2. Ces ouvrières ont-elles des enfants? 3. Votre père n'admire-t-il pas les femmes chefs d'État? 4. Louise ne désire-t-elle pas être plus jolie? 5. La plupart des femmes préféreraient-elles être plus intelligentes? 6. Son mari ne lui permet-il pas de travailler? 7. Sylvie n'est-elle pas contente d'être une femme? 8. Doit-on ouvrir des garderies (*day-care centers*) d'enfants collectives? 9. N'êtes-vous plus d'accord? 10. Estimez-vous que les femmes méritent le même salaire que les hommes?

EXERCICE DE   En employant les mots interrogatifs que vous venez d'étudier, composez
RÉCAPITULATION   quinze questions sur les deux paragraphes suivants. Essayez d'employer une variété d'expressions: **comment, pourquoi, où, qui est-ce qui, que, quel, lequel, quoi,** etc.

Dans un numéro spécial[2] de *Time* consacré aux femmes, un article intitulé «Religion» commence par une histoire drôle. Un astronaute est égaré dans les espaces intersidéraux. Il reste en contact avec le sol. Soudain, il crie: «J'ai vu Dieu, j'ai vu Dieu!» Des millions de dollars sont dépensés pour le sauver, pour le ramener sur Terre. Il redescend, vivant. Une foule énorme l'attend: «Alors, alors, enfin, nous allons connaître le vrai visage du Créateur.» Et l'astronaute sort la tête de sa capsule et dit: «Pour commencer, elle est noire.»

Voilà donc les deux minorités vengées et la vieille civilisation judéo-chrétienne mise en accusation, elle qui a si souvent affirmé la supériorité du Blanc sur le Noir et de l'homme sur la femme. D'ailleurs, certaines

---

[1] **la loi salique:** la règle ancienne qui exclut les femmes du droit de succession à la terre des ancêtres. Cette règle fut invoquée au XIVe s., pour exclure les femmes de la succession à la couronne de France.
[2] **le numéro spécial:** special issue

féministes américaines voient dans la Genèse la source de leurs maux. Pourquoi Ève est-elle née de la côte d'Adam et non le contraire? «On voit bien, à la façon dont Il nous a traitées, que Dieu est un homme», disait déjà, il y a deux siècles, Madame de Tencin.[1] Désormais,[2] pour les femmes, l'homme n'est plus un dieu.

Danièle Heymann,
L'Express

LECTURE | Jusqu'où vont-elles aller, les femmes?

La scène se passe dans un appartement bourgeois. Une femme à la cinquantaine sereine est couchée. Son mari, assis dans un fauteuil, lit un journal. C'est le soir. Sans lever le nez de son magazine, l'homme dit: «J'ai soif». Depuis un quart de siècle qu'ils sont unis, la femme a toujours obéi à ce signal. Soudain, tout bascule.° Toujours sereine, mais résolue, la femme murmure: «Et si, pour une fois, TU allais chercher à boire?» Silence. L'homme alors lève le nez, surpris mais gentil, et déclare: «Volontiers. Tout à fait volontiers . . . Mais où sont rangés les verres?»

basculer to topple over

Il n'y a pas là de quoi fouetter «un chauviniste mâle».[3] Simplement, dans le monde entier, les femmes bougent, les femmes parlent, et leurs voix parfois dissonantes disent qu'elles sont enchaînées, déchirées entre leurs maternités et la rentabilité,° entre leur travail «visible» (rémunéré) et le travail invisible (surajouté), entre le plaisir et le devoir, entre leur sexe biologique et leur sexe social, entre l'homme et la société. Leurs voix disent qu'elles veulent être libérées.

la rentabilité earning ability

Au mois de mai (1972) les militantes du M.l.f. (Mouvement de libération des femmes), les célèbres et les anonymes, les signataires du Manifeste des 343 («Je déclare avoir avorté»),[4] avaient organisé une manifestation. «Pour la première fois, écrivent-elles dans un communiqué, des femmes vont consacrer deux journées à dénoncer les crimes commis contre elles.»

Mais alors, les autres, toutes les autres, les 25.560.780 Françaises recensées récemment et représentant 51,3% de la population, que pensent-elles? Ont-elles le sentiment que l'on commet contre elles des crimes, et lesquels? Veulent-elles aussi être libérées, et de quoi? Pour tenter de répondre à ces questions, pour saisir au vol° une

saisir au vol to grasp rapidly

---

[1] **Madame de Tencin:** femme d'esprit qui tenait un salon fréquenté par les Philosophes du XVIIIe siècle.
[2] **Désormais:** Henceforth
[3] Jeu de mots sur l'expression, «**Il n'y a pas de quoi fouetter un chat**»—au sens propre— *"There's nothing worth whipping a cat about"* i.e., *"There's nothing to make such a fuss about."*
[4] Manifeste signé par 343 femmes, dont certaines sont célèbres, qui avouent qu'elles se sont fait avorter illégalement.

<table>
<tr><td>un échantillonnage</td><td>a sampling</td></tr>
</table>

image exacte de la femme d'aujourd'hui, *L'Express* a demandé à la Sofres d'effectuer un sondage auprès d'un échantillonnage° national de mille femmes, âgées de 18 à 25 ans. En voici les résultats:

Plus riche ou plus intelligente?

1. Pour une femme, quelle vous paraît être la meilleure solution?		
	Travailler toute sa vie	11%
	Travailler jusqu'au mariage	4%
	Travailler jusquà ce qu'elle ait des enfants	26%
	S'arrêter le temps d'élever les enfants et reprendre ensuite	52%
	Ne pas travailler	5%
	Sans opinion	2%

2. Les filles sont-elles mieux ou moins bien préparées que les garçons à exercer un métier?		
	Mieux préparées	9%
	Moins bien préparées	21%
	Ni mieux ni moins bien préparées	66%
	Sans opinion	4%

être . . . de to be financially dependent upon

S'épanouir to flower, open out

3. Quelles sont les principales raisons qui poussent les femmes à travailler?		
	Gagner leur vie	34%
	Améliorer le budget du ménage	56%
	Assurer leur indépendance, n'être à la charge de° personne	27%
	Ne pas s'occuper seulement de tâches familiales et ménagères	12%
	Ne pas rester seule à la maison	11%
	Réussir professionnellement	2%
	S'épanouir° intellectuellement	9%
	Être à égalité avec les hommes	6%

Le total est supérieur à 100%, les personnes ayant pu donner deux réponses.

4. Parmi les femmes célèbres suivantes, laquelle auriez-vous aimé être?		
	Sylvie Vartan[5]	8%
	Elisabeth d'Angleterre	7%
	Indira Gandhi	13%
	Simone de Beauvoir	17%
	Liz Taylor	8%
	Bernadette Devlin	9%
	Aucune	32%
	Ne savent pas	6%

5. A compétences égales, une femme est-elle aussi efficace qu'un homme?		
	Plus efficace	8%
	Aussi efficace	78%
	Moins efficace	10%
	Sans opinion	4%

Source: Sondage de la Sofres pour *L'Express,* le 8 mai 1972.
[5] **Sylvie Vartan:** chanteuse française.

Voudriez-vous être plus jolie? Seulement 4% des femmes interrogées disent oui.

6. *Si l'on vous proposait de réaliser un des trois vœux suivants, lequel choisiriez-vous?*	**Être plus riche**...	**30%**
	Être plus jolie...	**4%**
	Être plus douée intellectuellement.......................	**62%**
	Ne savent pas...	**4%**
7. *Souhaiteriez-vous avoir des enfants?*	**OUI, un**..	**8%**
	OUI, deux..	**54%**
	OUI, trois	**24%**
	OUI, quatre et plus	**8%**
	NON	**6%**

À noter: le pourcentage relativement important (27%) de jeunes femmes qui veulent travailler pour assurer leur indépendance. Le sentiment d'un handicap intellectuel tout en se disant aussi efficaces que les hommes et aussi bien (ou mal) préparées que les garçons. Le nombre, faible en pourcentage mais important intrinsèquement, des jeunes femmes qui ne veulent pas d'enfants: 6% = 202.074.

Être un homme ou être une femme?

8. Parmi les tâches suivantes, quelles sont les deux dont il faudrait s'occuper en priorité?

Donner de plus grandes possibilités de formation professionnelle aux jeunes filles	**35%**
Voter une loi autorisant l'avortement	**19%**
Ouvrir des garderies d'enfants collectives	**28%**
Donner aux mères d'enfants en bas âge la possibilité de travailler pendant quelques années à temps partiel	**47%**
Faire que les femmes qui travaillent aient à compétences égales des salaires égaux à ceux des hommes	**68%**
Sans opinion	**1%**

Le total est supérieur à 100%, les personnes ayant pu donner deux réponses.

le syndicat   labor union

9. Pour y parvenir, les femmes doivent-elles plutôt...

. . . faire confiance au gouvernement, aux partis politiques et aux syndicats°	**21%**
. . . participer à l'action d'un parti politique	**11%**
. . . exercer des responsabilités syndicales	**18%**
. . . participer à l'action de mouvements féminins	**23%**
. . . fonder elles-mêmes un grand parti de femmes	**21%**
Sans opinion	**14%**

Le total est supérieur à 100%, les personnes ayant pu donner deux réponses.

10. Il peut arriver que ce soit la femme qui gagne l'argent du ménage. Est-ce normal, pas normal, ou cela n'a-t-il aucune importance?

Normal	**68%**
Pas normal	**12%**
Cela n'a aucune importance	**19%**
Sans opinion	**1%**

11. L'avortement, en France, devrait-il être autorisé par la loi? °

	TOTAL	**Ont des enfants**	**N'ont pas d'enfants**
OUI, dans tous les cas, lorsque la femme le demande.	**30%**	**36%**	**28%**
OUI, mais seulement dans les cas exceptionnels	**57%**	**51%**	**60%**
NON, en aucun cas	**13%**	**13%**	**12%**
Total	**100%**	**100%**	**100%**

12. Dans la société d'aujourd'hui, vaut-il mieux être un homme, une femme, ou cela n'a-t-il aucune importance?

Être un homme	**19%**
Être une femme	**15%**
Cela n'a aucune importance	**66%**

° En 1975, l'avortement en France a été autorisé par la loi.

13. Certains disent que toutes les femmes ont des
intérêts communs à défendre.

Êtes-vous . . .		
	. . . **tout à fait d'accord**	**54%**
	. . . **plutôt d'accord**	**33%**
	. . . **plutôt pas d'accord**	**6%**
	. . . **pas d'accord du tout**	**1%**
	Sans opinion	**6%**

14. Auriez-vous		
préféré être	**Je suis contente d'être une femme**.........................	**82%**
un homme?	**J'aurais préféré être un homme**..............................	**15%**
	Ne savent pas..	**3%**

À noter la contradiction entre le travail, souhaité, et les enfants, également souhaités, et le flottement ou le scepticisme quand on évoque les moyens d'action pour satisfaire les revendications. La bonne santé psychique de l'immense majorité, qui n'a pas envie d'appartenir à l'autre sexe. La restriction sur l'avortement . . . mais avec dix ans de plus on a des idées peut-être différentes.

Chirurgien ou banquier?

15. On commence à voir des femmes exercer certains métiers plutôt réservés aux hommes. Pour chacun des métiers suivants, auriez-vous plus, autant ou moins confiance dans une femme que dans un homme?

	Plus	**Autant**	**Moins**	**Sans opinion**
Avocat	**8%**	**70%**	**20%**	**2%**
Chirurgien................................	**4%**	**47%**	**47%**	**2%**
Pilote d'avion	**2%**	**37%**	**57%**	**4%**
Ingénieur.................................	**3%**	**72%**	**19%**	**6%**
Médecin....................................	**8%**	**75%**	**16%**	**1%**
Conducteur d'autobus............	**2%**	**56%**	**39%**	**3%**
Banquier..................................	**4%**	**71%**	**20%**	**5%**

16. Estimez-vous que, lorsqu'une femme a les mêmes compétences qu'un homme. . .

	OUI	**NON**	**Sans opinion**
. . . **elle a les mêmes chances de trouver du travail**.......................................	**41%**	**55%**	**4%**
. . . **elle a les mêmes chances d'avancement dans son emploi**	**41%**	**51%**	**8%**
. . . **elle gagne le même salaire**	**18%**	**75%**	**7%**

À noter: la forte conscience de l'injustice dans la vie professionnelle. Et pourtant, les jeunes femmes, même entre 18 et 25 ans, alimentent cette injustice par leur méfiance. Détail intéressant: ce sont les filles de la catégorie socioprofessionnelle «agriculteurs» qui feraient le plus confiance (72%) à une femme chirurgien.

Les Principales Étapes[1]
de l'émancipation

- 1881: droit pour les femmes d'ouvrir un compte en banque[2] et de faire des retraits.[3]
- 1907: droit pour les femmes mariées qui travaillent de garder leur salaire.
- 1908: un amendement donne aux femmes mariées un statut de «majeur» (elles étaient jusque-là considérées comme mineures et dans la dépendance de leurs maris).
- 1942: droit pour les femmes de remplacer ou de représenter leur mari.
- 1945: droit de vote et droit de concourir[4] pour des postes dans la fonction publique.[5]
- 1946: égalité des hommes et des femmes. Cette loi a été incorporée de nouveau dans la constitution de 1958.
- 1965: amendement de certains articles du code civil donnant une plus grande égalité entre époux sur le plan des droits et des devoirs des conjoints[6] et sur la nature des contrats de mariage.
- 1970: loi sur l'autorité parentale également partagée entre les époux. Cela avait déjà été reconnu par une loi de 1942 mais l'exercice de ces droits incombait encore au père en tant que[7] «chef de famille.» Cette dénomination est supprimée et les parents exercent maintenant conjointement leur autorité.
- un enfant illégitime peut maintenant être reconnu par la mère simplement en portant le nom de celle-ci sur le certificat de naissance.
- la mère d'un enfant né de relations extra-maritales peut faire reconnaître cet enfant par le vrai père sans avoir à obtenir un désaveu[8] de paternité de son mari.

[1] **une étape**   step, stage
[2] **le compte en banque**   bank account
[3] **le retrait**   withdrawal (from an account)
[4] **concourir**   compete
[5] **la fonction publique**   civil service
[6] **le conjoint**   spouse (*legal terminology*)
[7] **en tant que**   as
[8] **le désaveu**   disavowal

COMPRÉHENSION

1. Racontez une petite anecdote qui paraît insignifiante mais qui est symptomatique de la révolution dans les attitudes et le comportement des femmes.
2. Quel est, selon l'article, l'état d'esprit de la femme d'aujourd'hui?

Plus riche ou plus intelligente?

3. Selon les résultats du sondage, la plupart des Françaises trouvent-elles le travail et la maternité compatibles?
4. En général les femmes interviewées ont-elles l'ambition personnelle d'une carrière?
5. Citez deux réponses qui révèlent les activités ou les réalisations que les femmes admirent le plus.
6. Quelle semble être l'attitude de la femme moyenne vis-à-vis de la maternité?

Les Nouveaux Droits des femmes depuis 1975:

- les concours de l'enseignement supérieur* sont tous mixtes[1] depuis 1976.
- des stages[2] de formation rémunérée, d'une durée de 6 à 8 mois sont offerts aux jeunes filles de 16 à 20 ans qui n'ont pas de qualification ni de diplômes.
- les femmes chefs de famille et les veuves bénéficient d'une priorité pour l'accès aux stages de la formation professionnelle.
- aucun employeur ne peut refuser une embauche[3] en raison du sexe ou de la situation de famille du candidat.
- la femme enceinte n'est pas tenue de révéler son état au moment de l'embauche. L'employeur ne peut arguer de cet état pour refuser une embauche. Sauf nécessité médicale, un employeur ne peut pas décider un changement d'emploi pendant une période de grossesse.
- accès à la fonction publique: limite d'âge assouplie[4] afin d'aider la réinsertion sociale des mères de famille. Aucune limite d'âge ne peut être opposée à une femme qui se trouve dans l'obligation de travailler après la mort de son mari.
- le personnel de l'administration peut s'absenter dans la limite de 12 jours ouvrables[5] ou de 15 jours consécutifs pour soigner un enfant ou en assurer momentanément la garde.
- contraception et avortement: après le remboursement de la contraception par la Sécurité sociale, le droit à l'avortement avant la fin de la dixième semaine de la grossesse a été reconnu (loi du 17 janvier 1975, valable pour 5 ans).

---

* En France, pour être admis à l'enseignement, il, faut participer à un concours (*competitive examination*). Avant 1976, les concours pour les Grandes Écoles étaient fermés aux femmes. Les Grandes Écoles, l'École Normale Supérieure, l'École Polytechnique, l'École Nationale d'Administration, par exemple, sont les plus prestigieuses des institutions d'enseignement supérieur en France. Les élèves des Grandes Écoles touchent pendant leurs études le salaire d'un fonctionnaire débutant. En contrepartie, ils s'engagent à servir l'État pendant au moins dix ans.

[1] **mixte** coeducational
[2] **le stage** training period
[3] **une embauche** hiring
[4] **assoupli** loosened
[5] **un jour ouvrable** working day

Être un homme ou être une femme?

7. Quels modes de changement social les femmes favorisent-elles pour améliorer leur condition?
8. Quelle est la conception traditionnelle du rôle de la femme et de l'homme dans le ménage? La plupart des femmes interviewées acceptent-elles cette idée?
9. Commentez l'attitude des femmes interviewées à l'égard de l'avortement. Est-ce que le fait d'être mère semble avoir une influence sur cette attitude?

Chirurgien ou banquier?

10. Les femmes croient-elles que l'on exerce des préjugés contre elles dans la vie professionnelle?
11. Sont-elles coupables elles-mêmes des mêmes préjugés?

DISCUSSION

1. Certaines attitudes des Françaises sont-elles, à votre avis, différentes de celles des Américaines?
2. Y a-t-il parmi les résultats de ce sondage des réponses qui vous étonnent?
3. Comparez vos attitudes avec celles des femmes interviewées et exposez vos idées sur les questions suivantes:
   a. Une femme doit-elle travailler quand il y a des enfants à la maison?
   b. Une femme est-elle aussi compétente qu'un homme?
   c. L'avortement devrait-il être autorisé par la loi?
   d. Dans la société d'aujourd'hui, vaut-il mieux être un homme ou une femme?
   e. Auriez-vous plus, autant ou moins confiance dans une femme que dans un homme pour chacun des métiers suivants: avocat, chirurgien, pilote d'avion, ingénieur, médecin, conducteur d'autobus, banquier?

DIALOGUE DIRIGÉ

Composez un dialogue à partir d'une des situations suivantes. Employez beaucoup de phrases interrogatives dans votre dialogue.

1. Une femme veut quitter la maison pour travailler. Son mari s'y oppose. Ils se disputent.
2. Un groupe d'ouvrières a une confrontation avec son employeur. Elles présentent tous leurs griefs (horaires, salaires, conditions de travail, discrimination, etc.) et elles demandent justice. L'employeur se montre peu favorable à leurs revendications.
3. Un employeur interviewe une candidate pour un poste important. Il lui demande si elle est mariée, ce que fait son mari, s'ils ont des enfants, ce qu'elle ferait si elle se trouvait enceinte, ce qu'elle ferait si un de ses enfants était malade un jour où l'on avait très besoin d'elle au bureau, etc. Par ces questions insidieuses il essaie de lui faire comprendre qu'un homme vaut mieux qu'une femme pour le poste.

Le Deuxième Sexe

SIMONE DE BEAUVOIR

19

Simone de Beauvoir is one of the most famous
French writers of today. Many, of course, are
familiar with her name because of her life-long
attachment to Jean-Paul Sartre. But it is as a thinker
and writer that she is admired and discussed, sometimes criticized, always respected. Her works include
novels, essays, literary criticism, and a four-volume
autobiography, which is a fascinating personal and
historical document.

Simone de Beauvoir was one of the first theorists
of the feminist movement. *Le Deuxième Sexe*,
published in 1949, is an exhaustive analysis of the
feminine condition. In the extract presented here,
the author reconstructs a little girl's developing
awareness of the different roles assigned to men and
women. Having explained the child's emulation of
her seemingly all-powerful mother, the author goes
on to show how the mother as an object of admiration is quickly supplanted by the father, and by men
in general.

VOCABULAIRE

Lexique de mots-clés

LES NOMS

la bergère	shepherdess
un éclat	splendor, brilliance
la fillette	little girl
le mépris	scorn
la puissance	power
la sorcière	witch

LES VERBES

s'agenouiller	to kneel
se blottir	to snuggle up to, hug
se complaire (à + *inf.*)	to take pleasure (in doing something)
s'élargir	to widen
entourer	to surround
mûrir	to mature
revêtir	to take on
(il revêt)	
saisir	to grasp
subir	to undergo

ADJECTIFS

attrayant	attractive
comblé	fulfilled, satisfied
tout-puissant	omnipotent

DIVERS

à travers	through

EXERCICES

A. Quels sont les mots qui correspondent aux définitions suivantes?

1. personne qui pratique la magie
2. petite fille
3. personne qui garde les moutons
4. dédain, sentiment par lequel on considère quelqu'un comme indigne d'estime
5. caractère de ce qui est brillant, magnifique
6. caractère de celui qui a beaucoup de force
7. en passant par, par l'intermédiaire de

B. Refaites les phrases suivantes en substituant aux mots en italique la forme correcte d'un verbe synonyme tiré du Lexique de mots-clés.

1. Au fur et à mesure que la fillette *grandit*, elle *comprend* la puissance et le prestige des hommes.
2. Quand elle *se serre* contre son père, elle admire sa force. Quand elle reçoit son approbation, elle se sent comblée.
3. Peu à peu, son amour filial *acquiert* un caractère d'adoration.
4. Elle grandit; elle quitte la maison; son monde *est devenu plus vaste*, mais elle n'a pas cessé de *se prosterner* spirituellement devant l'idole de la masculinité.
5. Une femme qui *trouve sa satisfaction* dans cette attitude est un exemple classique du «deuxième sexe».
6. Tout ce qui *encercle* la fillette témoigne de l'apparente supériorité masculine.
7. Pendant toute leur vie, les femmes *sont sujettes à* des influences qui semblent confirmer la supériorité des hommes.

Lexique de mots secondaires

une adresse	skill, shrewdness
dérober	to steal
enfermer	to shut up, close in
exiger	to require, demand
la grande personne	grown-up, adult
à jamais	forever
un orgueil	pride
il se peut que	it is possible that
punir	to punish
récompenser	to reward

Étude de mots

A. **à** descriptif

La préposition **à** s'emploie souvent avec une valeur descriptive:

une jeune fille **aux yeux bleus**   *a girl **with blue eyes***
un homme **à la lonque barbe blanche**   *a man **with a long white beard***
la boîte **à malheur**   *the box **of evil*** (Pandora's box)
le tissu **à fleurs**   *the **flowered** material*
la brosse **à dents**   *tooth*brush

B. **on ne sait (trop)**   one doesn't know (too well)

Les verbes **savoir, oser, pouvoir** et **cesser** s'emploient souvent au négatif sans *pas*:

Je **ne sais.**   *I don't know.*
Il **ne cesse** de parler.   *He doesn't stop talking.*

C. **il ne saurait** + *infinitif*

Le verbe **savoir** au conditionnel est synonyme de **pouvoir:**

Je **ne saurais** vous le dire.   *I couldn't tell you.*

D. Expressions idiomatiques

1. **Plus ... plus ...**   The more ... the more ...

   Plus l'enfant mûrit, **plus** son univers s'élargit.

   Moins ... moins ...   The less ... the less

   Moins il m'écrit, **moins** je pense à lui.

   Moins ... plus ...   The less ... the more ...

   Moins je le vois, **plus** je suis heureux.

2. **ne faire que** + *infinitif*

   Blanche Neige **ne fait que** rêver au Prince Charmant.   *All Snow White does is dream about Prince Charming.*
   Ruth **n'a fait que** se marier.   *All Ruth did was get married.*

STRUCTURE

The Accented Pronoun (*La Forme tonique des pronoms personnels*)

FORMS

	Singular	*Plural*
	moi	**nous**
	toi	**vous**
	lui, elle	**eux, elles**

USES

1. As object of a preposition (except, in most cases, **à.** See *Remarquer* below.):

   avec moi   **contre eux**
   sans lui   **à côté d'elles**

2. In one word answers:

   Qui parle? —**Moi.**
   Qui avez-vous vu? —**Lui.**

3. After **être:**

   C'est elle qui règne, mais **c'est lui** qui a l'air d'être le maître.

4. After **que** in **ne . . . que** and comparisons:

> Ma mère **n'**aime **que lui.**
> Il est **plus grand que moi.**

5. In a compound subject or direct object:

> **Eux** et **moi** admirons cet auteur.
> J'ai interviewé le président et **lui.**

6. When followed by **aussi** or **seul:**

> **Toi** seul comprendras.
> **Lui** aussi est d'accord.

7. For emphasis (See p. 307).

Soi (*oneself, himself, herself*)

Soi is an accented pronoun used reflexively with a subject that is indeterminate:

> **Chacun pour soi.**   *Everyone for himself.*
> **Quand on n'a pas confiance en soi, tout est difficile.**   *When one doesn't have confidence in oneself, everything is difficult.*
> **Tout le monde pense à soi-même.**   *Everybody thinks of himself.*

REMARQUER:
In most cases, the accented pronoun cannot replace **à** + *noun.*

A. When the antecedent is a person, the indirect object pronoun **lui** or **leur** will generally be used before the verb:

> La bergère parle **à la sorcière.**
> La bergère **lui** parle.

> La fillette obéit **à ses parents.**
> La fillette **leur** obéit.

In the following special cases, however, an accented pronoun may be the object of the preposition **à:**

1. With pronominal verbs that require **à** before a complement:

> Simone s'intéresse **à Michel.**
> Simone s'intéresse **à lui.**

> Je m'adresse **aux femmes.**
> Je m'adresse **à elles.**

2. With certain idiomatic expressions:

> **penser à**   to think about
> Quand je suis loin de ma mère, je **pense à elle.**

> **rêver à**   to muse on, dream of
> Blanche Neige **rêve** au prince; elle **rêve** toute la journée **à lui.**

faire attention à   to pay attention to
Il faut faire attention aux professeurs; il faut **faire attention à eux.**

tenir à   to be attached to
Monsieur Duby **tient à ses filles;** il **tient à elles** plus qu'à ses fils.

être à   to belong to
La maison appartient à ces jeunes gens; elle **est à eux.**

3. With verbs of motion:

La petite fille court **à son père.**
La petite fille court **à lui.**

B. When the object of the preposition **à** is an inanimate thing, the adverbial pronoun **y** is substituted:

J'obéis **à la loi.**   Simone s'intéresse **à la science.**
J'**y** obéis.   Simone s'**y** intéresse.

COMPARE:

Je lui obéis.   vs. **J'y obéis.**
I obey him.   *I obey it.*

Simone s'intéresse à lui.   vs.   **Simone s'y intéresse.**
Simone is interested in him.   *Simone is interested in it.*

EXERCICES

A. Substituez un pronom aux mots en italique.

1. Pour qui une petite fille a-t-elle le plus d'admiration, pour *son père* ou pour *sa mère*? Pour *son père*.
2. C'est *son père* qui représente le monde et l'aventure.
3. Elle comprend vite la place privilégiée des hommes. Dans les contes, dans les histoires d'aventure, ce sont *les hommes* qui sont héroïques.
4. S'il y a aussi des héroïnes, elles n'existent que pour être sauvées par *les hommes*.
5. Les héros sont toujours plus importants que *les héroïnes*.
6. Qui est-ce qui a besoin de protection? *Les héroïnes*.
7. Qui est-ce qui tue les dragons? *Les héros*.
8. Il y a quelquefois une femme importante, mais alors c'est une vieille sorcière méchante. C'est *la sorcière* qui persécute l'héroïne.
9. Il n'y a que *les héros* qui soient dignes d'admiration.
10. À la fin, *le héros* et ses chevaliers s'en vont à la recherche d'une nouvelle aventure, alors que *la belle dame* et ses compagnes attendent leur retour.
11. *Mes amis* et moi adorons les contes de fée.
12. Je les lis souvent avec *mon frère*.

B. Refaites les phrases suivantes en substituant **lui, leur, y,** or **à** + *pronom accentué* aux mots en italique.

1. La bergère répond *à la sorcière*.
2. Elle répond *à sa question*.

3. La princesse pense *au château enchanté.*
4. La princesse pense *au roi.*
5. Les fillettes tiennent *à leurs poupées* (*dolls*).
6. Les fillettes tiennent *à leur mère.*
7. Au carrefour (*intersection*), il faut faire attention *au feu rouge* (*traffic signal*).
8. Au carrefour, il faut faire attention *au gendarme.*
9. Ève dit *à Adam* de manger le fruit défendu.
10. Elle pense *à Adam.*
11. Les soldats s'habituaient *au combat.*
12. Les soldats s'habituaient *à Jeanne d'Arc.*

Emphasis (*La Mise en relief*)

To stress one part of a sentence or another in English, one need only change the normal inflection:

> My father gave it to me.   (normal inflection)
> My *father* gave it to me.   (*i.e.*, not someone else)
> My father gave it to *me.*   (*i.e.*, not to another)

In French, patterns of inflection are more rigorous, and emphasis is usually achieved structurally:

A. To emphasize the subject, add the corresponding accented pronoun at the beginning, the end, or after the subject itself:

> **Lui,** mon père, me l'a donné.
> Mon père me l'a donné, **lui.**
> Mon père, **lui,** me l'a donné.

Sometimes the accented pronoun may simply be used in place of the subject:

> **Lui** me l'a donné.

For additional emphasis, **-même** may be affixed to the pronoun:

> Il me l'a donné **lui-même.**

Or *pronoun* + **même** may be used as the subject:

> **Lui-même** me l'a donné.

B. To emphasize or clarify an indirect object or a possessive pronoun when there is possible ambiguity, use **à** + *the accented pronoun:*

> Mon père le lui a donné, **à elle.**   *My father gave it to her.* (i.e., *not to him*)
> Son père **à lui** me l'a donné.   *His father gave it to me.* (i.e., *not her father*)

C. To put any element of a sentence in relief, place it after **c'est** or **ce sont** followed by **qui** or **que** and a clause:

> **C'est mon père qui** me l'a donné.   **C'est à moi qu'**il l'a donné.

Notice that after **c'est . . . qui** and **ce sont . . . qui . . .**, the verb agrees with the antecedent:

C'est **moi** qui **ai** fait cela.
C'est **nous** qui **avons** fait cela.
Ce sont **eux** qui **ont** fait cela.

EXERCICES

A. Refaites les phrases suivantes en vous servant d'un pronom tonique pour mettre en relief les mots en italique. (Parfois il y a plus d'un ordre correct.)

1. Cendrillon[1] était gentille, mais *ses trois sœurs* étaient méchantes.
2. Grâce à une fée, sa marraine, Cendrillon se rend au bal du prince. Elle porte des pantoufles de verre que la fée *lui* a données.
3. Quand le prince arrive avec la pantoufle d'une petitesse extraordinaire, les trois sœurs ont crié: «C'est *ma* pantoufle!»
4. Mais Cendrillon savait bien que c'était *sa* pantoufle.
5. Les trois sœurs étaient très surprises, mais *le prince* avait tout de suite reconnu Cendrillon.
6. Les méchantes sœurs n'en étaient pas du tout heureuses, mais *les amis de Cendrillon* étaient bien contents.

B. Refaites les phrases suivantes en mettant les mots en italique en relief. Employez **c'est . . . qui/que . . .**

MODÈLE: *Simone de Beauvoir* a écrit «Le Deuxième Sexe».
           C'est Simone de Beauvoir qui a écrit «Le Deuxième Sexe».

1. Dans l'histoire de France, il y a plusieurs femmes importantes: *Sainte Geneviève* a sauvé Paris, alors que la région parisienne était envahie par Attila et les Huns.
2. Mais *Jeanne d'Arc* (1412–1431) est l'héroïne la plus célèbre.
3. Elle a commandé les troupes françaises contre les Anglais *pendant la Guerre de cent ans.*
4. Elle a été brûlée *à Rouen.*
5. *Des Français* l'avaient vendue à l'ennemi.
6. *J'ai joué le rôle de Jeanne d'Arc dans une représentation de «l'Alouette», la pièce d'Anouilh.
7. *Valéry Giscard d'Estaing* a créé le poste de Ministre des affaires féminines en 1974 et y a nommé Françoise Giroux.
8. *Françoise Sagan* a écrit son premier roman, «Bonjour Tristesse» à l'âge de 17 ans.
9. Alain aime ce roman. *Il* m'a dit qu'il l'a beaucoup influencé.
10. Beaucoup de femmes françaises se sont distinguées *dans le cinéma:* Brigitte Bardot, Jeanne Moreau, Simone Signoret et Catherine Deneuve, entre autres.

---

[1] «**Cendrillon**», comme «Le Petit Chaperon rouge», «La Belle au Bois Dormant» et «le Petit Poucet», est un conte de l'auteur français Perrault (1628–1703).

LECTURE | Le Deuxième Sexe (*extrait*)
SIMONE DE BEAUVOIR

1

Photo Jerry Bouer
Droits Réservés

La fillette n'accepte pas sans regret le destin qui lui est assigné; en grandissant, elle envie aux garçons leur virilité. Il arrive que parents et grands-parents cachent mal qu'ils eussent préféré° un rejeton° mâle à une femelle; ou bien ils marquent plus d'affection au frère qu'à la sœur: des enquêtes ont montré que la majorité des parents souhaitent avoir des fils plutôt que des filles. On parle aux garçons avec plus de gravité, plus d'estime, on leur reconnaît plus de droits;° eux-mêmes traitent les filles avec mépris, ils jouent entre eux, ils n'admettent pas de filles dans leur bande, ils les insultent. Plus l'enfant mûrit, plus son univers s'élargit, et plus la supériorité masculine s'affirme.

La hiérarchie des sexes se découvre° d'abord à elle dans l'expérience familiale; elle comprend peu à peu que si l'autorité du père n'est pas celle qui se fait le plus quotidiennement sentir,° c'est elle qui est souveraine; elle ne revêt que plus d'éclat du fait qu'elle n'est pas galvaudée,° même si c'est en fait la mère qui règne en maîtresse dans le ménage, elle a d'ordinaire l'adresse de mettre en avant la volonté du père; dans les moments importants, c'est en son nom, à travers lui qu'elle exige, qu'elle récompense ou punit. La vie du père est entourée d'un mystérieux prestige: les heures qu'il passe à la maison, la pièce où il travaille, les objets qui l'entourent, ses occupations, ses manies ont un caractère sacré. C'est lui qui nourrit la famille, il en est le responsable et le chef. Habituellement il travaille dehors et c'est à travers lui que la maison communique avec le reste du monde: il est l'incarnation de ce monde aventureux, immense, difficile et merveilleux; il est la transcendance, il est Dieu. C'est là ce qu'éprouve charnellement° l'enfant dans la puissance des bras qui la soulèvent, dans la force de ce corps contre lequel elle se blottit. Par lui, la mère se trouve détrônée. La situation de l'enfant est alors profondément changée: elle était appelée à devenir un jour une femme semblable à sa toute-puissante mère—elle ne sera jamais le père souverain; le lien qui l'attachait à sa mère était une active émulation—du père elle ne peut qu'attendre passivement une valorisation.° Le garçon saisit la supériorité paternelle à travers un sentiment de rivalité: tandis que la fillette la subit avec une admiration impuissante.

ils . . . préféré they would have preferred
un rejeton (*fam.*) offspring

on . . . droits one grants them more rights

se découvrir to be revealed

si l'autorité . . . sentir if the father's authority is not the one that is most often felt
galvaudé besmirched

charnellement physically

la valorisation recognition of excellence or value

«Tout contribue à confirmer
aux yeux de la fillette la supériorité de son père.»

Si le père manifeste de la tendresse pour sa fille, celle-ci sent son existence magnifiquement justifiée; elle est dotée de tous les mérites que les autres ont à acquérir difficilement; elle est comblée et divinisée. Il se peut que toute sa vie elle recherche avec nostalgie cette plénitude et cette paix. Si cet amour lui est refusé, elle peut se sentir à jamais coupable et condamnée; ou elle peut chercher ailleurs une valorisation de soi et devenir indifférente à son père ou même hostile. Le père n'est d'ailleurs pas le seul à détenir° les clés du monde: tous les hommes participent normalement au prestige viril; il n'y a pas lieu de° les considérer comme des «substituts» du père. C'est immédiatement, en tant qu'ils sont hommes,° que grand-pères, frères aînés, oncles, pères de camarades, amis de la maison, professeurs, prêtres, médecins, fascinent la petite fille. La considération émue que les femmes adultes témoignent° à l'Homme suffirait à le jucher° sur un piédestal.

Tout contribue à confirmer aux yeux de la fillette cette hiérarchie. Sa culture historique, littéraire, les chansons, les légendes dont on la berce° sont une exaltation de l'homme. Ce sont les hommes qui ont fait la Grèce, l'Empire romain, la France et toutes les nations, qui

détenir   to hold, possess

il ... lieu de   there is no reason to
en tant ... hommes   inasmuch as
   they are men

témoigner   to show
jucher   to hoist

bercer   to rock (a child)

ont découvert la terre et inventé les instruments permettant de l'exploiter, qui l'ont gouvernée, qui l'ont peuplée de statues, de tableaux, de livres. La littérature enfantine, mythologie, contes, récits, reflète les mythes créés par l'orgueil et les désirs des hommes: c'est à travers les yeux des hommes que la fillette explore le monde et y déchiffre° son destin. La supériorité mâle est écrasante: Persée, Hercule, David, Achille, Lancelot, Napoléon, que d'hommes° pour une Jeanne d'Arc; et derrière celle-ci se profile la grande figure mâle de saint Michel archange! Rien de plus ennuyeux que les livres retraçant des vies de femmes illustres: ce sont de bien pâles figures à côté de celles des grands hommes; et la plupart baignent° dans l'ombre de quelque héros masculin. Ève n'a pas été créée pour elle-même mais comme compagne d'Adam et tirée de son flanc; dans la Bible il y a peu de femmes dont les actions soient notoires: Ruth n'a fait que se trouver un mari. Esther a obtenu la grâce des Juifs en s'agenouillant devant Assuérus, encore n'était-elle° qu'un instrument docile entre les mains de Mardochée; Judith a eu plus d'audace mais elle aussi obéissait aux prêtres et son exploit a un arrière-goût louche:[2] on ne saurait le comparer au pur et éclatant triomphe du jeune David. Les déesses de la mythologie sont frivoles ou capricieuses et toutes tremblent devant Jupiter; tandis que Prométhée dérobe superbement le feu du ciel, Pandore ouvre la boîte à malheur. Il y a bien quelques sorcières, quelques vieilles femmes qui exercent dans les contes une puissance redoutable. Mais ce ne sont pas là des personnages attrayants.

déchiffrer to decipher, read
que d'hommes what a lot of
baigner to bathe, steep
encore n'était-elle que and even at that she was only

COMPRÉHENSION

1. Par quels signes la fillette saisit-elle d'abord la situation privilégiée des garçons?
2. Qu'est-ce qui lui découvre la hiérarchie des sexes?
3. Comment la fillette s'imagine-t-elle le rôle de son père?
4. Caractérisez l'attitude de la petite fille vis-à-vis de son père.
5. Qu'est-ce qui constitue pour une petite fille une valorisation suprême?
6. Les rapports de la fillette avec son père servent de modèle pour le rôle féminin. Comment l'auteur décrit-elle ce rôle?
7. Quels autres facteurs renforcent chez la fillette l'idée de la supériorité masculine?
8. Identifiez plusieurs de ces héros et racontez leurs exploits: Persée, Hercule, David, Achille, Lancelot, Napoléon, Jupiter, Prométhée.
9. Nommez quelques femmes illustres—historiques, bibliques et mythologiques. Racontez leurs exploits à elles. Sont-ils aussi éclatants que ceux des hommes?

Source: Simone de Beauvoir, *Le Deuxième Sexe*, Éditions Gallimard.

[2] **un arrière-goût louche:** *a sinister aftertaste.* Pour sauver son peuple, Judith séduisit Holophernes et ensuite l'assassina pendant qu'il dormait.

2

le marin   sailor

un arbre à pain   breadfruit tree

par suite   because of

un homme ... d'os   a flesh-and-blood person

un évêque   bishop
un anneau   ring

la Belle ... dormant   Sleeping Beauty

pourfendre   to cleave in twain

insuffler   to breathe into, inspire

fondre sur   to swoop down upon

Dans les récits contemporains comme dans les légendes anciennes, l'homme est le héros privilégié. Dans les romans d'aventures ce sont les garçons qui font le tour du monde, qui voyagent comme marins° sur des bateaux, qui se nourrissent dans la jungle du fruit de l'arbre à pain.° Tous les événements importants arrivent par les hommes. La réalité confirme ces romans et ces légendes. Si la fillette lit les journaux, si elle écoute la conversation des grandes personnes, elle constate qu'aujourd'hui comme autrefois les hommes mènent le monde. Les chefs d'État, les généraux, les explorateurs, les musiciens, les peintres qu'elle admire sont des hommes; ce sont des hommes qui font battre son cœur d'enthousiasme.

Ce prestige se reflète dans le monde surnaturel. Généralement, par suite° du rôle que joue la religion dans la vie des femmes, la petite fille qui est plus que son frère dominée par la mère subit aussi davantage les influences religieuses. Or, dans les religions occidentales, Dieu le Père est un homme, un vieillard doué d'un attribut spécifiquement viril: une opulente barbe blanche. Pour les chrétiens, le Christ est plus concrètement encore un homme de chair et d'os° à la longue barbe blonde. Les anges selon les théologiens n'ont pas de sexe; mais ils portent des noms masculins et se manifestent sous la figure de beaux jeunes gens. Les émissaires de Dieu sur terre: le pape, les évêques° dont on baise l'anneau,° le prêtre qui dit la messe, celui qui prêche, celui devant qui on s'agenouille dans le secret du confessionnal, ce sont les hommes. Pour une petite fille pieuse, les rapports avec le père éternel sont analogues à ceux qu'elle soutient avec le père terrestre.

Elle apprend que pour être heureuse il faut être aimée; pour être aimée, il faut attendre l'amour. La femme c'est la Belle au bois dormant,° Cendrillon, Blanche Neige, celle qui reçoit et subit. Dans les chansons, dans les contes, on voit le jeune homme partir aventureusement à la recherche de la femme; il pourfend° des dragons, il combat des géants; elle est enfermée dans une tour, un palais, un jardin, une caverne, enchaînée à un rocher, captive, endormie: elle attend. *Un jour mon prince viendra ... Some day he'll come along, the man I love ...* les refrains populaires lui insufflent° des rêves de patience et d'espoir. La suprême nécessité pour la femme, c'est de charmer un cœur masculin; même intrépides, aventureuses, c'est la récompense à laquelle toutes les héroïnes aspirent; et le plus souvent il ne leur est demandé d'autre vertu que leur beauté. On comprend que le souci de son apparence physique puisse devenir pour la fillette une véritable obsession; princesses ou bergères, il faut toujours être jolie pour conquérir l'amour et le bonheur; la laideur est cruellement associée à la méchanceté et on ne sait trop quand on voit les malheurs qui fondent sur° les laides si ce sont leurs crimes ou leur disgrâce que le destin punit.

«Barbe-Bleue la traîne
par les cheveux . . .»

Souvent les jeunes beautés promises à un glorieux avenir commencent par apparaître dans un rôle de victime; les histoires de Geneviève de Brabant, de Grisélidis, ne sont pas aussi innocentes qu'il semble; amour et souffrance s'y entrelacent° d'une manière troublante; c'est en tombant au fond de l'abjection que la femme s'assure les plus délicieux triomphes; qu'il s'agisse de Dieu° ou d'un homme la fillette apprend qu'en consentant aux plus profondes démissions° elle deviendra toute-puissante: elle se complaît à un masochisme qui lui promet de suprêmes conquêtes. Sainte Blandine, blanche et sanglante entre les griffes des lions, Blanche Neige gisant° comme une morte dans un cercueil° de verre, la Belle endormie, Atala[3] évanouie,° toute une cohorte de tendres héroïnes meurtries,° passives, blessées, agenouillées, humiliées, enseignent à leur jeune sœur le fascinant prestige de la beauté martyrisée, abandonnée, résignée. Il n'est pas étonnant, tandis que son frère joue au héros, que la fillette joue si volontiers à la martyre: les païens° la jettent aux lions, Barbe-Bleue la traîne° par les cheveux, le roi son époux l'exile au fond des forêts; elle se résigne, elle souffre, elle meurt et son front se nimbe de gloire.°

entrelacer   to intermingle

qu'il . . . Dieu   whether it's a matter of God

la démission   renunciation

gisant   lying
le cercueil   coffin
évanoui   expired, fainted away
meurtri   bruised

le païen   pagan
traîner   to drag

son front . . . gloire   her brow becomes haloed with glory

---

[3] **Atala:** héroïne romantique d'une œuvre de Chateaubriand.

COMPRÉHENSION

1. Quel rapprochement Simone de Beauvoir fait-elle entre les légendes anciennes, les récits d'aventures et l'actualité contemporaine?
2. Montrez comment la hiérarchie des sexes se manifeste dans le domaine de la religion.
3. Nommez quelques héroïnes de contes de fée et racontez leurs histoires.
4. Quel rôle est suggéré aux filles (et aux garçons) par l'exemple de ces héroïnes?
5. Dans le rôle que la petite fille est appelée à jouer, quelle est la qualité la plus importante?
6. Comment Simone de Beauvoir explique-t-elle le masochisme féminin?

DISCUSSION

1. Expliquez le titre de l'ouvrage dont cet extrait est tiré: *Le Deuxième Sexe.*
2. Y a-t-il un rôle instinctif ou naturel pour chaque sexe? Dans quelle mesure la culture et l'éducation définissent-elles la masculinité et la féminité?
3. Les femmes sont-elles naturellement passives alors que les hommes sont toujours agressifs?
4. Comment jugez-vous l'analyse de Simone de Beauvoir? Justifiez votre réponse.
5. Essayez de remonter à votre enfance pour y retrouver les sources de vos propres idées sur le rôle des sexes. Quels facteurs vous semblent y avoir été les plus importants?
6. Estimez-vous que les femmes ont raison de se révolter contre le rôle qu'on leur impose?

IMPROVISATION

Toute la classe va collaborer pour composer un conte (une histoire). En commençant par les débuts suggérés, chacun va ajouter une phrase ou deux à tour de rôle, jusqu'à ce qu'une histoire complète ait été développée.

1. Il était une fois une jolie princesse ...
2. Marie souffrait de ce qui est le plus grand malheur pour une jeune fille de son âge: elle n'était pas belle ...
3. Germaine se croyait une femme moderne, libérée ...

COMPOSITION
DIRIGÉE

Le Rôle des sexes

Complétez les phrases suivantes et développez vos idées:

1. Quand j'étais enfant, j'ai remarqué que les femmes, elles, ... alors que les hommes, eux, ...
2. Voici les traits que l'on considère comme masculins: l'aggressivité, etc., ...
3. Les traits féminins, selon l'opinion populaire, sont: la passivité, etc., ...
4. Si un homme ou une femme manifeste trop des traits de l'autre sexe, ...
5. Maintenant je me rends compte que ...
6. La définition traditionnelle du rôle des femmes et des hommes s'écroule aujourd'hui. Je pense que ...

Le Fusil

20

CHRISTINE ARNOTHY

Christine Arnothy made her literary début very early. *J'ai quinze ans et je ne veux pas mourir,* an autobiographical account of her flight from behind the Iron Curtain, won the Prix Vérité in 1954 and has been translated into seventeen languages. Madame Arnothy is a native Hungarian, who, like so many other talented writers born outside of France— Eugene Ionesco, Samuel Beckett, Julien Green, Arthur Adamov, etc.—has adopted the French language. She has written several novels and plays. *Le Fusil* is an example of Madame Arnothy's talent for short fiction.

LECTURE | Le Fusil[1]   CHRISTINE ARNOTHY

usé worn out

ebranlé shaken

dresser un bilan to draw up a
   balance sheet, evaluate

fané wilted

la cinquantaine fifty years (of age)

une allure way, manner

le chien de chasse hunting dog

bien assorti well matched

une agonie death throes

à peine hardly

un échec failure

une étourderie blunder

aller à to fit, suit

la vitrine shop window

le jambon ham

mirobolant wonderful

las, lasse tired

la ride wrinkle

un être being

privé deprived

accrocher to hang

la pièce de monnaie coin

guetter to be on the lookout for

le tintement tinkling

souffler to breathe, whisper

la breloque charm (as on a
   bracelet)

un étalage display

doublé lined

Ce grand amour usé° par les années, rongé par les soucis, de temps en temps ébranlé° par le bilan que les intéressés en dressaient° eux-mêmes, ce sentiment fragile était aussi proche de la haine que de l'amour. Elle, une femme-fleur, légèrement fanée° par la longue attente d'un bonheur complet; lui, un bohème dont la cinquantaine° gardait des allures° de jeune chien de chasse° insouciant. Couple bien assorti,° disaient les gens.

Au début, quand il la prenait dans ses bras, elle tremblait de désir. Plus tard, elle fermait simplement les yeux. Ils supportaient tous les deux avec dignité l'agonie° d'une passion, et, dans leurs discussions, ils n'évoquaient jamais la qualité de leur amour. Ils avaient l'espoir qu'en n'en parlant pas, l'essentiel resterait peut-être. Lui, c'était l'homme qui n'a pas réussi; elle, la femme dont on dirait dans quelques années qu'elle avait dû être bien belle. Elle était aussi l'abnégation même. Jamais une pensée égoïste. À peine,° rarement, une petite révolte qui se terminait en larmes tendres. Elle aimait son mari et lui pardonnait son échec,° ses étourderies° qui allaient° si mal à un homme de cet âge. Elle songeait parfois que ses belles années avaient passé sans qu'elle possédât un objet de luxe. Elle demeurait l'éternelle femme devant une vitrine.° Poussée par un désir brûlant, elle entrait même demander les prix d'objets inaccessibles. Puis, sous le regard ironique des vendeuses, elle sortait du magasin et, rassemblant son argent dans son sac, elle achetait deux tranches de jambon° pour le dîner.

Autrefois, lui, le rêveur, bâtissait des projets mirobolants° au bout desquels ils étaient riches, circulaient dans une belle voiture et possédaient une maison de campagne. Elle était bien lasse° maintenant d'écouter ces histoires. Avec des «oui, chéri», elle acquiesçait et contemplait longuement, dans ses moments de solitude, les rides° naissantes autour de ses yeux magnifiques.

Comme chaque être° qui se sent privé,° l'obsession d'un objet, un jour, entra dans sa vie. Elle qui avait renoncé à tout ce qui n'était pas indispensable, fut saisie par l'envie de posséder un de ces bracelets épais où l'on accroche° de vraies pièces de monnaie.° Elle guettait° partout ce bracelet. Elle y songeait à ce point qu'au cinéma si un tintement° lointain résonnait elle soufflait° à l'oreille de son mari: «Tu entends ce tintement. Tu entends. C'est le bracelet que j'aimerais avoir. Tu sais, mon amour, avec des breloques° et des pièces.» Elle aurait pu souhaiter une bague, un diadème, un clip, n'importe quoi. Il n'y avait de désir en elle que pour un tel bracelet, somptueux chez les grands bijoutiers, dans leurs étalages° doublés° de velours bleu nuit, ou, plus léger, en métal brillant, dans les grands

---

Source: Christine Arnothy, *Le Cavalier mongol.*
[1] **le fusil** the rifle

le grand magasin department store
tenir bon to hold firm
la pacotille cheap substitute

avisé circumspect
une chasse renommée famous hunting grounds
doué talented
fantasque whimsical

aigre bitter

les économies (*f.*) savings
une épreuve trial
tiré drawn

étourdi astounded

dans le cadre de within the limits of

entendre to understand

l'armurier gunsmith
la biche doe

magasins.° Mais cette fois, elle avait tenu bon,° elle n'avait pas transformé son rêve en pacotille.° Elle voulait un bracelet en or. Elle lui en parlait souvent. Ce fut ainsi qu'il lui accorda le bracelet d'un geste royal:

—Mais évidemment, tu l'auras, mon petit, si mon projet réussit avec M. Dubois.

Le bracelet et le nom de M. Dubois furent bientôt associés.

M. Dubois, gros entrepreneur, homme d'affaires avisé,° propriétaire d'une chasse renommée,° gardait parmi ses employés ce garçon doué° mais fantasque.° «On ne sait jamais, se disait-il, il peut avoir un jour une idée qui me sera utile.»

Ils avaient eu un été particulièrement difficile: des vacances chez les parents aux environs de Grenoble. Les petits mots aigres° n'avaient pas manqué, sans compter les histoires qu'on racontait sur d'autres couples de leur âge qui possédaient déjà maison, enfants et des économies.° Pour elle, ce mois avait été une épreuve.° Elle rentra à Paris avec un visage tiré,° touchant dans sa beauté fatiguée. Lui, vigoureux, avait grossi de deux kilos. C'était un bon mangeur et un bon dormeur. Elle aperçut avec étonnement combien leur séjour avait été différent. «Pourquoi n'a-t-il pas souffert?» pensa-t-elle avec étonnement. Et son cœur débordant de gentillesse lui souffla aussitôt la réponse: il fallait bien qu'il se reposât, il travaille tant au long de l'année.

Un soir, il revint à la maison—deux pièces, cuisine, sur cour,[2] dans le 17ᵉ:

—Ma chérie, j'ai une grande nouvelle à t'annoncer. M. Dubois va m'offrir un cadeau pour mes vingt ans de présence dans son entreprise.

Il lui indiqua la somme et elle fut étourdie° par les possibilités qu'elle ouvrait. Une fortune à leurs yeux. Soudain, emportée par un espoir fou, tremblante, elle attacha son regard aux lèvres de son mari et attendit les mots miraculeux. Il précisait que, dans le cadre du° crédit indiqué, il pouvait choisir lui-même son cadeau. Elle avait la gorge sèche, les yeux brûlants, énormes. Elle était comme un malade devant son médecin.

—Et alors, continua-t-il, joyeux, j'ai choisi un fusil, le meilleur fusil qu'on puisse trouver en France.

—Un fusil, dit-elle.

—Comment? fit l'autre. Je ne t'entends° pas.

C'était bien vrai. Elle souffla ces mots:

—Un fusil.

Elle accompagna son mari chez l'armurier° et regarda les armes à feu avec l'horreur d'une biche° blessée.

---

[2] La plupart des immeubles parisiens ont une façade sur rue et une façade sur cour. Les appartements qui donnent sur la cour sont les moins agréables, parce qu'il y fait sombre.

terne   placid

M. Dubois, étonné par le choix qu'avait fait son employé qui semblait si terne,° les invita tous deux dans sa chasse en Sologne[3] à la fin de septembre. Elle protesta qu'elle ne pourrait guère y aller. Il lui fallait un équipement. Il trouva une jeune comédienne qui avait joué, l'hiver précédent, dans une pièce qui se situait dans un rendez-vous de chasse. Cette amie prêta, pour elle, une ravissante robe en daim° et tous les accessoires nécessaires.

le daim   suede

Depuis que le fusil était entré dans leur maison, elle ne parlait guère. Seule avec l'arme, elle la prenait dans ses mains, la soupesait;° elle était dégoûtée par la froideur reptilienne du métal. Et puis, la reposant, elle s'asseyait, regardait dans le vide et imaginait son bracelet.

soupeser   to feel the weight of

Dès son arrivée en Sologne, elle eut beaucoup de succès. Vêtue très élégamment, toujours belle et fragile, elle était la plus jolie des invitées. M. Dubois, étonné, se montra sensible à la beauté de l'épouse de son collaborateur.

—Et votre fusil, dit-il au mari, vous le donnerez à votre ravissante petite femme. Moi, je vous en prêterai un autre.

tirer   to shoot

—Je n'ai jamais tiré,° dit-elle d'une voix rauque.

Ça . . . seul   That will come naturally.

—Ça viendra tout seul,° répliqua M. Dubois.

Il lui en expliqua le maniement avec une certaine volupté. Il aimait avoir comme élève une jeune femme aussi attirante. Ses doigts épais se posaient souvent sur les mains fragiles de la néophyte. Il aimait ce contact.

maladroit   awkward

—Je crains d'être très maladroite,° répéta-t-elle.

—Personne n'est très adroit ici, répondit M. Dubois, galamment, et il donna l'ordre au maître d'hôtel de placer la jeune femme à sa droite pour le déjeuner.

rousse   russet
la bruyère   heather
la narine   nostril
pesant   heavy

La forêt était rousse,° les bruyères° mauves, le ciel gris. L'odeur de l'humidité pénétrait dans ses narines.° Elle marchait heureuse, sur le sol spongieux. L'arme était pesante,° encombrante. Elle eut presque envie de la déposer au pied d'un arbre et de l'oublier. Un instant l'idée lui traversa l'esprit qu'elle allait continuer à marcher et qu'elle ne retournerait plus au pavillon de chasse ni vers son mari.

Son costume était bien joli, mais elle n'avait pas de bracelet. Elle songeait sans cesse: «Il aurait pu demander qu'on lui prête un fusil, et m'acheter le bracelet. Il n'a jamais pensé qu'à lui.»

se réchauffer   to become warm

L'arme se réchauffait° lentement dans ses mains. Elle devenait plus familière, moins lourde.

le faisan   pheasant
une ivresse   intoxication

Un faisan° passa. La jeune femme tira. Le faisan intact continua son vol. Ce premier coup de feu lui donna une sensation d'ivresse° jamais connue. Elle devint une autre, lucide, cruelle, réaliste, une autre qui, si elle avait su viser,° aurait pu ôter° la vie à un animal. Non loin, dans la file des chasseurs, une dame bruyante, expansive, lui fit un signe de la main.

viser   to aim
ôter   to take away

[3] **La Sologne:** une région de chasse et de forêts au sud de la Loire.

Départ pour la chasse.

le bras tendu outstretched arm

Elle aperçut alors, sur ce bras tendu,° le bracelet rêvé avec de grandes pièces de monnaie anciennes, la chaînette. Son amour dans l'instant ne fut plus que haine. Et parce qu'elle avait aimé très fort, sa puissance de haine était sans limite. Elle fit un geste à son tour° et continua sa marche. Au bout de quelques minutes, débouchant dans un découvert,° elle aperçut la silhouette de son mari. «Comme il a des épaules larges», pensa-t-elle soudain.

à son tour in turn

débouchant . . . découvert coming out into a clearing

Une nuée de faisans passait. Elle visa et tira dans le dos de son mari.

À l'issue de son procès,° elle fut évidemment acquittée. Tout le monde avait compris l'accident. C'était sa première chasse.

À . . . procès At the outcome of her trial

Christine Arnothy

COMPRÉHENSION

1. Décrivez les rapports existant entre l'homme et la femme de cette nouvelle.
2. Quel est le caractère de la femme? Quel est celui de son mari?
3. Quelle obsession est entrée dans la vie de cette femme et pourquoi? Comment cette obsession se manifeste-t-elle?
4. Quelle semble être l'attitude du mari vis-à-vis de sa femme?
5. Qui est M. Dubois? Quel rôle joue-t-il dans la nouvelle?
6. Comment cette femme a-t-elle réagi pendant les vacances que le couple avait passées chez les parents? Pourquoi?
7. Quelle est la grande nouvelle que le mari annonce à sa femme, un soir?
8. Quelle est la réaction de la femme, quand son mari lui dit ce qu'il compte faire de l'argent?
9. Racontez l'épisode de la chasse.

DISCUSSION

1. Décrivez le processus de la désaffection croissante de la femme.
2. Expliquz l'importance du bracelet dans l'épisode de la chasse.
3. La mort du mari est-elle ou non un «accident?»
4. En quoi consiste l'art de cette nouvelle?
5. Estimez-vous que la psychologie de la femme est vraisemblable?
6. Commentez l'attitude de l'auteur à la fin de cette nouvelle.
7. Montrez comment la structure de la nouvelle repose sur deux objets symboliques de la masculinité et de la féminité.

COMPOSITION DIRIGÉE

«Le Fusil»: Une Analyse

En vous inspirant du plan suivant, vous allez faire une analyse de la nouvelle «Le Fusil».

  I. Le point de vue narratif

 II. Le caractère de la femme par rapport à son mari

III. La suite d'événements
     Les événements qui aboutissent à la désaffection de la femme

IV. Les deux objets importants dans la nouvelle
    Leur symbolisme et leur rôle dans la structure ou l'intrigue

 V. Les implications
    Les implications de la nouvelle en ce qui concerne l'inconscient de la femme

La Société

Human society is a complex phenomenon, an intricate web of institutions, traditions, customs, and rituals. The first reading in this section is an extract from a French manual of etiquette concerning table manners. What is etiquette, after all, if not an effort to codify and systematize certain forms of social behavior? There follows part of an interview with Laurence Wylie, a lifelong student of French manners and mores. His intriguing analysis of French gestures, facial expressions, and way of walking—the nonverbal forms of communication—reveals some basic traits of the French national character. Finally, the closing scenes of a movie scenario, François Truffaut's *La Peau douce,* present the tragic climax of a common domestic drama: adultery.

Savoir-Vivre

21

NICOLE GERMAIN

The French attach singular importance to good food
and good manners, and their refinement in these
areas is highly reputed. It is not surprising, therefore, that table manners are strongly stressed and
considered a measure of good breeding. This extract
from a manual of etiquette presents many of the
basic rules governing French table manners.
Some of these may seem arbitrary or even silly.
Nevertheless, a person who violates them is marked
as an uncultivated outsider, at the very best, or as
une personne mal élevée (an ill-bred individual),
which, to the French, is one of the worst things one
can be.

VOCABULAIRE

Lexique de mots-clés

LE COUVERT (PLACE SETTING)

une assiette	plate
le couteau	knife
la cuiller	spoon
la fourchette	fork
la nappe	tablecloth

LES METS (M.) (DISHES, KINDS OF FOOD)

un artichaut	artichoke
les asperges (*f.*)	asparagus
le brie	kind of cheese
la confiture	jam
les crudités (*f.*)	vegetables eaten raw (carrots, radishes, celery, cucumbers, etc.)
le gibier	game animals
le hors-d'œuvre	appetizer
un œuf à la coque	soft-boiled egg
la coquille	eggshell
le pamplemousse	grapefruit
le poisson	fish
une arête	fishbone
la tarte	pie
la volaille	poultry
un os	bone

LES VERBES

avaler	to swallow
couper	to cut
cueillir	to gather, pick
éplucher	to peel
éviter	to avoid
mordre dans	to bite into
ramasser	to pick up
ranger	to put back in place
récurer	to wipe clean
sucer	to suck
se tenir	to remain, stay

chat seur

EXERCICES

A. En vous servant autant que possible du vocabulaire du Lexique de mots-clés, répondez aux questions suivantes.

1. Expliquez comment mettre le couvert (*to set the table*).
2. Qu'est-ce qu'on prend comme petit déjeuner aux États-Unis? Savez-vous ce que, d'habitude, on prend en France comme petit déjeuner?
3. Quels légumes aimez-vous? Lesquels ne vous plaisent pas?
4. Que peut-on manger comme hors-d'œuvre?
5. À quoi faut-il faire attention quand on mange du poisson?
6. Qu'est-ce qu'on peut prendre comme dessert?
7. Si le bifteck et le porc sont des viandes, le sole et le thon (*tuna*) des poissons, qu'est-ce que c'est que le dindon et le poulet?
8. Avez-vous jamais mangé du gibier? L'aimez-vous?

B. Employez les verbes du Lexique de mots-clés dans une phrase qui révèle leur signification.

MODÈLE: avaler
En mangeant des artichauts, il ne faut pas avaler les feuilles.

Lexique de mots secondaires

une adresse	adroitness, skill
un couvert à poisson	special knife and fork for filleting fish
écarter	to separate, spread
une intimité	privacy, intimacy
dans l'intimité	in private
juteux	juicy
le plat	course (of a dinner)
de mauvais ton	in poor form
trempé	dipped, soaked
un usage	custom, use

Étude de mots

A. **servir** vs. **servir à** vs. **se servir de**

servir   to serve
Puis-je vous **servir** du vin?
En France, on ne **sert** jamais de confiture à la menthe avec le gigot (*leg of lamb*).

servir à + *infinitive*   to serve to do something, to be used for
Un couteau **sert à** couper la viande.
Les règles de la politesse **servent à** systématiser le comportement social.

se servir de quelque chose   to use something
Il ne faut pas **se servir d'**une cuiller pour manger des petits pois.
Le sommelier (*wine steward*) **s'est servi d'**un tire-bouchon pour ouvrir la bouteille de vin.

Tenue à table à la française.

B.   Expressions idiomatiques

   1. **changer de**   to change

      changer de main   to change hands
      changer de profession   to change professions
      changer d'avis   to change one's mind

   2. **n'importe**   it does not matter

      n'importe comment   any which way
      n'importe où   no matter where
      n'importe quand   any time at all
      n'importe qui   anyone at all
      n'importe quoi   no matter what
      n'importe quel   . . .whatever (**n'importe quel Français**   any
                              Frenchman at all)

   3. **tel quel**   just as is
      On ne sert pas le pamplemousse **tel quel,** mais coupé en deux.
      Monsieur Leblanc a acheté la vieille maison **telle quelle.**

   4. **savoir-vivre**   good manners, knowledge of the world
      Cette femme sait juger des vins. Elle a beaucoup de **savoir-vivre.**

      savoir-faire   ability, tact
      Ce garçon est trop jeune pour avoir acquis du **savoir-faire.**

STRUCTURE

The Verb «devoir» (*Le Verbe* devoir)

FORMS

	devoir
je dois	nous devons
tu dois	vous devez
il } doit elle }	ils } doivent elles }

Future Stem: **devr-**
Past Participle: **dû**

MEANING

A. If followed by a noun, **devoir** means *to owe:*

Je dois vingt francs à un ami.   I owe 20 francs to a friend.

B. If followed by an infinitive, the meaning varies according to the context and the tense. **Devoir** may express obligation or necessity, expectation, or probability.

1. Obligation or necessity:

Il **doit** travailler. (*Présent*)   He **has to** work. He **must** work.
Il **a dû** travailler pour réussir. (*Passé composé*)   He **had to** work to *succeed.*
Il **devra** travailler pour réussir. (*Futur*)   He **will have to** work to suc-*ceed.*
Il **devrait** travailler. (*Conditionnel*)   He **should (ought to)** work.
Il **aurait dû** travailler. (*Conditionnel passé*)   He **should have (ought to have)** worked.

REMARQUER:
In the conditional tenses, **devoir** is translated by *ought* or *should.*

2. Expectation:

Je dois partir demain. (*Présent*)   I am (supposed) to leave tomorrow.
Il devait partir hier, mais il est resté. (*Imparfait*)   He was (supposed) to leave yesterday, but he stayed.

3. Probability:

Vous devez être fatigué. Vous avez beaucoup travaillé. (*Présent*)   You must be tired. You have worked a lot.
Vous avez dû être fatigué quand vous avez travaillé. (*Passé Composé*)   You must have been tired when you worked.
Vous deviez être fatigué hier. (*Imparfait*)   You must have been tired yesterday.

The Verb «falloir» (*Le Verbe* falloir)

FORMS

il faut   (*présent*)
il faudra   (*futur*)
il fallait   (*imparfait*)
il a fallu   (*passé composé*)
il faudrait   (*conditionnel*)
il aurait fallu   (*conditionnel passé*)

MEANING AND USE

The verb **falloir** (*it is necessary*) is an impersonal verb. That is, it can only be used with **il**, meaning *it*, as subject, just like the verb **pleuvoir** (*to rain*). (It is impossible to say "I rain", "you rain", etc.)

Falloir may be used interchangeably with **devoir** to express obligation or necessity:

> **Je dois** être poli.
> **Il me faut** être poli.

Notice that the subject of the English sentence becomes the indirect object of the verb **falloir**:

> Il **me** faut être poli.   *I must be polite.* (*It is necessary **for me** to be polite.*)
> Il **lui** faut être poli.   *He has to be polite.* (*It is necessary **for him** to be polite.*)

It is also possible to use a **que** clause with the verb in the subjunctive (See Lesson 22.):

> **Il faut que je sois poli.**
> **Il faut que Georges soit poli.**

EXERCICES

A. Traduisez les phrases suivantes.

1. Chaque enfant doit apprendre les règles de la politesse. 2. Nanine a un rendez-vous avec Richard. Ils doivent sortir ce soir. 3. **Devoir** est un verbe que vous devez apprendre. 4. Il doit être difficile de quitter sa famille. 5. Nous devrons prendre l'autocar demain à trois heures. 6. Quand vous êtes rentré si tard, votre père a dû vous punir. 7. En Afrique, il doit faire chaud. 8. Mon père devait faire un voyage en Europe cet été, mais il n'est pas parti. 9. Les jeunes filles ont dû s'enfuir pour échapper à une situation pénible. 10. Je devais être fatigué quand j'ai fait cette erreur. 11. Vous auriez dû faire attention; vous auriez évité cet accident. 12. Nous devrions envoyer des fleurs à notre hôtesse.

B. Refaites les phrases suivantes en vous servant du verbe **devoir** à la place du verbe **falloir**. Faites tous les autres changements nécessaires. (Attention au temps du verbe!)

Une poignée de main
devant l'Opéra.

MODÈLE: Il me faudrait tenir la porte ouverte pour la personne qui me suit.

Je devrais tenir la porte ouverte pour la personne qui me suit.

Étiquette traditionnelle pour les hommes:

1. Dans le métro et dans l'autobus, il leur faudra céder leur place à une femme debout.
2. Il leur faut demander la permission de fumer un cigare dans un compartiment de chemin de fer.
3. Autrefois, il leur fallait baiser la main des dames.

Étiquette pour les femmes:

4. Il ne lui faudrait pas porter un grand chapeau au théâtre ou au cinéma.
5. Autrefois, il ne lui fallait jamais inviter un homme, mais aujourd'hui le M.l.f. a aboli ce vieil usage.
6. Certains disent qu' il lui faut payer quand elle sort avec un homme.

Étiquette pour vous:

7. En France, il vous faudra serrer la main en rencontrant un ami et en le quittant.
8. Il ne faut pas que vous gardiez une main sur les genoux (*on the lap*) pendant que vous mangez.
9. En mangeant de la soupe, il vous aurait fallu introduire la cuiller dans votre bouche de face et non pas de côté.

Étiquette pour moi:

10. Il ne faudra pas que je téléphone trop tard ou trop tôt à un ami.
11. Si je me heurte contre quelqu'un dans la rue, il me faut dire «Pardon, monsieur» ou «Pardon, madame».
12. Quand je suis allé à l'opéra, il m'a fallu éviter toute conversation et tout commentaire pendant le spectacle.

C. Traduisez les phrases suivantes.

1. One has to respect French etiquette when one is in France.
2. You should use your knife and your fork in the French manner.
3. Jean-Jacques was supposed to dine with us tonight.
4. He must have forgotten.
5. He should have written the date in his engagement book (*son agenda*).
6. We will have to forgive him this time.
7. He is probably very embarrassed (*gêné*).
8. The guests (*les invités*) ought to clink glasses (*trinquer*) before drinking their wine.
9. I had to explain this custom to them.
10. That man must have been drunk (*ivre*).

Possessive Pronouns (*Le Pronom possessif*)

FORMS

	Singular		Plural	
	Masculine	*Feminine*	*Masculine*	*Feminine*
	le mien	la mienne	les miens	les miennes
	le tien	la tienne	les tiens	les tiennes
	le sien	la sienne	les siens	les siennes
	le nôtre	la nôtre	les nôtres	
	le vôtre	la vôtre	les vôtres	
	le leur	la leur	les leurs	

USE

A. The possessive pronoun takes the place of a possessive adjective and a noun:

Ma mère et **sa mère** font partie du même club.
Ma mère et **la sienne** font partie du même club.

REMARQUER:
Possessive pronouns, like possessive adjectives, agree in gender and number with the thing possessed and not with the possessor:

sa sœur   *his, her sister*   **la sienne**   *his, hers*

B. The possessive pronoun may be used to refer to the members of a group collectively:

> **Joyeux Noël à vous et aux vôtres.** *Merry Christmas to you and your family.*
>
> **Nous allons dîner ensemble au restaurant. Serez-vous des nôtres?** *We are going to dine together in a restaurant. Will you join us?*

EXERCICE

Refaites les phrases suivantes en remplaçant les mots en italique par un pronom possessif.

1. À *votre santé!*
2. L'étiquette française est assez différente de *notre étiquette.*
3. Les amis de mon mari et *mes amis* ne s'entendent guère.
4. Thierry est très gentil pour ses parents. Il oublie parfois son propre anniversaire, mais il fête toujours *l'anniversaire de ses parents.*
5. On a annoncé vos fiançailles et *leurs fiançailles* le même jour.
6. Ma maison est grande et belle, mais *la maison d'Ève Marie* est magnifique.
7. Avez-vous des cigarettes? J'ai perdu *mes cigarettes.*
8. Certains rites français nous paraissent ridicules, mais *nos rites* ne valent guère mieux.
9. Chacun a des habitudes sacrées. J'ai *mes habitudes* et tu as *tes habitudes.*
10. Ma famille est conservatrice, mais *sa famille* est réactionnaire.

LECTURE | Savoir-Vivre

| NICOLE GERMAIN

la tenue conduct, manners

droit straight

La Tenue° à table

Une fois assis à table, il faut encore savoir s'y tenir. De préférence, on s'assied face à la table, et l'on garde le dos droit.°

la tenue à table

En France, les enfants doivent mettre les mains sur la table; par contre, en Angleterre, le savoir-vivre veut qu'on tienne ses mains sur ses genoux, sous la table, lorsqu'on ne s'en sert pas pour manger.

le coude elbow
dégagé relaxed

Quoi qu'on en dise, on peut mettre un coude° sur la table: cela donne un air dégagé° à la conversation. Mais dès que l'on se sert de ses mains, les coudes doivent disparaître de la nappe et se serrer contre le corps. Écarter les coudes en mangeant est à la fois inesthétique et gênant pour les voisins.

On ne mord jamais dans son pain, on le brise par petits morceaux. On n'utilise le couteau que pour couper, et il ne faut jamais couper plus d'un morceau à la fois. S'il faut couper continuellement, comme par exemple un bifteck, on mange en tenant sa fourchette de la main gauche et en gardant le couteau dans la main droite. Il n'y a peut-être pas de justification précise à ce commandement: c'est un de ces cas où se manifeste l'arbitraire du savoir-vivre. Les Anglo-Saxons, après s'être servis de leur couteau, le reposent de biais° sur l'assiette et changent la fourchette de main.

de biais crosswise

on ne mord jamais dans son pain

Il n'y a toutefois pas lieu de
However, there's no need to

Inutile . . . avaler No point in
seeming to swallow

Restons-en au nôtre Let's keep to
ours
la dégoulinade dribbling

En principe, on emploie la fourchette pour tous les aliments à peu près solides. Pour une raison inexplicable, et d'ordre probablement esthétique, on ne se sert de la cuiller que lorsque l'on ne peut pas utiliser la fourchette. Il n'y a toutefois pas lieu° de pousser le raffinement jusqu'à vouloir ramasser les crèmes avec une fourchette ou se condamner à les laisser dans l'assiette. Ce serait ridicule, et la cuiller est là pour cet usage. On tient celle-ci de la main droite et on l'introduit dans la bouche de face. Inutile d'avoir l'air° de l'avaler. Les Anglo-Saxons considèrent cet usage français comme de mauvais ton. Ils se servent de leurs cuillers de côté. Là encore, il n'y a pas de jugement de valeur à porter, il s'agit de deux usages différents. Restons-en au nôtre.° Mais, ici comme là, toute dégoulinade° de liquide est à éviter.

se nourrir sans faire le moindre bruit

Dans tous les cas, il est expressément recommandé de se nourrir sans faire le moindre bruit.

Règles particulières à certains mets

Les œufs à la coque. Les œufs à la coque posent un problème délicat et controversé. Comment les ouvrir? Selon les uns, uniquement avec une cuiller. Selon les autres, on peut les fendre° avec un couteau et soulever° le chapeau avec la cuiller. Louis XV était un virtuose en la matière et ouvrait son œuf d'un seul coup de couteau. Le repas du roi était public, et son adresse une attraction devant laquelle s'ébaudissaient° les badauds.°

À moins d'être° Louis XV, ce tour° de prestidigitation est à éviter, mais, entre les deux méthodes proposées, il n'y a pas lieu de choisir. L'une et l'autre se font. Une fois l'œuf vidé° avec l'aide de mouillettes° de pain beurré, on écrase ou on n'écrase pas la coquille: cela dépend des usages familiaux.

fendre   break, split
soulever   to lift up

s'ébaudir   to gawk
le badaud   gaper
À moins d'être   Unless you are
le tour   trick
vidé   emptied

la mouillette   sippet, bit

Louis XV ouvrait son œuf d'un seul coup de couteau.

Le poisson. Sauf quand il est servi en tranches, le poisson demande une certaine adresse. On ne doit pas l'attaquer n'importe comment. Il faut, en principe, lever les filets et ranger aussi proprement que possible sur le côté de l'assiette tête et arêtes. Pour ce faire, d'ailleurs, il existe des couverts à poisson.

Les volailles. La volaille ne pose aucun problème particulier. Toutefois,° dans l'intimité, il est admis que l'on puisse sucer certains petits os, surtout lorsqu'il s'agit de petit gibier: faisans,° perdrix,° cailles,° par exemple. Il faut évidemment le faire aussi délicatement que possible, en utilisant deux doigts au maximum, et sans se couvrir de sauce. Depuis le XVIIIe siècle, c'est la règle, on ne prend pas un pilon° à pleines mains, mais on peut suçoter une aile° de perdreau.°

Toutefois   However
le faisan   pheasant
la perdrix   partridge
la caille   quail

le pilon   drumstick
une aile   wing
le perdreau   young partridge

certains légumes crus se mangent avec les doigts

Les crudités. Certains légumes crus se servent tels quels, simplement lavés, par exemple les radis;° on les mange avec les doigts, comme si l'on venait de les cueillir au jardin.

le radis   radish

Les asperges et les artichauts. La plupart des légumes cuits n'appellent aucun commentaire. Seuls font exception les asperges et les artichauts. Traditionnellement, les asperges se servent avec une sauce et l'on mange la partie comestible avec la fourchette.

Les artichauts se consomment feuille à feuille, trempées une par une dans la sauce; mais on ne mange pas la feuille entière. On range les feuilles consommées sur le côté de l'assiette. Une fois le fond entièrement déshabillé et débarrassé du foin,° on le coupe et on le mange avec la fourchette.

Les sauces. En règle générale, une sauce se consomme avec le plat qu'elle accompagne, et non pour elle-même, si succulente qu'elle soit.° Il est pourtant toléré, dans l'intimité, de saucer discrètement à l'aide d'un petit morceau de pain piqué° au bout de la fourchette, jamais avec les doigts. Et n'oubliez pas que saucer ne signifie pas récurer son assiette.

Les fromages. Les fromages se présentent sous certaines formes, ronds, carrés° ou en triangle, comme une pointe de brie. On doit, en se servant, respecter la forme du fromage, ne pas le défigurer pour que la base reste appétissante. Dans un fromage rond, on coupe des triangles qui correspondent à des sections de la circonférence; dans les fromages carrés, des morceaux carrés ou rectangulaires, mais toujours à angles droits. Dans les morceaux en pointe, du brie par exemple, on coupe du côté de la pointe des languettes° triangulaires, de façon à respecter plus ou moins la forme du morceau. On ne coupe jamais le nez du fromage, c'est un des tests les plus précis du savoir-vivre, malgré son importance très relative à première vue.

on ne coupe jamais le nez du fromage

Le fromage se mange à l'aide d'un couteau, tenu de la main droite et d'une bouchée° de pain tenue de la main gauche. On pose le fromage sur le pain, et l'on porte le tout à sa bouche. En France, on ne se sert pas d'une fourchette pour le fromage, contrairement à l'usage des pays anglo-saxons.

Les fruits. Les fruits se consomment en général de la façon la plus naturelle. Il n'existe que peu d'exceptions.

---

le foin fiber surrounding heart of an artichoke

si succulente qu'elle soit however succulent it may be
piqué pricked

carré square

la languette small slice

la bouchée bite-size

En principe, on ne sert pas le pamplemousse tel quel, mais coupé en deux et préparé aussi bien en hors-d'œuvre qu'en dessert.

Pour éplucher une pomme, on la coupe en quartiers et on épluche chaque quartier, que l'on tient dans sa main gauche, avec le couteau à fruits tenu dans la main droite, puis on mord dans le quartier épluché.

une fourchette pour les poires

Pour les poires, après les avoir coupées en quartiers dans l'assiette, on les pique avec une fourchette que l'on tient de la main gauche, et on les épluche avec un couteau. On les repose dans son assiette, puis on les coupe en morceaux que l'on mange ensuite avec la fourchette. Cela est une simple règle de bon sens: la poire est juteuse, la pomme ne l'est pas. À l'étranger, en règle générale, il faut manger la pomme comme on mange la poire.

Les gâteaux. À l'exception de la galette des Rois[1] ou du biscûit de Savoie, servi avec une crème, tous les gâteaux, y compris les tartes, se mangent avec la fourchette: cette règle est absolue à table. À goûter,° au contraire, on peut se servir de la main, à condition de ne pas se couvrir de confiture ou de crème.

le goûter   here, afternoon tea

COMPRÉHENSION

1. Comment les enfants français doivent-ils se tenir à table? Leur tenue est-elle différente de celle qu'on enseigne aux enfants américains?
2. De quelle façon doit-on manger son pain? Qu'est-ce qu'il ne faut pas faire?
3. Faites une petite pantomime pour montrer comment un Américain fait pour manger un bifteck. Ensuite, montrez comment un Français s'y prend.
4. Faites une pantomime pour montrer comment un Américain mange sa soupe. Ensuite montrez comment un Français se sert de sa cuiller.
5. Est-il permis de faire du bruit en mangeant?
6. Quel problème les œufs à la coque posent-ils? Comment Louis XV s'y prenait-il pour les ouvrir?
7. Généralement, en France, quand on commande du poisson, on le sert avec la tête et la queue. Que faut-il faire avant de manger du poisson?
8. Que faut-il éviter en mangeant de la volaille, sauf dans l'intimité?
9. De quelle façon mange-t-on les artichauts?
10. Quelle est la règle concernant les sauces? Qu'est-ce qu'il est permis de faire en famille, qu'on ne doit pas faire au restaurant?
11. Dessinez (au tableau ou sur une feuille de papier) les formes sous lesquelles les fromages se présentent. Ensuite, indiquez comment on doit les couper.
12. De quelle façon mangez-vous d'habitude une pomme ou une poire? Expliquez comment il faut manger de tels fruits en France.
13. Comment doit-on manger les gâteaux?

---

[1] **la galette des Rois:** gâteau que l'on mange à l'occasion de la Fête des Rois (*Twelfth Night*).

Les Formules de politesse

Le français abonde en formules de politesse pour toute occasion. En voici quel-ques-unes des plus utiles:

UNE PRÉSENTATION:

—Permettez-moi de vous présenter Monsieur un tel (*Mister so and so*).
—Monsieur. Je suis enchanté de faire votre connaissance.

UN REMERCIEMENT:

—Merci beaucoup. (or: Mille mercis.)
—Je vous en prie. (or: Il n'y a pas de quoi. or: De rien.)

UN COMPLIMENT:

—Que vous êtes beau/belle aujourd'hui!
—Vous êtes trop aimable. (or: Vous êtes gentil, or: Vous trouvez?)

DE BONS VOEUX:

—Joyeux Noël! Joyeux anniversaire! Bonnes vacances! Bon voyage! Bon appétit!
—Et à vous de même.

UNE INVITATION:

—Pourrais-je avoir le plaisir de votre compagnie lundi soir pour dîner? (or: Pourrions-nous dîner ensemble lundi soir?)
—Je suis désolé, mais je suis pris ce soir-là.
—Voulez-vous prendre un verre (un pot) avec moi?
—Avec plaisir. (or: Très volontiers.)

POUR FAIRE UNE DEMANDE POLIE, ON COMMENCE:

—Auriez-vous la bonté de + *infinitif*. . . .
—Voulez-vous bien + *infinitif*. . . .
—Veuillez + *infinitif*. . . .
—Auriez-vous l'obligeance de + *infinitif*. . . .

POUR TERMINER UNE LETTRE:

Lettre amicale:

Bien amicalement à vous.	Amical souvenir.
Meilleures amitiés.	Bon souvenir.
Je vous embrasse.	

Lettre d'affaires:

Je vous prie, Monsieur, d'agréer l'expression de mes sentiments les plus dis-tingués (or: respectueux).

OR

Croyez, je vous prie, à mes sentiments les meilleurs.

DIVERS

Puis-je me joindre à vous?
Serez-vous des nôtres? (Will you join us?)

DISCUSSION

1. Quelles semblent être les différences principales entre les règles de la politesse française et les nôtres?
2. Trouvez-vous que certaines règles de la tenue à table sont arbitraires ou ridicules? Si oui, lesquelles?
3. Avez-vous jamais entendu parler de Emily Post ou de Amy Vanderbilt? Que pensez-vous des manuels de politesse? Sont-ils des guides utiles, ou les trouvez-vous artificiels et formalistes?
4. Un code d'étiquette est-il nécessaire à l'harmonie sociale? Existe-t-il des sociétés où il n'y a pas de règles de conduite?

COMPOSITION
DIRIGÉE

Imaginez que vous avez été élevé par des missionnaires dans une forêt sauvage. Vous n'avez jamais eu de contact avec la société américaine; vous n'avez jamais vu des revues américaines ni regardé la télévision. Un jour, vous quittez votre village primitif où la vie est simple et naturelle, et vous faites un séjour aux États-Unis. Décrivez, sous forme d'un journal intime (*diary*), votre réaction aux mœurs américaines. Commencez:

Cher Journal,

Aujourd'hui je suis arrivé à (New York, Chicago, San Francisco, etc.). Mes hôtes américains étaient venus me chercher à l'aéroport. Tout me paraissait étrange: . . .

Verbes **22**

The Subjunctive (Le Subjonctif)

USE OF THE SUBJUNCTIVE MOOD (L'Emploi du mode subjonctif)

The subjunctive is what grammarians call a "mood". (The indicative, the conditional, the infinitive, and the imperative are also classified as moods.) Whereas the indicative is the mood of fact, reality, or objectivity, the subjunctive is the mood of verbs colored by doubt, emotion, wish or desire, opinion or judgment, obligation or necessity. Compare:

INDICATIVE		SUBJUNCTIVE	
Fact:		*Doubt:*	
Elle **est** malade.		**Je doute**	
Je sais	qu'elle	*Emotion:*	
Nous sommes sûrs **est**		**Je suis triste**	
Il est évident malade.		*Wish, desire:*	qu'elle
Il est certain		**Ses ennemis voudraient** **soit**	
		Opinion, judgment:	malade.
		C'est dommage	
		Obligation, necessity:	
		Il faut	

While the subjunctive does occur in English, it is relatively rare and takes on a variety of forms, for example: She thinks *he may come*. It is important that *you be* on time. We wish *he would speak*. In French, however, the subjunctive is used systematically and extensively.

The subjunctive occurs most frequently in subordinate clauses (**que** clauses) after certain verbs and expressions.

verb or *expression*	+	**que**	+	*subject*	+	*verb in subjunctive*

Impersonal Expressions of Necessity, Uncertainty, and Judgment

Il faut qu'on apprenne le subjonctif. *It is necessary that you learn the subjunctive.*

Il est douteux que des étudiants de deuxième année aient déjà étudié ce mode en détail. *It is doubtful that second year students have already studied this mood in detail.*

Il est important qu'on sache l'employer. *It is important that one know how to use it.*

Here is a list of commonly used impersonal expressions governing the subjunctive:

it is useless *it's a ...*

it's good il est bon que	il est inutile (utile) que
it's too bad il est (c'est) dommage que (*it's a shame*)	il est naturel que *it's natural*
it's doubtful il est douteux que	il est préférable que *it's preferable*
it's strange il est étrange que	il est regrettable que *it's regrettable*
it's essential il est essentiel que	il semble que *it seems*
it's necessary il faut que	il se peut que (*it is possible*) *it's possible*
it's important il est important que	il est temps que *it's about time*
it's impossible il est impossible (possible) que	il vaut mieux que (*it is better*)
	it's better

REMARQUER:

1. Impersonal expressions that imply <mark>certainty</mark> or <mark>probability</mark>, such as **il est vrai, il est certain, il est évident, il est probable, il est indiscutable**, etc., are followed by the indicative. Compare:

> **Il est douteux** que la victime du kidnapping **soit** morte.
> **Il est sûr** que la victime **est** morte.

2. **Il semble que** introduces the subjunctive. **Il me (te, lui, nous, vous, leur) semble** introduce the indicative. Compare:

> **Il semble que** le subjonctif **soit** important.
> **Il me semble que** le subjonctif **est** important.

3. With the expression **il faut**, it is possible to avoid the subjunctive by using an infinitive construction with an indirect object:

> **Il faut que** + *Subjunctive*.   **Il** (*i.o.*) **faut** + *infinitive*.
>
> **Il faut que je comprenne.**   **Il me faut comprendre.**
> **Il faut qu'ils comprennent.**   **Il leur faut comprendre.**

Expressions of Feeling or Emotion

> **Le professeur est heureux que vous vous intéressiez au subjonctif.**
> *The teacher is happy that you are interested in the subjunctive.*
> **Cette mère a peur que son enfant ne soit malade.**[1]   *This mother is afraid that her child is ill.*

Here is a list of commonly used expressions of feeling or emotion governing the subjunctive:

aimer que	être content que
aimer mieux que (*to prefer*)	être désolé que (*to be very sorry*)
s'attendre à ce que (*to expect*)	être étonné que _ *to marvel*
avoir honte que (*to be ashamed*)	être fâché que (*to be angry*)
avoir peur que (ne)	être fier que
craindre que (ne) (*to fear*)	être furieux que

---

[1] Expressions of fear like **avoir peur** and **craindre** require **ne** before the subjunctive verb they introduce. This **ne** is not a negative and is not translated. While it appears to be superfluous, good usage requires the use of the so-called "*expletive ne*".

être heureux que   préférer que
être ravi que (*to be delighted*)   regretter que
être surpris que   tenir à ce que (*to be anxious that*)
être triste que

REMARQUER:

When the subject of the main clause and the subjunctive clause would be the same, avoid the subjunctive. For example, instead of saying "**Je suis triste que je parte,**" use *expression* + **de** + *infinitive:* "**Je suis triste de partir.**" Instead of "**Yvonne est contente qu'elle** (Yvonne) **aille en France,**" say "**Yvonne est contente d'aller en France.**"

Expressions of Doubt or Negation

> **Nous doutons que vous ayez des difficultés avec cette leçon.** *We doubt that you will have difficulties with this lesson.*
> **Les auteurs nient que le subjonctif soit difficile.** *The authors deny that the subjunctive is difficult.*

Verbs of thinking and believing and expressions implying certainty are considered to be expressions of doubt when used in the negative or interrogative:[1]

> Je pense que Robert **est** malade.   (*Affirmative*)
>
> BUT:
>
> Je ne pense pas que Robert **soit** malade.   (*Negative*)
> Pensez-vous que Robert **soit** malade?   (*Interrogative*)

Here is a list of commonly used expressions of doubt or negation governing the subjunctive:

> douter que
> nier que (*to deny*)
> être incertain que
> ce n'est pas sûr que
> être certain (sûr) que
> croire   } when used in the negative
> penser   } or interrogative
> trouver

Verbs or Expressions Implying Wish or Command

> **Nous voulons que vous fassiez ces exercices.** *We want you to do these exercises.*
> **Le professeur exige que tous les étudiants apprennent par cœur les formes du subjonctif.** *The teacher requires that all students memorize the forms of the subjunctive.*

---

[1] Strangely enough, the converse is not true. That is, expressions of doubt used in the negative govern the subjunctive in good usage: **Je ne doute pas que Robert soit malade.**

Le Président de la République veut que tous les Français fassent du sport.

Here is a list of commonly used expressions of wish or command governing the subjunctive:

désirer

regue exiger

to be opposed s'opposer à ce que

permettre que

souhaiter (*to wish*)

vouloir

EXCEPTION: While the verb **espérer** may be construed to be either an expression of emotion or of wish, it governs the indicative:

> **Nous espérons que vous vous souviendrez de cette exception.** *We hope you will remember this exception.*

FORMS

The Present Subjunctive

	Stem	*Ending*
je		**-e**
tu		**-es**
il	stem of the **ils** form	
elle	of present indicative	**-e**
ils		
elles		**-ent**
nous	stem of the **nous** form	**-ions**
vous	of present indicative	**-iez**

A. Endings

The subjunctive endings are the same for all verbs, regular and irregular, excepting **avoir** and **être.**

B. Stem

1. One-stem verbs: The stem of the subjunctive is derived from the **nous** and **ils** forms of the present indicative. If these two forms have the same stem in the indicative, that stem is used throughout the subjunctive. A conjugation model follows:

	finir		
Present Indicative:	nous **finiss**ons		
	ils **finiss**ent		
Present Subjunctive:	que je **finiss**e	que nous	**finiss**ions
	que tu **finiss**es	que vous	**finiss**iez
	qu' il / qu' elle **finiss**e	qu' ils / qu' elles	**finiss**ent

All regular verbs and many irregular verbs follow this pattern.

2. Two stem verbs: If, in the present indicative, a verb has a different stem for the **nous** and **ils** forms, the **nous** stem is used for the **nous** and **vous** forms of the subjunctive; the **ils** stem is used for the others. A conjugation model follows:

	venir		
Present Indicative:	nous **ven**ons		
	ils **vienn**ent		
Present Subjunctive:	que je **vienn**e	que nous	**ven**ions
	que tu **vienn**es	que vous	**ven**iez
	qu' il / qu' elle **vienn**e	qu' ils / qu' elles	**vienn**ent

3. Verbs that do not follow the above patterns:

COMPLETELY IRREGULAR

avoir		**être**	
que j'	aie	que je	sois
que tu	aies	que tu	sois
qu'il / qu'elle	ait	qu'il / qu'elle	soit
que nous	ayons	que nous	soyons
que vous	ayez	que vous	soyez
qu'ils / qu'elles	aient	qu'ils / qu'elles	soient

ONE STEM

pouvoir		savoir		faire	
que je	puisse	que je	sache	que je	fasse
que tu	puisses	que tu	saches	que tu	fasses
qu'il qu'elle	puisse	qu'il qu'elle	sache	qu'il qu'elle	fasse
que nous	puissions	que nous	sachions	que nous	fassions
que vous	puissiez	que vous	sachiez	que vous	fassiez
qu'ils qu'elles	puissent	qu'ils qu'elles	sachent	qu'ils qu'elles	fassent

TWO STEMS

aller		vouloir	
que j'	aille	que je	veuille
que tu	ailles	que tu	veuilles
qu'il qu'elle	aille	qu'il qu'elle	veuille
que nous	**all**ions	que nous	**voul**ions
que vous	**all**iez	que vous	**voul**iez
qu'ils qu'elles	aillent	qu'ils qu'elles	veuillent

The Past Subjunctive

The past subjunctive consists simply of the subjunctive of the auxiliary verb **avoir** or **être** and the past participle:

> **que j'aie parlé**
> **que tu sois venu**
> **qu'il se soit trompé**

USES OF THE SUBJUNCTIVE TENSES

The Present Subjunctive

The present subjunctive expresses an action that takes place at the same time or in the future with respect to the tense of the main verb. There is no future subjunctive; the present subjunctive is used. Note how it is translated in the following cases:

1. With the main verb in the present tense:

Je doute qu'il **vienne**. { *I doubt that he **is coming**.*
                             { *I doubt that he **will come**.*

2. With the main verb in the past tense:

Je doutais qu'il **vienne**. { *I doubted that he **was coming**.*
                               { *I doubted that he **would come**.*

The Past Subjunctive

The past subjunctive expresses an action that takes place *before* the action of the main verb. Note how it is translated in the following cases:

1. With the main verb in the present tense:

> Je doute qu'il **soit venu.**　*I doubt that **he came.***

2. With the main verb in the past tense:

> Je doutais qu'il **soit venu.**　*I doubted that he **had come.***

The Imperfect and the Pluperfect Subjunctive

These are relatively rare literary tenses. They are most likely to be encountered in classical French writers. In elegant style, when the principal verb is in the past tense, the imperfect subjunctive replaces the present subjunctive, and the pluperfect subjunctive replaces the past subjunctive:

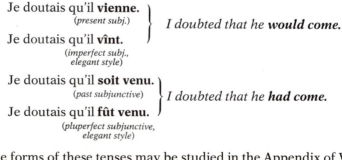

> Je doutais qu'il **vienne.**
> *(present subj.)*
>
> Je doutais qu'il **vînt.**
> *(imperfect subj., elegant style)*

*I doubted that he **would come.***

> Je doutais qu'il **soit venu.**
> *(past subjunctive)*
>
> Je doutais qu'il **fût venu.**
> *(pluperfect subjunctive, elegant style)*

*I doubted that he **had come.***

All the forms of these tenses may be studied in the Appendix of Verb Forms.

EXERCICES

A. Donnez le présent du subjonctif des verbes suivants.

1. parler: que je _____
2. vendre: que tu _____
3. dire: qu'il _____
4. écrire: qu'elle _____
5. lire: que nous _____

6. connaître: que vous _____
7. mettre: qu'ils _____
8. partir: qu'elles _____
9. conduire: que tout le monde _____
10. choisir: que je _____

B. Donnez la conjugaison entière des verbes suivants au présent du subjonctif.

devoir   prendre   croire   voir

C. Donnez le présent du subjonctif qui correspond aux formes suivantes.

1. il a
2. nous avons
3. vous êtes
4. ils sont
5. je peux

6. nous savons
7. il va
8. vous allez
9. je veux
10. vous voulez

D. Refaites les phrases suivantes en mettant le verbe au passé du subjonctif. Traduisez les deux phrases.

MODÈLE: Je doute qu'elle vienne. *I doubt she is coming* (or *will come*).
Je doute qu'elle soit venue. *I doubt she came.*

1. Je doutais qu'elle vienne.
2. Vous êtes fâché que votre ami ne téléphone pas.
3. Tout le monde a été surpris que ces candidats perdent l'élection.
4. Chantal a peur que Pierre ne reçoive une mauvaise note.
5. Je suis heureux que vous puissiez me rendre visite.
6. Il est regrettable que Janine ait tant d'ennuis.
7. Les journalistes ne sont pas certains que le président arrive à l'heure.
8. C'était dommage que ce beau cheval se casse la jambe.

Le Subjonctif après les expressions impersonnelles d'opinion ou de jugement

E. Complétez les phrases suivantes par la forme correcte du verbe en italique.

1. Il faut (Il est nécessaire) que j'(*apprendre*) le subjonctif.
2. Il est important (essentiel) qu'on (*savoir*) l'employer.
3. Il est possible (Il se peut) que le professeur (*être*) en retard aujourd'hui.
4. Il est impossible que le directeur (*connaître*) tout le monde.
5. Il vaut mieux (Il est préférable) que nous (*faire*) nos devoirs au lieu d'aller au cinéma.
6. Il semble que tu (*dormir*) mal; tu as toujours l'air fatigué.
7. Il est utile (inutile) que vous (*voir*) ce film.
8. Il est (C'est) dommage qu'Étienne (*venir*) trop tard.
9. Il est temps que ce jeune homme (*choisir*) un métier.
10. Il est étrange (naturel) que Brigitte ne (*vouloir*) pas épouser Roger.

F. Faites une phrase complète en employant l'expression indiquée. (Attention: les phrases ne seront pas toutes au subjonctif.)

MODÈLE: Vous arrivez toujours en retard. (Il semble . . .)
Il semble que vous arriviez toujours en retard.

1. Roland va mieux. (Il semble . . .)
2. Roland va mieux. (Il me semble . . .)
3. Je vendrai ma voiture. (Il est vrai . . .)
4. Je vendrai ma voiture. (Il est douteux . . .)
5. Vous vous servez souvent du subjonctif. (Il est probable . . .)
6. Vous vous servez souvent du subjonctif. (Il est possible . . .)
7. Ce monsieur est honnête. (Il n'est pas certain . . .)
8. Ce monsieur est honnête. (Il est sûr . . .)

G. Refaites les phrases suivantes en suivant le modèle.

MODÈLE: Il faut que je parte.
Il me faut partir.

1. Il faut qu'il dise la vérité.
2. Il faut qu'elles fassent des économies.
3. Il faut que je mette mes lunettes.
4. Il faut que nous parlions au professeur.
5. Il faut que vous répondiez aux questions.
6. Il faut que tu étudies bien cette leçon.

Le Subjonctif après des expressions de sentiment

H. Complétez les phrases suivantes par la forme correcte du verbe en italique. («**p**» indique indique que le verbe est au passé.)

1. Il est content (heureux) que nous l'(*accompagner*).
2. Mon père est fâché (furieux) que j'(*échouer* **p**) à l'examen.
3. Les joueurs de football étaient fiers que leur équipe (*gagner* **p**).
4. La police est étonnée (surprise) que le détenu (*s'évader* **p**).
5. Nous sommes ravis que tu (*pouvoir*) accepter notre invitation.
6. Tout le monde est désolé (triste) que votre chien (*mourir* **p**).
7. Sylvie a honte que ses vêtements (*être*) sales.
8. J'ai peur (Je crains) que l'inspecteur ne (*venir*).
9. Quand j'étais plus jeune, ma mère n'aimait pas que je (*sortir*) après la tombée de la nuit.
10. Mon mari préfère (aime mieux) que je (*faire*) la cuisine moi-même.
11. L'hôtesse s'attend à ce que tous ses invités (*être*) à l'heure.
12. Je tiens à ce que vous (*dîner*) chez moi ce soir.

I. Faites une phrase complète en employant l'expression indiquée. Attention: les phrases ne seront pas toutes au subjonctif.

MODÈLE 1: Vous êtes mon ami. (Je suis fier . . .)
Je suis fier que vous soyez mon ami.

MODÈLE 2: Je suis votre ami. (Je suis fier . . .)
Je suis fier d'être votre ami.

1. Christian perd son portefeuille. (Elle a peur . . .)
2. Elle perd son portefeuille. (Elle a peur . . .)
3. Tu es obligé de partir. (Nous sommes désolés . . .)
4. Nous sommes obligés de partir. (Nous sommes désolés . . .)
5. Georges a oublié le parapluie. (Claudine est vexée . . .)
6. Claudine a oublié le parapluie. (Claudine est vexée . . .)
7. Les étudiants font consciencieusement leurs devoirs. (Les étudiants sont fiers . . .)
8. Les étudiants font consciencieusement leurs devoirs. (Le professeur est fier . . .)
9. Vous faites une croisière en Méditerranée. (Je suis heureux . . .)
10. Je fais une croisière en Méditerranée. (Je suis heureux . . .)

Le Subjonctif après des expressions de doute ou de négation

J. Complétez les phrases suivantes par la forme correcte du verbe en italique.

1. Je doute que vous (*avoir*) le temps de partir en vacances cet été.
2. Ce témoin nie que le jeune homme (*dire*) la vérité.
3. Je ne crois pas qu'Henri (*vouloir*) quitter sa femme.
4. Pensez-vous que nos parents (*devoir*) payer nos études?
5. L'évêque trouve-t-il que la cathédrale (*être*) belle?
6. Es-tu certain (*sûr*) que les invités (*ne pas oublier* **p**) la date du dîner?

K. Mettez les phrases suivantes au négatif.

MODÈLE: Je crois que Pierre est bien élevé.
Je ne crois pas que Pierre soit bien élevé.

1. Je crois que vous avez tort.
2. Elle pense que je suis beau.
3. Nous trouvons que vous apprenez vite.
4. Il est certain que vous savez la réponse.
5. Ils sont sûrs que leurs amis peuvent les accompagner.

L. Répondez affirmativement et négativement aux questions suivantes.

MODÈLE: Trouvez-vous que cette tâche soit facile?
Oui, je trouve que cette tâche est facile.
Non, je ne trouve pas que cette tâche soit facile.

1. Trouvez-vous que le subjonctif soit un peu compliqué?
2. Êtes-vous sûr que cet étudiant comprenne les principes?
3. Croyez-vous qu'on doive avoir patience?
4. Êtes-vous certain qu'on mette un accent sur ce mot?
5. Pensez-vous qu'on construise un hôpital ici?

Le Subjonctif après des expressions de volition

M. Complétez les phrases suivantes par la forme correcte du verbe en italique.

1. L'Organisation des Nations unies voudrait que tous les pays du monde (*faire*) la paix.
2. La maîtresse de maison désire que la bonne (*servir*) le dîner tout de suite.
3. Ma mère souhaite que je (*vivre*) comme elle et mon père.
4. Le général exige que les soldats (*revenir*).
5. La mère de Catherine s'oppose à ce qu'elle (*sortir*) avec ce jeune homme.

N. Traduisez les phrases ci-dessus. Remarquez bien la différence entre les constructions françaises et anglaises.

O. En prenant comme modèles les phrases de l'Exercice M, traduisez les phrases suivantes.

1. My parents would like me to be polite.
2. We wish the guests would come.
3. I want my brother to understand me.
4. The teacher wants us to know this construction.
5. Madame Sénéchal does not want her friends to leave.

23

«Les Français épinglés» Interview avec Laurence Wylie

For almost half a century, Laurence Wylie, a professor of French civilization at Harvard University, has studied the French and their ways. He has published recently a guide to French "body language" called *Beaux Gestes*.[1] We present here part of the interview with *L'Express* prompted by this publication. Wylie explains how a French person can identify an American from a hundred yards away, merely by his or her stance. He shows how gestures, facial expressions, posture, and movement reveal an underlying concept of social organization.

---

[1] Laurence Wylie, *Beaux Gestes* (Cambridge, Mass.: The Undergraduate Press, Dutton, 1977).

VOCABULAIRE

Lexique de mots-clés

LES NOMS

le contenu	content, substance
le comportement	behavior
la démarche	way of walking
le discours	speech
le geste	gesture
le malentendu	misunderstanding
la paresse	laziness
le propos	remark, statement
le regard	look, gaze

LES VERBES

glisser	to slip
se glisser dans	to slip into
faire horreur à	to horrify
licencier	to fire, dismiss
être licencié	to be fired
réprouver	to disapprove of

LES ADJECTIFS

convenable	proper, appropriate
étroit	narrow, straight, tight
raide	stiff

EXERCICES

A. Quel est le mot, tiré du Lexique de mots-clés, qui correspond aux définitions suivantes?

1. manière de marcher
2. paroles dites, mots échangés au cours d'une conversation
3. la substance, ce qui est dans un récipient
4. se déplacer d'un mouvement continu, passer doucement, graduellement
5. attitude, conduite, manière
6. mouvement du corps, volontaire ou involontaire, révélant un état psychologique ou exprimant quelque chose
7. action ou manière de diriger les yeux vers un objet, expression des yeux

B. Quel est le mot, tiré du Lexique de mots-clés, qui a un sens contraire aux termes suivants?

1. large, grand, spacieux
2. embaucher
3. énergie, ambition
4. plaire à
5. entente, compréhension
6. mou, élastique, souple

7. approuver
8. silence, manque de communication
9. incorrect, malséant, déplacé

Lexique de mots secondaires

à l'aise	at ease, comfortable
se balancer	to sway, rock
bouger	to budge, move
le chercheur	researcher
se fier à	to trust
un interlocuteur	interlocutor, one who takes part in a dialogue
la méconnaissance	misreading, misunderstanding
d'où	whence
se pencher	to lean
remuer	to stir, move
respirer	to breathe
soulever	pick up, lift
tendu	tense

Étude de mots

A.   Les Interjections

Quand un Anglo-Saxon se fait mal, il dit «*ouch!*» Un Français dirait «**Aïe!**».
Ce sont des interjections. Une interjection est une sorte de cri qui, dans le
discours, exprime un mouvement de l'âme, un état de pensée, un avertisse-
ment ou un appel. Sans être toujours traduisibles, les interjections portent
néanmoins une signification précise et jouent un rôle important dans la
communication, surtout dans la langue parlée. Voici quelques-unes des interjections les plus employées en français:

Ah!	Ah! que cela est beau!
Bah!	Bah! C'est impossible!
Ben (Uh. . .)	Ben, je ne sais pas.
Boum!	Une bombe explose. Boum!
Chut! (*Shh*)	Chut! Voici le professeur qui arrive.
Gare! (*Look out!*)	Gare! Une voiture arrive à toute vitesse.
Eh bien! (*Well*)	Eh bien! Te voilà enfin!
Hé! (*Hey!*)	Hé! Georges! Viens ici!
Hein? (*Huh?*)	Qu'en dites-vous, hein?
Hourra!	Notre équipe a gagné. Hourra!
Ouf! (*Whew!*)	Ouf! Ce travail est enfin terminé!
Paf! (*Slap, bang!*)	Obélix a donné un bon coup. Paf!
Pouah! (*Ugh!*)	Cette pomme est infecte. Pouah!
Toc! (*bang, knock!*)	Il a planté le clou, toc, toc, toc!
Zut! (*Darn!*)	Zut! J'ai oublié mon portefeuille.

B. Les Exclamations

1. Les phrases exclamatives:

Comme elle est belle! ⎫ langage
Qu'elle est belle!   ⎬ soigné   =   *How beautiful she is!*

Ce qu'elle est belle!   ⎫ langage
Qu'est-ce qu'elle est belle! ⎬ populaire

Notez que l'ordre des éléments d'une phrase exclamative en français n'est pas différent de celui d'une phrase affirmative.

2. Les adjectifs exclamatifs:

	Masculin	*Féminin*
Singulier	**Quel** examen!	**Quelle** idée!
Pluriel	**Quels** examens!	**Quelles** idées!

Notez que l'on n'emploie pas l'article indéfini dans ces exclamations comme en anglais:

Quelle idée!   What *an* idea!

3. Exclamations de quantité:

Que de travail!   *What a lot of work!*
Que de questions! *What a lot of questions!*

STRUCTURE

Gender of Nouns (*Le Genre des noms*)

There are certain means by which one can identify the gender of a noun. Here are the most useful:

Masculine Nouns

A. Identification by Meaning

1. People or animals that are masculine by nature:

le fils, le père, le frère, le roi, le coq, le taureau

2. Names of countries, provinces, mountains, and rivers that do not end in mute **e:**

le Canada, le Moyen-Orient, le Languedoc, le Mont-Blanc, le Rhin

3. Languages:

le français, l'allemand, le suédois, le russe

4. Colors:

  le bleu, le rouge, le vert, le noir, le blanc, le marron

5. Metals:

  l'argent, l'or, l'étain (*tin*)**, le bronze, le fer, le plomb** (*lead*)

6. Days of the week and seasons:

  le printemps, l'hiver, l'été, l'automne, le jeudi, le vendredi

7. Trees:

  le chêne (*oak*)**, le poirier, le figuier, le pommier, le cerisier**

B. Identification by Endings

1. vowel (other than **e**):

Common Exceptions

le ciné**ma**	le mar**i**	le numér**o**	le château	la peau
un opér**a**	un am**i**	le piano	le cadeau	une eau
le com**a**	le tax**i**	le styl**o**	le bureau	la radio

2. vowel + consonant:

le papi**er**	le n**ez**	le ref**us**	un avi**on**	words ending in:
un ateli**er**	le pi**ed**	le jar**din**	le cami**on**	-**son** -**sion**
le courri**er**	le dî**ner**	le plais**ir**	le t**on**	-**çon** -**gion**
				-**tion**

3. two consonants:

le restaur**ant**	le mouvem**ent**	le dés**ert**	la dent
le diam**ant**	le gouvernem**ent**	le passep**ort**	
le g**ant**	le bâtim**ent**	le par**c**	

4. **-isme** and **-asme**:

le commun**isme**	un enthousi**asme**
le détermin**isme**	le fant**asme**
le tour**isme**	un org**asme**

5. vowel + **ge**:

le gar**age**	le collè**ge**	la page une image
le nu**age**	le presti**ge**	la cage la neige
un or**age**	le ju**ge**	la plage

6. **-ème**:

| le th**ème** | le stratag**ème** |
| le probl**ème** | le syst**ème** |

7. **-eur** nouns designating an occupation or an activity:

un ingéni**eur**	le fact**eur**
le doct**eur**	le spectat**eur**
le profess**eur**	le lect**eur**

Feminine Nouns

A. Identification by Meaning

   1. People or animals that are feminine by nature:

     la mère, la fille, la sœur, la poule, la dinde

   2. Names of countries, provinces, mountains, and rivers that end in mute **e:**

     la France, la Bourgogne, les Alpes, la Seine

   3. Sciences:

     la chimie, la physique, l'astronomie, la biologie

B. Identification by Endings

   1. vowel + **e** or **é:**

			Common Exceptions
la r**ue**	la part**ie**	une arm**ée**	**le lycée**
une aven**ue**	la cop**ie**	une id**ée**	**le musée**
la stat**ue**	la v**ie**	une arriv**ée**	
la bo**ue**	la vo**ie**	la pit**ié**	
la ro**ue**	la so**ie**	une amit**ié**	
la jo**ue**	la jo**ie**	la plu**ie**	

   2. double consonant + **e:**

la ba**lle**	la servie**tte**	une envelo**ppe**	**le squelette**
la prome**sse**	la rece**tte**	la pre**sse**	**le programme**
la gue**rre**	une adre**sse**	la po**mme**	**le beurre**

   3. **-té:**

la beau**té**	une autori**té**	la nationali**té**
la clar**té**	une identi**té**	la liber**té**
la véri**té**	la san**té**	la fraterni**té**

   4. **-son** or **-çon:**

la rai**son**	la mai**son**	la fa**çon**	**le garçon**
la sai**son**	la le**çon**	la ran**çon**	

   5. **-tion** or **-sion** or **-gion:**

une ac**tion**	la pas**sion**	la reli**gion**
la défini**tion**	la ten**sion**	la ré**gion**
la généra**tion**	la dimen**sion**	la lé**gion**

   6. **-ence** or **-ance:**

la sci**ence**	la résist**ance**
la perman**ence**	la connaiss**ance**
la récomp**ense**	la croy**ance**

7. **-tude** or **-ade:**

**Common
Exceptions**

une habi**tude**	la limon**ade**	le **grade**
une é**tude**	la par**ade**	
la certi**tude**	la ball**ade**	

8. **-se:**

la ceri**se**	la dan**se**
la ro**se**	la chai**se**
une excu**se**	la chemi**se**

9. **-eur,** nouns designating abstract qualities:

la chal**eur**	une ampl**eur**	**le bonheur**
la longu**eur**	une épaiss**eur**	**le malheur**

Nouns Having Two Genders

Some nouns have two genders, with a different meaning in each. Here are the most common:

le critique	critic	**la critique**	criticism
le livre	book	**la livre**	pound
le manche	handle	**la manche**	sleeve
le manœuvre	laborer	**la manœuvre**	maneuver
le mémoire	dissertation, memoirs	**la mémoire**	memory
le mode	manner	**la mode**	fashion
le poste	job	**la poste**	post office
le tour	turn, trip	**la tour**	tower
le vase	vase	**la vase**	mud
le voile	veil	**la voile**	sail

gei chat

Recognizing the Gender of a Noun	

BY MEANING	
Masculine	*Feminine*
Geographical names not ending in mute e	Geographical names ending in mute e
Languages	Sciences
Colors	
Metals	
Days of the week	
Seasons	
Trees	

BY ENDINGS	
Masculine	*Feminine*
vowel (other than **e**)	vowel + **e**
vowel + consonant	double consonant + **e**
two consonants	**-té**
-isme, -asme	**-son, -çon**
vowel + **ge**	**-tion, -sion, -gion**
-ème	**-ence, -ance**
-eur (occupations or activities)	**-eur** (abstract qualities)
	-se
	-tude, -ade

EXERCICES

A. Dans les passages suivants, choisissez le mot qui convient selon le genre, ou bien indiquez si le nom est du masculin ou du féminin.

   1. (Le/La) langage est (un/une) système de signes permettant (le/la) communication entre les êtres humains. (Un/Une) chercheur (américain/américaine) a établi que dans les situations qu'il a (étudiés/étudiées), seulement 7% (du/de la) contenu est donné par (le/la) sens des mots, 38% par (le/la) façon de les prononcer et 55% par l'expression (m/f) (du/de la) visage.

   2. (Le/La) langage (du/de la) corps varie d'(un/une) personne à l'autre, d'(un/une) classe (social/sociale) à l'autre, de région en région (m/f), de pays en pays (m/f). Même lorsqu'on parle parfaitement (un/une) langue (étranger/étrangère), (un/une) partie (du/de la) message est intransmissible à cause des différences (nationaux/nationales) dans l'usage (m/f) (du/de la) corps. En Occident (m/f), (le/la) politesse veut qu'on regarde (le/la) personne qui vous parle tandis qu'en Afrique (m/f) et (au/en) Japon, on ne fixe pas (un/une) personne qu'on respecte. (Ce/Cette) attitude a persisté longtemps chez les Noirs américains.

B. Donnez l'article défini qui convient aux noms suivants. Si le mot commence par une voyelle, employez l'article indéfini pour bien marquer le genre.

MODÈLE: vie **la vie**   institution **une institution**

1. latin	11. courage	21. secret
2. géologie	12. couleur	22. promenade
3. vitesse	13. créateur	23. village
4. rouge	14. magnitude	24. ville
5. scepticisme	15. gâteau	25. défense
6. aristocratie	16. contagion	26. théorème
7. opinion	17. lit	27. détail
8. acier	18. droit	28. revenu
9. violence	19. âge	29. amour
10. philosophie	20. supériorité	30. arrivée

C. Dans les phrases suivantes, indiquez le genre qui convient selon le sens des mots:

1. Donnez-moi (un / une) livre de pommes, s'il vous plaît.
2. J'ai très (mauvais / mauvaise) mémoire; j'oublie tout.
3. Les gestes constituent (un / une) mode de communication non verbale.
4. Notre facteur a perdu (son / sa) poste (au / à la) poste.
5. Quand je suis allé à Paris, j'ai visité (le / la) tour Eiffel.
6. Cette dame est en deuil; elle porte (un / une) voile (noir / noire).
7. Je cherche une chemise à manches (courts / courtes).
8. Sainte-Beuve était un romancier et (un / une) critique littéraire.

The Plural of Nouns (*Le Pluriel des noms*)

A. Most nouns form their plural by adding **s** to the singular. However, if the singular ends in **s, x,** or **z,** the singular and plural are identical:

Singulier   la fête   l'enterrement
Pluriel   les fête**s**   les enterrement**s**

BUT:

Singulier   le fils   l'époux   le nez
Pluriel   les fils   les époux   les nez

B. Some nouns ending in **au** or **eu** form their plural in **x:**

Singulier   le chapeau   le neveu   le bateau   le jeu
Pluriel   les chapeau**x**   les neveu**x**   les bateau**x**   les jeu**x**

C. Seven nouns ending in **ou** have their plural in **x:**

les bijou**x** (*jewels*)   les genou**x** (*knees*)   les joujou**x** (*toys*)
les caillou**x** (*pebbles*)   les hibou**x** (*owls*)   les pou**x** (*lice*)
les chou**x** (*cabbages*)

D. Most nouns ending in **al** or **ail** become **aux** in the plural:

Singulier   le journ**al**   le trav**ail**   Common exception:
Pluriel   les journ**aux**   les trav**aux**   **les détails**

E.   Proper names, except those of dynasties, do not take an **s** in the plural:

Nous avons rendu visite **aux Garnier.**

BUT:

Les Bourbons étaient des rois importants.

F.   Certain nouns exist only in the plural, although their English equivalent may be singular:

les vacances   **les noces** (*wedding*)
les fiançailles (*engagement*)   **les mathématiques**
les ténèbres (*darkness*)   **les gens**

G.   Some nouns have plurals that are irregular in spelling or pronunciation:

Singulier	un œil	le ciel	un œuf
Pluriel	**des yeux**	**les cieux**	**des œufs** (silent **f**)
Singulier	madame	monsieur	mademoiselle
Pluriel	**mesdames**	**messieurs**	**mesdemoiselles**

EXERCICE   Mettez au pluriel les expressions suivantes.

1. un animal féroce
2. le beau château
3. un maréchal de France
4. un œil vert
5. le jeu enfantin
6. un jeune époux
7. son bijou précieux
8. un caillou rond
9. un journal régional
10. son travail mystérieux
11. ce monsieur distingué
12. la fête nationale
13. le vitrail médiéval
14. leur général principal
15. une eau minérale
16. le ciel bleu

The Infinitive (*L'Infinitif*)

FORMS

A.   The Present Infinitive

This is the basic form by which all verbs are identified:

parler   *to speak*   **venir**   *to come*   **se tromper**   *to make a mistake*

B.   The Past Infinitive

The past infinitive consists of the infinitive of the auxiliary verb + the past participle. In pronominal verbs, the reflexive pronoun precedes the auxiliary verb:

avoir parlé   **être venu**   **s'être trompé**
to have spoken   *to have come*   *to have made a mistake*

C.   The Negative Infinitive

The infinitive is negated by prefixing **ne pas:**

ne pas parler	**ne pas venir**	**ne pas se tromper**
not to speak	*not to come*	*not to make a mistake*
ne pas avoir parlé	**ne pas être venu**	**ne pas s'être trompé**
not to have spoken	*not to have come*	*not to have made a mistake*

USES OF THE INFINITIVE

A.   The Infinitive as a Noun

The infinitive is often used as a noun where English would use the present participle:

> **Voir, c'est croire.**   *Seeing is believing.*
> **Le connaître, c'est l'aimer.**   *Knowing him is loving him.*

B.   The Infinitive in Instructions

In instructions, such as recipes and official forms, the infinitive is often used where English would use the imperative:

> **Crêpes** (*French pancakes*)
> Pour faire 20 crêpes, **prendre** 500 grammes de farine (*flour*), une pincée de sel, trois œufs et un demi-litre de lait. Bien **tourner** (*stir*). **Enduire** (*grease*) une poêle (*frying pan*) de beurre, **verser** une cuillerée (*spoonful*) du liquide . . . etc.

C.   The Infinitive as Complement of a Verb

1. When the infinitive complements the meaning of a verb (as, for example, **danser** in the expression **j'aime danser**), it may be preceded by the prepositions **de** or **à,** or it may follow the verb directly. The use or omission of the preposition is determined by the verb. Here are the most common verbs that introduce an infinitive. (A more complete list appears in the appendix.)

verb + infinitive		*verb + **à** + infinitive*	
aimer	pouvoir	aider à	hésiter à
aller savoir	préférer	apprendre à	se mettre à
désirer	sembler	commencer à (*or* de)	réussir à
devoir	souhaiter	continuer à	
espérer	vouloir		

*verb + **de** + infinitive*	
accepter de	oublier de
s'arrêter de	permettre de
cesser de	promettre de
craindre de	refuser de
empêcher de	regretter de
essayer de	risquer de
finir de	

2. Some verbs may have more than one construction with the infinitive, depending upon the meaning:

> **finir de** + *infinitive*   to finish doing something
> **finir par** + *infinitive*   to end up by doing something
> **commencer à** + *infinitive* ⎫
> **commencer de** + *infinitive* ⎬   to begin doing something
> **commencer par** + *infinitive*   to begin by doing . . .
> **venir** + *infinitive*   to come to do something
> **venir de** + *infinitive*   to have just done something

3. French verbs expressing the senses are complemented by the infinitive (without a preposition). In this construction English uses the present participle and the word order may also be different:

> **J'écoute chanter les oiseaux.**   *I listen to the birds singing.*
> **J'ai vu Martin sortir de l'église.**   *I saw Martin leaving the church.*

Other verbs of the senses that can be complemented by the infinitive without a preposition are: **entendre; voir; regarder; sentir; observer,** etc.

4. **avoir** + *noun* + **de** + *infinitive*

There are many idioms of **avoir** with a noun that introduce the infinitive. With these idioms the infinitive is preceded by **de:**

> **J'ai l'intention de voir ce film.**   *I intend to see this film.*

Other such idioms:

avoir besoin de to need	**avoir raison de** to be right
avoir envie de to feel like	**avoir tort de** to be wrong
avoir peur de to fear	**avoir l'intention de** to intend
avoir honte de to be ashamed	**avoir l'air de** to appear
avoir le temps de to have the time	

5. **être** + *adjective* + **de** + *infinitive*

> **Je suis enchanté de faire votre connaissance.**   *I am delighted to make your acquaintance.*

Here are just a few other such constructions: **être heureux de; être fâché de; être pressé de; être obligé de; être désolé de,** etc.

REMARQUER:
1. If an adjective or a noun is linked to an infinitive by the idea of purpose or use, the infinitive is preceded by **à:**

> J'ai du **travail à faire.**   (*work to do*)
> Nous avons **des idées à présenter.**   (*ideas to present*)
> Ce sont des **exercices faciles à faire.**   (*easy to do*)
> Cette leçon est **difficile à comprendre.**   (*difficult to understand*)

2. After impersonal expressions there is a basic pattern:

C'est + *adjective* + **à** + *infinitive*

C'est difficile à montrer.

Il est + *adjective* + **de** + *infinitive* + *complement*

Il est difficile de montrer cette différence.

3. Remember that French requires the infinitive after all prepositions (except **en**), whereas in English the present participle is often used:

Il est parti **sans dire** un mot.   (*without saying*)
Réfléchis **avant de parler.**   (*before speaking*)

D. The Infinitive with Object Pronouns

1. Object pronouns usually precede the complementary infinitive:

J'aime lire le journal. J'aime **le** lire.
Il veut aller en Europe. Il veut **y** aller.

2. With the **faire** + *infinitive* construction, **laisser** + *infinitive*, and *verbs of the senses* + *infinitive*, the object pronoun precedes the conjugated verb:

Maman me fait manger des légumes. Maman **m'en fait** manger.
Hélène laisse entrer le chat. Hélène **le laisse** entrer.
J'ai vu Jacques sortir de l'église. Je **l'en ai vu** sortir.

EXERCICES

A. Faites une phrase avec une proposition infinitive. Faites attention au temps de l'infinitif.

MODÈLE: Elle est contente. Elle est une femme.
Elle est contente d'être une femme.

Elle est contente. Elle a gagné le concours de beauté.
Elle est contente d'avoir gagné le concours de beauté

1. Ce professeur est fier. Il a publié des livres importants.
2. Louis a tort. Il tutoie le président.
3. Je suis gêné. Je suis arrivé en retard.
4. Marianne a honte. Elle n'a pas aidé la vieille dame.
5. Vous avez raison. Vous ne parlez pas aux étrangers dans la rue.
6. Le chauffeur de camion est fatigué. Il a conduit toute la nuit.
7. Je suis triste. J'ai perdu mon chat.
8. Les Américains sont heureux. Ils font un voyage en France.
9. Nous sommes étonnés. Nous avons tout compris.
10. Tu es fâché. Tu es licencié.

B. Complétez les phrases suivantes par une préposition s'il le faut.

Aujourd'hui j'ai beaucoup de travail _____ faire et je n'ai pas le temps
_____ sortir. J'avais l'intention _____ achever ce travail hier soir, mais j'ai
commencé _____ parler avec une amie au téléphone et nous n'avons pas
cessé _____ bavarder pendant trois heures! Pour moi, c'est facile _____
faire. J'aime _____ parler au téléphone. Mais il faut que j'apprenne _____
me discipliner. Par exemple, je n'hésite jamais _____ accepter une invitation _____ sortir, alors que je devrais _____ étudier. Maintenant, c'est la
fin du semestre, et je suis obligé _____ travailler sans arrêt parce que je ne
peux pas _____ perdre un instant. Je risque _____ me faire coller (*fail*) si je
ne résiste pas à la tentation _____ sortir. Il est triste _____ rester enfermé
tout seul dans sa chambre alors qu'on préférerait _____ s'amuser avec des
amis. Je vais _____ essayer _____ finir mes devoirs aussitôt que possible, et
si je réussis _____ tout faire avant dix heures, je demanderai à un ami _____
venir me voir. Il sera ravi _____ avoir ma compagnie.

C. Traduisez les phrases suivantes.

1. To be or not to be, that is the question.
2. Speaking correctly is important.
3. The professor listens to the French speak.
4. I see the children playing.
5. He looked at me without saying "hello".

D. Refaites les phrases suivantes en remplaçant les mots en italique par un
pronom. (Attention à la place du pronom!)

1. Un Français peut identifier *les Américains* par leur démarche.
2. On ne doit pas tutoyer *les étrangers*.
3. Les linguistes écoutent parler *les autochtones* (*native speakers*).
4. Les linguistes font enregistrer *leurs propos*.
5. Laurence Wylie a consacré son année sabbatique à étudier *les gestes
   français caractéristiques*.
6. Il regarde vivre *les Français*.
7. Votre éducation vous enseigne à ne pas faire *de gestes*.
8. Une mère française ne laisse pas *son enfant* s'avachir (*slouch*).

LECTURE | Les Français épinglés[1]

*Comment un Américain voit-il les Français? Laurence Wylie, professeur
de civilisation française à l'université Harvard, nous regarde vivre depuis
près d'un demi-siècle. Ce fils de pasteur, élevé à Vincennes, dans l'Indiana,
a découvert la France en 1929, à 19 ans. En 1950, il partage pendant un an
la vie des habitants de Roussillon et publie une remarquable étude qui l'a*

---

[1] **épinglé**: pinned down

rendu célèbre: «Un village de Vaucluse». Quelques années plus tard, il renouvelle l'expérience à Chanzeaux, en Anjou. En 1965, il est nommé attaché culturel à Paris. En 1973, il consacre son année sabbatique à étudier les gestes caractéristiques des Français. Dans un entretien avec Sophie Lannes, il brosse notre portrait.° Non sans malice.

brosser un portrait
to paint a portrait

L'EXPRESS: Vous vous intéressez beaucoup, depuis quelques années, à la communication non verbale: le langage du corps et des gestes. Vous allez même publier, en septembre, un guide des attitudes françaises. Qu'avez-vous découvert, en nous regardant vivre?

LAURENCE WYLIE: Je pense qu'il y a une relation étroite entre le modèle d'organisation des Français et leur conception du corps. Le corps est le modèle essentiel d'organisation sociale. C'est vrai de tous les peuples. Quand Durkheim[2] a écrit son livre sur la division du travail, c'était une réponse aux traités anglais sur l'organisation sociale. Pour les Anglais, toutes les parties du corps social, considérées comme égales, devaient coopérer à l'intérieur de cet ensemble. Et Durkheim a répondu: «Pas du tout. La tête contrôle l'ensemble. C'est sous sa direction que s'établit la coopération entre les différentes parties.» Vous avez ici la différence fondamentale entre la conception hiérarchique° et la conception collégiale° de l'organisation. Regardez un Français se déplacer,° un Américain se déplacer, et vous avez immédiatement une idée de ces deux modes d'organisation.

hiérarchique hierarchical, related to an order of formal ranks
collégial collegial, characterized by equal sharing of authority
se déplacer to move about

L'EXPRESS: Mais encore?

L. WYLIE: Ah, c'est plus facile à montrer qu'à expliquer!

L'EXPRESS: Il est vrai que vous avez suivi pendant un an, à Paris, les cours d'expression corporelle de Jacques Lecoq.

L. WYLIE: Une étonnante école de psychologie. Ce sont ces cours qui m'ont permis d'illustrer moi-même le guide dont vous parlez: «Beaux Gestes».

la peau skin

L'EXPRESS: Vous vous êtes glissé dans notre peau?°

L. WYLIE: Exactement! Donc les Français peuvent reconnaître à cent mètres° un Américain à sa façon de marcher, les bras ballants,° en remuant les épaules, à l'espèce de relâchement° de tout son corps. S'il reste debout, il se balance d'un pied sur l'autre. Il a besoin de plus d'espace pour se mouvoir qu'un Français, dont la «bulle»° est plus étroite. Ce sont des attitudes que les Français réprouvent, qui ne sont pas convenables. Un peu celles de Jean-Paul Belmondo,[3] à ses débuts, quand il jouait précisément les mauvais garçons. Votre démarche, à vous autres Français, est beaucoup plus contrôlée; le buste reste droit, le bassin° horizontal,

à cent mètres from a hundred meters away
ballant dangling, swinging
le relâchement relaxation, slackening
la bulle bubble, frame (as in a comic strip)

le bassin pelvis

---

[2] **Emile Durkheim** (1858–1917): sociologue français, un des fondateurs de l'école sociologique française.
[3] **Jean-Paul Belmondo:** acteur français connu pour ses rôles de voyou (*hooligan*).

les épaules ne bougent pas, les bras sont proches du corps. On a assez répété aux enfants français: «Tiens-toi droit, ne traîne pas les pieds, ne t'avachis pas!»

Il y a quelque chose d'un peu raide, d'un peu tendu dans la démarche française. Et qui se retrouve dans le vêtement. Nous ne sommes pas à l'aise dans les coupes° françaises: les emmanchures° sont trop étroites, les pantalons trop ajustés.° Vous voyez, moi, j'ai besoin d'un fond de pantalon° très ample, de vastes chemises! Plus contrôlés dans leur corps, les Français ont besoin de l'exutoire° de la parole.

L'EXPRESS: Accompagnée de gestes . . .

L. WYLIE: En principe, votre éducation vous enseigne à ne pas faire de gestes. Mais votre corps, pour contrôlé qu'il soit,° ne peut pas résister à amplifier l'effet de la parole. Ce ne sont pas des gestes larges auxquels le corps participe tout entier, ce sont essentiellement des gestes des mains, de l'avant-bras.° Vous vous en lavez les mains. Vous balayez° un argument.

Votre souci de rationalité vous fait attacher aussi une grande importance à la tête. Nous avions observé, à l'école de Jacques Lecoq, que les gestes français les plus caractéristiques sont toujours en relation avec la tête: cerveau, nez, bouche, yeux. Pour signifier que quelqu'un est piqué.° Que ça lui est passé sous le nez. Qu'il l'a fait les doigts dans le nez.° Que vous ne vous laisserez pas faire: «Mon œil!» Les Français expriment beaucoup avec leur bouche, le plus souvent arrondie,° plissée,° sans cesse en mouvement: c'est avec la bouche que vous exhalez le mépris, le dégoût: «Peuh!», que vous exprimez le doute: «Bof!», l'admiration: «Au poil!»°

la coupe   cut (of a garment)
une emmanchure   armhole
ajusté   closely fitting
le fond de pantalon   seat of trousers
un exutoire   outlet

pour . . . soit   however controlled it may be

un avant-bras   forearm
balayer   to sweep

piqué   (*fam.*) slightly daft
les doigts dans le nez   (*vulg.*) without difficulty

arrondi   rounded
plissé   puckered

au poil! =   (*fam.*) **parfait**

C'est un cas! Il est fou!

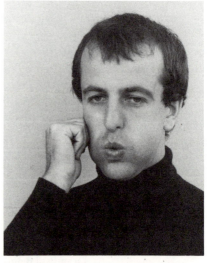

La barbe! Que c'est ennuyeux!

Comme ci, comme ça!

Extra! Excellent!

Bof! (So what!)

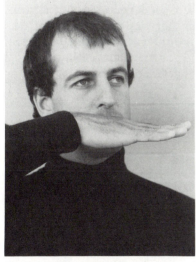

Ça t'a passé sous le nez. (You missed your opportunity.)

Mon œil! (You can't fool me!)

Au poil! Parfait!

L'EXPRESS: Chez nous, en somme, tout est dans la tête . . .

L. WYLIE: Regardez Jacques Tati,[4] dans «M. Hulot»! Le haut du corps avance rapidement, le bas traîne derrière. C'est la tête qui entraîne le corps! C'est la caricature du Français, qui exagère la fonction de l'intelligence.

L'EXPRESS: Finalement, pour vous, c'est le discours qui complète le geste?

L. WYLIE: Absolument. Un chercheur américain a établi que, dans les situations qu'il a étudiées, 7% du contenu de la communication est donné par le sens des mots, 38% par la façon de les prononcer, 55% par l'expression du visage. L'être humain n'a pas d'organe spécifique de communication, d'organe dont la fonction première soit la communication.

L'EXPRESS: Et la voix?

L. WYLIE: L'histoire de l'évolution nous apprend que les cordes vocales ont servi, d'abord, à empêcher des corps étrangers de pénétrer dans la gorge. Les dents et les lèvres avaient, à l'origine, d'autres fonctions que la parole. La communication, en réalité, est une sorte de danse à laquelle deux personnes participent avec le corps tout entier et où le regard joue un rôle essentiel, parce que c'est là qu'est concentré le plus grand nombre de nerfs. Il a tant de force qu'on ne peut pas supporter longtemps le regard d'un autre. Il faut briser cette tension. Baisser le rideau.° La communication, c'est tout cet ensemble d'éléments. J'ai très bien vu, depuis le début de cette conversation, à votre façon de vous caler° dans votre fauteuil, à votre regard qui est devenu plus terne,° que, deux ou trois fois, vous n'aviez pas l'air très convaincue par mes propos. Et j'ai pensé, un peu inquiet, que j'avais dû dire une stupidité. Tandis que, lorsque vous vous penchez en avant, l'œil brillant, je respire: la communication s'établit bien, nous pouvons continuer notre danse.

L'EXPRESS: Ce qui signifie que le langage du corps peut être la source de graves malentendus . . . Peut-être avais-je une crampe!

L. WYLIE: D'autant plus que ce langage du corps varie d'une personne à l'autre, d'une classe sociale à l'autre, de région à région, de pays à pays. Même lorsque l'on comprend ou l'on parle parfaitement une langue étrangère, une partie du message est intransmissible, à cause de ces différences nationales dans l'usage du corps. En Occident, la politesse veut que l'on regarde la personne qui vous parle. En Afrique, au Japon, on ne fixe pas du regard une personne qu'on respecte. Cette attitude a persisté longtemps chez les Noirs américains. Ce qui faisait dire aux Blancs: «On ne peut se fier aux Noirs, ils ne vous regardent jamais en face.» Et aux Noirs: «Les Blancs veulent nous humilier en violant notre personnalité.»

le rideau curtain

se caler to settle comfortably (into an armchair)
terne dull, dim

---

[4] **Jacques Tati:** acteur français célèbre pour sa caricature d'un Français imaginaire, Monsieur Hulot.

Un chercheur américain. Edward Hall, s'est attaché à étudier l'utilisation de l'espace par les Américains et par les Arabes. Il a constaté que les Arabes ont besoin d'être très proches de leurs interlocuteurs. Ce comportement fait horreur aux Américains, pour lesquels la distance normale est celle d'un bras entier. D'où incompréhension mutuelle et difficulté d'établir la communication. Quand l'Arabe avance, l'Américain fuit!°

Autre exemple très intéressant. Dans une usine où les contremaîtres° étaient d'origine polonaise et la main-d'œuvre° noire, on s'est étonné que les Noirs soient perpétuellement licenciés pour paresse. On s'est aperçu qu'ils accomplissaient autant de travail que les autres, mais différemment. Pour soulever une caisse,° un Polonais la prend à bras-le-corps,° en faisant un effort visible. Le Noir, lui, la fait glisser, dans un mouvement très souple, très gracieux, qui ressemble plus à une danse qu'à un effort physique. D'où l'impression de paresse.

L'EXPRESS: À vous entendre, certaines attitudes raciales, certains malentendus dans la vie quotidienne seraient dus à la méconnaissance de ce langage?

L. WYLIE: Nous nous concentrons obstinément sur ce faible pourcentage de l'expression que représente le sens des mots. Combien de fois protestons-nous: «Mais je n'ai pas dit ça!» En réalité, nous l'avons dit, et avec quelle force, par tous nos moyens de communication non verbale!

fuir   to retreat, withdraw

le contremaître   foreman
la main-d'œuvre   labor force

la caisse   crate
prendre à bras-le-corps   to grapple

COMPRÉHENSION

1. Qui est Laurence Wylie? Décrivez les différentes phases de son expérience avec la France et les Français?
2. Selon Wylie, quelle est la conception anglo-saxonne de la relation existant entre les diverses parties du corps? Comment la conception française est-elle différente?
3. Quelle est la différence entre la conception française de l'organisation sociale et celle des Anglo-Saxons?
4. À quoi un Français peut-il reconnaître un Américain à cent mètres?
5. Décrivez la démarche française. De quelle façon est-elle différente de la démarche américaine?
6. Comment la coupe des vêtements français est-elle différente de celle des vêtements américains?
7. Quelles sortes de gestes sont caractéristiques des Français?
8. Selon l'analyse du chercheur américain cité par Laurence Wylie, en quoi consiste le contenu de la communication?
9. Selon Wylie, à quoi les cordes vocales étaient-elles d'abord destinées à servir?
10. Quelle image Laurence Wylie évoque-t-il pour décrire la communication?
11. Comment Monsieur Wylie prétend-il avoir compris quand son interlocutrice, la journaliste de *l'Express*, n'était pas convaincue par ses propos?

12. Pourquoi la communication non verbale peut-elle être la source de graves malentendus?
13. Quelle est la différence entre l'attitude vis-à-vis du regard en Occident et celle de l'Afrique et du Japon?
14. Selon Edward Hall, quelle est la différence entre l'utilisation de l'espace dans la conversation par les Américains et par les Arabes?
15. Citez un autre exemple de malentendu créé par les différences de comportement corporel.
16. À quoi peut-on attribuer certaines attitudes raciales et certains malentendus de la vie quotidienne?

DISCUSSION ET ACTIVITÉ

1. Imitez quelques gestes français et expliquez leur signification. (Consultez les illustrations dans le texte.)
2. Montrez les gestes ou les expressions de visage par lesquels vous exprimez les idées ou les sentiments suivants:

Je ne sais pas.   Il est très intelligent.
Je m'en fous! (*I don't give a damn*)   Il est fou!
Ç'en est fini pour lui. (*He's done for*) Venez ici!
Donnez-moi de l'argent!   Oui!
Allez-vous-en!   Non!
Je vous en supplie. (*I beg you*)   Comme ci, comme ça.
C'était délicieux!

3. Quels gestes ou expressions de visage expriment

l'impatience?   la surprise?
la colère?   le désespoir?
le bonheur?   l'inquiétude?
le désir?   la déception?

4. Pouvez-vous montrer ou expliquer d'autres exemples de communication non verbale ou de langage du corps?

COMPOSITION DIRIGÉE

Qu'est-ce que c'est que la communication?

I. Introduction

Résumez brièvement les idées concernant le langage et l'importance de la communication non verbale présentées dans cette interview.

II. Analyse

Faites un effort pendant quelques jours pour observer la façon dont les gens se parlent. Quelle semble être l'importance de leurs gestes, de leurs expressions de visage, du ton de leur voix et d'autres facteurs non verbaux dans le discours quotidien? Citez des exemples précis de la façon dont la communication a lieu.

III. Conclusion

Dressez une liste des facteurs les plus importants qui affectent la communication et indiquez l'importance relative de ces facteurs.

Verbes

The Subjunctive (*Le Subjonctif*), continued

The Subjunctive after Certain Conjunctions

The subjunctive is used after certain conjunctions expressing purpose, for example: **afin que, pour que;** concession, for example: **quoique, bien que;** condition, for example: **à condition que, pourvu que;** and anticipation, for example: **avant que, jusqu'à ce que, en attendant que,** among others.

> **Le professeur donne beaucoup d'exemples pour que vous compreniez mieux.** *The teacher gives a lot of examples so that you will better understand.*
>
> **Le subjonctif n'est pas compliqué, quoiqu'il ait l'air de l'être.** *The subjunctive is not complicated, though it may appear to be so.*
>
> **Pierrot nous aidera pourvu que nous lui donnions quelque chose.** *Pierrot will help us, providing we give him something.*
>
> **Venez voir mes gravures, avant que les autres n'arrivent.** *Come see my etchings before the others arrive.*

Here is a list of conjunctions governing the subjunctive:

à condition que	provided that	**de sorte que**	so that
afin que	in order that	**en attendant que**	until
à moins que (ne)	unless	**jusqu'à ce que**	until
autant que	as far as	**non que**	not that
avant que (ne)	before	**pour que**	in order that
bien que	although	**pourvu que**	provided that
de façon que	in such a way	**que . . . que . . .**	whether . . . or
de manière que	that	**quoique**	although
de peur (crainte) que (ne)	for fear that	**sans que**	without

REMARQUER:

1. The following conjunctions require an expletive **ne** before the verb in the subjunctive: **à moins que, avant que, de crainte que, de peur que** (Remember, the **ne** is not translated, but good usage requires it.)

   Je passerai vous voir ce soir, **à moins que** vous **ne** comptiez sortir.

2. With the following conjunctions that govern the subjunctive, one should avoid the subjunctive if the subject of the main clause and the subordinate clause are the same:

afin que	**de peur que**	**sans que**
pour que	**de crainte que**	**avant que**

   Incorrect: **Je** travaille afin que **je** réussisse.
   Correct: **Je travaille afin de réussir.**

   Incorrect: **Nous** tenons ferme de peur que **nous** ne tombions.
   Correct: **Nous tenons ferme de peur de tomber.**

3. Do not forget that the following common conjunctions introduce the *indicative:* **parce que, puisque, depuis que, pendant que, dès que, après que.**

© 1967 United Feature Syndicate

The Subjunctive in Relative Clauses

A. The subjunctive is used in a relative clause following an expression of superlative or restriction such as **le plus, seul, unique, suprême, premier, dernier.**

> **C'est le plus beau garçon que je connaisse.** *He's the handsomest boy I know.*
>
> *Un Adolescent d'autrefois* **est le dernier roman que François Mauriac ait écrit.** Un Adolescent d'autrefois *is the last novel François Mauriac wrote.*

B. The subjunctive is used in a relative clause to describe the qualities of something whose existence is hypothetical. It is also used if the antecedent is **rien** or **personne.**

> **Nous cherchons des exemples qui puissent éclairer le problème.** *We are looking for examples that can clarify the problem.*
>
> **Il n'y a personne qui sache faire les crêpes comme Louise.** *There's no one who knows how to make French pancakes like Louise.*

But, if the existence of the antecedent is certain (except, of course, after a superlative), the relative clause will be indicative.

> **Je cherche un homme qui sache le russe.** *I'm looking for a man who knows Russian.*
>
> BUT:
>
> **Je cherche l'homme que j'ai rencontré, celui qui sait le russe.** *I'm looking for the man I met, the one who knows Russian.*

The Subjunctive as Imperative of the Third Person

The subjunctive is used after **que** as the imperative of the third person to express an order or a wish:

> **Qu'il parte!** *Let him leave!*
>
> **Que tous vos vœux soient exaucés!** *May all your wishes be fulfilled!*

The Subjunctive after Expressions like «où que,» «qui que,» etc.

Note the use of the subjunctive after the following expressions:

> **où que**   *wherever*
> **Où que** vous alliez, je vous suivrai.   ***Wherever*** *you go, I shall follow.*
>
> **qui que**   *whoever*
> **Qui que** vous soyez, n'entrez pas.   ***Whoever*** *you may be, don't come in.*
>
> **quoi que**   *whatever*
> **Quoi qu'**il fasse, il ne réussira pas.   ***Whatever*** *he does, he will not succeed.*
>
> **quelque** + *adj* + **que**   *however*
> **Quelqu'**intelligent **qu'**il soit, je ne l'admire pas.   ***However*** *intelligent he may be, I do not admire him.*

One may also say: **Pour** intelligent **qu'**il soit . . ., or **Si** intelligent **qu'**il soit . . .: *However intelligent he may be . . .*

> **quelque** + *noun* + **que**   *whatever*
> **Quelque** difficulté **que** vous ayez, ne vous découragez pas.   ***Whatever*** *difficulty you may have, don't be discouraged.*
>
> **quel que** + *subjonctif*
> **(quels) (quelle) (quelles) que** + *subjonctif* } whatever
> **Quel que** soit votre avis,
> **Quels que** soient vos sentiments, } parlez!   ***Whatever*** *your opinion (feel-*
> **Quelle que** soit votre opinion,   *ings, etc.) may be, speak!*
> **Quelles que** soient vos idées,

EXERCICES

A. Complétez les phrases suivantes par la forme correcte du verbe en italique.

1. Nous faisons ces exercices afin que (pour que) vous (*apprendre*) à employer le subjonctif.
2. Autant que je (*savoir*), Jean-Paul Sartre n'a jamais écrit de poèmes.
3. À moins que vous n'(*avoir*) des questions, vous pouvez partir.
4. Bien que (quoique) tout le monde me (*dire*) que je le regretterai, je vais prêter de l'argent à Roland.
5. Ne faites pas cela sans que le directeur le (*savoir*).
6. Je ne bougerai pas jusqu'à ce que (en attendant que) Louis (*s'en aller*).
7. Nous réussirons pourvu que (à condition que) vous n'(*offenser*) personne.
8. J'irai à sa soirée, non que je (*vouloir*) y aller, mais parce qu'il le faut.
9. Quand j'étais petit, ma mère attachait mes gants à mes manches de peur que (de crainte que) je ne les (*perdre*).
10. Votre oncle voudrait que vous passiez le voir avant que vous ne (*partir*).
11. Qu'il (*faire*) beau, qu'il (*faire*) mauvais, cette vieille dame va au parc tous les jours.

B. Composez des phrases avec **avant que** et **avant de, de peur que** et **de peur de, sans** et **sans que.**

C. Complétez les phrases suivantes par la forme correcte du verbe en italique. Attention, les phrases ne seront pas toutes au subjonctif. («**p**» indique le passé du subjonctif.)

1. Maurice est le seul homme qui (*vouloir*) faire cette tâche.
2. Il n'y a personne qui (*connaître*) Paris comme lui.
3. Madame Jaxe est la plus belle dame que j'(*voir* **p**).
4. Je connais une jeune fille qui (*gagner* **p**) une médaille olympique.
5. Le médecin ne connaît rien qui (*pouvoir*) m'aider.
6. Il n'y a que vous qui m'(*aimer*) véritablement.
7. Mon père est l'homme le plus intelligent qui (*être*).
8. Paris est la ville la plus charmante que nous (*visiter* **p**).
9. Il n'y a aucun auteur qui (*savoir*) mener une intrigue comme Mérimée.
10. Xavier est le dernier qui (*s'en aller* **p**).
11. Ce garçon est le seul qui (*finir*) toujours tout le travail.
12. Henriette cherche un poste qui (*être*) intéressant et bien rémunéré.
13. Nous cherchons le vendeur qui (*s'occuper* **p.**) de nous hier.
14. Connaissez-vous quelqu'un qui (*comprendre*) la théorie de la relativité?
15. J'ai envie de lire un roman qui (*avoir*) un commencement, un milieu et une fin.
16. Nous avons besoin d'une substance qui (*détruire*) les cellules malignes.
17. Les chercheurs ont découvert un médicament qui (*rendre*) la douleur moins aiguë.
18. C'est le meilleur film que vous (*voir* **p**).

D. Traduisez en anglais.

1. Les invités sont déjà arrivés? Qu'ils attendent encore un peu!
2. Qu'ils prennent un verre.
3. Jean Valjean a commis un crime? Alors, qu'il paie!
4. Seigneur, que Votre Volonté soit faite.

E. Traduisez en français.

1. Let her wait!
2. May they be happier than I!
3. Let him try!
4. God bless you!
5. Let them leave!
6. May your life be long and peaceful.

F. Complétez les phrases suivantes en traduisant les mots entre parenthèses.

1. (Whatever your profession may be,) il est utile de connaître une langue étrangère.
2. (Whatever Eugene wants,) ses parents le lui donnent.
3. (Wherever one goes,) on voit à Paris quelque chose de beau ou d'historique.
4. (However tired you may be,) il faut finir cette leçon ce soir.
5. (Whatever decision he may make,) Rodrigue doit perdre Chimène.
6. (Whatever Jacques says,) il faut faire semblant d'être d'accord avec lui.

Récapitulation de l'emploi du subjonctif

Après certaines expressions impersonnelles

il est bon que

il (c'est) dommage que

il est étrange que

il faut que

il est important que

il est impossible que

il est naturel que

il est possible que

il est préférable que

il semble que

il se peut que

il est temps que

il est utile que

il vaut mieux que

N.B.:

Il est certain que

il est sûr que

il est probable que

il *me* semble que

$\left.\vphantom{\begin{array}{c}a\\b\\c\\d\end{array}}\right\}$ + *indicatif*

Après des expressions de sentiment

aimer que

aimer mieux que

s'attendre à ce que

avoir honte que

avoir peur que (ne)[1]

craindre que (ne)

être content que

être désolé que

être étonné que

être fâché que

être fier que

être furieux que

être heureux que

être ravi que

être surpris que

préférer que

regretter que

tenir à ce que

N.B.:

espérer que + *indicatif*

Après des expressions de doute ou de négation

douter que

nier que

être incertain que

Ce n'est pas que

être certain (sûr)

croire

penser

trouver

$\left.\vphantom{\begin{array}{c}a\\b\\c\\d\end{array}}\right\}$ au négatif et à l'interrogatif

Après des expressions de volition

désirer que

exiger que

s'opposer à ce que

permettre que

souhaiter que

vouloir que

Après certaines conjonctions

à condition que

afin que

à moins que (ne)

autant que

avant que (ne)

bien que

de façon que

de manière que

de peur (crainte) que (ne)

de sorte que

en attendant que

jusqu'à ce que

non que

pour que

---

[1] (ne) indicates required use of expletive **ne**.

Récapitulation de l'emploi du subjonctif

Après certaines conjonctions (Cont.)

pourvu que
que ... que ...
quoique
sans que

N.B.:

parce que
puisque
pendant que   } + *indicatif*
après que
etc.

Dans les propositions relatives qui décrivent les qualités d'un antécédent négatif ou indéfini

Je cherche quelqu'un ou quelque chose qui ...
Il n'y a personne / rien qui ...
Y a-t-il quelqu'un ou quelque chose qui ...?

Dans les propositions relatives qui décrivent les qualités d'un antécédent qualifié par un superlatif

le plus	le seul
le moins	l'unique
le meilleur	le premier
le pire	le dernier

Comme impératif de la troisième personne

Qu'il parte!
Que Dieu vous bénisse!
Que votre volonté soit faite!

Après des expressions comme:

où que	quel (quels, *etc.*) que
qui que	quelque, si, pour + adjectif + que
quoi que	

LE SUBJONCTIF: EXERCICES DE RÉCAPITULATION

A. Expliquez l'emploi du subjonctif dans les phrases suivantes tirées des textes des Lectures:

1. En Angleterre, le savoir-vivre veut qu'on *tienne* ses mains sur ses genoux.
2. Quoi qu'on *dise,* on peut mettre un coude sur la table.
3. Je fume de temps en temps, bien que ce *soit* interdit à l'hôpital.
4. Nous commençons à comprendre le cancer, qu'il *soit* solide, sous la forme d'une tumeur localisée ou qu'il *navigue.*
5. Voulez-vous qu'on *aille* au restaurant?
6. Elle l'entraîne vers une vitre pour qu'il s'y *voie.*
7. Qu'est-ce que vous voulez que je *fasse* maintenant?

8. Le père exige que l'enfant *soit* couché.

9. Une femme a droit à un congé de maternité pour qu'elle *puisse* s'occuper du nouveau-né.

10. La délinquance se rencontre dans tous les milieux quelles que *soient* les occupations de la mère.

11. Une sauce se consomme avec le plat qu'elle accompagne, et non pour elle-même, si succulente qu'elle *soit*.

12. L'être humain n'a pas d'organe dont la fonction première *soit* la communication.

13. Elle rit sans qu'on *puisse* l'entendre.

14. Votre corps, pour contrôlé qu'il *soit*, ne peut pas résister à amplifier l'effet de la parole par des gestes.

15. Les employeurs veulent que les jeunes *aient* déjà une certaine expérience.

16. Elles ont transgressé la loi? Alors, qu'elles *paient*!

17. Il n'existe pratiquement aucun produit qui ne *puisse* être fabriqué dans les usines françaises.

B. Faites une phrase complète en utilisant l'indicatif, le subjonctif ou l'infinitif, selon le cas.

MODÈLES: Il est douteux   Ce monsieur est honnête.
            Il est douteux que ce monsieur soit honnête.

            Il est certain   Ce monsieur est honnête.
            Il est certain que ce monsieur est honnête.

            Je suis heureux!   J'ai gagné le prix.
            Je suis heureux d'avoir gagné le prix.

1. a. Il est évident   Ce monsieur est honnête.
    b. Il est vrai
    c. Il semble
    d. Il me semble
2. a. Il se peut   Mon ami finira ses études.
    b. Je crois
    c. Je ne pense pas
    d. J'affirme
3. a. Leurs parents sont désolés   Ces jeunes gens veulent se marier.
    b. Le professeur ne croit pas
    c. On s'attend à ce que
    d. Alain est étonné
4. a. Il est possible   Il fera beau demain.
    b. Il est probable
    c. Il faut
    d. Nous tenons à ce que
5. a. Le consul nie   L'ambassadeur a commis une indiscrétion.
    b. Tout le monde a peur

    c. Nos ennemis espèrent

    d. Les citoyens sont gênés

6. a. Marie est désolée   Marie a perdu son sac.

    b. Son père est fâché

    c. Pensez-vous que

    d. Je sais que

7. a. Il est improbable   Le professeur comprend nos problèmes.

    b. Il est indiscutable

    c. J'aimerais

    d. Nous ne sommes pas sûrs

8. a. Nous sommes certains   Nous irons à Paris.

    b. Les enfants sont contents

    c. Je sais que

    d. Je veux

La Peau douce (scénario)

FRANÇOIS TRUFFAUT

25

François Truffaut is one of France's great contemporary filmmakers. From his very first movie, *Les Quatre Cents Coups,* the critics recognized him as a uniquely talented writer and director as well as an astute observer of personal psychology and of French society.

La Peau douce is, on the surface at least, the story of a successful literary critic, who, after fourteen years of marriage, finds himself bored with his wife, Franca, and dissatisfied with life in general. During a brief trip to Portugal, where he has gone to deliver a lecture, Pierre becomes infatuated with an airline stewardess, Nicole. Upon returning to Paris, he pursues his liaison with her. The relationship becomes obsessive and in the course of a few weeks, Pierre provokes a break with his wife. This banal series of events leads to a brutal and unexpected ending that throws all the preceding events into a different light.

In the scene that follows, Pierre, who has known Nicole for less than a month, has announced a surprise for her. He takes her to an apartment house under construction.

Lexique de termes cinématographiques

un arrière-plan	background
le premier plan	foreground
le gros plan	close-up, blow-up
en plan semi-rapproché	half close-up
le plan moyen	shot from head to foot
la plongée	camera shot from a high angle
la contreplongée	camera shot from a low angle
en contrechamp	camera shot from the opposite angle
en panoramique	wide-angle shot
travelling	dolly shot, the camera follows a moving subject
le flash	brief shot
enchaîné	series of brief shots
off	off camera

LECTURE | La Peau douce (scénario)*

1

un immeuble building ## Garage—Immeuble° en construction

le pilier pillar
le béton concrete
la portière car door
le platras plaster debris

La voiture stoppe entre les piliers° de béton.° Pierre ouvre la portière° à Nicole et la fait monter dans un ascenseur provisoire, plein de platras° et d'inscriptions à la craie. L'ascenseur s'élève et Nicole, à chaque étage, voit rapidement devant elle des appartements en état très provisoire. L'ascenseur s'arrête au septième et la porte s'ouvre sur un appartement.

Appartement en construction

NICOLE: C'est ton appartement?

PIERRE: Notre appartement . . . , ce sera notre appartement si tu

vouloir bien to be willing veux bien.° (*Après un silence.*) Tu veux que je t'explique.

NICOLE: Oui.

le plan blueprint PIERRE, *sortant de sa poche un plan.°*   Tiens, il faut voir ça avec le plan.

le champ field of the camera
déambuler to walk up and down

Reprise, après coupure, même lieu: Pierre, seul dans le champ,° déambule° dans une vaste pièce non terminée, son plan à la main. Il parle à Nicole que l'on ne voit pas.

PIERRE: Tiens, ici, nous sommes dans le living-room . . . (*Il s'éloigne vers un couloir, bruit de travaux.*) Par là, ce sera mon bureau et ma bibliothèque. (*Il circule plan en main.*) Par là, notre chambre et, à côté, une chambre . . . (*Gros plan de Nicole; il continue off.*)

---

* **Voir photos à la page 391.**

pour Sabine[1] quand elle viendra. (*Retour sur lui marchant toujours.*) Je prendrai une chambre de bonne supplémentaire pour la nurse . . .

NICOLE, *gros plan sur elle.*   Alors, tu veux m'épouser! . . . (*Un temps, puis Nicole va parler en marchant sur le balcon, nerveusement; elle est prise en plan semi rapproché.*) . . . Si je te dis oui, tu iras trouver mon père à Bordeaux et tu lui demanderas ma main, c'est bien ça? Écoute, Pierre, depuis quelque temps, je m'aperçois que la vie n'est pas du tout ce que je croyais . . . Il y a eu un grand malentendu entre nous. Quand tu as voulu me revoir à Paris, j'ai été très touchée parce que je croyais que tu me jugeais mal! . . . Tout ça a été si rapide à Lisbonne. Quand tu m'as emmenée ici, je me doutais de° ce que c'était . . . et si tu m'avais parlé de cet appartement, je t'aurais tout de suite dit ce que j'en pensais . . . Remarque, tu as bien fait de précipiter° les choses, d'aller trop vite. Parce que . . ., au fond, on aurait traîné encore quelque temps. Tout ça pour en arriver au même point. C'était inutile. Regarde hier soir au restaurant, si tu crois que je n'ai pas vu à quel point je t'agaçais° . . ., comme tu te sentais mal à l'aise! . . . et j'pourrais même te dire que pendant cinq minutes tu m'as détestée. (*Gros plan sur Pierre meurtri° et essayant de protester du regard, puis plan moyen des deux face à face.*) Parfaitement! . . . Tu sais, quand on en est réduit à se ménager,° c'est pas le moment de faire des projets d'avenir. Oh! je suis sûre que tu as beaucoup de peine, mais, tu sais, j'en ai moi aussi. (*Un temps.*) Si tu veux . . . En tout cas, à moi, ça me ferait très plaisir . . ., on pourrait se voir de temps en temps, dîner ensemble.

PIERRE: Non.

NICOLE: Oh! je suis désolée.°

Gros plan sur lui atterré° qui ne dit rien.

NICOLE, *off.*   Au revoir, Pierre.

Il reste un moment immobile et très ému, mais pour vaincre sans doute la peur des larmes, d'une main, rajuste d'un geste brusque ses lunettes. On sent qu'il a, à la fois beaucoup de peine et de lassitude° psychique. Il marche lentement, très lentement vers le balcon . . . et se penche.°

On reste une seconde sur lui en gros plan se penchant et regardant en bas.

. . .

Grande plongée flash: la rue vue par Pierre: Nicole hèle un taxi et y monte. Le taxi démarre.° On le suit «des yeux» prenant une avenue...

. . .

Retour sur Pierre, moins blême.° Il traverse le living et sort.

Flash sur lui dans le chantier:° il monte dans la DS° qui démarre aussitôt.

Glossary (margin):

se douter de   to suspect
précipiter   to rush
agacer   to irritate
meurtri   wounded
se ménager   to spare each other
désolé   terribly sorry
atterré   crushed
la lassitude   weariness
se pencher   to lean over
démarrer   to start up
blême   pale, wan
le chantier   construction site
la DS   Voiture Citroën (modèle de luxe)

[1] **Sabine:** la fille de Pierre et de Franca

Rue—Jour

[*La femme de Pierre, Franca, ne sait pas que son mari l'a quittée pour une autre femme, mais elle s'en doute. Elle avait trouvé dans la poche d'un des costumes de son mari le carton° pour une pellicule° que Pierre avait donnée à développer. Elle va maintenant réclamer ces photos.*]

le carton claim slip
la pellicule film

Plan général: une boutique indiquant: «MUETTE PHOTO CINÉ». Franca traversant la rue, pénètre dans le magasin.

Magasin

Franca, en plan semi-rapproché (panoramique la suivant) traverse le magasin et va au comptoir photo en tendant° son carton.

tendre to hand over

LA VENDEUSE: Bonjour, Madame . . . (*La vendeuse prend le papier, se retourne, cherche dans les dossiers Kodak, sort une pochette° et la tend à Franca.*) Voilà.

la pochette packet

FRANCA: Qu'est-ce que je vous dois?
LA VENDEUSE: Quatorze francs.
Franca tend un billet, reprend la monnaie et sort du magasin.

Rue—Jour

Franca sort du magasin et traverse la rue, puis marche sur le trottoir,° mais finalement s'arrête, la pochette de photos qu'elle tient à la main lui brûlant° les doigts. Elle l'ouvre et examine les clichés.° Gros plan plongée sur les photos de Pierre et Nicole prises à côté de «La Colinière».[2] Retour gros plan contreplongée sur Franca qui s'est arrêtée sur la seule photo où ils sont ensemble. Retour sur les photos, puis plan moyen sur elle. Très gros plan de ses mains fébriles° ouvrant son sac pour y faire entrer la pochette de photos. Ces dernières tombent par terre. Plongée sur leur chute. Mains de Franca qui les ramasse° une à une. Flash sur un homme qui passe, baisse son regard intéressé et intervient. Une autre main entre dans le champ et en ramasse. Plan moyen de Franca accroupie° et de l'homme également, un genou à terre, plus préoccupé de la cuisse° de Franca que des photos.

le trottoir sidewalk
brûler to burn
le cliché snapshot

fébrile feverish

ramasser to pick up

accroupi crouched
la cuisse thigh

LE VOYEUR[3]:   Vous n'avez pas besoin d'un petit coup de main?° (*Plan des deux face à face.*)
Franca se relève promptement, range ses photos et se sauve.°

un coup de main helping hand

se sauver to run off
faire un tour to take a walk

LE VOYEUR: Vous voulez faire un petit tour° avec moi? . . .
Furieuse, Franca passe son chemin. L'homme la suit. À un angle de rue, Franca oblique, l'homme aussi en pressant le pas° pour être très près d'elle.

presser le pas to hasten one's step

---

[2] **La Colinière:** auberge de campagne où Pierre et Nicole avaient passé un week-end
[3] **Le Voyeur:** Ainsi dénommé dans le script.

pressé hurried

au comble de at the height of
le revers lapel
Au fur et à mesure Gradually
se dégager to free oneself
se moquer de not to care about

s'allonger to submit

Rien qu'une fois Just once
la vitre shop window

filer to run off
en badauds as gawkers

LE VOYEUR: Vous êtes tellement pressée?° (*Franca continue sans prêter attention.*) Vous voulez qu'on aille au restaurant ... ou bien venir passer un petit moment chez moi? ... Si vous voulez ...
Brusquement, au comble de° la fureur, Franca se retourne face à l'homme et le saisit par le revers° de son manteau. Au fur et à mesure° de la conversation, il essaiera en vain de se dégager.° Des gens passent, regardent. Franca s'en moque:° elle rage ...
FRANCA: Qui êtes-vous? Pour qui vous prenez-vous? Qu'est-ce que vous croyez? Qu'est-ce que vous espérez? Qu'est-ce que les femmes vous disent d'habitude? Est-ce qu'elles s'allongent° toutes? Vous les emmenez peut-être à la campagne? Vous vous prenez sûrement pour un Don Juan? Un homme irrésistible, hein? Est-ce que l'amour c'est spécialement bien avec vous? Est-ce que vous vous êtes seulement regardé une fois dans une glace? ... Rien qu'une fois?° (*Hors d'elle, elle l'entraîne vers une vitre° pour qu'il s'y voie.*) Eh bien! ... venez voir! Regardez-vous! ...
L'homme finit par se dégager, traverse la rue en courant et file.° Retour sur elle que quelques passants regardent en badauds:° on la suit en panoramique marchant dans la rue, traversant une avenue. Enchaîné.

Cuisine Lachenay

La porte de l'appartement s'ouvre et Franca file directement dans la cuisine (on la suit). Dans la cuisine, plan d'ensemble et en premier plan, de dos, Franca, plan de Sabine et Ingrid[4] en train de manger.
FRANCA, *à Ingrid.* Vous conduirez Sabine chez Mme Odile[5] cet après-midi.
SABINE, *montrant son assiette.* T'as vu, maman, j'ai déjà tout fini.
INGRID, *à Franca.* Mais après les devoirs, je suppose ...
FRANCA, *la coupant.* Non, dès qu'elle aura fini de manger.
INGRID: Mais les devoirs?
FRANCA: Sabine fera ses devoirs chez Mme Odile.
INGRID. Bien, Madame!
. . .
On suit Franca, dans l'appartement, qui se se dirige vers la chambre.

Chambre

la penderie closet
un étui de toile canvas case

Franca referme la porte très précautionneusement derrière elle, jette son sac sur le lit, puis son manteau, ouvre une grande penderie° et, derrière les vêtements, en sort un fusil dans un étui de toile.° Elle le pose sur le lit, va s'asseoir tout près et, très lentement, retire l'arme de son étui. Ensuite, laissant tout sur le lit, elle revient vers la penderie avec une chaise sur laquelle elle monte. Panoramique ascen-

cadrer to frame
tâtonner to feel, grope

dant pour cadrer° ses mains qui tâtonnent° au-dessus du meuble

[4] **Ingrid:** la nurse de Sabine
[5] **Mme Odile:** la meilleure amie de Franca

entassé piled up	*sur lequel sont entassés° valises et cartons à chapeau. Les mains*
fouiller to grope in	*fouillent° une valise, sortent une boîte et (panoramique inverse)*
	Franca redescend de la chaise pour revenir s'asseoir sur le lit. De la
la cartouche ammunition	*boîte, elle sort deux cartouches.° Très posément° elle arme le fusil,*
cartridge	*puis le repose sur le lit.*
posément deliberately, steadily	

COMPRÉHENSION

1. Décrivez l'endroit où Pierre a emmené Nicole.
2. Quelle est la surprise qu'il lui avait annoncée? Pourquoi lui montre-t-il l'appartement en construction?
3. Nicole est-elle contente des projets d'avenir de Pierre?
4. Nicole pense-t-elle que Pierre a fait une erreur en précipitant les choses? Les choses se seraient-elles passées différemment si Pierre n'avait pas pressé Nicole de l'épouser?
5. Quel incident Nicole cite-t-elle pour montrer qu'ils auraient tort de faire des projets d'avenir ensemble?
6. Nicole voudrait-elle continuer à voir Pierre même si elle ne désire pas l'épouser? Et Pierre, qu'en pense-t-il?
7. Pourquoi Franca n'attend-elle pas d'être chez elle afin de regarder tranquillement les photos?
8. Comment expliquez-vous la colère de Franca contre le passant qui l'aide à ramasser les photos?
9. Qu'est-ce que Sabine et Ingrid sont en train de faire quand Franca rentre? Quelles instructions Franca donne-t-elle à la nurse?
10. Décrivez ce que fait Franca dans sa chambre. Qu'est-ce qu'elle semble avoir l'intention de faire?

2

Rue—Extérieur Jour

filer to move smoothly, whisk	*La DS de Pierre file° dans les rues (plusieurs plans) . . . et finit par*
through	*stationner° devant le restaurant VAL D'ISÈRE. Pierre descend de*
stationner to park	*la voiture.*

Restaurant—Vestiaire

le battant swinging door	*Pierre pousse les deux battants° du portillon° du vestiaire et entre.*
le portillon gate	

DAME VESTIAIRE, off.   Bonjour, Monsieur Lachenay.

PIERRE, *ôtant son manteau.*   Bonjour, Madame.

Gardant son journal à la main, il passe (gros plan puis panoramique) et entre dans la salle de restaurant, sourit au barman et va s'asseoir au fond, à sa table, sur laquelle, comme d'habitude, un papier dans un verre marque la réservation. Une fois assis il pose son journal sur la table, sort son paquet de cigarettes, en prend une, regarde sa montre et se relève en laissant sa cigarette non allumée dans le cendrier.°

le cendrier   ashtray

Il traverse, en sens inverse, la salle du restaurant. On le retrouve poussant la porte battante du vestiaire.°

le vestiaire   checkroom

le jeton   token (required to make a call from most French payphones)

PIERRE: Un jeton,° s'il vous plaît.   · · ·

le taxiphone   pay phone
composer   to dial

Gros plan du taxiphone:° la main de Pierre met le jeton et compose° le numéro.

Salle à manger—Odile, Michel

Plan général sur Odile et Michel mangeant. Le téléphone sonne. Odile se lève (on la suit en panoramique) et va jusqu'au téléphone. Elle décroche° en disant «Allô!».

décrocher   to lift the receiver

· · ·

Gros plan sur le doigt de Pierre appuyant sur le bouton-contact du taxiphone.[6]

PIERRE, *gros plan sur lui.*   Allô! c'est Odile? . . . Oui, Pierre Lachenay. Je voulais vous remercier pour tout, . . . et vous dire aussi que je vais partir demain pour me reposer. Alors dites à Franca que je voudrais bien voir Sabine avant mon départ.

ODILE, *off.*   Je ferai tout ce que vous me demandez. Pierre, mais tout de même° quel gâchis.°

tout de même   just the same
quel gâchis   what a waste

PIERRE: Qu'est-ce que vous voulez que je fasse maintenant? C'est trop tard . . . et puis aussi je voulais vous demander . . . puisque vous la voyez, tenez-moi au courant.°

tenir au courant   to keep informed

· · ·

Retour sur Odile en plan moyen, puis panoramique sur son mari qui s'approche d'elle. Plan des deux. Michel a mis à l'oreille l'autre écouteur.°

l'écouteur   receiver

ODILE: Tenir au courant de quoi? Vous voulez savoir s'il est encore temps de changer d'avis? Écoutez. Pierre, si vous envisagez° vraiment de recommencer avec Franca.

envisager   to have the intention

· · ·

Retour sur Pierre en gros plan. Odile continue off au téléphone.

ODILE, *off.*   . . . naturellement qu'elle accepterait, mais vous devez le lui demander vous-même.

PIERRE: Oui, vous avez peut-être raison, Odile . . . J'appellerai Franca dans quelques jours.

ODILE, *off.*   Pourquoi dans quelques jours? Le plus tôt sera le mieux. Appelez-la maintenant si vous voulez mon avis.

PIERRE: Maintenant? Ah! non, vraiment . . . j'aime mieux attendre un peu.

ODILE, *off.*   Pourquoi? Qu'est-ce que vous croyez? . . . Qu'elle va

---

[6] Avant de parler dans un taxiphone, il est nécessaire d'appuyer sur le bouton pour entrer en communication avec son correspondant.

supplier to beg

vous attendre pendant dix ans! . . . Je vous en supplie,° Pierre, ap-pelez-la tout de suite.

PIERRE: Ah! oui. Vous avez raison, Odile . . ., je vais faire comme ça. Au revoir, Odile . . ., merci.

raccrocher to hang up

Il raccroche.° Gros plan du taxiphone et retour sur lui sortant de la cabine et allant (on le suit en panoramique) vers le vestiaire, en poussant la double porte.

PIERRE: Un autre jeton, s'il vous plaît?

DAME VESTIAIRE, *off.*   Encore un?

PIERRE, *énervé.*   Oui, encore un.

Panoramique sur Pierre revenant vers la cabine qu'il ouvre: une jeune fille l'occupe et parle au téléphone.

PIERRE: Oh! . . . pardon.

bavarder to chat

Pierre referme la cabine et vient attendre tout près. Plan moyen sur lui, impatienté, qui regarde en direction de la cabine. Flash sur un miroir dans lequel se reflète la jeune fille qui téléphone. Elle bavarde,° sourit, rit sans qu'on puisse l'entendre bien entendu. Retour sur Pierre se contenant. Gros plan miroir jeune fille. Gros plan Pierre. Cut.

Chambre Lachenay

une armoire wardrobe closet
plié folded

un imperméable raincoat
enfiler to slip on

enfoui buried

Légère plongée sur Franca accroupie cherchant dans une armoire.° Elle en retire, enfin, un vêtement plié° dans un papier. Travelling arrière pour découvrir une partie de la chambre dont le lit sur lequel Franca dépose le paquet, l'ouvre, en retire un imperméable° très ample qu'elle enfile.° Franca ferme l'armoire afin de voir comment le vêtement lui sied. Puis elle revient vers le lit, prend le fusil, le camoufle sous son imperméable en le tenant par la main enfouie° dans la poche extérieure et réexamine le résultat dans la glace. Satisfaite, elle prend de l'autre main les photos, les enfouit dans l'autre poche et sort. Cut. On la retrouve en plan moyen de face (travelling arrière) arrivant vers la cuisine et marquant un temps d'arrêt avant de sortir.

FRANCA: Je sors, Mademoiselle.

INGRID, *off.*   Vous ne déjeunez pas ici, Madame?

FRANCA: Non, je ne déjeune pas ici.

Franca sort.

Restaurant

ricaner to snicker

Retour sur Pierre, de plus en plus impatient, son regard face au mi-roir correspondant à la cabine téléphonique. En réflexion, la fille qui parle, parle, parle, ricane° et parle. Nombreux plans de Pierre et du miroir en contrechamp. La fille raccroche et sort avec un joli sourire. Pierre entre dans la cabine. Gros plan de sa main qui met le jeton dans le taxiphone et compose le numéro.

Appartement Lachenay

le palier landing
le rez-de-chaussée ground floor

On démarre sur l'ascenseur de l'immeuble qui descend. Sur le palier° du rez-de-chaussée,° Franca sort, rigide en fonction de ce qu'elle porte.

. . .

Sonnerie du téléphone: la nurse Ingrid traverse l'appartement, décroche et répond (plan moyen sur elle).

INGRID: Allô! Ici l'appartement de Mme Lachenay.

. . .

Retour gros plan sur le doigt de Pierre qui appuie sur le bouton. Contact du téléphone et panoramique pour le cadrer en gros plan.

PIERRE: Allô! C'est vous Mademoiselle, je voudrais parler à Madame.

INGRID, *off.* Elle vient de sortir, Monsieur, à l'instant même.

PIERRE: Voulez-vous regarder si elle est encore dans l'escalier?

. . .

Retour sur Ingrid.

Ne quittez pas Hang on

INGRID, *avant de reposer l'écouteur.* Ne quittez pas,° Monsieur, je vais voir.

On suit Ingrid allant jusqu'à la porte d'entrée, l'ouvrir et, près de l'ascenseur, se penchant vers le bas. Plongée flash sur la cage des escaliers. Retour sur Ingrid revenant vers le téléphone.

INGRID: Allô! . . . non, Monsieur, Mme Lachenay n'est plus dans l'escalier.

PIERRE, *off.* Écoutez . . ., elle doit être encore dans la rue. Voulez-vous, s'il vous plaît, regarder par la fenêtre et l'appeler?

INGRID: Bien, Monsieur, je vais voir.

À nouveau Ingrid dépose l'écouteur et nous la suivons en panoramique vers la fenêtre d'une pièce. Elle ouvre et se penche.

Plongée flash sur la rue: la petite voiture de Franca—une Austin Cooper—file dans la rue et s'éloigne.

. . .

Retour sur Ingrid qui revient au téléphone.

INGRID: Allô! . . . Monsieur, je suis désolée, j'ai vu la voiture tourner au coin de la rue et . . . Y a-t-il un message?

. . .

Retour gros plan sur Pierre dans la cabine téléphonique.

PIERRE: Écoutez-moi bien, Mademoiselle. Vous direz à Madame que je l'ai appelée et que je la rappellerai cet après-midi.

INGRID, *off.* Je n'y manquerai pas, Monsieur. Au revoir, Monsieur.

PIERRE: Au revoir, Mademoiselle.

froisser to crumple
une étiquette ticket, slip

Pierre sort de la cabine. On le suit traversant le restaurant jusqu'à sa table derrière laquelle il s'assoit. Nerveusement il froisse° l'étiquette° de réservation, prise dans le verre, et sort une nouvelle cigarette, ayant oublié la première (qui n'y est plus). Avant de prendre la cigarette, il fait un échange entre ses deux paquets de

la manie mania, habit

«gitanes» à moitié vides (manie° que nous lui connaissons), puis finalement prend son journal et le lit.

Rues Paris

Travelling arrière sur l'Austin conduite par Franca qui file (face à nous) très rapidement . . . pour aboutir rue de Berry. Elle stationnne promptement. Franca en sort, prend le fusil (gros plan flash) posé sur la banquette arrière et (panoramique vers elle) le camoufle sous son imperméable comme on lui a déjà vu faire. Puis elle referme la portière de sa voiture et avance dans la rue. Nous la précédons en travelling et la voyons fixer un point.° On suit son regard: la voiture de Pierre est stationnée devant le «Val d'Isère».

fixer un point to stare at a certain point

Reprise sur Franca qui entre dans le hall du restaurant.

Restaurant

vitré with glass panes

Gros plan de Franca s'avançant vers la porte vitrée° pour regarder à l'intérieur. Flash sur la salle où, en arrière-plan, dans un coin, se trouve Pierre en train de lire le journal. Retour sur Franca qui pousse la porte de verre et, tel un automate,° s'avance dans la salle, très lentement. Travelling avant se dirigeant vers Pierre: en chemin, Franca croise° un garçon affairé.°

un automate robot

croiser to cross, pass by
affairé busy

LE GARÇON: Bonjour, Madame Lachenay.

On reprend Franca de face qui ne répond pas au garçon et continue à avancer (travelling arrière) puis s'arrête.

Plan sur Pierre (vu par elle debout, donc en très légère plongée): il est en train de lire [et de fumer] sans prêter attention à un quelconque regard.°

un quelconque regard an ordinary look

Retour sur elle en légère contreplongée (comme si Pierre, assis, pouvait la voir). Elle le fixe intensément.

Gros plan sur lui qui lève machinalement les yeux et la voit, stupéfait. Retour sur elle qui, de sa main gauche, retire les photos de sa poche (très gros plan flash) et les jette vers lui. Flash sur lui qui, recevant les photos au visage, a un mouvement de recul, puis se lève. Retour plan moyen sur elle qui sort le fusil et tire sur lui. Retour sur Pierre en plan rapproché, qui s'écroule° sur la table (gros plan). Plan général: les gens se lèvent (brouhaha).° On entend off. «Appelez la Police», alors qu'on revient sur Franca qui laisse tomber le fusil à terre et va s'accroupir contre le bar. Flash gros plan du visage de Pierre que regarde Franca: «Il est mort» . . . (retour sur elle) pense-t-elle, car elle respire à pleins poumons et souffle,° comme au sortir de l'eau. Un grand soulagement° lui retire son air désespéré. Ses mains arrivent à soulever le col de son imperméable. Elle fixe toujours un point alors qu'arrive le mot

s'écrouler to collapse
le brouhaha commotion, hubbub

souffler to breathe heavily
le soulagement relief

«FIN»

Photo de Pierre et Nicole prise
à côté de «La Colinière».

—Vous n'avez pas besoin
d'un petit coup de main?

Très posément elle arme le fusil . . .

Elle retire les photos de sa poche
et les jette vers lui.

Recevant les photos au visage,
Pierre a un mouvement de recul.

Elle sort le fusil et tire sur lui.

COMPRÉHENSION

1. Comment sait-on que Pierre est un habitué du restaurant le Val d'Isère?
2. Qu'est-ce que Pierre a demandé à la dame du vestiaire?
3. À qui Pierre téléphone-t-il? Pourquoi?
4. Qu'est-ce qu'Odile lui conseille de faire?
5. Pourquoi Pierre n'arrive-t-il pas à téléphoner à Franca tout de suite?
6. Au même moment, que fait Franca dans sa chambre? Pourquoi sort-elle l'imperméable?
7. À quel moment Pierre arrive-t-il à téléphoner chez lui?
8. Qu'est-ce qui indique qu'il est pressé de parler à sa femme?
9. Décrivez la dernière scène du film.

DISCUSSION

1. En quoi l'appartement en construction est-il symbolique des rapports entre Pierre et Nicole?
2. Quelles sont probablement les pensées de Pierre pendant qu'il regarde Nicole s'éloigner?
3. À quoi sert l'incident dans la rue au cours duquel Franca s'en prend au monsieur qui veut l'aider à ramasser les photographies?
4. Expliquez le geste qu'a fait Franca avant de tirer sur son mari.
5. Montrez comment le metteur en scène a arrangé les événements pour prolonger la tension du dénouement.
6. Quel rôle joue le hasard dans le dénouement du film? Les choses se seraient-elles passées autrement si la jeune fille n'occupait pas la cabine de téléphone au moment où Pierre a essayé de téléphoner à sa femme?

COMPOSITION DIRIGÉE

La Peau douce est le premier des films de François Truffaut qui n'ait pas reçu des acclamations unanimes. Certains critiques ont condamné le dénouement inattendu et brutal. Prenez la situation du film à partir du moment où Nicole quitte Pierre et imaginez un autre dénouement. Écrivez quelques scènes de conclusion sous forme d'un dialogue avec des indications scéniques.

Le Monde

This section looks at our world from several points of view significant to the student of French: practical, political, environmental, philosophical. The airplane, the jet, and now the supersonic *Concorde* have made travel abroad a reality for ever greater numbers of persons. The first lesson in this section presents a variety of useful information for the traveler: geographical expressions, information and advice on air travel, a guide to selecting a hotel. The political turmoil wrought by the very fact of the French language and culture outside the borders of France is the subject of our second reading. There are vast regions of Canada where English is not spoken or understood: the presence of a large French community in the heart of an English-speaking nation has given rise to controversy and strife. Two articles in this section reflect our awakening to two facts of life threatening our technological civilization: shrinking natural resources and industrial pollution. Finally, we include the account of French aviator and author Saint-Exupéry's shipwreck in the Sahara. It presents one man's struggle with and awakening to the dangerous and beautiful world.

393

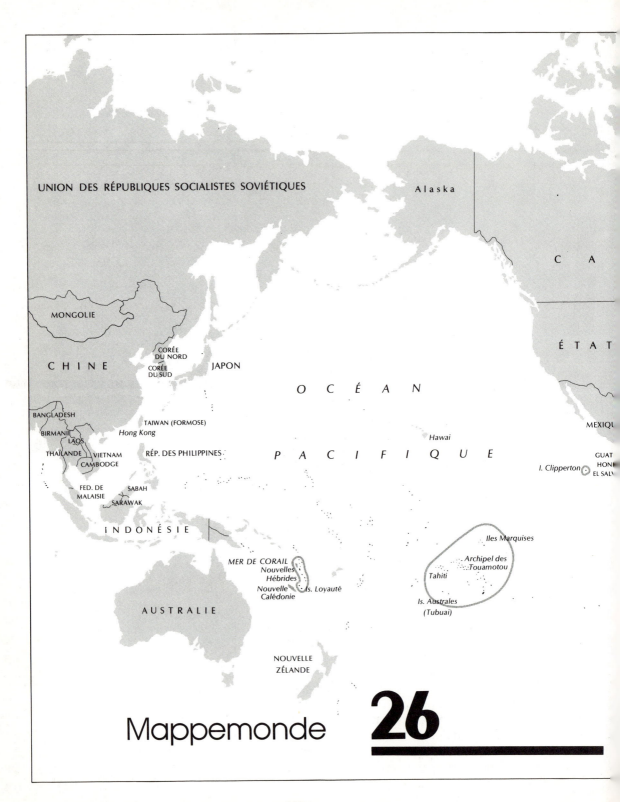

UNION DES RÉPUBLIQUES SOCIALISTES SOVIÉTIQUES

Alaska

C A

É T A T

MONGOLIE

CORÉE
DU NORD

CORÉE
DU SUD

JAPON

CHINE

O C É A N

BANGLADESH

TAIWAN (FORMOSE)

Hong Kong

Hawai

MEXIQU

BIRMANIE

LAOS

THAÏLANDE   VIETNAM
CAMBODGE

RÉP. DES PHILIPPINES

P A C I F I Q U E

GUAT
HON
I. Clipperton   EL SAL

FED. DE
MALAISIE   SABAH

SARAWAK

INDONÉSIE

Iles Marquises

Archipel des
Touamotou

MER DE CORAIL

Nouvelles
Hébrides

Nouvelle
Calédonie   Is. Loyauté

Tahiti

AUSTRALIE

Is. Australes
(Tubuai)

NOUVELLE
ZÉLANDE

Mappemonde

26

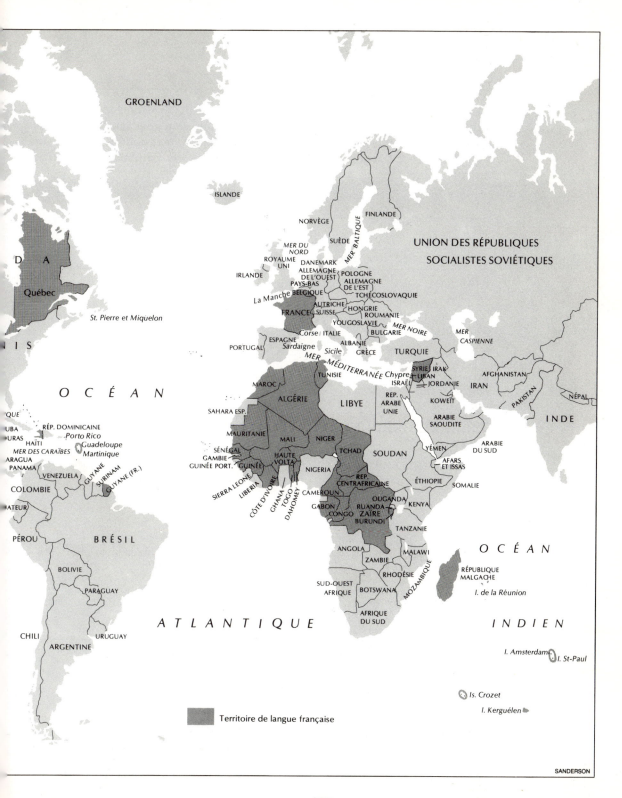

GROENLAND

ISLANDE

NORVÈGE
FINLANDE
SUÈDE
MER BALTIQUE

MER DU NORD

UNION DES RÉPUBLIQUES
SOCIALISTES SOVIÉTIQUES

Québec

ROYAUME UNI
DANEMARK
IRLANDE
ALLEMAGNE DE L'OUEST
PAYS-BAS
POLOGNE
ALLEMAGNE DE L'EST
TCHÉCOSLOVAQUIE

St. Pierre et Miquelon

La Manche
BELGIQUE
AUTRICHE
SUISSE
HONGRIE
ROUMANIE
FRANCE
YOUGOSLAVIE
BULGARIE
MER NOIRE
Corse
ITALIE
MER CASPIENNE

PORTUGAL
ESPAGNE
Sardaigne
ALBANIE
GRÈCE
TURQUIE

Sicile
MER MÉDITERRANÉE
Chypre
SYRIE
IRAK
AFGHANISTAN

MAROC
TUNISIE
LIBAN
ISRAËL
JORDANIE
IRAN
NÉPAL

OCÉAN

ALGÉRIE
LIBYE
RÉP. ARABE UNIE
KOWEÏT
PAKISTAN
INDE

SAHARA ESP.

QUE
UBA
URAS
HAÏTI
RÉP. DOMINICAINE
Porto Rico
MAURITANIE
MALI
NIGER
ARABIE SAOUDITE

Guadeloupe
Martinique

SÉNÉGAL
TCHAD
SOUDAN
YÉMEN
ARABIE DU SUD

MER DES CARAÏBES
ARAGUA
PANAMA
GAMBIE
GUINÉE PORT.
GUINÉE
HAUTE VOLTA
NIGERIA

VENEZUELA
GUYANE
SURINAM
GUYANE (FR.)
SIERRA LEONE
LIBERIA
CÔTE D'IVOIRE
GHANA
TOGO
DAHOMEY
CAMEROUN
RÉP. CENTRAFRICAINE
AFARS ET ISSAS
ÉTHIOPIE
SOMALIE

COLOMBIE
ATEUR

GABON
CONGO
OUGANDA
RUANDA
ZAÏRE
BURUNDI
KENYA

PÉROU
BRÉSIL

BOLIVIE

PARAGUAY

ANGOLA
ZAMBIE
MALAWI
TANZANIE

OCÉAN

RÉPUBLIQUE MALGACHE

ZAMBIE
RHODÉSIE
MOZAMBIQUE
I. de la Réunion

SUD-OUEST AFRIQUE
BOTSWANA

AFRIQUE DU SUD

INDIEN

CHILI
URUGUAY
ARGENTINE

ATLANTIQUE

I. Amsterdam
I. St-Paul

Is. Crozet

I. Kerguélen

■ Territoire de langue française

SANDERSON

395

VOCABULAIRE ET STRUCTURE

Geographical Expressions

To express *to, in, at,* or *from* with geographical names, one must consider whether the name represents a city, a country, an island, etc., and whether it is feminine or masculine. In general, all geographical names ending in **e** are feminine (with the following exceptions: **le Mexique** and **le Cambodge**). All others are masculine.

	to, in, at	*from*
VILLES	**à** à Paris, à Londres au Havre[1]	**de** de Paris, de Londres du Havre
PAYS *Féminins:*	**en** en France, en Italie	**de** de France, d'Italie
Masculins:	**à** + *article* au Portugal aux États-Unis	**de** + *article* du Portugal des États-Unis
EXCEPTIONS: *Pays masculins singuliers avec voyelle initiale:*	en Iran; en Israël	d'Iran; d'Israël
ÎLES *Masculines:*	**à** à Cuba à Madagascar à Tahiti	**de** de Cuba de Madagascar de Tahiti
Féminines:	**à la** à la Martinique à la Guadeloupe	**de la** de la Martinique de la Guadeloupe
EXCEPTION: *Grandes îles féminines:*	**en** en Corse en Sicile	**de** de Corse de Sicile
CONTINENT	**en** en Europe, en Asie en Amérique du Sud	**de** d'Europe, d'Asie d'Amérique du Sud
PROVINCE	**en** en Normandie, en Bourgogne	**de** de Normandie, de Bourgogne

---

[1] **À** and **de** contract with the definite article, **le**, if it is part of the name of a city: Le Havre (**au Havre**); Le Caire (**au Caire**).

	to, in at	*from*
ÉTAT		
Féminins ou voyelle initiale:	**en** en Virginie, en Floride en Oregon, en Idaho	**de** de Virginie d'Oregon
Masculins:	**dans** + *article* dans le Michigan dans le Massachusetts	**du** du Michigan du Massachusetts

Usage regarding the names of states is rather irregular. It is always correct, however, to use **dans l'état de . . .** and **de l'état de . . .**

REMARQUER:

If the geographical name is qualified, use **dans** and the definite article:

> **en France**   BUT: **dans la France moderne**
> **à Paris**   BUT: **dans le vieux Paris**
> **en Afrique**   BUT: **dans l'Afrique tropicale**

Means of Transportation

On peut voyager . . .

à pied	à bicyclette	
à cheval	à motocyclette	

par le train (en chemin de fer)   en métro

en auto, en voiture	en avion
en auto-stop (*hitchhiking*)	en bateau
en autocar (*long distance bus*)	en taxi
en autobus (*intercity bus*)	

Climate and Weather

Quel temps fait-il?

il fait beau	il fait nuit
il fait mauvais	il fait jour
il pleut	il fait du vent
il neige	il fait du soleil
il fait froid	il fait frais (*it is cool*)
il fait chaud	il fait un temps couvert (*it is cloudy*)

EXERCICES

A. Dans une phrase complète, donnez la réponse indiquée aux questions suivantes.

> MODÈLE: Où allez-vous?   Lyon
> **Je vais à Lyon.**

1. D'où venez-vous?
   a. la Nouvelle Orléans   b. Japon   c. Australie   d. Colorado
   e. Rome   f. Sénégal   g. Champagne   h. Italie   i. Floride
   j. Marseille   k. Brésil   l. Vietnam   m. Mexique
2. Où allez-vous?
   a. Autriche   b. Portugal   c. Vienne   d. Russie   e. Israël
   f. Guadaloupe   g. Pays-Bas   h. Amérique du Sud   i. Californie
   j. Bretagne   k. Canada   l. Espagne   m. Asie
3. Comment y allez-vous?
   a. train   b. taxi   c. autobus   d. avion   e. bateau   f. bicyclette   g. pied   h. motocyclette   i. voiture   j. métro   k. auto-
   stop   l. autocar

B. Répondez par une phrase complète aux questions suivantes.

1. Qu'est-ce qui forme les frontières de la France (a) au nord? (b) au sud? (c) à l'est? (d) à l'ouest?
2. Dans quels pays européens parle-t-on français?
3. Dans quels pays africains le français est-il une langue officielle?
4. Connaissez-vous des pays ou des régions francophones en Amérique du nord (y compris les Antilles[1])?
5. Parle-t-on français dans certains pays asiatiques?
6. Si vous pouviez faire un voyage n'importe où, dans quels pays iriez-vous?
7. Par quel moyen de transport préférez-vous voyager?
8. Comment se déplace-t-on en ville?
9. Où se trouve (a) le Colisée? (b) la cathédrale de Westminster? (c) le Grand Canyon? (d) la grande muraille?
10. Quels sont les pays scandinaves?
11. Quels sont les pays qui se trouvent sur la mer Adriatique?
12. Où se trouvent les ville suivantes: (a) Tokyo (b) Berlin (c) Amsterdam (d) Rio de Janeiro?
13. Dans quels pays du monde parle-t-on espagnol?
14. Décrivez en détail le climat de l'état où vous habitez.
15. De quel pays viennent vos ancêtres?

LECTURE | Bienvenue à bord

(Tiré de la brochure qu'on donne aux passagers à bord des avions Air France)

Vos bagages

Votre bagage de cabine
Avant de vous asseoir vous avez rangé votre bagage de cabine et vos vêtements dans le compartiment situé au-dessus de votre siège.

---

[1] **Les Antilles:** *the West Indies*

Vous pouvez également glisser votre bagage de cabine sous le siège devant vous; bagage et effets personnels restent ainsi sous votre surveillance pendant toute la durée de votre voyage.

Sachez choisir votre bagage de cabine

global overall

Les dimensions globales° de votre bagage de cabine ne doivent pas excéder 110 cm (somme des 3 dimensions: 55 + 35 + 20 cm par exemple). Certaines Compagnies sont plus restrictives et limitent cette somme à 100 cm. Dans votre intérêt (confort, contrôle de sûreté) nous vous demandons de vous limiter à un seul bagage de cabine. Attention: les valises se ressemblent ... Donnez une identité à la vôtre en fixant une étiquette à l'extérieur et à l'intérieur de votre bagage. Les comptoirs d'Air France peuvent vous en fournir.

fermer à clé to lock

N'oubliez pas, non plus, de fermer votre bagage à clef.°

Pendant le vol

Boissons et repas

prévu planned (*lit.* foreseen)
en fonction de on the basis of
une étape leg (of a journey)
gracieusement here, free

Les services de repas et boissons sont prévus° en fonction de° la longueur de l'étape° et de l'horaire. En 1re classe, toutes les boissons sont offertes gracieusement.°

En classe touriste, les boissons alcoolisées sont payantes. On peut vous apporter des boissons en dehors des services prévus, sur simple appel. Sauf naturellement, pendant le décollage° ou l'atterrissage.°

le décollage takeoff
un atterrissage landing
long-courrier long distance
un office pantry

En classe touriste, sur les vols long-courriers,° des boissons rafraîchissantes sont mises à votre disposition aux offices,° à l'avant ou à l'arrière de la cabine.

le régime special diet

Un repas de régime° ou conforme à vos convictions religieuses vous sera servi si vous en avez fait la demande lors de la réservation de votre place et que mention en est faite sur votre billet.

Rappelez-le à l'hôtesse.

Les enfants

le berceau cradle

Votre bébé pourra être installé en cours de vol dans un hamac ou dans un berceau.° Mais au moment du décollage et de l'atterrissage, et pendant les turbulences, vous devez reprendre l'enfant sur vos genoux.

réchauffer warm up
le biberon baby bottle

Si vous le désirez, l'hôtesse peut réchauffer° un biberon° et proposer des aliments pour bébés.

Pour les plus grands, l'hôtesse mettra à leur disposition des bonbons, des illustrés et des jeux qui les occuperont agréablement.

Les achats à bord

hors taxe duty-free

Pendant votre voyage, il vous sera proposé des articles à des prix hors taxes.° La liste de ces articles figure dans cette brochure. Vous avez la possibilité d'acquérir à des prix intéressants, non seulement du cognac, du whisky et du tabac mais aussi des articles de Paris, parfums, eaux de toilette, etc ...

disponible available
en permanence at all times

se divertir to entertain oneself

les échecs chess

la bande sonore soundtrack
la réglementation en vigueur the rule in effect
la location rental fee
dérangé disturbed

la savonette small cake of soap
la prise de courant electrical outlet

le déroulement here, progress
une escale stopover
la correspondance connecting flight
un exemplaire copy
un indicateur timetable

Les volumes à bord étant limités, en particulier sur les vols moyen-courriers, certains articles peuvent ne pas être disponibles° en permanence.°

Pour vous divertir°

Pour vous divertir à bord de nos avions long-courriers, nous tenons à votre disposition un choix de journaux, revues et également des jeux de cartes, jeux d'échecs,° etc. La revue Atlas éditée en collaboration avec Air France est en outre à votre disposition.

Nous vous rappelons que vous pouvez écouter la musique de votre choix ou la bande sonore° du film qui sera éventuellement projeté. (En classe touriste, la réglementation en vigueur° impose la location° des écouteurs.)

Si par hasard, vous souhaitez ne pas être dérangé° pendant le voyage signalez-le à l'hôtesse.

Pour votre toilette

Vous trouverez dans les toilettes, savonnettes,° serviettes, eau de toilette, produits de beauté … et une prise de courant° de 115 volts. Sur les long-courriers, rasoirs mécaniques et crème à raser sont également à votre disposition sur simple demande.

Si vous désirez un renseignement

Le personnel de cabine sera toujours heureux de vous fournir des informations; ainsi il vous renseignera utilement sur le déroulement° de votre voyage, les escales,° les horaires et les correspondances:° quelques exemplaires° de l'indicateur° Air France sont à votre disposition.

Pour préparer vos voyages

Notre «Guide du Voyageur Aérien» édité en français est à votre disposition dans nos Agences. Il vous sera remis gratuitement.

Un ami précieux: le Welcome Service Air France

Vous trouverez à Paris, dans les aérogares et dans nos agences, ce service destiné à répondre aux questions de nos passagers.

Interrogez les agents du Welcome Service, si vous voulez connaître une adresse de restaurant ou un programme de spectacle, le prix d'une excursion ou d'une location d'auto … ils ont réponse à tout ou presque et faciliteront votre séjour.°

le séjour stay

COMPRÉHENSION

1. Où peut-on mettre son bagage de cabine pendant le vol?
2. Résumez les conseils que donne Air France concernant les bagages.
3. Décrivez les boissons et les repas que l'on sert pendant le vol.
4. Qu'est-ce que la ligne aérienne propose pour les enfants qui voyagent?
5. Quels articles peut-on acheter à bord de l'avion?
6. Quelles sortes de divertissements y a-t-il à bord des avions long-courriers?
7. Quelles commodités se trouvent dans les toilettes de l'avion?
8. Quels renseignements le personnel d'Air France peut-il vous fournir?

Beaubourg: le centre Georges
Pompidou.

Un bateau-mouche à l'ombre
de Notre-Dame.

En province, un
salon de thé dans
un site historique et
pittoresque.

| **LECTURE** | # Pour revenir en bonne santé: Miniguide santé du grand voyageur |

(Distribué par le Ministère de la Santé et de la Famille / Comité français d'éducation pour la santé)

Vous allez partir en voyage . . .

le loisir leisure
se dépayser to go abroad, change surroundings
les affaires business
à titre individuel as an individual

- que ce soit pour vos vacances, culture ou loisir,° pour vous dépayser,° vous instruire ou simplement parce que votre travail ou vos affaires° l'exigent,
- que vous voyagiez à titre individuel,° en groupe, par l'intermédiaire d'une agence, d'un club ou de toute autre organisation spécialisée, VOUS ALLEZ EXPOSER VOTRE SANTÉ À DES RISQUES QUE VOUS NE COUREZ PAS HABITUELLEMENT EN FRANCE SURTOUT DANS LES PAYS TROPICAUX OU SUBTROPICAUX; si minimes soient-ils, ils sont susceptibles:

gâcher to spoil, ruin
voire and even

- de gâcher° complètement votre séjour, voire° de le rendre dangereux,
- d'être la cause après votre retour de maladies qui peuvent être graves si elles ne sont pas soignées rapidement,
- de poser de difficiles problèmes à votre médecin si vous ne le mettez pas au courant° du voyage que avez effectué.

mettre au courant de to inform about

Avant de partir: ce que vous devez savoir, ce que vous devez faire

Consultez le médecin.
Votre médecin généraliste vous indiquera les services spécialisés où vous pourrez être informés sur les vaccinations et la pathologie des voyages exotiques.

D'autre part, si votre état de santé n'est pas satisfaisant, il vous indiquera les précautions à prendre. Dans la plupart des cas la maladie ne doit pas être un obstacle aux voyages.

la piqûre d'insecte insect bite

Votre médecin ou votre pharmacien vous indiquera aussi le produit le mieux adapté pour vous protéger des piqûres d'insecte° et éventuellement vous prescrira une médication «contre la diarrhée du touriste».

Les vaccinations.
La meilleure protection contre certaines maladies est assurée par les vaccinations. Certaines vaccinations sont d'ailleurs obligatoires et certains contrôles sanitaires sont particulièrement tâtillons° à ce sujet.

tâtillon finicky, fussy

Chaque pays ayant sa propre réglementation, il est nécessaire de se renseigner auprès des: agences de voyages, compagnies de transport ou services hospitaliers spécialisés, pour connaître les vaccins exigés.

la démarche   measure, step

Cette démarche° doit être accomplie suffisamment tôt avant le départ (environ un mois et davantage encore en cas de séjours nécessitant des protections plus complètes), car certaines vaccinations demandent des délais.

On évitera ainsi toute réaction durant le voyage ou même sur les lieux du séjour.

Si un calendrier peut être établi, on conseillera:
• Vaccination anti-amarile (contre la fièvre jaune),
• Vaccination anticholérique: 10 jours après la vaccination anti-amarile et 8 jours avant la . . .

antivariolique   anti-smallpox

• Vaccination antivariolique:° elle doit avoir lieu 8 jours avant le départ.

Les vaccinations antitétanique et antipoliomyélitique, même si elles ne sont pas obligatoires, sont recommandées, notamment aux voyageurs se rendant° dans les pays chauds.

se rendre = aller

Aux personnes antérieurement vaccinées, il est conseillé un rappel associant en une seule injection les vaccins tétanos-poliomyélite.

Les certificats de vaccinations seront établis sur un carnet de vaccinations international mis à la disposition des médecins par le ministère de la Santé.

le paludisme   malaria

Le paludisme.°

Sachez que vous pouvez vous trouver exposé au paludisme, mais qu'il existe des règles simples et efficaces pour vous protéger d'une affection qui, négligée ou méconnue, peut être mortelle.

(1) Où pouvez-vous contracter un paludisme? Le risque est très élevé dans toute l'Afrique tropicale et tout le Sud-Est asiatique. Il existe en Afrique du Nord (Tunisie exceptée), à Madagascar, au Moyen-Orient, en Inde. En Océanie il varie selon les îles et territoires. En Amérique centrale et dans la zone tropicale d'Amérique du Sud, il peut être important. Les Antilles françaises et l'Amérique du

épargné   spared

Nord sont épargnées.° Un séjour très bref, une simple escale peuvent suffire pour vous contaminer.

(2) Que faire pour vous protéger?

la moustiquaire   mosquito net

a. Éviter la piqûre des moustiques infestants (moustiquaire,° pommades aromatiques répulsives), ce qui n'est pas toujours possible.

b. Mais surtout prise régulière d'un médicament protecteur dont votre médecin ou un centre spécialisé vous indiquera le mode

le mode d'emploi   directions for use

d'emploi° et les doses. Commencer ce traitement dès l'arrivée en zone infestée. Il est indispensable de le poursuivre régulièrement pendant tout le séjour et les deux mois suivant le retour en zone indemne. L'administration quotidienne semble préférable aux traitements plus espacés qui exposent à des oublis dont les conséquences peuvent être redoutables.

Aujourd'hui, la province de Québec conserve encore la langue et la culture françaises. Voici une vue de l'île Havre Aubert dans la golfe de Saint-Laurent.

Scène de marché à Dakar au Sénégal. Dans ce pays,
comme dans bien des pays de l'Afrique noire, le français
est une des langues officielles.

Une scène qui pourrait être tirée des *Mille
et une nuits:* une rue étroite de la Medina
à Fez, au Maroc.

Un pêcheur martiniquais et sa senne. La senne est un énorme filet de pêche rectangulaire.

(3) Au retour, ne jamais oublier d'informer votre entourage ou votre médecin d'un séjour en zone infestée. En informer les services de prélèvement° lorsque vous donnez votre sang.

les services de prélèvement donor service
le comprimé medicine tablet
à la portée de within reach

P.S.: Ne jamais laisser des comprimés° antipaludéens à la portée° des enfants.

. . . soyez donc prudents:
sur place

Reposez-vous

le décalage gap, difference

Surtout après un long voyage qui comporte d'importants décalages° horaires et de brusques changements climatiques. Prenez le temps de vous adapter.

Protégez-vous du soleil et de la chaleur

la climatisation air conditioning
les locaux premises
le port wearing
le lainage woolens
les eaux dormantes stagnant water
la mare pond
cutané cutaneous, pertaining to the skin

Lunettes teintées, vêtements amples et aérés. Mais, la climatisation,° la ventilation des locaux,° la fraîcheur des nuits rendront peut-être nécessaire le port° de lainages° légers.

Méfiez-vous des «eaux dormantes»

Ne marchez jamais nu-pieds dans des mares,° cours d'eau, lacs que vous ne connaissez pas. La peau peut être dans ces conditions la porte d'entrée de parasites cutanés° ou généraux redoutables.

surveiller   to look after, watch over

Ne vous baignez pas en dehors de la mer ou des piscines sur-veillées.°

Surveillez votre alimentation

une amibiase   form of dysentery
une hépatite   hepatitis (disease of the liver)
le robinet   tap, faucet

Elle peut être responsable d'amibiases,° d'hépatites° ou de fièvres typhoïdes. Aussi, ne buvez qu'une eau dont la pureté est certaine. À ce propos, l'eau du robinet° dans toutes localités où existe un système de distribution, peut être considérée comme saine.

bouillir   to boil
cru   raw

—ne consommez de lait qu'après l'avoir fait bouillir;°
—préférez les légumes et fruits épluchés et cuits, plutôt que crus,° si les conditions d'hygiène paraissent douteuses;

le crustacé   shell fish (shrimp, crayfish, etc.)

—méfiez-vous des excès d'exotisme et consommez avec mesure les plats épicés, les crustacés,° les crudités, fruits et boissons locales;
—enfin, n'oubliez pas que le risque de contracter une maladie vénérienne (maladie sexuellement transmise) est important.

COMPRÉHENSION

1. Quels risques court-on en voyageant?
2. Que doit-on faire avant de partir pour un voyage dans un pays exotique?
3. Quelles sortes de vaccinations y a-t-il pour se protéger?
4. Où risque-t-on de contracter le paludisme? Que peut-on faire pour se protéger contre le paludisme?
5. Quels conseils le ministère de la Santé donne-t-il concernant ce qu'on doit faire une fois arrivé à destination?

DISCUSSION

1. Aimez-vous voyager? Pourquoi ou pourquoi pas?
2. Quel est le voyage le plus intéressant que vous ayez jamais fait?
3. Si vous pouviez aller n'importe où, où voudriez-vous aller? Pourquoi?
4. Quel moyen de transport préférez-vous? Expliquez votre préférence. Quels sont les avantages et les inconvénients d'un voyage en voiture? Par le train? En avion? En bateau?

COMPOSITION DIRIGÉE

En vous servant du vocabulaire de la leçon, faites le récit d'un voyage (réel ou imaginaire).

Mon Voyage

I. Introduction
   Les préparatifs de voyage.

II. Le voyage même

   Quel moyen de transport avez-vous choisi? Donnez quelques détails sur le trajet.

III. Votre séjour

   Décrivez l'endroit où vous êtes allé et ce que vous y avez fait. Décrivez le temps qu'il y faisait, les mœurs observées, etc.

LECTURE | Les Guides Michelin

La compagnie Michelin, grand fabricant de pneus (*tires*), édite des guides touristiques qui sont vraiment des merveilles d'organisation et d'informations utiles. Le *Guide Rouge*, publié chaque année, contient toutes sortes d'informations sur les hôtels et les restaurants, ainsi que des renseignements indispensables pour les automobilistes. Les *Guides Verts* donnent des renseignements sur les curiosités de chaque région (histoire, monuments, musées, heures de visite, etc.) et sur les routes touristiques.

Voici des extraits tirés du *Guide Rouge*.[1]

COMMENT SE SERVIR DU GUIDE

Le Guide Michelin n'est pas un répertoire de tous les hôtels et restaurants ni même de tous les bons hôtels et restaurants.

Comme nous cherchons à rendre service à tous les automobilistes, nous sommes amenés nécessairement à indiquer des établissements de toutes les classes et à n'en citer que quelques-uns de chaque sorte.

Le choix d'un hôtel, d'un restaurant

Notre classement est établi à l'usage de l'automobiliste de passage. Dans chaque catégorie les établissements sont cités par ordre de préférence.

CLASSE ET CONFORT

	Hôtel de grand luxe
	Hôtel de luxe
	Hôtel très confortable
	Hôtel de bon confort
	Hôtel assez confortable
	Hôtel simple mais convenable
sans rest	L'hôtel n'a pas de restaurant
M	Dans sa catégorie, hôtel d'équipement moderne
XXXXX	Restaurant de grand luxe
XXXX	Restaurant de luxe
XXX	Restaurant très confortable
XX	Restaurant de bon confort
X	Restaurant simple, convenable
avec ch	Le restaurant possède des chambres

AGRÉMENT - SITUATION - TRANQUILLITÉ

à	Hôtels agréables
XXXXX à X	Restaurants agréables
« Parc fleuri »	Élément particulièrement agréable
	Situation très tranquille, isolée
	Situation tranquille
← mer	Vue exceptionnelle
←	Vue intéressante ou étendue

Voir pages 68 à 71 la carte des hôtels agréables et très tranquilles

LA TABLE

Les étoiles de bonne table (voir carte p. 60 à 63)

❀❀❀	Une des meilleures tables de France, vaut le voyage
❀❀	Table excellente, mérite un détour
❀	Une bonne table dans sa catégorie

Repas soignés à prix modérés (voir carte p. 52 à 55).

R 15	La lettre est inscrite en rouge et le prix fixe concerné est en caractères gras

---

[1] *Source:* Guide *France*, Édition 1979 du pneu Michelin.

L'INSTALLATION

Les ♨♨♨, ♨♨ et ♨ possèdent tout le confort et assurent en général le change. Ces détails ne sont pas rappelés au texte de ces hôtels.

Dans les ♨, ♨ et ♨, les éléments de confort indiqués n'existent, le plus souvent, que dans une partie des chambres.

Tous ces hôtels disposent généralement de douches ou de salles de bains communes.

☏ 0.21	Téléphone et numéro
30 ch ou **30 ch**	Nombre de chambres (voir p. 26 : Le dîner à l'hôtel)
🛗	Ascenseur
▬	Air conditionné
📺	Télévision dans la chambre
⇌wc	Salle de bains et wc privés
⇌	Salle de bains privée sans wc
🚿wc	Douche et wc privés
🚿	Douche privée sans wc
☎	Téléphone dans la chambre communiquant avec l'extérieur
sans ▮	L'établissement ne possède pas le chauffage central
⚓	Eau courante froide seulement
⌇ ▢	Piscine : de plein air ou couverte
▲o	Plage aménagée
✿	Jardin de repos
⇐	Garage gratuit (une nuit seulement) pour les porteurs du Guide 1972
⇔	Garage payant
℗	Parc à voitures, réservé à la clientèle de l'établissement
🐕✕	Accès interdit aux chiens : dans tout l'établissement
🐕✕ rest	au restaurant seulement
🐕✕ ch	dans les chambres seulement

PÉRIODES D'OUVERTURE

Les établissements ouverts toute l'année sont ceux pour lesquels aucune mention n'est indiquée.

mai-oct.	Période probable d'ouverture d'un hôtel saisonnier
saison	Ouverture probable en saison

Pour visiter une ville et ses environs

Intérêt des curiosités

★★★	Vaut le voyage
★★	Mérite un détour
★	Intéressante

Situation des curiosités

Voir	Curiosités à voir dans la ville
Env.	Excursions aux environs de la ville
N, S, E, O	La curiosité est située : au Nord, au Sud, à l'Est, à l'Ouest
②, ④	On y va par la sortie ② ou ④ repérée par le même signe sur le plan du Guide et sur la carte
2 km	Distance en kilomètres
h, mn	Temps de marche à pied, aller et retour (h : heures, mn : minutes)

Les conditions de visites sont données à titre indicatif et sans engagement. Aucune précision n'est donnée sur les jours et horaires de visite lorsqu'ils sont normaux ou déjà indiqués dans un Guide Vert Michelin.

Les musées sont généralement fermés le mardi.

Les villes

Ⓟ	Préfecture
⊗	Sous-préfecture
63	Numéro postal du département
🎟 ⑤	Numéro de la Carte Michelin et numéro du pli
G. Jura	Voir le Guide Vert Michelin **Jura**
1 057 h.	Population totale
alt. 175	Altitude de la localité
Stat. therm.	Station thermale
Sports d'hiver	Sports d'hiver
1200/1900 m	Altitude de la station et altitude maximum atteinte par les remontées mécaniques

2 🚡	Nombre de téléphériques ou télécabines
14 🚠	Nombre de remonte-pentes et télésièges
✉ Ars	Bureau de poste desservant la localité
Ind. ☎ 28	Indicatif téléphonique interurbain
A	Lettres repérant un emplacement sur le plan
※ ≼	Panorama, point de vue
⌐₉	Golf et nombre de trous
🚢	Transports maritimes
🛥	Transports maritimes pour passagers seulement
✈	Aéroport
S.I.	Bureau du syndicat d'initiative
A.C.	Automobile club
T.C.F.	Touring club de France

Pour votre voiture - Pour vos pneus

Mécaniciens réparateurs, fournisseurs de pneus Michelin

PEUGEOT	Marques représentées par le garage.
RENAULT	Si le nom est en plus gros caractères il s'agit d'une succursale ou d'un concessionnaire du constructeur.
●	Spécialistes du pneu.

Dépannage

🚗	**Le dimanche.** – Il existe pour la localité et ses environs un service de dépannage le dimanche. La police, la gendarmerie... peuvent, en général, indiquer le garage de service le plus proche.
N	**La nuit.** – Cette lettre désigne des mécaniciens qui assurent, la nuit, les dépannages courants.

Sur les plans, les signes suivants indiquent les emplacements des agents :

◈ CITROEN　　　　🛡 PEUGEOT　　　　⬢ RENAULT　　　　★ CHRYSLER-SIMCA

ALPINE : s'informer auprès des concessionnaires et agents du réseau Renault.
CG, MATRA : s'informer auprès des concessionnaires et agents du réseau Chrysler-Simca.

AMBOISE 37 I.-et-L. 🔲 Ⓧ G. **Châteaux de la Loire** – 8 899 h. alt. 57 – Ind. ☎ 47
– 🚗.
Voir : Château** – Clos-Lucé* M.
S.I. Quai Gén.-de-Gaulle ☎ 9.28.
Blois 35 ⑦　　Loches 35 ⑤　　Romorantin-Lanthenay 67 ④ - **Tours** 25 ⑥　　Vierzon 91 ④

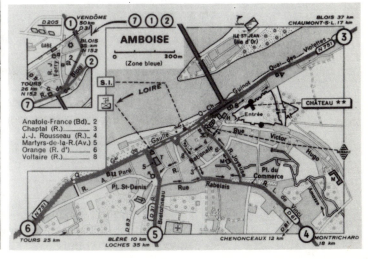

Le Choiseul, 36 quai Violettes (v) ☏ 2.81. ≼. « Beau mobilier », parc – 🚗 🅿
saison – 16 ch.

🏨 **Lion d'Or,** 17 quai Ch.-Guinot (s) ☏ 0.23. ≼ – 🛏wc 🏛 ☜ 🚗. ☞. ❀
20 fév.-20 nov., fermé merc. soir et jeudi midi : mars, avril et oct.-nov. –
R 16/35 sc 🍶 5,50 – ⌕ 5 – 23 ch 20/63 sc – P 53/73,50 sc.

🏨 **Chanteloup** Ⓜ 🍃 sans rest, rte de Bléré par ⑤ : 1,5 km, ☏ 10.90 – 🛏wc 🏛wc
☜ ☞. ❀
fermé 20 déc.au 20 janv. – ⌕ 6 – **22 ch** 26/65 sc.

🏨 **Belle Vue,** quai Ch.-Guinot (s) ☏ 0.26 – 🛏wc 🏛wc ☜. ☞. ❀
fermé 1er janv. au 15 mars et jeudi hors sais. – R 14/30 sc 🍶 5 – ⌕ 5 – 26 ch
18/50 sc – P 46/60, h.s. 42/56 sc.

🏨 **France et Cheval Blanc,** 6 quai Gén.-de-Gaulle (x) ☏ 44 – 🛏wc 🚗. ☞
fermé du 30 nov. au 15 janv. – R (fermé lundi hors sais.) 13,80/19,10 sc 🍶 3,50 –
⌕ 4,30 – 20 ch 16,50/43 sc – P 39,50/53 sc.

🏨 **La Brèche,** 26 r. J.-Ferry (a) ☏ 1.51. 🐕 – 🛏wc 🚗. ☞. ❀ ch
fermé 10 janv. au 20 fév. – R 14/24 sc 🍶 2 – 4 – 15 ch 19/46 sc – P 40/54 sc.

🏨 **St-Vincent,** 47 r. J.-Ferry (e) ☏ 11.01 – 🚗 🅿. ❀
R 16/25 🍶 3 – ⌕ 5 – 16 ch 15/25 – P 40/45, h.s. 38/40.

XX ✿ **Auberge du Mail** (Le Coz) avec ch, 32 quai Gén.-de-Gaulle (u) ☏ 1.04 –
🅿. ☞. ❀ ch
1er fév.-2 nov. et fermé mardi d'oct. à mars – R 15/33 sc 🍶 4,50 – ⌕ 5 – 15 ch
14/50 sc – P 44/48,50, h.s. 42/46,50 sc.
Spéc. Foie confit au Vouvray, Célestines de fruits de mer, Filet en chevreuil. Vins Montlouis, Chinon.

au Nord-Est :

🏨 **Château de Pray** , par ③ : 2 km ✉ ☏ 03.66 Amboise, ≼. « Belle terrasse
dominant la vallée, parc » – 🛏wc ☜ 🚗 🅿. ☞
ferme 3 janv. au 10 fév. – R 29/34 sc – ⌕ 7 – 16 ch 60/85 sc – P 85/95 sc.

X **La Bonne Étape,** par ③ : 1,5 km ✉ ☏ 8.09 Amboise, 🐕 – 🅿
fermé 25 sept. au 16 oct. et jeudi du 25 sept. au 1er juin – R 12 bc/27 sc 🍶 4,50.

à Négron par ⑦ et N 152 : 3 km – ✉ Amboise :

🏨 **Petit Lussault** sans rest, ☏ 0.05 Négron, 🐕 – 🏛wc 🅿. ☞. ❀
fermé du 31 déc. au 15 mars – ⌕ 4,80 – **19 ch** 25/50 sc.

à Pocé-sur-Cisse par ① : 3,5 – ✉ Pocé-sur-Cisse :

XX **Aub. de la Ramberge** avec ch, ☏ 5 Pocé-sur-Cisse – 🛏 ☜ 🅿. ☞. ❀
R 16/40 sc 🍶 4 – ⌕ 4,50 – **12 ch** 20/40 sc – P 44/65 sc.

CHRYSLER-SIMCA Tillac, 39 quai Gén.-de-
Gaulle ☏ 05.32
PEUGEOT C.G.F., 108 r. St-Denis ☏ 9.46
RENAULT S.A.V.E.A., rte Bléré ☏ 03.91

RENAULT Gar. Château, quai Gén.-de-Gaulle
☏ 0.16
Gar. St-Denis, 3 pl.St-Denis ☏ 1.55

COMPRÉHENSION

En consultant la section «Comment se servir du guide», répondez aux questions suivantes.

1. Expliquez tous les renseignements qui suivent le nom de la ville à la première ligne.
2. Quelles sont les curiosités touristiques qui se trouvent à Amboise, et quel en est l'intérêt?
3. Quelles sont les rues principales de la ville?
4. Quelles sont les autres villes importantes qui se trouvent près d'Amboise? À quelle distance se trouvent-elles? Dans quelle direction se trouvent-elles?
5. Quel est le meilleur hôtel d'Amboise, selon le guide?
6. Dans quelle catégorie de confort se trouve l'hôtel qui s'appelle «Belle Vue»? Expliquez les éléments de confort indiqués pour cet hôtel.
7. Quelles sont les spécialités de l'Auberge du Mail? Combien coûte un repas dans ce restaurant?
8. Si l'on a besoin de réparations pour sa voiture, où peut-on s'adresser pour chaque marque de voiture?

La Revanche du Québec

27

For many years a controversy has been raging between the French- and English-speaking populations of the Canadian province of Quebec. Although French Canadians are in the majority in Quebec, their language has not been accorded proportionate importance in government, commerce, industry, or education. The mounting dissatisfaction of the French-speaking Canadians has led to the formation of a separatist party, the Parti québécois. Its leader, René Lévesque, was elected to the post of Prime Minister in 1977.

Shortly after taking office, Lévesque's administration issued a white paper (official statement of government policy) outlining a rigorous program to make the French language prevail in the province of Quebec. At this writing, the program is being vigorously upheld, despite the bitter opposition it has aroused among English-speaking Canadians. The article that follows outlines some of the problems created by the language controversy in Quebec.

VOCABULAIRE

Lexique de mots-clés

LES NOMS

une entreprise	business firm, company
une épreuve	test, trial
une inquiétude	worry, concern
s'inquiéter	to worry
la revanche	revenge

LES VERBES

accueillir	receive, welcome
s'améliorer	to improve
atterrir	to land
échouer	to fail
franciser	to gallicize, make French
s'installer	to settle, move into
jurer	to swear
lutter	to struggle

EXERCICE

Complétez les phrases suivantes par la forme correcte d'un mot tiré du Lexique de mots-clés.

1. Pendant très longtemps, le français était une langue «punie» et même méprisée au Canada. Aujourd'hui, les Canadiens français prennent leur _____.

2. Le Parti québécois _____ pour la francisation et l'indépendance de la province.

3. Autrefois, selon le célèbre «Bill 22», les enfants d'immigrants étaient autorisés à apprendre l'anglais seulement à condition d'être «de langue maternelle anglaise». Pour prouver cela, il fallait subir _____.

4. À cause du fait que les examinateurs étaient francophones et peut-être de parti pris (*prejudiced*), les enfants d'immigrants _____ souvent à l'examen d'anglais.

5. En 1976, le Canada _____ 144.900 immigrants, mais moins de 20% des immigrants étaient d'expression française.

6. La politique de francisation du gouvernement de René Lévesque a causé de _____ aux Québécois anglophones.

7. Les pilotes d'Air Canada assurent qu'ils ne pourront pas _____ en sécurité s'ils sont obligés de parler français à la tour de contrôle.

8. Les dix premières _____ du Québec sont à capitaux anglais et américains et elles n'ont pas un seul francophone parmi leurs cadres.

9. Pendant deux cents ans, les Canadiens français luttèrent pour ne pas être assimilés par la majorité anglophone. Aujourd'hui ce sont eux qui sont majoritaires, et leur situation _____.

10. Avant de porter témoignage devant un tribunal, il faut lever la moin droite et dire qu'on _____ de dire la vérité et rien que la vérité.

11. Selon la politique du gouvernement de René Lévesque, si une famille anglophone d'une autre région du Canada _____ dans la province du Québec, les enfants seront obligés de faire leurs études dans une école française.

Lexique de mots secondaires

le berceau	cradle
la chute	fall
désormais	henceforth
dorénavant	henceforth
un écart	disparity
un effroi	fright
jouer un mauvais tour	to play a bad trick
quasi	almost
à peine	hardly
tressaillir	to tremble

Étude de mots

Le Franglais

En dépit de tous les efforts de l'Académie française pour le bannir, le «franglais», c'est-à-dire les termes anglais employés couramment en français, ne cesse de proliférer. Ces termes se rapportent surtout aux domaines de la mode, des sports, de la politique, des finances et du commerce. Voici une liste de mots anglais qui s'emploient couramment dans la langue française telle qu'elle se parle en France aujourd'hui. Le français du Québec emprunte beaucoup plus largement encore au vocabulaire anglais.

le barman
le basketball
les blue-jeans
le boycottage, boycotter (*boycot, to boycot*)
la caméra (*movie camera*)
le camping
le dancing (établissement public où l'on danse)
le drugstore (*café-restaurant that sells sundries*)
un flirt (*flirtation*)
le football (*soccer*)
le gangster
une interview
le job
le knock-out

le leader
le living (*living room*)
le manager (gère les intérêts d'un artiste ou d'un champion)
le match (*game*)
le parking (*parking lot*)
le pull-over
le record
le recordman (*record holder*)
le score
le self-service
le slow (*slow dance*)
le star de cinéma
la surprise-partie
le test
le T-shirt
le weekend

STRUCTURE

Causative «faire» Construction (Faire *causatif*)

A. The verb **faire** followed by an infinitive indicates that the subject causes or provokes the action of the infinitive. The noun that complements the infinitive either receives the action or performs the action. Compare:

Non-causative Construction	Causative Construction
Il parle français. *He speaks French.*	Il fait parler français. *He has French spoken.*
L'enfant étudie. *The child studies.*	La mère fait étudier l'enfant *The mother makes the child study.*

B. If only one complement is expressed in the causative construction, it is treated as a direct object. When two complements are expressed, the one that performs the action is treated as an indirect object. Note that the two verbs, **faire** and the infinitive, are always together in this construction, and that pronoun complements precede **faire.**

Causative Construction	
One Complement	*Two Complements*
Il fait parler **français.** d.o.	Il fait parler **français aux fonctionnaires.** i.o.
Il **le** fait parler. d.o.	Il **le leur** fait parler.
La mère fait étudier **l'enfant.** d.o.	La mère fait étudier **l'anglais à l'enfant.** d.o. i.o.
La mère **le** fait étudier. d.o.	La mère **le lui** fait étudier. d.o. i.o.

C. The verb **faire** is used as a pronominal verb if the action of the infinitive is reflected back upon the subject:

Il se fait remarquer.   *He causes himself to be noticed.*
Elle s'est fait comprendre.   *She made herself understood.*

REMARQUER:
There is never an agreement with the past participle of **faire** in the causative construction.

D. In the causative **faire** construction, the person who performs the action of the infinitive is sometimes not expressed, but must be supplied in translation:

Quand on parle du «retour à la nature», cela fait rire.   *When one speaks of returning to nature, that makes (people) laugh.*
Ces idées font penser.   *These ideas make (one) think.*

EXERCICES

A. Transformez les phrases suivantes selon le modèle.

MODÈLE: Je répare la voiture.
Je fais réparer la voiture.

1. Le chef d'entreprise embauche des employés francophones.
2. Les avocats appellent leurs clients.
3. L'équipe de football engage de nouveaux joueurs.
4. Je nettoie mes vêtements.
5. Nous construisons une maison.

B. Transformez les phrases suivantes en employant le **faire** causatif et les mots entre parenthèses selon le modèles.

MODÈLE: Le chien sort.   (Le petit Nicolas)
Le petit Nicolas fait sortir le chien.

1. Les enfants sourient.   (Astérix)
2. La minorité anglophone tressaillit.   (La pensée de l'indépendance québecoise)
3. Les immigrants partent.   (Le manque de travail)
4. L'avion atterrit.   (Le pilote)
5. Je traduis la phrase.   (Le professeur)

C. Refaites les phrases suivantes en substituant un pronom aux noms en italique. (Attention à l'ordre des mots!)

1. Il fait peindre *sa chambre*. 2. Il fait peindre *les ouvriers*. 3. Il fait peindre *sa chambre aux ouvriers*. 4. Les parents font respecter *l'autorité aux enfants*. 5. La menace de la guerre nucléaire fait trembler *l'humanité*. 6. J'ai fait réparer *ma voiture au garagiste*. 7. Le professeur fait apprendre *cette construction aux étudiants*. 8. Il fait faire *les exercices à André*. 9. Dans le monde de la science-fiction, on fait faire *les tâches manuelles aux automates*. 10. Leur professeur de français fait écrire *les compositions à ses étudiants*.

D. Répondez aux questions suivantes en employant un pronom, quand c'est possible.

1. Allez-vous vous faire couper les cheveux? 2. Marie s'est-elle fait faire cette jolie robe? 3. Vous faites-vous comprendre en français? 4. Brigitte se fait-elle teindre les cheveux en blond? 5. Une femme doit-elle se faire avorter si elle ne veut pas d'enfant? 6. Ce garçon s'est-il fait opérer pour une appendicite? 7. Vous ferez-vous respecter quand vous serez président? 8. Si vous étiez malade, vous feriez-vous examiner?

E. Traduisez les phrases suivantes.

1. This invention made (people) talk.
2. Here is a medicine that makes (one) forget.
3. These photographs make (one) cry.
4. This theory makes (you) reflect.
5. Certain things make (people) laugh.

Montréal: la plus grande ville francophone du monde.

«Laisser» + The Infinitive (Laisser + *Infinitif*)

The verb **laisser** (*to let, allow, permit*) when used with the infinitive, follows almost the same pattern as **faire** + *infinitive*. However, when there are two noun complements, the infinitive may be separated from **laisser:**

> La mère **laisse** son enfant **manger** les bonbons.

The noun that performs the action of the infinitive may be replaced by either a direct or an indirect object pronoun:

> La mère **le laisse manger** les bonbons.
> La mère **lui laisse manger** les bonbons.

When both noun complements are replaced by pronouns, there will be a direct object and an indirect object, exactly as with the causative **faire** construction, and both will precede **laisser.**

> La mère **les lui laisse** manger.
>   d.o. i.o.

EXERCICE

Répondez aux questions suivantes (a) en employant les noms (b) en substituant des pronoms.

MODÈLE: Laisse-t-on les étudiants écrire la réponse?
(a) **On laisse les étudiants écrire la réponse.**
(b) **On la leur laisse écrire.**

1. Votre mère vous laisse-t-elle boire des apéritifs?
2. Le professeur nous laisse-t-il consulter le dictionnaire?
3. Les parents laissent-ils leurs enfants faire n'importe quoi?
4. Ce médecin laisse-t-il ses patients fumer des cigarettes?
5. Laisse-t-on entrer le chien quand il pleut?
6. Vos parents vous laissent-ils prendre la voiture?
7. Me laisseras-tu regarder ton examen?
8. Cette jeune fille laisse-t-elle son fiancé conduire sa Ferrari?

Constructions with «avant» and «après»

In English, *before* and *after* may introduce three different constructions, or they may be used independently as adverbs. To use the correct equivalent in French, one must distinguish between these four uses:

avant (*before*)	**après** (*after*)
avant + *noun*	**après** + *noun*
avant le déjeuner before lunch	**après le déjeuner** after lunch
avant de + *infinitive*	**après** + *perfect infinitive*
avant de parler before speaking	**après avoir parlé** after speaking
	après être arrivé(e)(s) after arriving
	après s'être levé(e)(s) after arising
avant que + (**ne**) + *subjunctive*	**après que** + *indicative*
avant qu'il ne finisse before he finishes present subj.	**après qu'il finit** after he finishes present ind.
avant qu'il n'ait parlé before he spoke past subj.	**après qu'il a parlé** after he spoke past ind.
avant, auparavant (*as adverb*)	**après** (*as adverb*)
deux jours avant } two days **deux jours auparavant** } before	**deux jours après** two days after

EXERCICE

Traduisez en français les mots en italique.

UN PEU D'HISTOIRE DE FRANCE

1. Napoléon Bonaparte est né à Ajaccio en Corse en 1769. (*After completing*[1]) une éducation militaire, il est devenu capitaine d'artillerie.
2. (*After*) le 9 Thermidor,[2] Napoléon est tombé en disgrâce, mais (*after quelling*[3]) une émeute, il a obtenu le commandement de l'armée d'Italie.
3. (*Before becoming*) premier consul, il s'est distingué par de nombreuses victoires militaires en Italie.
4. (*Before he became*) empereur en 1804, Napoléon a fait des réformes remarquables. Il a créé le Code civil et, entre autres, un nouveau système de finances et d'éducation.

---

[1] to complete = **terminer**   [2] Date du calendrier révolutionnaire   [3] to quell = **réprimer**

Au Québec, îlot francophone au milieu d'un océan anglophone.

5. Les «Alliés», ennemis de l'empereur, ont envahi la France (*after Napoleon lost*) des campagnes importantes en Russie et en Allemagne.
6. Napoléon fut obligé d'abdiquer. Il s'est retiré à l'île d'Elbe, mais (*after*) quelques mois seulement, il est revenu.
7. Louis XVIII avait quitté Paris (*before*) le retour de Napoléon.
8. Quelques mois (*after*), ce fut la bataille de Waterloo.
9. (*Before*) la bataille, l'empereur avait pressenti le désastre.
10. (*After*) sa défaite, Napoléon a été exilé à l'île de Sainte-Hélène. Il y a dicté ses mémoires (*before dying*).

LECTURE | La Revanche du Québec

Le nouveau gouvernement indépendantiste du Québec ne veut plus entendre parler anglais. Ce n'est pas si simple . . .

un vent de fronde a wind of insurrection
à petits pas by short steps

tirer le premier to shoot first

le projet de loi bill, proposed law

«French Power.» **Cinq mois à peine après l'arrivée au pouvoir du Parti québécois, voici qu'un vent de fronde° se lève dans la «Belle Province» du Québec.** Décidé à mener à petits pas° le Québec à l'indépendance, le gouvernement de M. René Lévesque vient de «tirer le premier»° sur les autorités fédérales canadiennes. Un petit Livre blanc de 75 pages, intitulé «Politique québécoise de la langue française», provoque aujourd'hui consternation et irritation dans les milieux anglophones de la province. «Il ne sera désormais plus question d'un Québec bilingue», a déclaré, sans ambiguïté, M. Camille Laurin, ministre du Développement culturel. Cette «charte du français» précède le projet de loi° qui sera déposé à l'Assemblée avant la fin de ce mois et qui s'intitule symboliquement «Projet de loi

Source: Michèle Georges et Christian Hoche, *L'Express,* avril 1977.

un îlot   little island

le manifeste   manifesto, public declaration of views

la Fonction publique   Civil Service

d'où qu'ils viennent   wherever they come from

Bon an mal an   Year in year out

achopper sur   to stumble over

couper la poire en deux   to make it even
à la clef   at the end of the procedure
aberrant   unusual

ingurgiter   to swallow in large gulps

n° 1». Il devrait permettre de franciser massivement l'îlot° francophone du Québec au milieu de l'océan anglophone de l'Amérique du Nord.

«Un manifeste° d'intolérance», «Un projet totalitaire», «Un génocide culturel», «Une politique de vengeance»: douloureusement réveillée dans ses certitudes un peu méprisantes, la minorité anglophone du Québec—1,2 million, face à 5 millions de francophones—n'a pas de mots assez forts pour exprimer son effroi. De langue «punie», comme la qualifiait le chanteur Gilles Vigneault, le français deviendra donc la langue officielle et unique de l'Administration, de la Fonction publique,° de la Justice. Les documents publiés par le gouvernement provincial seront en français et non plus en français et en anglais. Dans les entreprises, la francisation de l'activité économique devient obligatoire. Elle devra être réalisée avant 1983 dans toutes les entreprises de plus de 50 employés. Enfin, ultime sacrilège, tous les immigrants, d'où qu'ils viennent,° devront mettre leurs enfants à l'école française.

Le Canada a accueilli 144.900 immigrants en 1976. Bon an mal an,° 20% d'entre eux—de 20.000 à 30.000—s'installent dans la province du Québec. Francophone. Mais ils y apprennent l'anglais. Minoritaires au Canada, les francophones québécois se sentent donc menacés d'être rapidement minoritaires aussi au Québec.

Les deux précédentes «lois sur la langue» avaient déjà achoppé° sur ce point. La dernière, le célèbre «Bill 22», coupait la poire en deux:° étaient autorisés à apprendre l'anglais les enfants d'immigrants «de langue maternelle anglaise». Après examen à la clef.° Les résultats furent assez aberrants.° Pour que leurs enfants ne soient pas «condamnés» à apprendre le français, les parents leur faisaient ingurgiter° des rudiments d'anglais avant l'épreuve. Ainsi, de petits Grecs, Hongrois ou même Haïtiens de 5 ans furent amenés à

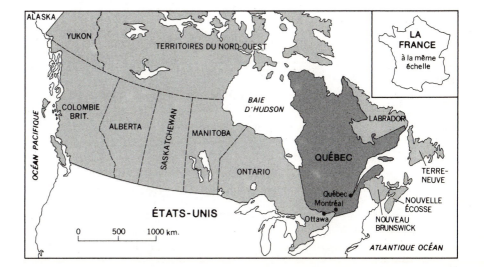

Le Québec coupe en deux le Canada anglophone. Sa superficie est trois fois celle de la France.

faire des tests d'anglais: ils échouèrent, car les examinateurs étaient francophones, et peut-être de parti pris. La loi sombra° dans le ridicule.

Les immigrants québécois ont d'excellentes raisons de choisir la langue anglaise. «J'ai choisi, d'abord, d'émigrer en Amérique du Nord. Les circonstances m'ont amené au Canada. Les hasards de l'emploi m'ont conduit au Québec. Où irai-je demain?» se demande un immigrant grec. De fait,° chaque année, 30.000 Québécois vont s'installer dans les provinces voisines ou aux États-Unis. De plus, au Québec même, l'anglais reste encore, aujourd'hui, la langue des affaires, du travail, donc de la promotion sociale.

«Le Québec, explique M. Edgard Galland, président de la Commission de la Fonction publique, a toujours fourni des médecins, des avocats, des prêtres.° Rarement des businessmen.»° Certes, les choses s'améliorent. «Il y a dix ans, raconte M. Gérard Galliano, un Niçois installé à Montréal depuis août 1967, il était quasi impossible de trouver un job si nous ne parlions pas anglais.» Aujourd'hui, surtout avec l'arrivée du gouvernement «péquiste»,° toutes les entreprises se font un devoir° d'exhiber leurs employés francophones. «Mais, selon notre enquête, les dix premières entreprises du Québec sont à capitaux anglais ou américains. Et elles n'ont, aujourd'hui, pas un seul francophone parmi leurs vrais «executives»,° précise M. Edgar Charbonneau, président de la Chambre de commerce de Montréal.

Le problème des Québécois ressemble à un curieux rébus.° Ils veulent lutter contre le «colonialisme anglophone». Mais ils ont besoin d'immigrants. La population de la Belle Province augmente, actuellement, au rythme de 0,7% par an. Celle de l'Ontario, sa province voisine, anglophone et prospère, augmente, elle, au rythme de 2%. Cet écart, qui préoccupe les amis de M. Lévesque, est d'abord dû à la brusque chute de la natalité. «Pendant deux cents ans, constate un haut fonctionnaire du ministère de l'Immigration, les Canadiens français pratiquèrent «la revanche des berceaux», afin de ne pas se laisser assimiler par la majorité anglophone nord-américaine. Avec d'imposantes progénitures,° ils réussirent à maintenir le fait français. Contre vent et marée.° Mais, aujourd'hui, il faut bien constater que la pilule leur a joué un mauvais tour.»

Quitte à° absorber les réfugiés politiques ougandais, vietnamiens, chiliens ou libanais, le Canada draine° donc l'émigration mondiale. Mais les programmes spéciaux et les millions de dollars investis sont fédéraux, donc pas toujours bien ajustés aux problèmes particuliers à la province. Sur quelque 850.000 immigrants établis au Québec depuis la fin de la guerre, moins de 20% étaient d'expression française.

En attendant de contrôler un jour eux-mêmes leur politique d'immigration, les Québécois veulent dès maintenant° assimiler leurs immigrants. Le projet actuel est d'une rectitude de fer:° pour

---

sombrer to sink

de fait indeed, in fact

le prêtre priest
businessmen = homme d'affaires (one of many common anglicisms in Canadian French)
«péquiste» coined expression for **Parti québécois**
se faire un devoir to consider it a duty

executive anglicism for **cadre**

un rébus kind of puzzle

la progéniture offspring
la marée tide
Contre vent et marée Against overwhelming odds
Quitte à Even if it means
drainer to tap

dès maintenant right away
d'une rectitude de fer ironclad

faire élever ses enfants en anglais, il faut avoir soi-même été élevé en anglais. Au Québec. Les petits Grecs apprendront donc le français. C'est logique. Les Irlandais et les Australiens aussi, c'est déjà plus surprenant. Et même les Canadiens de Toronto ou d'Ottawa s'ils s'installent à Montréal. Là, c'est un peu incongru.°

incongru incongruous, unfitting

À cette nouvelle, le Canada entier s'est mis à tressaillir. «Comment, dorénavant, pourrais-je embaucher un ingénieur d'Ottawa?» proteste un industriel. Même l'équipe de football Les Alouettes jure qu'elle ne pourra plus engager de joueurs ... Dans la foulée,° les avocats plaident° qu'ils ne pourront pas défendre leurs clients en français, les pilotes d'Air Canada assurent qu'ils ne pourront pas atterrir en sécurité, les chefs d'entreprise qu'ils ne pourront signer de contrat en français, alors qu'ils n'en comprendront que la traduction anglaise. La semaine dernière, un incident est venu étayer° leurs inquiétudes: après lecture du Livre blanc, les communes anglophones de Maplegrove, Westmont, etc., ont protesté à l'idée de devoir être rebaptisées Bosquet d'érables ou Montagnes de l'Ouest. Renseignement pris, il n'en avait jamais été question: c'était une erreur de la traduction anglaise!

Dans la foulée Along the same lines
plaider to allege, declare

étayer to support, prove

L'inquiétude des anglophones québécois prend, depuis quelque temps déjà, une forme concrète: le départ. À Pierrefonds, l'un des quartiers résidentiels anglophones de Montréal, les maisons à vendre sont tellement nombreuses que les prix ont baissé de 20%. Trois jours après la sortie du Livre blanc, la société Warnock Hersey International annonçait son départ pour Ottawa.

Les raisons de l'exode ne sont pas uniquement linguistiques. À travers les pages du Livre blanc, c'est déjà l'indépendance du Québec qui est en jeu,° premier pas, craignent les fédéralistes, vers la balkanisation° du Canada. M. Pierre-Elliott Trudeau, Premier ministre fédéral, est convaincu que «l'ennemi interne» (le Parti québécois) s'est fixé un objectif: «Détruire le Canada» ...

être en jeu to be at stake
la balkanisation breaking up of a region into smaller units

Si l'on en croit l'avalanche de sondages tombée juste après la parution du Livre blanc, le Québécois moyen, lui, ne s'embarrasse pas de contradictions: 32,4% sont favorables à une «souveraineté d'association» avec le Canada. Mais personne ne sait ce que ce terme recouvre; 61,8% accordent toute leur confiance à M. Lévesque, chef du gouvernement péquiste, champion de l'indépendance et de la francisation du Québec.

Mais 67,1% l'accordent également à M. Trudeau, qui, depuis toujours, défend le fédéralisme et le bilinguisme canadiens ...

COMPRÉHENSION

1. Quel est le but ultime du gouvernement de René Lévesque?
2. De quoi s'agit-il dans le Livre blanc publié cinq mois après l'arrivée au pouvoir du Parti québécois?
3. Quelles sont les proportions de francophones et d'anglophones au Québec?

4. Quelle a été la réaction des anglophones au Livre blanc?
5. Citez quelques-unes des conséquences de la nouvelle politique québécoise concernant la langue française.
6. Qu'est-ce qui risque de rendre les francophones minoritaires au Québec?
7. Quelle a été la faiblesse du «Bill 22»?
8. Pour quelles raisons les immigrants québécois veulent-ils apprendre l'anglais plutôt que le français?
9. Comment la situation linguistique dans les entreprises québécoises a-t-elle changé?
10. À quoi peut-on attribuer le fait que la population du Québec augmente moins rapidement que celle de l'Ontario?
11. Expliquez l'expression «la revanche des berceaux».
12. Par quel moyen les Québécois espèrent-ils assimiler les immigrants?
13. Qui est-ce qui a le droit de faire élever ses enfants en anglais au Québec selon la nouvelle politique?
14. Quels problèmes la nouvelle politique risque-t-elle de susciter?
15. Quelle forme prend l'inquiétude des Québécois anglophones?
16. En dehors du patrimoine français, qu'est-ce qui est en jeu au Québec aujourd'hui?
17. Selon les sondages faits tout de suite après les élections, la majorité des Québécois sont-ils indépendantistes ou fédéralistes?

DISCUSSION

1. Avez-vous jamais visité le Québec? Si oui, racontez vos impressions.
2. Avant de lire cet article, aviez-vous entendu parler de la controverse linguistique au Québec? Qu'en saviez-vous?
3. D'après ce que vous savez de la situation au Québec, l'indépendance serait-elle un avantage pour la province? Quelles en seraient probablement les conséquences politiques, économiques et sociales?
4. Si l'on vous offrait un poste important et bien payé à Montréal, par exemple, vous y installeriez-vous si vous étiez obligé de mettre vos enfants dans une école française?
5. Comment croyez-vous que le Canada évoluera dans les années à venir?
6. Connaissez-vous d'autres pays qui ont des problèmes linguistiques et politiques semblables à ceux du Canada?

COMPOSITION DIRIGÉE

Imaginez un débat entre un anglophone immigré et un Canadien français. Réfléchissez un peu aux deux points de vue. Pourquoi un francophone tiendrait-il à ne pas se laisser assimiler? Pourquoi un immigrant anglophone ne voudrait-il pas mettre ses enfants dans une école française? Commencez en complétant les phrases suivantes et continuez comme vous voulez.

L'anglophone: Depuis l'élection de René Lévesque, je suis très inquiet. Je pense partir pour installer ma famille dans une autre province, parce que . . .

Le francophone: Je ne comprends pas votre inquiétude. Nous autres Canadiens français . . .

Océans: la poubelle déborde mais . . .

The seas are perhaps our greatest natural resource. They are vast, but they are not infinite. They cannot assimilate indefinitely the refuse of our highly complex civilization. Already, large bodies of water—Lake Erie, for example—have been choked by industrial wastes. Will the oceans be next? Which are the pollutants most threatening our seas, and how can they be controlled?

28

VOCABULAIRE

Lexique de mots-clés

LES NOMS

un aliment	food	**le mazout**	fuel oil
les déchets (*m.*)	waste, refuse	**la nappe**	sheet, layer
les dégâts (*m.*)	damage	**le navire**	vessel
un effluent	sewage	**la nocivité**	noxiousness
un engrais	fertilizer	**la nourriture**	food
une huile	oil	**la pêche**	fishing
un inconvénient	drawback	**le pétrole**	crude oil
la marée	tide		

LES VERBES

s'effacer	to be obliterated, wiped out
s'étendre	to spread out, extend
être en cours	to be in progress, at hand
interdire	to forbid
pourrir	to rot

ADJECTIFS

important	large (of quantities)
redoutable	fearful
nocif	harmful

EXERCICE

Complétez les phrases suivantes par un mot tiré du Lexique de mots-clés. Si c'est un verbe, choisissez la forme correcte. Si c'est un nom, employez le déterminant correct, s'il en faut un.

1. Il devient de plus en plus difficile de se débarrasser de (*the wastes*) _____ de notre civilisation.
2. Parfois il arrive des accidents et l'on répand (*oil*) _____ ou (*petroleum*) _____ dans la mer.
3. Celui-ci (*spreads out*) _____ sur la surface de l'eau, ce qui s'appelle (*a tide*) _____ noire.
4. (*This layer*) _____ est responsable d'une désoxygénation de l'eau, ce qui tue des bancs de plancton, (*food*) _____ principale des poissons.
5. Les poissons meurent et (*rot*) _____.
6. La pollution a donc des effets très graves sur (*fishing*) _____.
7. (*Sewage*) _____ industriels sont aussi très (*fearful*) _____.
8. (*Fertilizers*) _____ et les pesticides le sont aussi.
9. Ils sont encore plus (*harmful*) _____ que le pétrole.
10. Ce problème (*will not be wiped out*) _____ facilement, mais aujourd'hui de nouvelles techniques d'épuration (*are in progress*) _____.
11. On apprend à réduire, sinon à éliminer, (*the damage*) _____.

Lexique de mots secondaires

absorber	to consume
ainsi que	as well as
la côte	coast
diminuer	to diminish, decrease
entraîner	to cause, result in
une espèce	type, species
périr	to perish
la plume	feather
provenir de	to come, originate from
le remède	solution, remedy
à titre de	by way of
à titre d'exemple	by way of example

Étude de mots

A. **en plein** + *noun*   in the middle of something

  en pleine mer   in the middle of the sea
  en pleine nuit   in the dead of night
  en plein jour   in broad daylight

B. **dans le seul** + *noun*   in (*noun*) alone

  dans le seul Atlantique nord   in the North Atlantic alone
  dans la seule année 1968   in 1968 alone

C. **parce que** (*because*) vs. **à cause de** (*because of*)

  Je n'ai pas envie de me baigner (*to bathe, take a dip*), **parce que l'eau est polluée.**

  Parce que, une conjonction, est toujours suivi d'une proposition (*clause*).

  Il est dangereux de se baigner ici **à cause de la pollution.**

  À cause de, une préposition, est toujours suivi d'un nom.

D. «Place»

1. **un endroit** = place, spot:

  Je cherche **un endroit** calme pour passer mes vacances.
  —À quel **endroit** avez-vous mal?
  —À l'estomac.

2. **un lieu** = place, location, position:

  Quel est votre **lieu** de naissance?
  J'ai noté l'heure et **le lieu** du rendez-vous.

  Notez aussi les idiotismes **au lieu de** (*instead of*) et **avoir lieu** (*to take place*).

3. **la place** = personal situation, seat, room, square:

> Je ne voudrais pas être à la **place** du président.
> Voulez-vous bien garder **ma place** pendant que je suis parti?
> Il n'y a pas **assez de place** dans la poubelle pour toutes les ordures.
> Connaissez-vous **la place de la Concorde** à Paris?

STRUCTURE

Adverbs

Form and Function

A. Adverbs are invariable; that is to say, they do not change form as do adjectives, for example.

B. Adverbs may be single words: **toujours, bien, très;** or they may be expressions: **tout de suite, à peu près, à droite.**

C. An adverb modifies a verb, an adjective, or another adverb:

> **La vie en mer diminue rapidement.**
> (**rapidement** modifies the verb **diminue**)

> **Les conséquences sont vraiment graves.**
> (**vraiment** modifies the adjective **graves**)

> **On trouve très difficilement des solutions.**
> (**très** modifies the adverb **difficilement**)

Classification of Adverbs

A. Adverbs of quantity answer the question **combien?** (*how much? how many?*):

beaucoup (de)   trop (de)   peu (de)
assez (de)   tant (de), etc.

B. Adverbs of place answer the question **où?** (*where?*):

là	dedans	partout
ici	derrière	au-dessous
ailleurs	dehors	au-dessus, etc.

C. Adverbs of time answer the question **quand?** (*when?*)

hier	toujours	aujourd'hui
désormais	souvent	immédiatement
dorénavant	rarement	maintenant, etc.

D. Adverbs of manner answer the question **comment?** (*how?*):

| bien | difficilement | habilement |
| mal | facilement | maladroitement, etc. |

Formation of Adverbs of Manner

A. Most adverbs of manner are formed by adding the suffix **-ment** to the feminine of an adjective. (This suffix is equivalent to the English *-ly*.)

ADJECTIVE	ADVERB
égal, égale	égale**ment**
(*equal*)	(*equally*)
heureux, heureuse	heureuse**ment**
(*happy, fortunate*)	(*fortunately*)
essentiel, essentielle	essentielle**ment**
(*essential*)	(*essentially*)

EXCEPTIONS:

The following adjectives are slightly irregular:

bref, brève:	**brièvement**
gentil, gentille:	**gentiment**

B. Some adjectives become **-ément**:

énorm**ément**	profond**ément**	confus**ément**
immens**ément**	obscur**ément**	précis**ément**

C. Adjectives ending in **-ant** become **-amment**; adjectives ending in **-ent** become **-emment**:

brill**ant** brill**amment**	évid**ent** évid**emment**
élég**ant** élég**amment**	réc**ent** réc**emment**

D. Adjectives ending in a vowel form their adverbs on the masculine singular:

absol**u** absolu**ment**	vra**i** vrai**ment**
pol**i** poli**ment**	infin**i** infini**ment**

Comparison of Adverbs

Regular Comparisons

Adverbs are compared much like adjectives. In the superlative the definite article will always be **le** since adverbs are invariable:

	Comparative	*Superlative*
vite	**plus vite** **moins vite** **aussi vite**	**le plus vite** **le moins vite**

Les effluents organiques s'effacent **vite**, les déchets industriels s'effacent **moins vite**, mais ce sont les insecticides qui s'effacent **le moins vite**.

Irregular Comparisons

A few adverbs have irregular comparisons:

	Comparative	*Superlative*
peu	moins aussi peu	le moins
beaucoup	plus (davantage)[1]	le plus
bien	mieux moins bien aussi bien	le mieux le moins bien
mal	pis (plus mal) aussi mal	le pis (le plus mal) le moins mal

Position of Adverbs

With Adjectives and Other Adverbs

A. Adverbs that modify an adjective or another adverb precede the word they modify:

tellement nocif   *so harmful*   **si rarement**   *so rarely*

With Verbs

B. There are no hard and fast rules about the position of adverbs that modify a verb, but, in general, the following may be used as a guide:

1. In the *simple tenses* the adverb follows the verb:

Il parle rarement.   *He rarely speaks.*
La pollution des mers affecte indirectement les oiseaux marins.
Pollution of the seas indirectly affects marine birds.

REMARQUER:
In French, the adverb *never* falls between the subject and the verb, as it often does in English:

Gérard *often* goes sailing.
Gérard fait **souvent** de la voile.

2. In the *compound tenses* most adverbs follow the auxiliary verb:

La pollution des mers **a indirectement** affecté les oiseaux marins.

Note especially short adverbs of manner and time (**bien, mal, trop, beaucoup, bientôt, déjà, souvent**) in compound tenses:

---

[1] **Davantage** and **plus** as comparative adverbs are practically interchangeable:

Ce marin fume beaucoup, mais le capitaine fume **plus (davantage).**

Il **est souvent** venu.　　　　Elle **est déjà** sortie.
J'**ai beaucoup** vu.　　　　　J'**aurai bientôt** fini.
Vous **avez trop** travaillé.　　Nous **avons bien** dansé.

Adverbs of time and place are positioned after the past participle or at the beginning of a sentence:

Des déchets radioactifs ont été ensevelis (*buried*) **ici.**
Hier, une nappe d'huile s'est étendue sur la côte.

The best judge of the correct position of an adverb is your ear. By this point, you have probably developed a sensitivity to what sounds right and what sounds wrong.

Adverbial Expressions

Very often French avoids a long, heavy adverb in favor of an adverbial expression. Here are a few important ones:

avec courage　courageously
avec patience　patiently
avec passion　passionately

d'une façon (manière) négligente　carelessly
d'une façon (manière) élégante　elegantly
d'une façon (manière) agréable　pleasantly

par conséquent　consequently
par accident　accidentally
par mégarde　inadvertently

sans cesse ⎫
sans arrêt ⎬　incessantly

EXERCICES

A. Complétez les phrases suivantes par la forme de l'adverbe qui correspond à l'adjectif indiqué.

1. *grave*   La vie en mer est ____ menacée aujourd'hui.
2. *énorme*   Elle a ____ diminué depuis vingt ans.
3. *sérieux*   La Méditerranée, par exemple, est ____ polluée.
4. *récent*   Ce n'est que ____ qu'on s'est rendu compte du problème.
5. *facile*   On comprend ____ les conséquences seulement quand elles deviennent manifestes.
6. *égal*   Tous les polluants ne sont pas ____ nocifs.
7. *pratique*   On est ____ sûr que le pétrole n'a pas d'action toxique sur les espèces marines.
8. *indirect*   Mais ce type de pollution affecte ____ les poissons et les oiseaux.
9. *essentiel*   La nourriture des poissons consiste ____ en plancton, une plante marine.
10. *constant*   Si l'homme verse ____ des déchets industriels dans la mer, il finira par s'empoisonner lui-même.

B. Donnez l'adverbe qui correspond aux adjectifs suivants.

1. patient
2. précis
3. énorme
4. inconscient
5. deuxième
6. certain
7. innocent
8. absolu
9. vrai
10. doux
11. naïf
12. courant
13. suffisant
14. bref
15. particulier

C. Complétez les phrases suivantes en traduisant les mots entre parenthèses.

1. J'aime (*very much*) les lacs, mais j'aime (*better*) la mer.
2. L'affaire du Torey Canyon a eu lieu (*rather recently*). Encore (*more recently*) il y a eu la tragédie de Minimata dans laquelle une cinquantaine de Japonais ont été empoisonnés par le mercure.
3. L'individu moyen fait (*little*) pour combattre la menace de la pollution, mais le gouvernement semble en faire (*still less*) et l'industrie en fait (*the least*).
4. Certains hommes politiques comprennent (*well*) le danger. Les pêcheurs comprennent (*better*), mais ce sont les écologistes qui comprennent (*the best*).
5. Les sanctions contre les industries polluantes sont (*so rarely*) imposées que les infractions se produisent (*as often*) qu'autrefois.

D. Complétez la phrase française en traduisant l'adverbe en italique dans la phrase anglaise, et en le plaçant correctement.

MODÈLE: Pollution *often* has killed fish.
La pollution a tué les poissons.
La pollution a **souvent** tué les poissons.

1. Some think that the problem of pollution has been exaggerated *enormously.*
   Certains croient que le problème de la pollution a été exagéré.
2. Others think it is too late *already* to save the sea.
   D'autres pensent qu'il est trop tard pour sauver la mer.
3. People *generally* are unconscious of such problems until there is a crisis.
   On est inconscient de tels problèmes jusqu'à ce qu'il y ait une crise.
4. Everybody *naturally* wants to preserve ocean life.
   Tout le monde veut conserver la vie en mer.
5. Ecologists have done *much* to combat pollution.
   Les écologistes ont fait pour combattre la pollution.
6. National governments have tried *often* to control pollution, but sometimes their efforts are received *badly.*
   Les gouvernements nationaux ont essayé de contrôler la pollution, mais quelquefois leurs efforts sont reçus.
7. If one has to choose between harmful insecticides and disease, one *evidently* must choose the insecticides.
   Si l'on doit choisir entre les insecticides nocifs et la maladie, on doit choisir les insecticides.

LECTURE | Océans: la poubelle° déborde° mais . . .

la poubelle garbage can
déborder to overflow

renchérir to add

1

«La vie en mer a diminué de moitié depuis vingt ans», annonce le commandant Cousteau. Et le Professeur Piccard renchérit:° «Dans un quart de siècle, la Baltique, la Méditerranée et l'Adriatique seront des mers mortes.» Quant à Thor Heyerdahl, il raconte qu'il a navi-

Le commandant Jacques-Yves Cousteau, océanographe célèbre.

gué dans un lac de mazout pendant six jours sur les cinquante-deux qu'a duré son voyage transatlantique. Toutes ces prophéties cataclysmiques ont créé une espèce de psychose autour de la pollution des mers.

dépouiller de to divest of

Dépouillons° donc tout de suite le problème de la pollution des océans de toute la littérature apocalyptique qui l'accompagne et ramenons le mal à sa juste mesure.° Il sera alors plus facile de voir quels sont les remèdes à appliquer pour sauver la vie de la mer.

ramenons . . . mesure let's bring the evil back to its proper proportions

La première difficulté est d'établir le bon diagnostic. Les sources de pollution marine sont multiples et la gravité de chacune très inégale. Les conséquences varient en effet selon la nocivité de chaque polluant et selon la capacité de la flore et de la faune marines de réagir à leur action.

Il existe plusieurs grands types de pollution et les plus spectaculaires ne sont pas les plus dangereux. Une espèce de mythe est née, par exemple, après l'affaire du *Torrey Canyon*, autour du pétrole. Ses inconvénients pour la vie maritime sont cependant moins graves que ceux des autres polluants.

On est pratiquement sûr aujourd'hui que le pétrole n'a pas d'action directement toxique sur les espèces marines. Mais les chaînes alimentaires de la mer stockent les hydrocarbures qui, en concentrations importantes, donnent au poisson lorsqu'il est consommé un goût de pétrole très désagréable.

Ce type de pollution peut cependant avoir des effets indirects plus sérieux sur les poissons et les oiseaux marins. S'étendant à la surface de la mer, les nappes d'huile empêchent l'oxygénation de l'eau, détruisant ainsi des bancs entiers de plancton, nourriture essentielle des poissons. Le pétrole est aussi la bête noire° des oiseaux. Leurs plumes s'engluent dans les masses goudronneuses° et là,° ils périssent de froid. Plusieurs centaines de milliers d'oiseaux marins meurent ainsi chaque année dans le seul Atlantique nord.

la bête noire the nemesis, major enemy
goudronneux tarry
là then, in that case

Massive et spectaculaire, la pollution par le pétrole n'est pas la plus redoutable. Bien plus nocifs sont les effluents privés et industriels. Les premiers comprennent les détergents, les eaux usées et les déchets qui proviennent de la préparation des aliments. Les plus dangereux des détergents appartiennent à la catégorie des anioniques, la moins chère et donc la plus courante. Leur consommation en France est chaque année de deux kilos par habitant. L'absence de traitement des déchets domestiques se traduit par° une prolifération, abondante en certaines zones, de virus et de bactéries pathogènes.°

se traduire par to result in

pathogène disease causing

Parmi les effluents industriels, les plus toxiques sont les déchets de certains métaux (surtout le mercure), les résidus des industries du bois et de la pâte à papier,° ceux des usines pétrochimiques ainsi que les déchets radioactifs. Ils sont tous drainés vers la mer à partir des rivières dans lesquelles ils sont jetés, et des points de décharge

la pâte à papier paper pulp

affrété freighted

déceler to detect

Pour . . . des As to

un emballage packaging
une expérience experiment

accru increased

les eaux de ruissellement (*f.*)
  runoffs

situés près des côtes; ou encore, ils sont immergés directement par des navires spécialement affrétés:° c'est ainsi que les Américains se sont débarrassés de près de 50 millions de tonnes de déchets industriels au cours de la seule année 1968.

Les risques d'empoisonnement dépendent de la capacité de chaque espèce marine et des chaînes alimentaires de stocker ces matières toxiques. Le cas le plus typique est la «maladie de Minimata», une ville du Japon où, il y a quelques années, une cinquantaine de personnes ont trouvé la mort, après avoir absorbé du poisson dans lequel on a décelé° des traces de méthylmercure. Les acides résiniques qui résultent du traitement de la pâte à papier sont également mortels et il a fallu interdire la pêche dans près de la moitié des lacs scandinaves.

Pour ce qui est des° déchets radioactifs, on a pris un maximum de précautions. Entreposés dans des caissons, ils sont immergés au fond des océans. Mais on peut pourtant se demander jusqu'à quand résisteront ces emballages.° Quant aux expériences° thermonucléaires dans l'atmosphère, elles multiplient aussi les risques de pollution en mer. Un de leurs déchets métalliques, le strontium 90, serait particulièrement toxique.

Les polluants privés et industriels sont aussi en grande partie responsables de l'asphyxie lente observée dans certaines mers, comme la Baltique ou l'Adriatique. La désoxygénation de l'eau se produit à partir d'un excès d'éléments fertilisants en milieu marin. Les polluants organiques, comme les phosphates ou les nitrates, sont particulièrement nutritifs, ce qui entraîne une prolifération anormale de certaines espèces marines et ainsi une consommation accrue° d'oxygène. Une conséquence visible de ce phénomène est la formation à la surface de l'eau de quantités d'algues qui, au bout d'un certain temps, se décomposent et pourrissent, donnant naissance à des «marées rouges» désagréables à la vue, nauséabondes, mais surtout toxiques. Il existe une troisième catégorie importante de polluants du milieu marin, moins visibles et moins connus que les précédents, mais dont les effets sont les plus redoutés des espèces marines: il s'agit des pesticides, des insecticides comme le D.D.T., des diphényles chlorés et des engrais utilisés dans l'agriculture. Ces produits sont pulvérisés et, comme ils sont particulièrement résistants— le D.D.T., par exemple, a une «espérance de vie» de plusieurs dizaines d'années—ils ont toute chance, eux aussi, de finir à la mer, grâce aux eaux de ruissellement° et aux précipitations atmosphériques.

La dose initiale de ces corps chimiques n'a pas besoin d'être importante pour être dangereuse. On sait en effet qu'indépendamment de toute contamination directe, la concentration progressive de polluants aux niveaux successifs de la chaîne alimentaire, peut amener chez les poissons des doses de contamination qui peuvent être mortelles.

COMPRÉHENSION

1. La pollution des mers est-elle très avancée? Citez des faits à ce sujet.
2. Selon l'auteur de cet article, il existe plusieurs types principaux de pollution. Quels sont-ils?
3. Le pétrole est-il la forme de pollution la plus dangereuse?
4. Quels sont les effluents privés, et quel est leur effet sur l'écologie?
5. Quels sont les effluents industriels les plus toxiques? Comment entrent-ils dans la mer? Citez un cas d'empoisonnement par ce type de pollution.
6. Quel danger les déchets radioactifs posent-ils? Comment s'en débarrasse-t-on?
7. Expliquez le mécanisme des marées rouges.
8. Comment les pesticides comme le D.D.T. influencent-ils la vie des mers?

2

Les troubles apportés à la vie marine sont déjà très sérieux. Mais un autre facteur aggrave encore les conséquences de ces trois types de pollutions et justifierait ici les prévisions les plus alarmantes: toutes les sources de pollution s'exercent dans des zones très limitées de l'océan et qui sont en même temps les plus utiles.

On sait que les grands lacs américains ou scandinaves, ainsi que de nombreuses rivières, sont aujourd'hui presque totalement asphyxiés. Mais si la mer à son tour est menacée du même sort, c'est seulement dans des régions bien définies qui sont particulièrement fragiles et vulnérables, comme les grands lacs, à l'action des polluants. Ces zones critiques sont la mer Baltique, l'Adriatique, la Méditerranée, le golfe Persique, le golfe du Mexique, la côte est des États-Unis, la Manche[1] et la mer du Nord.

le mouchoir handkerchief
le portefeuille wallet

un aménagement du territoire land development

cerner to circumscribe, limit

«Le temps est venu de substituer les réalités à l'émotivité, de rentrer les mouchoirs° et d'ouvrir les portefeuilles»,° déclare M. Philippe Lamour, un responsable français de l'aménagement du territoire.° Mais dans aucun pays la lutte contre la pollution ne fait encore partie des priorités.

Le problème le plus facile à cerner° est celui du pétrole et on a dès maintenant l'espoir de réduire sérieusement ses conséquences polluantes.

viser to aim at
le pétrolier tanker

D'abord, l'arsenal des mesures répressives, visant° les négligences et les imprudences commises par les pétroliers,° tend à se renforcer. Les rejets de mazout en pleine mer font partie des habitudes, au mépris des règlements existants et la plupart du temps, en toute impunité. Le contrôle des pétroliers était jusqu'ici très imparfait et les sanctions sans proportion avec la gravité de la faute. Mais on songe

---

[1] **la Manche:** the English Channel (*literally,* the sleeve).

à étendre dans les eaux territoriales le droit de contrôle et d'intervention à l'intérieur des navires et à aggraver les sanctions.

C'est par les imprudences qu'on explique aussi la fréquence de plus en plus grande des accidents de pétroliers. Une enquête vient de révéler que 90% de ces accidents étaient dus à des fautes humaines. On peut ainsi se rendre compte de l'incompétence et du manque de qualification de certains **équipages**° de navires. Heureusement, là encore, on vient d'adopter une série de mesures destinées à améliorer la formation des équipages et à normaliser les conditions de qualification. Des normes vont être également imposées à la construction et à l'équipement des navires et des ports, pour permettre aux opérations de **vidange** et de nettoyage des **cales**° de se faire dans des conditions plus rationnelles et surtout plus propres.

Mais on pourra faire la chasse aux négligences, renforcer les contrôles et les sanctions, multiplier les précautions, il y aura toujours des accidents.

Il faut donc tendre à limiter les dégâts. Des progrès ont été enregistrés pour cironscrire les marées noires, mais il reste beaucoup à faire. Il y a quatre ans, on nettoyait les plages **souillées**° par le pétrole du *Torrey Canyon* avec des détergents qui étaient cent fois plus nocifs. Aujourd'hui on utilise des «produits dispersants». Ils sont moins dangereux que les détergents classiques, mais ce sont toujours des substances chimiques et donc des polluants. Les systèmes de récupération du pétrole perdu s'améliorent également. Divers procédés de **pompage**° ont été **mis au point**.°

Même si leur application est parfois difficile, les remèdes aux problèmes posés par le pétrole ont donc tout au moins le mérite d'exister. Combien plus **ardu**° et surtout plus coûteux se révèle en revanche le contrôle de ces autres sources de pollution que sont les effluents industriels et privés.

La plupart des résidus de l'industrie et des déchets urbains ne sont pas traités ou ne subissent dans le meilleur des cas qu'un traitement primaire mécanique. Les municipalités et les usines vont devoir faire un effort considérable pour améliorer leur infrastructure d'**épuration**.° Mais le coût en serait très élevé. Le commandant Cousteau reconnaît lui-même que les sommes qu'il faudrait consacrer à la protection des eaux sont «astronomiques».

Il faudra donc établir des ordres d'urgence en fonction des besoins, en favorisant d'abord les régions qui vivent de la pêche ou du tourisme. Mais ce qu'on peut faire pour le moment à titre préventif, c'est encourager le développement d'une nouvelle technologie, permettant, primo, une meilleure maîtrise des déchets industriels, secundo, une substitution de produits propres et inoffensifs aux produits sales et toxiques.

Mais c'est l'utilisation de plus en plus large des pesticides et des engrais dans les régions agricoles qui est aujourd'hui la plus inquiétante, non seulement parce que, comme on l'a vu, les dégâts qu'elle

---

un équipage   crew

vidange . . . cale   emptying and cleaning of the hold

souillé   dirtied

le pompage   pumping
mettre au point   to perfect

ardu   difficult

une épuration   purification

le fond bottom

entrer en jeu to come into play
tenir compte de to take into account
ce pelé, ce galeux this outcast

la papeterie paper mill

planifié stratified, planned systematically

rattraper to recover

entraîne dans les fonds° marins sont les plus grands, mais surtout parce qu'on n'aperçoit pas pour le moment de solution de remplacement ou de moyens d'y remédier. Bien d'autres considérations que les seuls risques de pollution entrent ici en jeu.° Il faut tenir compte° en particulier d'impératifs sociaux et économiques. De partout on réclame l'interdiction du D.D.T., ce pelé, ce galeux° ... Mais peut-on supprimer l'usage du D.D.T., des insecticides et des engrais, lorsqu'on connaît les services qu'ils rendent à la production agricole ou à la prévention d'un grand nombre de maladies? Il y a des priorités à respecter. Entre plusieurs maux, il faut choisir le moindre.

Autre raison qui explique la difficulté d'une politique répressive en ce domaine, c'est la quasi-impossibilité dans laquelle on est de retrouver les auteurs de ces pollutions. On peut accuser une papeterie° d'avoir tué un certain nombre de kilos de poissons dans des eaux riveraines. On peut difficilement retrouver les responsables d'une intoxication en pleine mer due à des concentrations de pesticides.

En attendant, on doit prendre des mesures internationales pour coordonner une réduction planifiée° de l'emploi des engrais et des insecticides.

À quoi serviraient les efforts contre la pollution marine dans un pays donné, si ses voisins n'étaient pas prêts à en faire autant? Déjà les pays riverains de la mer du Nord et de l'Atlantique nord vont se mettre d'accord pour interdire à leurs navires de jeter en mer des déchets d'usines. C'est un petit premier pas, mais il prouve que la prise de conscience internationale se développe. La lutte pour la protection de la mer progresse donc sur tous les terrains, mais à un rythme différent selon les obstacles rencontrés. Il s'agit pourtant d'aller vite, sinon certaines situations deviendraient irréversibles.

En intervenant à temps, on peut guérir une rivière de la pollution. Pour la mer, il vaut mieux prévenir le mal, car on ne pourra jamais le guérir. On peut sauver un lac. On ne pourra jamais rattraper° un océan.

Source: Henri Tincq, *Réalités*

COMPRÉHENSION

1. Qu'est-ce qui aggrave le problème de la pollution marine?
2. Les mers sont-elles uniformément polluées?
3. Quelle importance les gouvernements nationaux semblent-ils accorder au problème de la pollution?
4. Quelles mesures peut-on prendre pour contrôler la pollution par le pétrole? Expliquez le terme «marée noire».
5. Comment peut-on contrôler les effluents industriels et privés? Quel grand problème leur contrôle pose-t-il?
6. Quel est, selon l'auteur de cet article, le genre de pollution le plus difficile à contrôler et pourquoi?
7. Pourquoi la solidarité internationale est-elle si nécessaire dans ce domaine?

C'est le grouillement[1] des hommes qui salit la planète

La population du monde croît[2] d'une façon vertigineuse. Cette évolution s'accompagne d'un épuisement[3] accéléré des ressources et d'une dégradation non moins rapide de l'environnement. Telle est la thèse de certains écologistes. En reliant[4] démographie et pollution ces hommes ont fourni une dimension nouvelle à leurs recherches. Leur conclusion est brutale: pollution et population grandissent ensemble. La destruction de l'environnement humain ne peut être freinée[5] que par un contrôle des naissances.

À la base du raisonnement, un phénomène irréfutable: l'explosion démographique. Entre 1970 et 1980, note un rapport de la Commission de population des Nations unies, nous pourrions assister[6] à «l'accroissement le plus rapide de nombre des hommes dans toute l'histoire de l'humanité». La population mondiale augmente de 2,1% par an. Elle double tous les trente-trois ans.

Cela veut dire qu'elle croît, non de façon linéaire, mais exponentielle. Selon les Nations unies, il y aura 7 milliards de terriens en l'an 2000 pour 3,5 en 1968 et 1,5 en 1900. Les pays les plus pauvres—le tiers monde—représenteront 78% du total.

Nous avons donc deux certitudes: pollution et démographie sont en relation directe; le problème est universel. Dès lors trois types d'action seraient possibles: freiner considérablement la croissance sans toucher à l'évolution démographique; cela revient à condamner le tiers monde. Maintenir taux[7] de croissance et progression démographique; combattre résolument la pollution; cela implique qu'on remette en cause[8] une conception du profit et du «bonheur» matériel. Limiter brutalement les naissances; c'est la solution préconisée[9] par la plupart des écologistes, à leurs yeux, la seule possible.

From *Réalités*

[1] **le grouillement** swarm [2] **croître** to increase [3] **un épuisement** exhaustion [4] **relier** to link [5] **freiner** to check, slow down [6] **assister à** to witness [7] **le taux** rate [8] **mettre en cause** to question [9] **préconisé** advocated

5 MILLIARDS en 1986

4 MILLIARDS en 1975

3 MILLIARDS en 1960

2 MILLIARDS en 1930

1 MILLIARD en 1850

Il faut de moins en moins de temps pour que la population mondiale augmente de un milliard.

au temps de Jesus-Christ
250 MILLIONS

| Millions d'annees | 1.850 ans | 80 ans | 30 ans | 15 | 11 |

DISCUSSION

1. Pensez-vous que l'on ait plutôt tendance à exagérer l'importance de la pollution? Quelles sont les prophéties cataclysmiques que vous avez entendues à cet égard? Sont-elles excessivement alarmistes, ou contiennent-elles une part de vérité?

2. Dans l'ordre des priorités, comment placez-vous les questions suivantes: les mesures contre la pollution, l'aide aux pays sous-développés, l'amélioration des conditions de vie aux États Unis, la défense nationale, le programme aéronautique pour l'exploration de l'espace? Justifiez votre réponse.

3. Quels sont, à votre avis, les plus grands obstacles à surmonter dans la lutte contre la pollution?

4. Quelles autres formes de pollution existe-t-il? Lesquelles sont les plus importantes?

COMPOSITION DIRIGÉE

En suivant les grandes lignes du plan suggéré, traitez par écrit le sujet suivant:

La Crise écologique

I. Introduction

    A.   Résumez en quelques phrases le problème.

    B.   Citez des exemples dans les domaines suivants:
        1. Le surpeuplement, l'inanition (*starvation*)
        2. La pollution des mers
        3. La pollution de l'air
        4. Les abus de la nature: les espèces menacées (*endangered species*)

II. Développement

    A.   Essayez d'évaluer la gravité du problème.

    B.   Qui sont les coupables: les individus? l'industrie? les gouvernements?

    C.   Les conséquences probables de la crise écologique.

III. Conclusion

    A.   Les solutions possibles.

    B.   Les obstacles aux solutions.

Au Centre du désert 29

ANTOINE DE SAINT-EXUPÉRY

More intensely perhaps than any other French writer, Antoine de Saint-Exupéry expresses a feeling of kinship with the physical world. One of the pioneers of French aviation, Saint-Exupéry was inexorably drawn to deserts and mountains and seas, those vast expanses of earth barren of humanity. Essentially, however, Saint-Exupéry's vision is humanistic: what he seeks in nature is the mark of human values, tangible evidence of an inner truth that would bind him to others, as well as to the indifferent universe. The airplane is but a tool in this effort: «La terre nous en apprend plus long sur nous-mêmes que tous les livres. Parce qu'elle nous résiste. L'homme se découvre quand il se mesure avec l'obstacle. Mais, pour l'atteindre, il lui faut un outil.»

The extract we present here is taken from *Terre des hommes*, a series of *récits* about Saint-Exupéry's experiences as a pilot. In this episode, the narrator and his radio mechanic, Prévot, have lost their bearings and crash landed in the Libyan desert. It is their second night without food or water . . .

LECTURE | Au Centre du désert
ANTOINE DE SAINT-EXUPÉRY

Droits Réservés

1

la goutte drop
la rosée dew
ralentir to slow down
un écran screen
dériver to drift down

On vit ici dix-neuf heures sans eau, et qu'avons-nous bu depuis hier soir? Quelques gouttes° de rosée° à l'aube! Mais le vent de Nord-Est règne toujours et ralentit° un peu notre évaporation. Cet écran° favorise encore dans le ciel les hautes constructions de nuages. Ah! s'ils dérivaient° jusqu'à nous, s'il pouvait pleuvoir! Mais il ne pleut jamais dans le désert.

—Prévot, découpons en triangles un parachute. Nous fixerons ces panneaux au sol avec des pierres. Et si le vent n'a pas tourné, à l'aube, nous recueillerons° la rosée dans un des réservoirs d'essence,° en tordant° nos linges.°

recueillir, to gather
un réservoir d'essence gas tank
tordre to twist, wring
le linge linen

Nous avons aligné les six panneaux blancs sous les étoiles. Prévot a démantelé un réservoir. Nous n'avons plus qu'à attendre le jour.

bouleversé overwhelmed

Prévot, dans les débris, a découvert une orange miraculeuse. Nous nous la partageons. J'en suis bouleversé,° et cependant c'est peu de chose quand il nous faudrait vingt litres d'eau.

Couché près de notre feu nocturne je regarde ce fruit lumineux et je me dis: «Les hommes ne savent pas ce qu'est une orange ...» Je me dis aussi: «Nous sommes condamnés et encore une fois cette certitude ne me frustre pas de mon plaisir. Cette demi-orange que je serre dans la main m'apporte une des plus grandes joies de ma vie ...» Je m'allonge sur le dos, je suce mon fruit, je compte les étoiles filantes.° Me voici, pour une minute, infiniment heureux. Et je me dis encore: «Le monde dans l'ordre duquel nous vivons, on ne peut pas le deviner si l'on n'y est pas enfermé soi-même». Je comprends aujourd'hui seulement la cigarette et le verre de rhum du condamné. Je ne concevais pas qu'il acceptât cette misère.° Et cependant il y prend beaucoup de plaisir. On imagine cet homme courageux s'il sourit. Mais il sourit de boire son rhum. On ne sait pas qu'il a changé de perspective et qu'il a fait, de cette dernière heure, une vie humaine.

une étoile filante shooting star

la misère trifle

Nous avons recueilli une énorme quantité d'eau: deux litres peut-être. Finie la soif! Nous sommes sauvés, nous allons boire!

Source: Antoine de Saint-Exupéry, *Terre des hommes*, © Editions Gallimard.

puiser to draw (water)
l'étain (*m.*) tin
la gorgée mouthful

la boue mud

enfoncé buried
secoué shaken

un enduit waterproofing
entartrer to incrust

se dépêcher to hurry up
maudit cursed

je suis I am following (du verbe suivre)
la consigne the order
une épave wreck

le naufragé one who is shipwrecked

franchir to cross (a limit)
une épaisseur thickness

écœuré sickened
la boussole compass
souffler to get one's wind
la caoutchouc rubber raincoat

se renouer to resume, start up again

Je puise° dans mon réservoir le contenu d'un gobelet d'étain,° mais cette eau est d'un beau vert jaune, et, dès la première gorgée,° je lui trouve un goût si effroyable, que, malgré la soif qui me tourmente, avant d'achever cette gorgée, je reprends ma respiration. Je boirais cependant de la boue,° mais ce goût de métal empoisonné est plus fort que ma soif.

Je regarde Prévot qui tourne en rond les yeux au sol, comme s'il cherchait attentivement quelque chose. Soudain il s'incline et vomit, sans s'interrompre de tourner en rond. Trente secondes plus tard, c'est mon tour. Je suis pris de telles convulsions que je rends à genoux, les doigts enfoncés° dans le sable. Nous ne nous parlons pas, et, durant un quart d'heure, nous demeurons ainsi secoués,° ne rendant plus qu'un peu de bile.

C'est fini. Je ne ressens plus qu'une lointaine nausée. Mais nous avons perdu notre dernier espoir. J'ignore si notre échec est dû à un enduit° du parachute ou au dépôt de tétrachlorure de carbone qui entartre° le réservoir. Il nous eût fallu un autre récipient ou d'autres linges.

Alors, dépêchons-nous!° Il fait jour. En route! Nous allons fuir ce plateau maudit,° et marcher à grands pas, droit devant nous, jusqu'à la chute. C'est l'exemple de Guillaumet[1] dans les Andes que je suis:° je pense beaucoup à lui depuis hier. J'enfreins la consigne° formelle qui est de demeurer auprès de l'épave.° On ne nous cherchera plus ici.

Encore une fois nous découvrons que nous ne sommes pas les naufragés.° Les naufragés, ce sont ceux qui attendent! Ceux que menace notre silence. Ceux qui sont déjà déchirés par une abominable erreur. On ne peut pas ne pas courir vers eux. Guillaumet aussi, au retour des Andes, m'a raconté qu'il courait vers les naufragés! Ceci est une vérité universelle.

—Si j'étais seul au monde, me dit Prévot, je me coucherais.

Et nous marchons droit devant nous vers l'Est-Nord-Est. Si le Nil a été franchi° nous nous enfonçons, à chaque pas, plus profondément, dans l'épaisseur° du désert d'Arabie.[2]

De cette journée-là, je ne me souviens plus. Je ne me souviens que de ma hâte. Ma hâte vers n'importe quoi, vers ma chute. Je me rappelle aussi avoir marché en regardant la terre, j'étais écœuré° par les mirages. De temps en temps, nous avons rectifié à la boussole° notre direction. Nous nous sommes aussi étendus parfois pour souffler° un peu. J'ai aussi jeté quelque part mon caoutchouc° que je conservais pour la nuit. Je ne sais rien de plus. Mes souvenirs ne se renouent° qu'avec la fraîcheur du soir. Moi aussi j'étais comme du sable, et tout, en moi, s'est effacé.

---

[1] **Guillaumet:** ami et collègue de Saint-Exupéry qui a fait naufrage dans les Andes et qui a marché quatre jours et quatre nuits dans la neige.

[2] Saint-Exupéry ne sait pas où il se trouve.

achever to finish off	

Nous décidons, au coucher du soleil, de camper. Je sais bien que nous devrions marcher encore: cette nuit sans eau nous achèvera.° Mais nous avons emporté avec nous les panneaux de toile du parachute. Si le poison ne vient pas de l'enduit il se pourrait que, demain matin, nous puissions boire. Il faut étendre nos pièges à rosée,° une fois encore, sous les étoiles.

le piège à rosée dew trap

Mais au Nord, le ciel est ce soir pur de nuages. Mais le vent a changé de goût. Il a aussi changé de direction. Nous sommes frôlés° déjà par le souffle chaud du désert. C'est le réveil du fauve!° Je le sens qui nous lèche° les mains et le visage . . .

frôlé brushed
C'est . . . fauve It's the awakening of the beast (*a metaphor*)
lécher to lick

Mais si je marche encore je ne ferai pas dix kilomètres. Depuis trois jours, sans boire, j'en ai couvert plus de cent quatre-vingts . . .

Mais, à l'instant de faire halte:

—Je vous jure° que c'est un lac, me dit Prévot.

jurer to swear

—Vous êtes fou!

—À cette heure-ci, au crépuscule,° cela peut-il être un mirage?

le crépuscule dusk

Je ne réponds rien. J'ai renoncé, depuis longtemps, à croire mes yeux. Ce n'est pas un mirage, peut-être, mais alors, c'est une invention de notre folie. Comment Prévot croit-il encore?

Prévot s'obstine:

—C'est à vingt minutes, je vais aller voir . . .

Cet entêtement° m'irrite:

un entêtement stubbornness

—Allez voir, allez prendre l'air . . . c'est excellent pour la santé. Mais s'il existe, votre lac, il est salé,° sachez-le bien. Salé ou non, il est au diable. Et par-dessus tout il n'existe pas.

salé salty

Prévot, les yeux fixes, s'éloigne déjà. Je les connais, ces attractions souveraines!° Et moi je pense: «Il y a aussi des somnambules° qui vont se jeter droit sous les locomotives». Je sais que Prévot ne reviendra pas. Ce vertige du vide le prendra et il ne pourra plus faire demi-tour. Et il tombera un peu plus loin. Et il mourra de son côté et moi du mien.° Et tout cela a si peu d'importance! . . .

souverain compelling
le somnambule sleepwalker

Je n'estime pas d'un très bon augure° cette indifférence qui m'est venue. À demi noyé,° j'ai ressenti la même paix. Mais j'en profite pour écrire une lettre posthume, à plat ventre° sur des pierres.° Ma lettre est très belle. Très digne. J'y prodigue de sages conseils. J'éprouve à la relire un vague plaisir de vanité. On dira d'elle: «Voilà une admirable lettre posthume! Quel dommage qu'il soit mort!»

Et il . . . du mien And he will die in one place and I in another
de bon augure a good omen
noyé drowned
à plat ventre flat on one's belly
la pierre rock

Je voudrais aussi connaître où j'en suis. J'essaie de former de la salive: depuis combien d'heures n'ai-je point craché?° Je n'ai plus de salive. Si je garde la bouche fermée, une matière gluante scelle mes lèvres. Elle sèche et forme, au-dehors, un bourrelet dur.° Cependant, je réussis encore mes tentatives de déglutition.° Et mes yeux ne se remplissent point encore de lumières. Quand ce radieux spectacle me sera offert, c'est que j'en aurai pour deux heures.°

cracher to spit

un bourrelet dur a hard crust
la déglutition swallowing

Il fait nuit. La lune a grossi depuis l'autre nuit. Prévot ne revient pas. Je suis allongé sur le dos et je mûris° ces évidences. Je retrouve en moi une vieille impression. Je cherche à me la définir. Je suis . . .

Quand . . . heures When this radiant spectacle appears to me, it will mean that I have two hours to live.
mûrir to ponder

se rendre to go

le pont here, the deck (of a ship)

La pointe ... large The tip of the mast was moving back and forth.

le négrier slave-trader

geindre to moan

la battue rescue party

faire demi-tour to turn around

le seuil the threshold

sourd mute

la colère anger

Je suis ... Je suis embarqué![3] Je me rendais° en Amérique du Sud, je m'étais étendu ainsi sur le pont° supérieur. La pointe du mât se promenait de long en large,° très lentement, parmi les étoiles. Il manque ici un mât, mais je suis embarqué quand même, vers une destination qui ne dépend plus de mes efforts. Des négriers° m'ont jeté, lié, sur un navire.

Je songe à Prévot qui ne revient pas. Je ne l'ai pas entendu se plaindre une seule fois. C'est très bien. Il m'eût été insupportable d'entendre geindre.° Prévot est un homme.

Ah! À cinq cents mètres de moi le voilà qui agite sa lampe! Il a perdu ses traces! Je n'ai pas de lampe pour lui répondre, je me lève, je crie, mais il n'entend pas ...

Une seconde lampe s'allume à deux cents mètres de la sienne, une troisième lampe. Bon Dieu, c'est une battue° et l'on me cherche!

Je crie:

—Ohé!

Mais on ne m'entend pas.

Les trois lampes poursuivent leurs signaux d'appel.

Je ne suis pas fou, ce soir. Je me sens bien. Je suis en paix. Je regarde avec attention. Il y a trois lampes à cinq cents mètres.

—Ohé!

Mais on ne m'entend toujours pas.

Alors je suis pris d'une courte panique. La seule que je connaîtrai. Ah! je puis encore courir: «Attendez ... Attendez ...» Ils vont faire demi-tour!° Ils vont s'éloigner, chercher ailleurs, et moi je vais tomber! Je vais tomber sur le seuil° de la vie, quand il était des bras pour me recevoir! ...

—Ohé! Ohé!

—Ohé!

Ils m'ont entendu. Je suffoque, je suffoque mais je cours encore. Je cours dans la direction de la voix: «Ohé», j'aperçois Prévot et je tombe.

—Ah! Quand j'ai aperçu toutes ces lampes! ...

—Quelles lampes?

C'est exact, il est seul.

Cette fois-ci je n'éprouve aucun désespoir, mais une sourde° colère.°

—Et votre lac?

—Il s'éloignait quand j'avançais. Et j'ai marché vers lui pendant une demi-heure. Après une demi-heure il était trop loin. Je suis revenu. Mais je suis sûr maintenant que c'est un lac ...

—Vous êtes fou, absolument fou. Ah! pourquoi avez-vous fait cela ... Pourquoi?

Qu'a-t-il fait? Pourquoi l'a-t-il fait? Je pleurerais d'indignation, et

---

[3] Le narrateur rêve ou bien a l'hallucination d'être à bord d'un bateau.

d'une . . . s'étrangle in a strangled voice

j'ignore pourquoi je suis indigné. Et Prévot m'explique d'une voix qui s'étrangle:°

—J'aurais tant voulu trouver à boire . . . Vos lèvres sont tellement blanches!

Ah! Ma colère tombe . . . Je passe ma main sur mon front, comme si je me réveillais, et je me sens triste. Et je raconte doucement:

—J'ai vu, comme je vous vois, j'ai vu clairement, sans erreur possible, trois lumières . . . Je vous dis que je les ai vues, Prévot!

se taire to be silent
avouer to admit

Prévot se tait° d'abord:

—Eh oui, avoue-t-il° enfin, ça va mal.

COMPRÉHENSION

1. Comment se fait-il que Saint-Exupéry et Prévot ont réussi à survivre plus de dix-neuf heures sans eau en plein désert?
2. Par quelle méthode les deux hommes espèrent-ils recueillir de l'eau? Cette méthode réussit-elle?
3. Expliquez les pensées philosophiques de Saint-Exupéry au sujet d'une demi-orange.
4. Pourquoi les deux hommes décident-ils d'abandonner l'épave?
5. Pourquoi font-ils halte?
6. Qu'est-ce que Prévot croit voir?
7. Saint-Exupéry a-t-il confiance en ce que voit Prévot?
8. Caractérisez l'état d'esprit de Saint-Exupéry. Que fait-il pendant que Prévot cherche le lac?
9. Quels sont les effets physiologiques des trois jours sans eau?
10. Quel symptôme annonce qu'on a deux heures à vivre?
11. Décrivez les hallucinations ou les rêves de Saint-Exupéry.
12. Que voit-il soudain?
13. Comment réagit-il à ce qu'il voit?
14. Pourquoi est-il pris de panique?
15. Qu'en est-il des lampes et du lac?
16. Que signifie le fait que Saint-Exupéry a vu des lampes?

2

rayonner to radiate

La terre rayonne° vite sous cette atmosphère sans vapeur d'eau. Il fait déjà très froid. Je me lève et je marche. Mais bientôt je suis pris d'un insupportable tremblement. Mon sang déshydraté circule très mal, et un froid glacial me pénètre, qui n'est pas seulement le froid de la nuit. Mes mâchoires° claquent° et tout mon corps est agité de soubresauts.° Je ne puis plus me servir d'une lampe électrique tant ma main la secoue.° Je n'ai jamais été sensible au froid, et cependant je vais mourir de froid, quel étrange effet de la soif!

la mâchoire jaw
claquer to chatter
le soubresaut convulsion
secouer to shake

empirer to grow worse
lisse smooth

J'ai laissé tomber mon caoutchouc quelque part, las de le porter dans la chaleur. Et le vent peu à peu empire.° Et je découvre que dans le désert il n'est point de refuge. Le désert est lisse° comme un

la haie hedge
abriter to shelter
découvert open
le fouet whip

grelottant shivering

le hoquet shudder

flagellé whipped

le flacon small bottle

creuser to dig
la fosse ditch

une brindille twig
tarir to become exhausted

battre la semelle to pace back and forth
serré constricted
au-delà de beyond
ligoté tied
le vaisseau de négriers slave ship

remuer to stir

le conte de fées fairy tale
chasser à courre to hunt

marbre. Il ne forme point d'ombre pendant le jour, et la nuit il vous livre tout nu au vent. Pas un arbre, pas une haie,° pas une pierre qui m'eût abrité.° Le vent me charge comme une cavalerie en terrain découvert.° Je tourne en rond pour le fuir. Je me couche et je me relève. Couché ou debout je suis exposé à ce fouet° de glace. Je ne puis courir, je n'ai plus de forces, je ne puis fuir les assassins et je tombe à genoux, la tête dans les mains, sous le sabre!

Je m'en rends compte un peu plus tard; je me suis relevé, et je marche droit devant moi, toujours grelottant!° Où suis-je? Ah! je viens de partir, j'entends Prévot! Ce sont ses appels qui m'ont réveillé . . .

Je reviens vers lui, toujours agité par ce tremblement, par ce hoquet° de tout le corps. Et je me dis: «Ce n'est pas le froid. C'est autre chose. C'est la fin.» Je me suis déjà trop déshydraté. J'ai tant marché, avant-hier, et hier quand j'allais seul.

Cela me peine de finir par le froid. Je préférerais mes mirages intérieurs. Cette croix, ces Arabes,[4] ces lampes. Après tout, cela commençait à m'intéresser. Je n'aime pas être flagellé° comme un esclave . . .

Me voici encore à genoux.

Nous avons emporté un peu de pharmacie. Cent grammes d'éther pur, cent grammes d'alcool à 90 et un flacon° d'iode. J'essaie de boire deux ou trois gorgées d'éther pur. C'est comme si j'avalais des couteaux. Puis un peu d'alcool à 90, mais cela me ferme la gorge.

Je creuse° une fosse° dans le sable, je m'y couche, et je me recouvre de sable. Mon visage seul émerge. Prévot a découvert des brindilles° et allume un feu dont les flammes seront vite taries.° Prévot refuse de s'enterrer sous le sable. Il préfère battre la semelle.° Il a tort.

Ma gorge demeure serrée,° c'est mauvais signe, et cependant je me sens mieux. Je me sens calme. Je me sens calme au-delà de° toute espérance. Je m'en vais malgré moi en voyage, ligoté° sur le pont de mon vaisseau de négriers° sous les étoiles. Mais je ne suis peut-être pas très malheureux . . .

Je ne sens plus le froid, à condition de ne pas remuer° un muscle. Alors, j'oublie mon corps endormi sous le sable. Je ne bougerai plus, et ainsi je ne souffrirai plus jamais. D'ailleurs véritablement, l'on souffre si peu . . . Il y a, derrière tous ces tourments, l'orchestration de la fatigue et du délire. Et tout se change en livre d'images, en conte de fées° un peu cruel . . . Tout à l'heure, le vent me chassait à courre° et, pour le fuir, je tournais en rond comme une bête. Puis j'ai eu du mal à respirer: un genou m'écrasait la poitrine. Un genou. Et je me débattais contre le poids de l'ange. Je ne fus jamais seul dans le désert. Maintenant que je ne crois plus en ce qui m'entoure,

---

[4] **Cette croix, ces Arabes:** Saint-Exupéry fait allusion à des hallucinations qu'il avait eues auparavant dans le désert.

le cil eyelash

s'en ... soi to move straight ahead (without obstacle)

le puits well

Tout compte fait All things considered
je recommencerais I would do it all over again

la charrue plow
labourer to till (the land)
le comptable accountant
une vérité paysanne an earthy truth

ruser to use craft, trickery
une escale stopover

la piste path

la fourmi ant

une agonie death-struggle

je me retire chez moi, je ferme les yeux et je ne remue plus un cil.° Tout ce torrent d'images m'emporte, je le sens, vers un songe tranquille: les fleuves se calment dans l'épaisseur de la mer.

Adieu, vous que j'aimais.[5] Ce n'est point ma faute si le corps humain ne peut résister trois jours sans boire. Je ne me croyais pas prisonnier ainsi des fontaines. Je ne soupçonnais pas une aussi courte autonomie. On croit que l'homme peut s'en aller droit devant soi.° On croit que l'homme est libre ... On ne voit pas la corde qui le rattache au puits,° qui le rattache, comme un cordon ombilical, au ventre de la terre. S'il fait un pas de plus, il meurt.

À part votre souffrance, je ne regrette rien. Tout compte fait,° j'ai eu la meilleure part. Si je rentrais, je recommencerais.° J'ai besoin de vivre. Dans les villes, il n'y a plus de vie humaine.

Il ne s'agit point ici d'aviation. L'avion, ce n'est pas une fin, c'est un moyen. Ce n'est pas pour l'avion que l'on risque sa vie. Ce n'est pas non plus pour sa charrue° que le paysan laboure.° Mais, par l'avion, on quitte les villes et leurs comptables,° et l'on retrouve une vérité paysanne.°

On fait un travail d'homme et l'on connaît des soucis d'homme. On est en contact avec le vent, avec les étoiles, avec la nuit, avec le sable, avec la mer. On ruse° avec les forces naturelles. On attend l'aube comme le jardinier attend le printemps. On attend l'escale° comme une terre promise, et l'on cherche sa vérité dans les étoiles.

Je ne me plaindrai pas. Depuis trois jours, j'ai marché, j'ai eu soif, j'ai suivi des pistes° dans le sable, j'ai fait de la rosée mon espérance. J'ai cherché à joindre mon espèce, dont j'avais oublié où elle logeait sur la terre. Et ce sont là des soucis de vivants. Je ne puis pas ne pas les juger plus importants que le choix, le soir, d'un music-hall.

Je ne comprends plus ces populations des trains de banlieue, ces hommes qui se croient des hommes, et qui cependant sont réduits, par une pression qu'ils ne sentent pas, comme les fourmis,° à l'usage qui en est fait. De quoi remplissent-ils, quand ils sont libres, leurs absurdes petits dimanches?

Moi je suis heureux dans mon métier. Je me sens paysan des escales. Dans le train de banlieue, je sens mon agonie° bien autrement qu'ici! Ici, tout compte fait, quel luxe! ...

Je ne regrette rien. J'ai joué, j'ai perdu. C'est dans l'ordre de mon métier. Mais, tout de même, je l'ai respiré, le vent de la mer.

Ceux qui l'ont goûté une fois n'oublient pas cette nourriture. N'est-ce pas, mes camarades? Et il ne s'agit pas de vivre dangereusement. Cette formule est prétentieuse. Les toréadors ne me plaisent guère. Ce n'est pas le danger que j'aime. Je sais ce que j'aime. C'est la vie.

---

[5] **Adieu, vous que j'aimais:** Saint-Exupéry s'adresse à sa femme, à qui il a l'habitude de dire «vous», ou peut-être à tous ceux qu'il aimait.

Il me semble que le ciel va blanchir. Je sors un bras du sable. J'ai un panneau à portée de la main, je le tâte, mais il reste sec. Attendons. La rosée se dépose à l'aube. Mais l'aube blanchit sans mouiller° nos linges. Alors mes réflexions s'embrouillent° un peu et je m'entends dire: «Il y a ici un cœur sec . . . un cœur sec . . . un cœur sec qui ne sait point former de larmes! . . .»

—En route, Prévot! Nos gorges ne se sont pas fermées encore: il faut marcher.

mouiller to wet
s'embrouiller to become tangled, confused

COMPRÉHENSION

1. De quoi les deux hommes souffrent-ils surtout à la tombée de la nuit? À quoi Saint-Exupéry compare-t-il le vent?
2. Comment les hallucinations de Saint-Exupéry se mêlent-elles avec les sensations qu'il éprouve vraiment?
3. Qu'est-ce qu'il essaie de boire et quel effet cela a-t-il?
4. Comment les deux hommes essaient-ils de se protéger contre le froid?
5. Décrivez l'état d'esprit de Saint-Exupéry, enterré dans le sable.
6. À qui pense-t-il?
7. Saint-Exupéry a-t-il des regrets?
8. Pourquoi l'aviation a-t-elle tant d'attraits pour lui? Que pense-t-il des villes?
9. Expliquez la pensée de Saint-Exupéry au sujet des toréadors.
10. Y a-t-il de la rosée dans les panneaux de parachute, le matin? Expliquez l'expression «un cœur sec».

3

Il souffle ce vent d'Ouest qui sèche l'homme en dix-neuf heures. Mon œsophage n'est pas fermé encore, mais il est dur et douloureux. J'y devine déjà quelque chose qui racle.° Bientôt commencera cette toux,° que l'on m'a décrite, et que j'attends. Ma langue me gêne. Mais le plus grave est que j'aperçois déjà des taches° brillantes. Quand elles se changeront en flammes, je me coucherai.

Nous marchons vite. Nous profitons de la fraîcheur du petit jour.° Nous savons bien qu'au grand soleil, comme l'on dit, nous ne marcherons plus. Au grand soleil . . .

Nous n'avons pas le droit de transpirer.° Ni même celui d'attendre. Cette fraîcheur n'est qu'une fraîcheur à dix-huit pour cent d'humidité. Ce vent qui souffle vient du désert. Et, sous cette caresse menteuse et tendre, notre sang s'évapore.

Nous avons mangé un peu de raisin le premier jour. Depuis trois jours, une demi-orange et une moitié de madeleine.° Avec quelle salive eussions-nous mâché° notre nourriture? Mais je n'éprouve aucune faim, je n'éprouve que la soif. Et il me semble que désormais, plus que la soif, j'éprouve les effets de la soif. Cette gorge

racler to scrape
la toux cough
la tache spot

le petit jour morning

transpirer to perspire

la madeleine a kind of pastry
mâcher to chew

le plâtre plaster

déchirant tormenting

une étape stage (of a journey)
crouler to collapse

l'acier (*m.*) steel

s'épuiser to become exhausted

un arbuste shrub

le chagrin grief

un élan surge of feeling

gémir to wail, moan

dure. Cette langue de plâtre.° Ce raclement et cet affreux goût dans la bouche. Ces sensations-là sont nouvelles pour moi. Sans doute l'eau les guérirait-elle, mais je n'ai point de souvenirs qui leur associent ce remède. La soif devient de plus en plus une maladie et de moins en moins un désir.

Il me semble que les fontaines et les fruits m'offrent déjà des images moins déchirantes.° J'oublie le rayonnement de l'orange, comme il me semble avoir oublié mes tendresses. Déjà peut-être j'oublie tout.

Nous nous sommes assis, mais il faut repartir. Nous renonçons aux longues étapes.° Après cinq cents mètres de marche nous croulons° de fatigue. Et j'éprouve une grande joie à m'étendre. Mais il faut repartir.

Le paysage change. Les pierres s'espacent. Nous marchons maintenant sur du sable. À deux kilomètres devant nous, des dunes. Sur ces dunes quelques taches de végétation basse. À l'armure d'acier,° je préfère le sable. C'est le désert blond. C'est le Sahara. Je crois le reconnaître . . .

Maintenant nous nous épuisons° en deux cents mètres.

—Nous allons marcher, tout de même, au moins jusqu'à ces arbustes.°

C'est une limite extrême. Nous vérifierons en voiture, lorsque nous remonterons nos traces, huit jours plus tard, pour chercher le «Simoun»,[6] que cette dernière tentative fut de quatre-vingts kilomètres. J'en ai donc déjà couvert près de deux cents. Comment poursuivrais-je?

Hier, je marchais sans espoir. Aujourd'hui, ces mots ont perdu leur sens. Aujourd'hui, nous marchons parce que nous marchons. Ainsi les bœufs sans doute, au labour. Je rêvais hier à des paradis d'orangers. Mais aujourd'hui, il n'est plus, pour moi, de paradis. Je ne crois plus à l'existence des oranges.

Je ne découvre plus rien en moi, sinon une grande sécheresse de cœur. Je vais tomber et ne connais point le désespoir. Je n'ai même pas de peine. Je le regrette: le chagrin° me semblerait doux comme l'eau. On a pitié de soi et l'on se plaint comme un ami. Mais je n'ai plus d'ami au monde.

Quand on me retrouvera, les yeux brûlés, on imaginera que j'ai beaucoup appelé et beaucoup souffert. Mais les élans,° mais les regrets, mais les tendres souffrances, ce sont encore des richesses. Et moi je n'ai plus de richesses. Les fraîches jeunes filles, au soir de leur premier amour, connaissent le chagrin et pleurent. Le chagrin est lié aux frémissements de la vie. Et moi je n'ai plus de chagrin.

Le désert, c'est moi. Je ne forme plus de salive, mais je ne forme plus, non plus, les images douces vers lesquelles j'aurais pu gémir.° Le soleil a séché en moi la source des larmes.

---

[6] **le «Simoun»**: nom de l'avion

Traces de pas dans le sable des dunes.

la risée light squall

le tertre mound

Et cependant, qu'ai-je aperçu? Un souffle d'espoir a passé sur moi comme une risée° sur la mer. Quel est le signe qui vient d'alerter mon instinct avant de frapper ma conscience? Rien n'a changé, et cependant tout a changé. Cette nappe de sable, ces tertres° et ces légères plaques de verdure ne composent plus un paysage, mais une scène. Une scène vide encore, mais toute préparée. Je regarde Prévot. Il est frappé du même étonnement que moi, mais il ne comprend pas non plus ce qu'il éprouve.

Je vous jure qu'il va se passer quelque chose . . .

Je vous jure que le désert s'est animé. Je vous jure que cette absence, que ce silence sont tout à coup plus émouvants qu'un tumulte de place publique . . .

Nous sommes sauvés, il y a des traces dans le sable! . . .

perdre la piste to lose the trail
retranché d'avec cut off from

Ah! nous avions perdu la piste° de l'espèce humaine, nous étions retranchés d'avec° la tribu, nous nous étions retrouvés seuls au monde, oubliés par une migration universelle, et voici que nous découvrons, imprimés dans le sable, les pieds miraculeux de l'homme.

—Ici, Prévot, deux hommes se sont séparés . . .

le chameau camel

—Ici, un chameau° s'est agenouillé . . .

—Ici . . .

secourir to help

Et cependant, nous ne sommes point sauvés encore. Il ne nous suffit pas d'attendre. Dans quelques heures, on ne pourra plus nous secourir.° La marche de la soif, une fois la toux commencée, est trop rapide. Et notre gorge . . .

Mais je crois en cette caravane, qui se balance quelque part, dans le désert.

Nous avons donc marché encore, et tout à coup j'ai entendu le chant du coq. Guillaumet m'avait dit: «Vers la fin, j'entendais des coqs dans les Andes. J'entendais aussi des chemins de fer . . .»

Je me souviens de son récit à l'instant même où le coq chante et je me dis: «Ce sont mes yeux qui m'ont trompé d'abord. C'est sans doute l'effet de la soif. Mes oreilles ont mieux résisté . . .» Mais Prévot m'a saisi par le bras:

—Vous avez entendu?

—Quoi?

—Le coq!

—Alors . . . Alors . . .

Alors, bien sûr, imbécile, c'est la vie . . .

J'ai eu une dernière hallucination: celle de trois chiens qui se poursuivaient. Prévot, qui regardait aussi, n'a rien vu. Mais nous sommes deux à tendre les bras vers ce Bédouin. Nous sommes deux à user vers lui tout le souffle de nos poitrines. Nous sommes deux à rire de bonheur! . . .

Mais nos voix ne portent pas à trente mètres. Nos cordes vocales sont déjà sèches. Nous nous parlions tout bas l'un à l'autre, et nous ne l'avions même pas remarqué!

Mais ce Bédouin et son chameau, qui viennent de se démasquer de derrière le tertre, voilà que lentement, lentement, ils s'éloignent. Peut-être cet homme est-il seul. Un démon cruel nous l'a montré et le retire . . .

Et nous ne pourrions plus courir!

hurler to yell

Un autre Arabe apparaît de profil sur la dune. Nous hurlons,° mais tout bas. Alors, nous agitons les bras et nous avons l'impression de remplir le ciel de signaux immenses. Mais ce Bédouin regarde toujours vers la droite . . .

amorcer to begin (a gesture)

Et voici que, sans hâte, il a amorcé° un quart de tour. À la seconde même où il se présentera de face, tout sera accompli. À la seconde même où il regardera vers nous, il aura déjà effacé en nous la soif, la mort et les mirages. Il a amorcé un quart de tour qui, déjà, change le monde. Par un mouvement de son seul buste, par la promenade de son seul regard, il crée la vie, et il me paraît semblable à un dieu . . .

C'est un miracle . . . Il marche vers nous sur le sable, comme un dieu sur la mer . . .

L'Arabe nous a simplement regardés. Il a pressé, des mains, sur nos épaules, et nous lui avons obéi. Nous nous sommes étendus. Il n'y a plus ici ni races, ni langages, ni divisions . . . Il y a ce nomade pauvre qui a posé sur nos épaules des mains d'archange.

le veau calf

Nous avons attendu, le front dans le sable. Et maintenant, nous buvons à plat ventre, la tête dans la bassine, comme des veaux.° Le Bédouin s'en effraye et nous oblige, à chaque instant, à nous interrompre. Mais dès qu'il nous lâche, nous replongeons tout notre visage dans l'eau.

L'eau!

Eau, tu n'as ni goût, ni couleur, ni arôme, on ne peut pas te définir, on te goûte, sans te connaître. Tu n'es pas nécessaire à la vie: tu es la vie. Tu nous pénètres d'un plaisir qui ne s'explique point par les sens. Avec toi rentrent en nous tous les pouvoirs auxquels nous avions renoncé. Par ta grâce, s'ouvrent en nous toutes les sources°

la source well-spring

taries de notre cœur.

Tu es la plus grande richesse qui soit au monde, et tu es aussi la plus délicate, toi si pure au ventre de la terre. On peut mourir sur une source d'eau magnésienne. On peut mourir à deux pas d'un lac d'eau salée. On peut mourir malgré deux litres de rosée qui retiennent en suspens quelques sels.° Tu n'acceptes point de mélange, tu

le sel mineral salt
supporter to tolerate
une ombrageuse divinité an easily
   offended god

ne supportes° point d'altération, tu es une ombrageuse divinité° . . .

Mais tu répands en nous un bonheur infiniment simple.

Quant à toi qui nous sauves, Bédouin de Libye, tu t'effaceras cependant à jamais de ma mémoire. Je ne me souviendrai jamais de ton visage. Tu es l'Homme et tu m'apparais avec le visage de tous les

dévisager to set eyes upon

hommes à la fois. Tu ne nous as jamais dévisagés° et déjà tu nous as reconnus. Tu es le frère bien-aimé. Et, à mon tour, je te reconnaîtrai dans tous les hommes.

Tu m'apparais baigné de noblesse et de bienveillance, grand Sei-

Seigneur Lord

gneur° qui as le pouvoir de donner à boire. Tous mes amis, tous mes ennemis en toi marchent vers moi, et je n'ai plus un seul ennemi au monde.

COMPRÉHENSION

1. Décrivez l'état physique et moral de Saint-Exupéry et de Prévot, le matin de leur quatrième jour dans le désert.
2. Comment le paysage change-t-il pendant qu'ils marchent?
3. Quelle distance ont-ils parcourue pendant leurs deux jours de marche?
4. Pourquoi les deux hommes sont-ils frappés d'étonnement?
5. Quels sont les signes de vie qu'ils aperçoivent?
6. Pourquoi les deux aviateurs ont-ils du mal à se faire remarquer par les Bédouins?
7. Comment sont-ils enfin sauvés?
8. Commentez les réfléxions de Saint-Exupéry au sujet de l'eau.
9. Commentez ses réfléxions au sujet du Bédouin qui les a sauvés.

DISCUSSION

1. Ce texte est-il tout simplement le récit d'un naufrage, une histoire d'aventure comme il y en a tant, ou y a-t-il quelque chose de plus profond ici que la simple narration?
2. On a appelé Saint-Exupéry «le poète de l'aviation». Pouvez-vous justifier cette épithète? (Voir Composition dirigée).
3. Commentez «Au Centre du désert» à partir de cette citation qui paraît en tête de *Terre des hommes:*

> La terre nous en apprend plus long sur nous que tous les livres. Parce qu'elle nous résiste. L'homme se découvre quand il se mesure avec l'obstacle. Mais, pour l'atteindre, il lui faut un outil. Il lui faut un rabot,[7] ou une charrue. Le paysan, dans son labour, arrache peu à peu quelques secrets à la nature, et la vérité qu'il dégage est universelle. De même l'avion, l'outil des lignes aériennes, mêle l'homme à tous les vieux problèmes.

4. Comment l'idée de la fraternité des hommes se manifeste-t-elle dans cet extrait?
5. Comment l'idée de la fraternité de l'homme et de la nature se manifeste-t-elle dans cet extrait?

COMPOSITION DIRIGÉE

En suivant le plan suggéré, traitez le sujet suivant:

La Poésie de «Terre des hommes»

1. Choisissez les passages ou des phrases isolées que vous considérez comme poétiques ou lyriques.
2. Caractérisez le ton de chaque texte et relevez les mots et les expressions qui créent ce ton.
3. Faites une analyse des procédés stylistiques et de leurs effets:
   (a) les répétitions
   (b) la forme de la narration. S'agit-il de:
       1. une narration à la troisième personne?
       2. un récit personnel à la première personne?
       3. une apostrophe?[8]
   (c) les métaphores et les comparaisons
   (d) les sons des mots
4. Dégagez les idées principales de chaque passage que vous traitez, et montrez comment elles sont en rapport avec la forme.
5. Résumez les qualités poétiques de la prose de Saint-Exupéry.

---

[7] **le rabot:** a plane (for woodworking)
[8] **une apostrophe:** direct address

Énergie: Demain la famine

30

Lines of automobiles stretching out from gasoline pumps, shortages of fuel in the private and industrial sectors, blackouts and nuclear accidents: these phenomena have been among the key events of the past decade. Indeed, they point to a crisis that has already touched our way of life in this modern industrial world, one that is forcing us to revise our very mode of thought.

It is, then, only too evident that our technology and consequently our life-style must change dramatically in the coming years, in order to adapt to diminishing supplies of natural fuels. What future lies ahead for oil, coal, and natural gas? What alternatives are there to these classical forms of energy?

VOCABULAIRE

Lexique de mots-clés

LES NOMS

un accroissement	increase
la centrale	electrical power station
le charbon	coal
la croissance	growth
le forage	oil well
le gaz	gas
la pénurie	shortage

LES VERBES

entraîner	to lead to, bring about (a consequence)
épuiser	to exhaust
forer	to drill, sink a well
s'habituer à	to get used to
supprimer	to do away with, abolish

EXERCICE   Quels sont les mots qui correspondent aux définitions suivantes?

1. s'accoutumer à
2. minéral combustible de formation sédimentaire, généralement noir, et contenant 75 à 93 pour cent de carbone pur
3. action de percer un trou dans une matière dure à l'aide d'un mécanisme
4. usine qui produit du courant électrique
5. manque de ce qui est nécessaire, insuffisance
6. vapeur invisible, fluide aériforme
7. le fait de grandir, développement
8. causer, provoquer, produire
9. abolir, faire disparaître
10. consommer, utiliser quelque chose jusqu'à ce qu'il n'en reste plus

Étude de mots

A.   Les expressions idiomatiques avec **ici:**

1. **d'ici là**   from now until then

   Dans cent ans nous aurons épuisé nos réserves de pétrole, mais **d'ici là** nous aurons développé de nouvelles formes d'énergie.

2. **d'ici un mois**   a month from now

   Je vous le ferai savoir **d'ici un mois.**

3. **Aujourd'hui en huit (quinze)**   a week (two weeks) from today

   Aujourd'hui **en huit,** il y aura un examen.

B.   Les expressions idiomatiques avec **part:**

1. **quelque part**   somewhere

   Il existe des réserves de pétrole **quelque part** sous l'Atlantique nord.

2. **nulle part**   nowhere

   Il n'y a de forages pétroliers **nulle part** en France.

3. **de toutes parts**   on all sides, everywhere

   De toutes parts, il y a une demande croissante d'électricité.

4. **autre part**   elsewhere

   On n'a pas trouvé de pétrole ici, mais il y en a peut-être **autre part** dans la région.

5. **de part et d'autre**   here and there

   Il y a en France des mines de charbon **de part et d'autre,** mais les réserves ne sont pas très importantes.

C.   **ainsi de suite**   so on and so forth

   Le besoin d'électricité double tous les dix ans. Dans dix ans il nous faudra deux fois plus de centrales qu'aujourd'hui, dans vingt ans, quatre fois plus, et **ainsi de suite.**

D.   Le verbe **manquer:**

1. **manquer de quelque chose**   to be missing, lacking in something

   La civilisation moderne **manque de** réserves suffisantes de pétrole.
   Ce jeune homme **manque de** tact.

2. **il manque quelqu'un ou quelque chose (à quelqu'un)**   to be missing, short

   On ne peut pas commencer la réunion; **il manque** six personnes.
   Paul ne peut pas acheter cette voiture; **il lui manque** 5.000 francs.

3. **manquer à quelqu'un**   to miss, regret the absence of

   «Très cher Michel», écrit-elle, «**Tu me manques** beaucoup».

   Notez l'inversion dans cet emploi du verbe:

   Michel nous manque.   *We miss Michel.*

   On peut exprimer la même idée avec le verbe **regretter,** qui s'emploie de la même façon que le verbe *to miss* en anglais:

   Je regrette Michel.   *I miss Michel.*

4. **manquer quelque chose ou quelqu'un**   to miss out on

   Nous sommes arrivés trop tard et **nous avons manqué** le train.
   Il ne faut pas **manquer** la classe de français.

Lexique de mots secondaires

un appareil ménager	household appliance
au cours de	in the course of
brûler	to burn
le champ	field
s'effacer	to disappear, become obliterated
le milliard	billion
les moyens (*m.*)	the means
l'or (*m.*)	gold
le règne	the reign
retarder	to delay
tel, telle	such
un tel taux	such a rate (Note word order)
de tels taux	such rates

STRUCTURE

The Preposition «à» with Complements of a Noun or of an Infinitive

A. The preposition **à** is used before an infinitive or a noun that indicates the use or purpose of the noun it complements:

un film à voir *a movie to see*
quelque chose à manger *something to eat*
une conférence à ne pas manquer *a lecture not to be missed*
quelqu'un à admirer *someone to admire*
une machine à laver *washing machine*
une machine à coudre *sewing machine*
une brosse à dents *tooth brush*
une boîte à lettres *mailbox*

B. The preposition **à** may be used to indicate the descriptive qualities of a noun:

une fille aux yeux bleus *a girl with blue eyes*
un vieillard à la barbe blanche *an old man with a white beard*
un oiseau au long bec *a long-beaked bird*

REMARQUER:
Remember that, **à + le = au; à + les = aux.**

C. The preposition **à** may be used to indicate the means by which something works:

un bateau à vapeur *a steamship*
un avion à réaction *a jet plane*
une chaudière à mazout *an oil furnace*
une chaudière à charbon *a coal furnace*

The Preposition «de»

A. The preposition **de** is used to indicate the geographical origin of a noun:

l'acier de Tolède   *Toledo steel*
le vin de Bordeaux   *Bordeaux wine*
un avocat de Philadelphie   *A Philadelphia lawyer*

B. The preposition **de** is used to indicate the matter or composition of a noun. (It is often interchangeable with **en** in this sense.):

une feuille de papier   *a sheet of paper*
une cravate de soie   *a silk tie*
une maison de briques   *a brick house*

C. The preposition **de** is used to indicate what a noun contains:

un verre de lait   *a glass of milk*
un vase de fleurs   *a vase of flowers*
une tasse de café   *a cup of coffee*

COMPARE:
une tasse à café   *a coffee cup* (*with no coffee in it*)

D. When a noun is used as an adjective to describe another noun, the two nouns are linked by **de:**

une robe d'intérieur   *a housedress*
une voiture de sport   *a sports car*
un livre de cuisine   *a cookbook*
une station de métro   *a subway station*

E. The preposition **de** is used before an adjective modifying an indefinite pronoun; the adjective will always be masculine singular:

quelque chose de bon   *something good*
rien de mauvais   *nothing bad*
quelqu'un d'intéressant   *someone interesting*
personne d'important   *no one important*

REMARQUER:
Before a noun modifying an abstract noun, the preposition **de** is used with the definite article:

le sentiment de la solitude   *the feeling of loneliness*
la pensée de la mort   *the thought of death*
le thème du bonheur   *the theme of happiness*
la théorie de la relativité   *the theory of relativity*
le problème de la communication   *the problem of communication*

Remember that, **de + le = du; de + les = des.**

Aux Champs-Elysées: un embouteillage typique.

EXERCICE

Complétez les explications suivantes.

MODÈLE:　Un champ où l'on cultive du blé est _____.
Un champ où l'on cultive du blé est un champ de blé.

1. Quelque chose qui est grand est _____. 2. Un professeur qui enseigne le français est _____. 3. Une machine qui sert à écrire est _____. 4. La laine qui vient d'Écosse est _____. 5. Une boîte qui est faite d'ébène est _____. 6. Un jardin où il y a des fleurs est _____. 7. Un bateau qui a des voiles est _____. 8. Une bouteille pleine de vin est _____. 9. Un vase destiné aux fleurs est _____. 10. Un vase dans lequel il y a des fleurs est _____. 11. Quelque chose qu'il faut supprimer est _____. 12. Quelque chose qui est utile est _____. 13. Le parfum qu'on achète à Paris est _____. 14. Une cuisinière[1] qui marche au gaz est _____. 15. Un homme qui a le nez crochu[2] est _____. 16. Une crème dont on se sert pour se raser c'est _____. 17. Une dame qui a les cheveux blancs est _____. 18. Un couteau qui est fait d'acier est _____. 19. Une carafe qui contient de l'eau est _____. 20. Une agence qui s'occupe de voyages est _____.

LECTURE | Énergie: demain la famine

inéluctable　inexorable, inevitable

On s'habitue à la richesse, au point d'oublier que l'opulence n'est pas inéluctable.° Les pays, pas plus que les individus, n'ont une conscience claire et lucide de leurs besoins. Et cependant, chaque nouvel appareil ménager dans un foyer entraîne une consommation

---

[1] **la cuisinière:** stove
[2] **crochu:** hooked
Source: Jean-Pierre Adine, *Le Point*

accru increased

en faire autant to do as much

encore et toujours ever and
  always

avaler to swallow

recouvrir to mask

la houille pit coal

accusé marked

le tapis carpet

insoutenable unbearable

fort = très

heureusement fortunately

S'il . . . ainsi If it weren't this way

la boulimie excessive appetite

d'énergie accrue.° Chaque kilomètre/heure gagné par un train, un avion ou une auto en fait autant.° Chaque poste de travail qui se crée, c'est encore et toujours° de l'énergie supplémentaire que l'on consomme.

En 1970, le monde a avalé° et brûlé en énergie de toute sorte 7 milliards de tonnes-équivalent-charbon (TEC). Il en brûlera 25 ou 30 milliards en l'an 2000, c'est-à-dire demain. Phénoménal accroissement!

On ne réalise guère l'ampleur des phénomènes que recouvrent° de tels taux de croissance. À titre d'exemple: la consommation mondiale cumulée de charbon depuis 1940 est supérieure à la consommation globale depuis sa découverte. Dieu sait pourtant si la houille° s'est effacée au cours de ces trente dernières années devant le tout-puissant pétrole! Même phénomène, évidemment plus accusé,° en ce qui concerne le pétrole: en dix ans, de 1959 à 1969, il en a été consommé autant qu'entre le premier forage (1859) et 1959, c'est-à-dire en cent ans.

Michel Grenon, dans son livre *Ce Monde affamé d'énergie*, explique ce mode exponentiel et les fatalités qu'il entraîne en partant d'un exemple bien connu: la progression de la consommation d'électricité. Cette dernière double à peu près tous les dix ans. Il faudra de ce fait construire, au cours des dix prochaines années, autant de centrales électriques qu'il y en a actuellement en fonctionnement. Les dix années suivantes, il faudra en construire à nouveau autant qu'il y en aura en fonctionnement dans dix ans. On comptera alors, dans vingt ans, quatre fois plus de centrales qu'aujourd'hui. Et ainsi de suite . . .

Un «ainsi de suite» saisissant, puisque, au cours d'une vie de 70 années, l'homme verrait la puissance électrique installée dans son pays multipliée par très exactement 128. Et, en dix générations, par un milliard! Il n'est pas interdit d'aller ainsi jusqu'à l'absurde. Ni de calculer la date à laquelle la Terre entière sera couverte d'un tapis° de centrales.

Vision d'apocalypse qui serait insoutenable° et désespérée sans les correctifs qu'il est déjà plausible de lui apporter: il n'est fort° heureusement° pas de croissance régulièrement exponentielle. S'il n'en était pas ainsi,° l'homme brûlerait, pendant les soixante prochaines années, toutes les réserves de pétrole et de charbon contenues dans le globe. Et il connaîtrait, avant longtemps, le surréalisme de l'absurde. Mais une atténuation de la boulimie° des civilisations industrielles ne fera que retarder les pénuries actuellement prévisibles. Elle ne les supprimera pas. L'énergie classique est-elle donc, en définitive, condamnée à mourir d'épuisement? À cette question, tous les experts répondent aujourd'hui par l'affirmative.

• **Le pétrole:** il couvre déjà la moitié des besoins énergétiques mondiaux (plus de 60% des besoins français). En l'an 2000, il en couvrira probablement entre 60 et 70%. Ses réserves actuelles sont évaluées à

la proximité   proximity, closeness

onéreusement   expensively, with great cost

un appoint   supplement

enterré   buried, *figuratively:* discounted
une auréole   halo
dépoussiéré   dusted off
d'aucuns   some people
préconiser   to advocate

80 milliards de tonnes, représentant de quinze à vingt ans de production future. D'ici là, on trouvera d'autres champs pétrolifères: on fore déjà sous les océans, à des milliers de mètres de profondeur. En trouvera-t-on suffisamment pour garantir l'avenir?

● **Le gaz naturel:** situé pour une grande part à proximité° des réserves pétrolières, il se transporte beaucoup plus difficilement et beaucoup plus onéreusement° que le pétrole. Sa part dans la consommation énergétique va croître jusque vers la période 1985–1990.

Les 45 000 milliards de mètres cubes de gaz en réserve dans le monde doivent être considérés plus comme un appoint° que comme une solution au problème global de l'énergie.

● **Le charbon:** «enterré»° trop vite, prétendent des experts, le charbon voit son auréole° dépoussiéré° depuis que son rival et maître a ses jours comptés. C'est que les réserves de houille sont beaucoup plus importantes que celles de pétrole. Aussi d'aucuns° n'hésitent pas, malgré le coût de l'opération, à préconiser° sa conversion en hydrocarbures liquides ou gazeux.

Les coûts d'extraction de la houille, exceptions faites de conditions particulièrement favorables aux États-Unis ou même en Union soviétique, ne permettront cependant pas au charbon de prendre sa revanche sur l'or noir.

Alors? Alors, un peu partout dans le monde, les ingénieurs et les chercheurs ressortent leurs dossiers; même les économistes se mettent à rêver. On évoque à nouveau l'énergie des marées: l'usine ma-

Le four solaire de Font-Rameu dans les Pyrénées.

marémoteur tidal powered

la photopile solar cell

le bilan balance sheet

la chaudière furnace
le pavillon private house, villa

le gaspillage waste

rémotrice° de la Rance,[1] les projets plus grandioses du Mont-Saint-Michel.[2] On recommence à parler de l'énergie solaire: le four de Mont-Louis,[3] les photopiles° de la NASA.

Et, bien sûr, de toutes parts, on pousse en avant l'atome. Mais pour que l'uranium se substitue avantageusement aux autres sources d'énergie, il est nécessaire que la part d'électricité dans le bilan° énergétique total progresse considérablement. L'uranium sert à faire des kilowatts-heures. Il ne brûle pas dans les chaudières° des immeubles, ni dans les cuisinières des pavillons.° À quand le règne du «tout électrique»?

À plus long terme, «la fusion»—l'explosion contrôlée de l'atome d'hydrogène—s'annonce comme l'âge d'or de l'énergie. Mettant en jeu des températures de plusieurs millions de degrés, le phénomène pose néanmoins des problèmes d'industrialisation incroyablement difficiles. Difficiles mais non insurmontables: c'est une question de temps . . . et de moyens, rétorquent les savants.

En attendant cette grande espérance, l'heure est plutôt au pessimisme. Réduire les gaspillages,° limiter les besoins: les suggestions des mentors prennent déjà un désagréable avant-goût de crise.

COMPRÉHENSION

1. Le besoin mondial d'énergie a-t-il beaucoup augmenté ces dernières années? Pouvez-vous citer des statistiques qui prouvent l'importance de l'accroissement en ce qui concerne le charbon? le pétrole? l'électricité?
2. Expliquez le terme «croissance exponentielle»
3. Si la croissance exponentielle des besoins d'énergie était régulière, quelles en seraient les conséquences?
4. L'énergie par les moyens conventionnels d'aujourd'hui subsistera-t-elle toujours? Expliquez.
5. Quel est l'avenir du pétrole? du gaz naturel? du charbon? Expliquez les facteurs qui affectent l'exploitation de ces formes d'énergie.
6. Quelles formes d'énergie remplaceront probablement les formes classiques d'aujourd'hui? Quels problèmes ces nouvelles formes d'énergie posent-elles?
7. En attendant, quelle est l'opinion générale en ce qui concerne l'énergie?

DISCUSSION

1. Il existe un débat traditionnel entre les mérites du progrès technique et scientifique et ceux de la vie simple et naturelle. Faites une analyse de la question. (Voir Composition dirigée)
2. Examinez les rapports entre l'homme et la nature. Comment l'homme abuse-t-il des ressources naturelles? Comment le monde naturel se venge-t-il?

---

[1] **la Rance:** fleuve de France qui se jette dans la Manche.
[2] **Mont-Saint-Michel:** site d'une abbaye médiévale bâtie sur une île rocheuse à la frontière entre la Bretagne et la Normandie. Les marées y sont les plus fortes de France.
[3] **Mont-Louis:** station de sports d'hiver dans les Pyrénées, site d'un four solaire.

3. Quelles sont vos idées personnelles sur la question de la consommation et du gaspillage dans la civilisation moderne?
4. Montrez comment, en raison des problèmes d'approvisionnement[4] d'énergie qui se posent aujourd'hui aux nations les plus industrielles, celles-ci pourraient être amenées à modifier leur style de vie. Commentez les changements éventuels dans la civilisation contemporaine.
5. Comment envisagez-vous le monde de l'an 2000?

chat timent

COMPOSITION
DIRIGÉE

À partir des sujets indiqués, traitez par écrit la question suivante. C'est à vous de décider de l'organisation de vos idées.

Le pour et le contre du progrès scientifique

Divers aspects du progrès scientifique:

 l'industrie et les produits matériels
 l'automobile et les autres moyens de transport
 les appareils ménagers
 la médecine
 l'alimentation[5]
 les communications

Bienfaits et inconvénients:

 effets sur l'environnement
 influence sur les institutions sociales
 le bien-être de l'individu
 conséquences politiques
 conséquences économiques

Contraste: «la vie simple et naturelle»:

 qu'est-ce que cela veut dire?
 exemples

Bienfaits et inconvénients de «la vie simple et naturelle».

---

[4] **un approvisionnement:** supplying
[5] **l'alimentation** (*f.*): food production and supply

UN JEU VERBAL Voici des expressions courantes, parfois proverbiales. Traduisez-les littéralement et identifiez leurs équivalents anglais.

1. Un point à temps en épargne cent.
2. Paris ne s'est pas fait en un jour.
3. Pas de nouvelles, bonnes nouvelles.
4. Qui ne risque rien, n'a rien.

5. Qui se ressemble, s'assemble.

6. J'ai un chat dans la gorge.

7. Rira bien qui rira le dernier.

8. Tel père, tel fils.
9. Tout vient à point à qui sait attendre.
10. Faire d'une pierre deux coups.

11. Vouloir, c'est pouvoir.
12. Faire les quatre cent coups.
13. C'est une autre paire de manches.

14. Il n'y avait pas un chat.
15. Avoir la chair de poule.

16. Vendre la peau de l'ours.

17. Ce sont de grosses légumes.
18. Qui vivra verra.

19. C'est blanc bonnet et bonnet blanc.
20. Plus on est de fous, plus on rit.

a. To sow one's wild oats.
b. Rome wasn't built in a day.
c. Like father, like son.
d. Where there's a will, there's a way.
e. Nothing ventured, nothing gained.
f. That's a horse of another color.
g. Birds of a feather flock together.
h. No news is good news.
i. To have goose bumps.
j. All things come to those who wait.
k. If the hat fits, wear it.
l. A stitch in time saves nine.
m. He who laughs last laughs best.
n. There wasn't a single soul.
o. To kill two birds with one stone.
p. To count one's chickens before they're hatched.
q. The more the merrier.
r. It's six of one and half a dozen of another.
s. They are big wheels.
t. Live and learn.
u. I have a frog in my throat.

L'Au-delà

Increasingly, indeed almost irresistibly, in this most scientific of times, we find ourselves turning our attention to phenomena that exceed our scientific grasp. Subjects that used to be the target of educated people's ridicule—subjects such as life in outer space, astrology, the occult—are today taken seriously, and even highly respected. One wonders whether this is just a passing fashion, or the belated acceptance of some very ancient evidence. Whatever the case, flying saucers and space men, horoscopes and character charts, have a perennial fascination.

The first article of this section, *«Extra-terrestres, la vie existe ailleurs»*, examines the question of life on other planets. *«Le Monstre»* is the gripping story of a visitor from outer space by one of France's best science fiction writers, Gérard Klein. Finally, we will consider the most ancient of all sciences, astrology, to see what it can tell us about the most intriguing of all subjects, the ultimate subject—ourselves.

Extra-terrestres: la vie existe ailleurs

31

It was only in 1947 that the first sighting of a flying saucer was recorded. Since then, thousands, tens of thousands are reported to have been sighted, often following a strange pattern, and always arriving in clusters. What are the odds that there are other planets in our galaxy? And if there are, what are the chances that they are inhabited? Has the earth indeed been visited by creatures from another world, or is it possible that it may be in the near or distant future? How can we hope to communicate with alien beings when we can hardly communicate among ourselves? "Extra-terrestres" answers some of these questions.

VOCABULAIRE

Lexique de mots-clés

LES NOMS

un au-delà	beyond
le casque	helmet
une émission	broadcast
une étoile	star
un être	creature, being
un extra-terrestre	creature from another world
la fusée	rocket
un ordinateur	computer

LES VERBES

écarter	to put aside
émettre	to broadcast
franchir	to cross (a limit)
lancer	to launch, hurl
sauter	to skip, jump
voler	to fly

LOCUTIONS

en provenance de	coming from
à bord de	aboard

EXERCICE

Quels sont les mots qui correspondent aux définitions suivantes?

1. une personne, une créature
2. coiffure qui couvre et protège la tête
3. passer par-dessus, dépasser
4. projectile qui emporte avec lui le combustible nécessaire à sa propulsion
5. éloigner, mettre de côté
6. s'élever, s'élancer d'un lieu dans un autre
7. calculateur électronique doté de mémoires à grande capacité et de moyens de calcul ultra-rapides
8. se soutenir et se déplacer dans l'air
9. corps céleste, astre
10. l'autre monde, la vie future
11. pousser vivement en avant, en imprimant une impulsion
12. action de produire et de transmettre, diffusion par radio ou télévision

Lexique de mots secondaires

ailleurs	elsewhere
il arrive que + *subjonctif*	it happens that
jadis	once, long ago

le rayon	ray
le rayonnement	radiance
le témoin	witness
le témoignage	testimony
sauf	except
tenter de	to try
le trou	hole
le projet	plan

Étude de mots

A. Les dimensions

avoir 17 mètres de diamètre   *to be 17 meters in diameter*
avoir (mesurer) 6 mètres de long (de longueur)   *to be 6 meters long*
de large (de largeur)   *wide*
de haut (de hauteur)   *high*
J'ai 1 mètre 83.   *I am six feet tall.*
avoir une taille d'un mètre   *to be one meter tall*

B. Les distances

être **à** 25 kilomètres de Paris   *to be 25 kilometers from Paris*
une étoile **à** 50 années-lumière   *a star 50 light years away*
L'observatoire est **à** 20 minutes d'ici.   *The observatory is 20 minutes from here.*

L'observatoire astronomique de Meudon, près de Paris.

STRUCTURE

Passive Voice (*La Voix passive*)

A. Nature of the Passive Voice

Almost any verb that can take a direct object can be used passively. In the passive voice, the subject, rather than performing the action, is acted upon:

ACTIVE VOICE:

Mon frère a vu des soucoupes volantes. *My brother saw flying saucers.*

PASSIVE VOICE:

Des soucoupes volantes ont été vues par mon frère. *Flying saucers were seen by my brother.*

B. Formation of the Passive Voice

The passive voice, in French as in English, consists of the verb **être** + *the past participle*. The past participle then agrees with the subject. The tenses of the passive voice correspond to the tenses of the verb **être:**[1]

Des soucoupes volantes **seront vues.** (*Futur*)
Des soucoupes volantes **seraient vues.** (*Conditionnel*)
Des soucoupes volantes **ont été vues.** (*Passé Composé*)
Des soucoupes volantes **avaient été vues.** (*Plus-que-parfait*)

C. The Agent in the Passive Voice

Many sentences in the passive voice indicate an agent. The agent actually performs the action of the verb:

Des soucoupes volantes **ont été vues par mon frère.** (**mon frère** is the agent)

Either the preposition **de** or **par** introduces the agent. Usually, **par** is used when the verb implies action, **de** if the situation described is rather static. In many cases, either preposition is correct.

Cette théorie a été rejetée **par** les savants. (*action*)
La surface de la Lune est couverte **de** cratères. (*static situation*)
Cette étoile est accompagnée **de/par** une planète. (*action or static situation*)

D. Avoiding the Passive Voice

Generally, the passive voice is not used as widely in French as in English. It is best to avoid it when possible. There are three ways to do this:

1. If the agent is explicit, make the agent the subject:

---

[1] See Appendix for the complete conjugation of a verb in the passive voice.

Des soucoupes volantes ont été vues par **mon frère.**
Mon frère a vu des soucoupes volantes.

2. If there is no agent expressed, make an active sentence with **on** as subject:

Des soucoupes volantes ont été vues.
On a vu des soucoupes volantes.

3. If the sentence is a statement of general truth, it is possible to use a pronominal construction of the verb. (Usually this construction occurs in the present tense, although it is possible with some verbs to use a past tense.)

Des soucoupes volantes sont vues de temps en temps.
Des soucoupes volantes **se voient** de temps en temps.

EXERCICE

Refaites les phrases suivantes en évitant la voix passive.

1. Le dossier a été fermé. 2. Le dossier a été rouvert par un Français. 3. Quatre-vingt quinze pour cent des «soucoupes» ont été identifiées. 4. Aucune explication n'a été donnée pour les autres. 5. Les enquêtes officielles ont été menées par l'armée de l'air. 6. L'histoire de toute civilisation peut être résumée. 7. Un langage cosmique a été créé. 8. Un message spécial a été fabriqué. 9. Ce message sera peut-être déchiffré par des extra-terrestres. 10. Un congrès international d'astronautique sera organisé. 11. Seize étoiles au moins sont accompagnées par des planètes. 12. Le soleil et les planètes ont été formés à la même époque. 13. Cette théorie avait été avancée par les astronomes. 14. Ce phénomène aurait été répété partout. 15. Une cohérence dans les témoignages a été trouvée.

LECTURE | Extra-terrestres: la vie existe ailleurs

1

Et si les fameux petits hommes de l'espace existaient vraiment? S'ils n'étaient pas un mythe ou un sujet de plaisanterie?°

la plaisanterie joke

La Nasa[1] pense à capter des émissions radio en provenance du fin fond° de la Galaxie. Les Russes en font autant. Et un peu partout dans le monde, des chercheurs recensent° avec passion les indices° d'une vie extra-terrestre. La conclusion de beaucoup: il y a très peu de chances que nous soyons seuls dans l'univers.

le fin fond the depths
recenser to record
un indice clue

Quelques douzaines de savants russes, américains, tchèques, hongrois et britanniques—dont° deux prix Nobel—se sont discrètement réunis à l'observatoire d'astrophysique de Byurakan, en Arménie soviétique, vers la fin de 1971. Une question à l'ordre du jour:° est-il

dont among whom, including

à l'ordre du jour on the agenda

Source: Daniel Garric, *Le Point*
[1] **Nasa:** National Aeronautics and Space Administration

temps de se mettre sérieusement à l'écoute des messages que pourraient émettre des «civilisations avancées» existant ailleurs, quelque part dans notre galaxie? Le «oui» fut massif et enthousiaste.

Alors, les Soviétiques révélèrent à leurs hôtes qu'ils étaient déjà au travail, qu'un radiotélescope de 17 mètres de diamètre était «branché»° sur une cinquantaine d'étoiles parmi les plus proches. Les Américains, eux, parlèrent de ce projet Cyclope qu'ils venaient d'élaborer° sous les auspices de la Nasa: un ensemble de mille à dix mille antennes de 25 mètres de diamètre chacune, pour tenter de «pirater» des émissions en provenance de la Galaxie. Ils ajoutèrent que le président Nixon était favorable au projet qui devrait coûter un bon milliard de dollars.

Une telle somme et de telles références incitent à accorder quelque crédit aux hypothèses sur l'existence d'une vie extra-terrestre. Du même coup, resurgit la question jamais élucidée depuis vingt-cinq ans, des Ovni,° ces «objets volants non identifiés».

«Que des extra-terrestres nous visitent à bord de soucoupes volantes constitue, en effet, une hypothèse scientifique et rationnelle que nous n'avons plus le droit d'écarter a priori», nous a dit, un polytechnicien[2] qui travaille à l'observatoire de Meudon.[3]

La vie «ailleurs» dans l'Univers? Personne ne peut se vanter° de l'avoir constatée. Pourtant, l'astronomie, les mathématiques et la biologie conjuguées° ne laissent guère de place au doute. Il y a ce que l'on sait: l'Univers est composé de galaxies, ou ensembles d'étoiles. La nôtre—la Voie lactée—c'est cent milliards d'étoiles. Dont le Soleil. Question: les étoiles ont-elles toutes des planètes? Ou bien le système solaire est-il unique? Deux théories répondent: la première est dite «accidentelle». On pourrait ajouter «narcissique». Une autre étoile se serait jadis approchée du Soleil et lui aurait arraché° des lambeaux° de matériaux qui seraient devenus les planètes. Le système solaire serait donc un accident plutôt rare. Nous aussi.

Cette théorie ne tient plus aujourd'hui: des matériaux éjectés du Soleil seraient dans un tel état d'incandescence qu'ils échapperaient à son attraction. Pour la théorie «naturelle», au contraire, le Soleil et ses planètes se seraient formés à la même époque, à partir d'une même nébuleuse de gaz. Dans ce cas, pas de régime de faveur: le phénomène s'est répété un peu partout. Des planètes, il y en a donc. Et beaucoup. Les télescopes les plus puissants ne permettent toujours pas de les voir, ni même de les apercevoir: leur éclat, trop faible, se fond dans° le rayonnement des étoiles. Mais des «astuces»° et de longs calculs ont conduit à en localiser quelques-unes: on sait que, parmi les étoiles les plus proches, seize, au moins, sont «accompagnées». Dont cinq, avec certitude, par des planètes.

La suite devient affaire de statistiques: quelles sont les conditions

---

branché tuned in

élaborer to construct, produce

un Ovni UFO

se vanter de to boast about

conjugué combined

arracher to tear away
le lambeau shred

se fondre dans to blend into
une astuce clever trick

---

[2] **polytechnicien:** ancien élève de l'École Polytechnique.
[3] **Meudon:** ville près de Paris.

suffisantes et nécessaires pour que la vie soit possible sur une planète? Une distance raisonnable de son soleil qui lui assure une température stable et tempérée, de l'eau, une atmosphère et trois milliards d'années d'âge au moins. «Bien sûr, a déclaré Sebastian Von Hoerner, de l'observatoire de Green Bank (États-Unis) à un Congrès international d'astronautique, bien sûr, il est impossible d'affirmer avec exactitude combien de planètes sont habitables sur notre Galaxie. Mais une fois tous les calculs faits, nous pouvons dire qu'il en existe environ 1%». Un milliard peut-être.

Vient ensuite le problème de la vie. Nouvelle poussée° de «narcissisme»: la vie, affirme-t-on généralement, c'est un accident qui avait une chance infime° de se produire. Une sur plusieurs milliards, peut-être. Alors, puisque nous, les hommes, avons tiré le gros lot,° il n'est pas sorti ailleurs. Réponse: même à la roulette, il arrive qu'il y ait des séries. Beaucoup plus sérieusement, les biologistes—ou du moins *des* biologistes—sont de plus en plus convaincus que la naissance de la vie est essentiellement une affaire de milieu, ce qu'ils appellent la «soupe primitive»: vous prenez un peu d'hydrogène, de méthane, d'ammoniaque, quelques gouttelettes de vapeur d'eau. Et vous bombardez intensément avec des rayons de soleil: apparaissent alors des molécules organiques—comme sur la Terre en son tout jeune âge.

Pourquoi refuser aux planètes ce que nous avons reçu? Y compris° l'intelligence: si la vie est née sur quelques millions—voire° quelques centaines de milliers de planètes—elle a suivi sa logique jusqu'au bout. Alors? Eh bien oui! *Il y a très peu de chances que nous soyons seuls dans l'Univers!* (Notons qu'il y a quelques dizaines de milliards de galaxies qui comptent, chacune, quelques dizaines de milliards d'étoiles. Avec planètes correspondantes.)

Il existe très probablement des millions d'êtres à moins de cinquante années-lumière avec lesquels nous avons une chance de pouvoir un jour communiquer, d'échanger des informations précieuses. Comment? Là encore, les astronomes et les biologistes les plus téméraires° se bornent aux° échanges par radio: rien, dans l'état actuel de nos connaissances, ne nous permet de croire que nous serons un jour capables de franchir les limites du temps. Même quinze années-lumière, distance à laquelle Von Hoerner estime que peut se trouver la civilisation la plus proche de nous, sont hors de notre portée.° Certes, la technique de l'hibernation imaginée par Arthur Clarke, l'auteur du livre «2001», sera peut-être réalisable dans un proche avenir. Mais la question du retour demeure insoluble.

Reste donc la radio: un aller et retour° d'une vingtaine d'années, pour un message, cela n'est guère gênant. Mais ce message, en quelle langue, ou plutôt, en quel langage le rédiger?° Si déjà nous avons du mal à nous faire comprendre d'un habitant de notre planète qui ne parle pas notre langue! Le 27 février 1972, les Américains ont lancé une capsule spatiale, Pioneer 10, qui était la première

la poussée thrust, outgrowth

infime infinitesimal
tirer le gros lot to win first prize

y compris including
voire even

téméraire bold, rash
se borner à to restrict oneself to

hors de portée out of reach

un aller et retour roundtrip

rédiger to write, draft

le périple odyssey	

à quitter le système solaire, au début de 1974, après un long périple°
aux alentours de Jupiter, la plus grande planète du système. Comme
on ne sait jamais ce que l'on peut trouver en route, trois astronomes
de grand renom, Carl et Linda Sagan et Frank Drake, ont fabriqué
un message destiné à faire comprendre aux *éventuels destinataires*
qui nous sommes et où nous sommes. Ils ont donc gravé° sur une
plaque d'aluminium un couple nu où l'homme tient la main droite
bien déployée, afin d'indiquer le chiffre cinq. À côté, des figures géo-
métriques, des traits et des points (langage binaire). «Bien que ce
message soit encore très «humain», nous espérons qu'une civilisation avancée techniquement sera capable de le déchiffrer», ont
déclaré les astronomes.

graver to engrave

Ce problème de la communication est fondamental. Que nous le
voulions ou non, nous sommes enfermés dans *notre* système de
pensée, *notre* logique. Ils sont cohérents, mais pour nous.

«Je suis persuadé, dit un spécialiste de la radio-astronomie, que les
possibilités de communiquer avec d'autres civilisations existent actuellement. Il y a certainement un «truc»,° une clef quelconque à
laquelle nous ne songeons guère.»

un «truc» (*fam.*) gimmick

Les Américains Carl Sagan, Frank Drake et leurs collègues sovié-
tiques en sont tout aussi convaincus puisqu'ils ont créé, entre cher-
cheurs des deux pays seulement, un «ordre» très fermé, l'ordre du
Dauphin, où ils étudient les possibilités de trouver le contact avec la
Galaxie. Ils ont même créé une ébauche° de «langage cosmique», le
Lincos, sorte de rébus chiffré.°

une ébauche outline, sketch
le rébus chiffré coded puzzle

Ils disposent encore de quelques années pour améliorer leur technique: nous ne serons pas prêts, avant 1980 au moins, à nous bran-
cher° sur l'Univers de façon efficace. Il y a aussi l'hypothèse inverse,
la plus séduisante: l'existence, à distance respectable de la Terre,
d'une ou de plusieurs civilisations du même niveau que la nôtre ou
légèrement en avance, qui essaieraient d'entrer en contact avec
nous.

brancher to connect, plug into

En effet, si l'on en croit le Soviétique Kardachev, l'histoire de toute
civilisation techniquement avancée pourrait se résumer ainsi: dans
un premier temps, elle épuise toute son énergie disponible;° et c'est
ce qui est en train de nous arriver. Dans un second temps, elle apprend à maîtriser l'énergie du système solaire. Et, pour finir, de la
Galaxie tout entière.

disponible available

COMPRÉHENSION

1. Pendant la réunion internationale d'astronomie, de quoi était-il question en particulier?
2. Décrivez l'organisation de l'univers.
3. Quelle est la théorie dite «accidentelle» de l'origine du système solaire?
4. Pourquoi est-ce que cette théorie ne tient plus aujourd'hui?
5. Expliquez la théorie «naturelle» de l'origine du système solaire. Selon cette théorie, existe-t-il d'autres planètes?

6. Parmi les étoiles les plus «proches», y en a-t-il qui aient des planètes? Quelle est la «proximité» des étoiles les plus proches?

7. Statistiquement est-il probable qu'il existe d'autres planètes habitées? Quelles conditions sont nécessaires pour que la vie soit possible sur une planète?

8. Expliquez l'emploi du terme «narcissisme» pour caractériser l'attitude de ceux qui refusent de croire que la vie existe ailleurs.

9. À supposer qu'il existe des êtres sur d'autres planètes, comment peut-on communiquer avec eux? Quels problèmes pose cette communication?

10. Décrivez la plaque d'aluminium qu'on a placée à bord du Pioneer 10.

11. Quel est, selon l'auteur de cet article, l'hypothèse la plus séduisante?

12. D'après le savant soviétique, comment l'histoire de toute civilisation techniquement avancée peut-elle se résumer?

2

Les savants, on le voit, ne manquent pas d'imagination. Sauf lorsqu'il s'agit de revenir sur la Terre. Il est facile de concevoir tout ce que pourraient faire «les autres». Chez eux. Et même ce que nous pourrions faire, chez eux également. Mais, chez nous, est-on certain qu'il ne se passe rien? C'est le 24 juin 1947 qu'un homme d'affaires américain, M. Kenneth Arnold, qui voyageait à bord de son avion, aperçut, près du Mont Rainier, près de Seattle, sur la côte ouest des États-Unis, «des objets qui avaient la forme de disques, volaient en formation et avançaient en sautant, comme des soucoupes sur la surface d'une pièce d'eau». Depuis, des millions de personnes ont affirmé avoir vu des «soucoupes volantes». Un peu partout, il y a eu des enquêtes. Officielles, comme aux États-Unis, où elles ont été menées par l'armée de l'air. Quatre-vingt-quinze pour cent au moins des «soucoupes» ont été identifiées: ballons sondes,° fusées rentrant dans l'atmosphère, phénomènes naturels, etc. Mais les 5% restant? Aucune explication n'a jamais été donnée à leur sujet. «Il n'y a aucune preuve qu'ils soient d'origine extra-terrestre», s'est contenté d'affirmer le rapport de l'armée de l'air américaine. Tout en se refusant de prendre position pour ou contre. Le dossier a été refermé depuis.

Un Français l'a rouvert: Claude Poher du Centre national d'études spatiales (le CNES) à Toulouse, où il dirige la division Fusées et sondes. Il travaille seul. Mais il a déjà dépouillé° des milliers de témoignages. Il est formel:° «Je ne peux, dit-il, tirer aucune conclusion scientifique. Il semble, néanmoins, que certaines personnes aient vu des choses que nous ne pouvons pas expliquer. Ce qu'elles disent est vrai».

Parmi les témoignages dépouillés, Claude Poher a éliminé systématiquement tous ceux qui se rapportaient à des phénomènes connus: ballons sondes, etc. Il en a conservé un millier qu'il a étudiés à l'aide d'un programme d'ordinateur, en relevant chaque expression ayant une signification précise. Comme «rouge», «silencieux», etc. «Le résultat, dit-il, c'est un phénomène d'une étonnante cohérence. Et rien qui permette d'affirmer qu'il s'agit d'une hallucination. Individuelle ou collective.»

Voici le portrait robot d'un Ovni: un engin° de 10 à 30 mètres, en forme de lentille° ou de disque, sans contours très nets, en métal qui pourrait être un genre d'aluminium gris ou de magnésium brut.° Il diffuse une lumière rouge ou orangée. Il est généralement silencieux, sauf de très près, où il émet parfois un sifflement° très faible et très aigu.° Dans 15% des témoignages, l'Ovni a atterri.° Dans 2%, il y avait de petits hommes (jamais verts!) d'une taille de 1,10 ou 1,20 mètre, revêtus d'une combinaison moulante.° Dans tous les cas, ils ont pris la fuite sans proférer un son. Et leur engin a laissé des traces sur l'aire d'atterrissage: trois trous dont les mesures ont

le ballon sonde   weather balloon

dépouiller   to analyze, sift
formel   categorical

un engin   aircraft
la lentille   lens
brut   raw

le sifflement   whistling
aigu, aiguë   sharp
atterrir   to land
une combinaison moulante   form-
   fitting flying suit

montré qu'ils correspondaient à un appareil de trente tonnes environ.

Claude Poher a encore noté que les «visions» avaient lieu par phases. Il a donc cherché une corrélation avec les articles et les émissions de la presse et de la télévision. Et il a trouvé que l'apparition des Ovni précédait journaux et télévision. «Encore une fois, insiste-t-il, je n'en tire aucune conclusion. Je suis un scientifique. Et, à ce titre, il me faut critiquer impitoyablement toute hypothèse nouvelle qui peut surgir. Jusqu'à présent, je n'ai aucune explication à fournir de ces phénomènes. Je continuerai jusqu'à ce que j'aie trouvé.»

En France on évalue à un million les personnes qui ont vu des «soucoupes». Avec des tas de petits «hommes» en combinaison moulante.

Mais la passion des disputes entre «soucoupistes» et «anti-soucoupistes» brouille les cartes.° On échange des injures° et non des témoignages, ce qui ne fait évidemment pas progresser le débat. Si nous admettons qu'il peut, qu'il doit exister dans notre Galaxie, et même plus loin encore, des civilisations beaucoup plus avancées que la nôtre, il faut être conséquent,° reconnaître les limites du «narcissisme»: nous ne pouvons pas davantage imaginer l'état actuel de leurs connaissances, de leur technologie, que Napoléon ne pouvait se représenter l'énergie atomique, l'ordinateur, ni même l'avion de Louis Blériot.[4] Sommes-nous certains, par exemple, que la vitesse de la lumière soit une limite? La première expérience sérieuse sur les ondes° de gravitation, prévues par Einstein voici plus d'un demi-siècle, a commencé récemment sur la Lune, avec Apollo XVII. Quelles surprises nous réserve-t-elle?

On trouve, dans la plupart des religions en Asie, en Europe et en Amérique, des allusions à des géants et des chars° descendus des cieux. Il y a, en particulier, dans les livres sacrés de l'Inde, des descriptions de batailles qui ressemblent fort aux combats aériens de la dernière guerre. Au Mexique, en Chine, en Asie mineure, on trouve des fresques, des peintures d'individus casqués et gantés comme l'équipage d'un vaisseau Apollo. Faut-il en conclure que des géants sont réellement descendus du ciel, à bord de «soucoupes volantes», il y a dix ou cent mille ans? Ou bien que tous les hommes développent inlassablement° les mêmes idées, les mêmes mythes, sous tous les cieux, les mêmes latitudes? C'est l'une des questions à poser aux civilisations de la Galaxie, justement; quels dieux ont-elles adorés? De quels mythes ou représentations ont-elles vécu? De quoi se composent leurs rêves?

brouiller les cartes to cloud the issue
une injure insult

conséquent consistent

une onde wave

un char chariot

inlassablement indefatigably

---

[4] **Louis Blériot:** aviateur français qui, le premier, traversa la Manche en 1909.

COMPRÉHENSION

1. À quel point, selon l'auteur de cet article, l'imagination des savants s'arrête-t-elle?
2. Qu'est-ce que c'est qu'un Ovni?
3. Quand et où a-t-on vu les premiers Ovnis?
4. Quelle est l'opinion de l'astronome français, Claude Poher, sur les Ovnis?
5. Par quelle technique cet astronome a-t-il étudié les témoignages? Qu'est-ce que cette étude a révélé?
6. Quel est le portrait typique d'un Ovni?
7. Pourquoi, selon cet article, devrions-nous avoir l'esprit ouvert en ce qui concerne les extra-terrestres?
8. Selon le journaliste qu'est-ce que la plupart des religions ont en commun?

DISCUSSION

1. Croyez-vous, personnellement, aux extra-terrestres?
2. Quel argument pourriez-vous opposer à ceux qui ont une opinion contraire à la vôtre?
3. L'homme devrait-il chercher à se mettre en contact avec les extra-terrestres?
4. Aimeriez-vous faire un long voyage dans l'espace? Expliquez votre réponse.
5. Si vous deviez écrire un conte de S.F.[5] sur une civilisation extra-terrestre techniquement avancée, comment la décririez-vous?

IMPROVISATION

1. Une femme très exaltée[6] essaie de décrire à un gendarme incrédule la soucoupe volante qu'elle a vue.
2. Imaginez une conversation entre un terrien et «un petit homme vert» qui parle français. L'extra-terrestre pose beaucoup de questions sur la civilisation sur Terre. L'homme est lui aussi curieux du monde d'où vient son interlocuteur.

COMPOSITION DIRIGÉE

Les soucoupes volantes existent-elles?

Plan de travail

I. Introduction

Posez la question et expliquez son importance.

II. Développement

A. Faites une révision des témoignages dont vous avez entendu parler.
B. Évaluez ces témoignages.

III. Conclusion

Expliquez et justifiez votre conclusion.

RÉVISION

Traduisez les phrases suivantes. Identifiez le temps du verbe en italique et expliquez-le.

1. Il n'y a aucune preuve que les soucoupes *soient* d'origine extra-terrestre.

---

[5] **S.F.** est le terme accepté en français pour «science fiction».
[6] **exalté:** excited

2. Il semble que certaines personnes *aient vu* des choses que nous ne pouvons pas expliquer.
3. Si les fameux petits hommes de l'espace *existaient* vraiment?
4. Il y a très peu de chances que nous *soyons* seuls dans l'univers.
5. Selon cette théorie, le soleil et ses planètes *se seraient formés* à la même époque.
6. Que nous le *voulions* ou non, nous sommes enfermés dans notre système de pensée.
7. Bien que ce message *soit* encore très humain, nous espérons qu'une civilisation techniquement avancée sera capable de le déchiffrer.
8. Même à la roulette, il arrive qu'il y *ait* des séries.
9. Je continuerai jusqu'à ce que j'*aie trouvé* une explication.

Que faire si vous voyez une soucoupe volante

Ne criez pas, cachez-vous, mettez des lunettes noires, attachez vos chiens et préparez votre rapport à la gendarmerie.

N'ayez pas peur

Avant toute chose, gardez votre sang-froid.[1] Ne criez pas: vous risqueriez d'effaroucher[2] les occupants (?) de l'engin. Dissimulez-vous[3] au mieux pour n'être pas remarqué. Les inconnus des autres mondes—beaucoup de témoignages concordent—aiment à observer la Terre et ses habitants, mais ont horreur d'être espionnés. Leurs engins apparaissent plus volontiers la nuit, dans une campagne déserte, à des automobilistes attardés ou à quelques paysans regagnant leur ferme à pied.

Souvent, ils accompagnent, un instant, l'automobile. Vous avez intérêt, alors, à ralentir, car les lumières des phares[4] faiblissent. Quelquefois le moteur cale.[5] (Les sceptiques n'y voient là aucune intervention diabolique, mais, le plus souvent, une manifestation de l'émotion ressentie par l'automobiliste ainsi survolé.) Tout redevient normal lorsque l'engin fonce brusquement vers le ciel. Le mieux, si vous vous trouvez dans ce cas, est de vous ranger au bord de la route, de couper le contact[6] et de rester en feux de position[7] pour admirer le phénomène.

Vous pouvez alors, avec un petit peu de chance, voir l'engin se poser et sortir d'étranges personnages de l'habitacle.[8] Peut-être comme ceux qu'a décrits un témoin, sur la Côte d'Azur: «Les personnages n'avaient

Source: *Paris Match*, 5 janvier 1974
[1] **le sang-froid** calm, "cool"
[2] **effaroucher** to frighten
[3] **se dissimuler** to conceal oneself
[4] **le phare** headlight
[5] **caler** to stall
[6] **couper le contact** to turn off the ignition
[7] **feux de position** parking lights
[8] **un habitacle** cockpit

pas d'yeux, simplement des trous dans les orbites, et, dans l'orbite gauche, un globe blanc, sans iris ni pupille. De cet œil gauche coulait une grosse larme d'un liquide épais et brun qui descendait jusqu'à la commissure des lèvres» ou plus classiquement sous la forme d'un «petit homme vert».

Attention à vos yeux

Observez la scène, dans la mesure du possible, avec des lunettes de soleil, car tous les récits concordent et parlent de luminosité éblouissante,[9] de source lumineuse froide: «la chose s'est illuminée progressivement, de blanche elle est devenue bleutée, puis d'un bleu éblouissant, insupportable, comme la lueur d'un arc électrique», a précisé un témoin.

Ne bougez surtout pas: n'essayez pas de courir après les passagers d'une soucoupe volante, car s'ils sont petits (de 0,90 m à 1,20 m), ils se déplacent vite. Tous les récits l'affirment: «Ils se déplaçaient rapidement. Ces jambes ne paraissaient pas toucher le sol», a raconté une fillette de quinze ans. «Leurs jambes paraissaient disproportionnées. Ils se déplaçaient rapidement, courant à la manière d'un homme le long de la crevasse, mais beaucoup plus vite qu'un homme normal n'aurait pu le faire sur un tel terrain. Ils se déplaçaient à grandes

enjambées[10] souples, les pieds touchant au sol d'une manière très légère . . .», se souvient un autre témoin. Surtout, n'ayez pas de chiens avec vous. À travers les témoignages, il ressort que le petit homme vert a une peur bleue[11] des chiens:

Ne vous énervez pas[12]

Si vous voulez photographier ces engins de l'espace, ne perdez pas votre sang-froid. Les clichés pris jusqu'à maintenant sont rarement exploitables, car, dans la hâte et la précipitation, sous l'effet de la surexcitation (bien compréhensible), les photographes de telles scènes réussissent rarement leurs photos.

N'oubliez pas, une fois remis de votre émotion, d'avertir les gendarmes. Ne manifestez pas trop d'exaltation, pour n'être pas soupçonné de folie, d'ivrognerie,[13] ou ne pas être accusé d'outrage à agents de la force publique. Votre rapport doit être le plus précis possible. Notez la date, l'heure, le lieu, les conditions atmosphériques, les formes de l'engin, sa direction, ses couleurs. Il est difficile d'évaluer sa taille et son altitude, mais vous pouvez estimer son diamètre par rapport à celui de la pleine lune. Vous devez aussi calculer sa position dans le ciel en notant son angle avec l'horizon.

---

[9] **éblouissant** dazzling

[10] **une enjambée** stride
[11] **avoir une peur bleue** to be terribly frightened
[12] **s'énerver** to get nervous
[13] **une ivrognerie** drunkenness

Le Monstre

32

GÉRARD KLEIN

It was France that gave the world Jules Verne. The elaborate, sometimes far-fetched visions of this pioneer of science fiction often invited the scoffs of the more rational minds of that era. And yet it was Jules Verne who, in 1865, wrote of the rocket that would carry the first men to the moon taking off from Florida with a crew of three. Today, science fiction in France is hardly taken more seriously than it was in Jules Verne's day. It is still considered a kind of marginal literature, in a class with detective novels, spy thrillers, and adventure stories.

Nevertheless, some notable science fiction has recently come out of France. Gérard Klein's stories are among the finest in that genre. The "monster" of the following story is a creature from another world. This alien intruder and the reception he receives from humans set the backdrop for a gripping psychological drama.

LECTURE | Le Monstre

1

le couvercle cover

une horlogerie clockwork

la vitrine shop window

la paupière eyelid

la serrure latch

grincer to grind

le pêne bolt

Une pluie de pas A shower of footsteps

un effroi fright

bourdonner to hum

le cuivre copper

grésiller to crackle

le poste radio

le gazon frais tondu freshly mowed grass

La nuit était prête à tomber, juste en équilibre sur le bord de l'horizon, prête à se refermer comme un couvercle° sur la ville et à déclencher dans sa chute l'horlogerie° précise des lumières. Des rideaux métalliques[1] s'abaissaient sur les vitrines° comme des paupières.° Des clés s'engageaient dans des serrures° et faisaient grincer° des pênes.° La journée était finie. Une pluie de pas° battait l'asphalte poussiéreux des rues. C'est alors que la nouvelle courut à travers la ville, bondissant de bouche à oreille, se lisant dans la stupeur ou dans l'effroi° des yeux, bourdonnant° dans les câbles de cuivre° du téléphone ou grésillant° dans les lampes des postes.°

«Nous répétons qu'il n'y a aucun danger», disait le haut-parleur à Marion, assise dans sa cuisine, les mains posées sur les genoux, regardant par la fenêtre le gazon frais tondu,° la clôture blanche du jardin et la route. «Nous prions seulement les habitants des quartiers entourant le parc de bien vouloir rester chez eux afin de ne gêner en rien l'action des spécialistes. La chose venue d'un autre monde n'est en aucune façon hostile aux humains. C'est une journée historique que celle-ci où nous pouvons accueillir un être d'une autre planète, et sans doute né, de l'avis de l'éminent professeur qui se trouve à côté de moi en ce moment même, sous la lumière d'un autre soleil.»

la falaise cliff

la pelouse lawn

une ombre shadow

glisser dans to slip into

Marion se leva et ouvrit la fenêtre. Elle aspira l'air chargé d'une odeur d'herbe, d'une poussière d'eau et de mille couteaux aigus de froid et fixa la rue à l'endroit obscur et lointain où elle se détachait des hautes falaises° des immeubles de la ville et s'étalait, s'élargissait entre des maisons de brique et des pelouses.° Sur la façade de chacune de ces maisons brillait une fenêtre solitaire, et derrière chacune de ces fenêtres, ou presque, Marion pouvait discerner une ombre° qui attendait. Et les ombres accoudées aux barres d'appui[2] disparaissaient une à une, tandis que des pas d'hommes résonnaient dans la rue, que des clés glissaient dans° des serrures huilées et que des portes claquaient, se refermant sur une journée passée et sur la nuit tombée.

—Il ne lui arrivera rien, se dit Marion, en pensant à Bernard qui

Source: «Les Monstres» extrait de Les Perles du temps Gérard Klein © Les Éditions Denoël.

[1] rideau métallique: iron curtain; la plupart des magasins en France ont un rideau métallique pour fermer la devanture. [2] la barre d'appui: cross bar; les fenêtres en France descendent très bas et s'ouvrent vers l'extérieur, ce qui nécessite une barre d'appui ou, parfois, une grille de fer.

à l'accoutumée   as usual

effleurer   to brush lightly
la glace à la vanille   vanilla ice-
   cream
fondant   melting
un damier   checkerboard

le phare   headlight

un if   yew tree
le peuplier   poplar
un arceau   short, arched wire fence
siffler   to whistle

la pince   claw
le buisson   bush
se lover   to curl up
un fossé   ditch
la mèche d'un fouet   crack of a
   whip
happer   to snatch up

tenir au courant   to keep posted

tapi   crouched

un trou des fourrés   a hole in the
   thicket
le halètement   panting
le grondement   rumbling

le prédicateur   preacher

à force de   by dint of

devait traverser le parc, s'il revenait comme à l'accoutumée° par le chemin le plus court et le plus paisible. Elle jeta un coup d'œil dans le miroir en effleurant° de la main ses cheveux noirs. Elle était petite et un peu ronde, et douce comme une glace à la vanille° fondante.°

—Il ne lui arrivera rien, se dit Marion regardant dans la direction du parc, entre les hauts damiers° éclairés des façades, discernant la masse compacte et sombre des arbres que n'égayait nulle autre lumière que celle, passante, des phares° des autos; «sans doute a-t-il pris une autre route», mais malgré elle, elle imaginait Bernard marchant dans les allées sablées à pas nonchalants, entre les ombres taillées des ifs° et les tremblements des peupliers,° sous la clarté diffuse de la lune, évitant les arceaux° qui bordent les pelouses comme des cils de fer, tenant un journal à la main et sifflant° peut-être, ou fumant une pipe à moitié éteinte et soufflant de courtes bouffées d'une fumée légère, les yeux à demi clos, l'allure légèrement insolente comme s'il avait eu le monde entier à affronter. Et une grande pince° noire s'agitait dans les buissons,° ou un long tentacule se lovait° dans un fossé,° prêt à claquer dans l'air comme la mèche d'un fouet° et à happer,° et elle les voyait, les yeux fermés, sur le point d'appeler et de crier de terreur et elle ne faisait rien, parce que ce n'était qu'une illusion emportée par les mots confiants du poste.

«Les précautions nécessaires ont été prises. Les entrées du parc sont survillées. Les derniers promeneurs sont escortés individuellement jusqu'aux portes. Nous vous demandons seulement d'éviter tout bruit et de préférence toute lumière dans le voisinage du parc, de façon à ne pas effrayer notre hôte d'un autre monde. Le contact n'a pas encore été effectué avec l'être d'une autre planète. Personne ne peut dire quelle forme il a, ni quel est le nombre de ses yeux. Mais nous nous trouvons à l'entrée même du parc et nous vous tiendrons au courant.° À côté de moi se trouve le professeur Hermant de l'Institut de recherches spatiales qui vous donnera le résultat de ses premières observations. Professeur, je vous laisse le micro . . .»

Marion pensa à la chose venue de l'espace, à cet être solitaire et tapi° dans un coin du parc, tout contre la terre humide, frissonnant du froid de ce vent étranger, examinant le ciel par un trou des fourrés,° et ces étoiles neuves et inconnues, percevant dans la trépidation du sol les pas des hommes qui l'encerclaient, les halètements° des moteurs, et plus profondément, le grondement° souterrain de la ville. «Que ferais-je à sa place?» se demanda Marion, et elle sut que tout allait s'arranger car la voix du poste était grave et paisible, assurée comme celle d'un prédicateur° entendu le dimanche et dont les mots rompent à peine le silence. Elle sut que les hommes s'avanceraient vers cet être tremblant dans la lumière des phares, et qu'il attendrait, calme et confiant, qu'ils tendent les mains et qu'ils parlent, et qu'il viendrait vers eux, une pointe d'angoisse dans l'âme, puis saisissant soudain à force° d'écouter leurs voix incompréhensibles, comme une année plus tôt, elle avait écouté la voix de Bernard.

la nuée cloud

«Nos instruments ont à peine effleuré les immenses espaces qui nous entourent, disait la voix du professeur. Songez qu'à l'instant même où je vous parle, nous plongeons à travers les étendues cosmiques, entre les étoiles, entre les nuées° d'hydrogène ...»

Il se tut un instant et reprit son souffle.

«... Tout peut donc nous attendre de l'autre côté de cette porte du mystère qu'est le vide. Et voici qu'elle a été poussée et franchie par un être venu d'un autre monde. Il y a une heure quarante-sept minutes, un navire spatial s'est posé silencieusement dans le parc de cette ville. Nos détecteurs l'avaient enregistré une heure et demie plus tôt, alors qu'il franchissait les couches supérieures de l'atmosphère. Il semble être de petite taille. Il est encore trop tôt pour émettre des suppositions quant à la source d'énergie qui le propulse. Mon distingué collègue, le professeur Li, estime que l'appareil pourrait être mû par un effet d'asymétrie spatiale orientée, mais les recherches entreprises dans ce sens ...

—Professeur, coupa la voix du commentateur, certaines personnes ont avancé l'hypothèse qu'il ne s'agit pas d'un navire, mais seulement d'un être capable de se déplacer entre les étoiles. Que pensez-vous de cette idée?

—Eh bien, il est encore trop tôt pour émettre une opinion définitive. Personne n'a encore vu l'objet et nous savons seulement qu'il a semblé capable de diriger et de ralentir sa chute. Nous ignorons° même s'il contient réellement un être vivant. Il est possible qu'il ne s'agisse que d'une machine, d'une sorte de robot, si vous voulez. Mais il contient en tout cas un message du plus haut intérêt scientifique. Ceci est le plus grand événement scientifique depuis la découverte du feu par nos lointains ancêtres. Nous savons désormais que nous ne sommes plus seuls dans l'immensité étoilée. Pour répondre à votre question, franchement, je ne crois pas qu'un être vivant, au sens où nous l'entendons, puisse résister seul aux conditions de l'espace, à l'absence d'atmosphère, de chaleur, de pesanteur, aux rayonnements destructeurs.

—Professeur, pensez-vous qu'il y ait le moindre danger?

—Sincèrement non. Cette chose n'a manifesté aucune intention hostile. Elle s'est contentée de rester terrée° dans un coin du parc. Je suis émerveillé de la promptitude avec laquelle les précautions nécessaires ont été prises, mais je ne pense pas qu'elles serviront à quelque chose. Ma principale inquiétude viendrait plutôt des réactions que peuvent avoir les hommes en face d'un être irrémédiablement étranger. C'est pourquoi je demande à chacun de conserver son calme, quoi qu'il arrive. Les autorités scientifiques ont désormais la situation en main. Il ne saurait° rien arriver de fâcheux°....»

ignorer not to know

terré entrenched

il ne saurait = il ne pourrait
fâcheux regrettable, unfortunate

maladroitement clumsily

Marion prit une cigarette dans un tiroir et l'alluma maladroitement.° C'était un geste qu'elle n'avait pas fait depuis des années, depuis son quinzième anniversaire, peut-être. Elle aspira la fumée et

se gronder to scold oneself

la poêle frying pan
le placard cupboard
éteindre to extinguish, put out

une abeille bee
la ruche beehive
le ronronnement purring
mordre to bite

un écran screen
invraisemblable unlikely

décrocher to unhook

chiffonner to wrinkle

le cauchemar nightmare

le bassin pond, pool

le carrelage tiled floor
net clean
à grands pas with long strides
rôder to prowl about

le brouillard fog

moite damp

toussa. Ses doigts tremblèrent. Elle épousseta un peu de cendre blanche tombée sur sa robe.

—Que mangeons-nous ce soir? se demanda-t-elle en se grondant° pour sa nervosité. Mais elle n'avait pas le courage de tirer une poêle° d'un placard,° ni même d'ouvrir le réfrigérateur. Elle éteignit° la lumière puis revint à la fenêtre, et tirant sur sa cigarette comme une petite fille, essaya d'entendre un bruit de pas sur la route. Mais il n'y avait rien que des voix dans des maisons calmes, qu'un air de musique étouffé comme un chant d'abeille° dans une ruche° et que le ronronnement° des mots dans le haut-parleur.

—Tiens-toi tranquille, dit-elle à voix haute, se mordant° les lèvres. Des milliers de gens sont passés dans le parc ce soir et il ne leur est rien arrivé. Et il ne lui arrivera rien. Les choses n'arrivent jamais aux gens qu'on connaît, mais toujours à des images lointaines qui passent sur l'écran° des journaux et qui portent des noms invraisemblables.°

L'horloge sonna huit fois. «Peut-être pourrais-je téléphoner au bureau, pensa Marion. Peut-être sera-t-il retenu là-bas la moitié de la nuit». Mais parce qu'ils n'avaient pas le téléphone, il lui fallait mettre un manteau, pénétrer dans la nuit et courir dans le froid, entrer dans un café plein de visages curieux, décrocher° la petite bête noire, morte et bourdonnante de l'écouteur, et appeler d'une voix changée, métallique, en chiffonnant° un mouchoir dans sa poche. C'était ce qu'elle devait faire. C'était ce que ferait une femme indépendante et courageuse. Mais elle n'était, pensait-elle maintenant pleine de honte, ni indépendante, ni courageuse. Elle ne savait qu'attendre et regarder la ville scintillante avec des yeux pleins de cauchemars.°

«Je vous remercie, professeur, dit le poste de radio. Nous nous trouvons maintenant à quatre cents mètres au plus de l'endroit où la chose se tient cachée. Les hommes des brigades spéciales progressent lentement en étudiant chaque centimètre carré du terrain. Je ne distingue rien encore, ah si, une forme noire vaguement sphérique de l'autre côté du bassin,° un peu plus haute qu'un homme peut-être. Il fait vraiment très sombre et . . . Le parc est absolument désert. L'ambassadeur des étoiles est donc maintenant seul, mais ne craignez rien, vous aurez bientôt l'occasion de faire sa connaissance . . .»

Marion laissa tomber sa cigarette et la regarda se consumer sur le carrelage° net.° Bernard n'était pas dans le parc. Peut-être approchait-il à grands pas,° ou peut-être rôdait-il° encore auprès des grilles du parc, tâchant d'apercevoir le visiteur des étoiles. Dans un quart d'heure, il serait là, souriant, les cheveux scintillants des gouttelettes microscopiques du brouillard.°

Puis, la vieille angoisse surgit d'une caverne intérieure, pourpre et moite.° «Mais pourquoi n'avancent-ils pas plus vite, pensa-t-elle, songeant aux hommes qui travaillaient dans l'obscurité, mesurant, pesant, analysant, progressant sans bruit dans la nuit comme des

la taupe mole

taupes° de plein air, pourquoi n'avancent-ils pas plus vite s'il n'y a pas de danger?» Et il lui vint à l'esprit qu'on lui cachait quelque chose derrière l'écran calme du haut-parleur et des mots brodés de confiance. Elle pensa soudain qu'ils tremblaient peut-être en parlant, que leurs mains se serraient° peut-être convulsivement sur leur micro tandis qu'ils affectaient d'être sûrs d'eux, que leurs visages étaient peut-être horriblement pâles malgré la lueur rouge des lanternes sourdes. Elle se dit qu'ils ne savaient rien de plus qu'elle à propos de ce qui pouvait errer° au-delà de l'atmosphère de la Terre. Et elle songea qu'ils ne feraient rien pour Bernard, qu'elle seule pouvait faire un geste, bien qu'elle ne sût pas lequel, peut-être courir au-devant de lui, se jeter à son cou et se serrer contre lui, peut-être l'entraîner loin de cet abominable être des étoiles, ou peut-être simplement pleurer sur une chaise de cuisine en métal blanc, et attendre, immobile, comme une silhouette découpée dans du papier noir.

se serrer to squeeze, grip

errer to wander, stray

Elle était incapable de penser à autre chose. Elle ne voulait plus entendre la voix qui sortait du poste, mais elle n'osa pas l'éteindre de peur d'être plus seule encore. Elle prit un magazine et l'ouvrit au hasard, mais jamais elle n'avait vraiment aimé lire et maintenant, il lui eût fallu épeler° lettre après lettre, tant ses yeux étaient brouillés,° et de toute façon, les mots usés° n'avaient plus de sens pour elle en ce moment. Elle essaya de regarder les images, mais elle les voyait comme au travers d'une goutte d'eau, ou d'un prisme, en transparence, étrangement disloquées, et brisées selon des lignes impossibles.

épeler to spell
brouillé clouded over
usé worn out

Puis elle entendit un pas, elle se leva, et courut à la porte, l'ouvrit et se pencha vers la nuit, vers le gazon humide et crépusculaire, et écouta, mais le pas faiblit soudain, s'arrêta, s'éloigna et mourut tout à fait.

Elle rentra dans la cuisine et le son du poste lui parut insupportable. Elle diminua la puissance et colla° son oreille tout contre le haut-parleur, écoutant au travers de ses cheveux cette voix minuscule, ce frôlement° d'insecte sur une membrane vibrante.

coller to glue

le frôlement rustling

«Attention, dit une voix à l'autre bout d'un long tube de verre frissonnant, il se produit quelque chose. Je crois que l'être est en train de bouger. Les spécialistes sont peut-être à deux cents mètres de lui, au plus. J'entends une sorte de cri. L'être d'un autre monde va peut-être parler ... il appelle ... sa voix semble presque humaine ... comme un long souffle ... je vais vous la faire entendre.»

Marion écrasa° son oreille contre le poste, ses cheveux s'imprimèrent dans sa peau. Elle entendit une série de déclics, un long bourdonnement muet, un sifflement aigu, puis le silence, puis la voix naquit au fond du haut-parleur, à peine audible, profonde comme une lourde respiration de dormeur.

écraser to crush

—MA-riON, disait la voix, nichée° au creux° du haut-parleur, tapie en un coin sombre du parc.

niché nestling
le creux hollow

C'était la voix de Bernard.

COMPRÉHENSION

1. Décrivez l'ambiance qui règne au début de la nouvelle. Quelle heure est-il? Quels gestes l'auteur évoque-t-il? Comment développe-t-il cette atmosphère lourde de menace?
2. Qu'est-ce que la radio apprend à Marion?
3. À quoi Marion pense-t-elle? S'inquiète-t-elle en dépit du ton rassurant de la radio? Pourquoi?
4. Quelles assurances donne la voix entendue à la radio?
5. (a) Qu'est-ce que le professeur dit au sujet de l'être venu d'un autre monde?
   (b) Quelle est la principale inquiétude du professeur?
6. Marion est-elle rassurée par les propos du professeur? Que fait-elle pour se calmer?
7. Qu'est-ce que Marion aimerait avoir le courage de faire?
8. Décrivez les gestes et les pensées de Marion pendant qu'elle attend son mari en écoutant la radio.
9. À quoi le monstre ressemble-t-il?
10. Quel son émet-il?

2

basculer to tip
s'effondrer to collapse

béant gaping
longer to run along

le volet shutter

le réverbère street light
trébucher to trip
la flaque puddle

un aboiement barking

chantonner to hum

ivre drunk

cerner to encircle, surround
le sentier path

Elle se leva brusquement, la chaise bascula° derrière elle et s'effondra° dans un grand fracas.

—MA-riON, murmurait la voix étrangère et connue, imperceptible. Mais elle ne l'écoutait plus, elle courait sur la route, ayant laissé derrière elle la porte béante° et toute son angoisse morte. Elle longea° deux jardins en courant puis elle s'arrêta une seconde, essoufflée, tremblante de froid. C'était la nuit partout. Les volets° des maisons étaient clos et laissaient filtrer tout juste de minces rais de lumière. Les réverbères° étaient éteints. Elle se mit à marcher au milieu de la route, là où elle ne risquait pas de trébucher° sur une pierre ou de tomber dans une flaque.°

Il régnait dans les quartiers qu'elle traversa un silence inhabituel, de temps à autre ponctué par un aboiement° étouffé, ou par le tumulte métallique d'un train. Elle croisa un homme qui marchait en chantonnant,° aussi noir qu'une statue taillée dans un bloc d'anthracite. Elle voulut l'arrêter et lui demander de l'accompagner mais en s'approchant, elle vit qu'il était ivre° et elle fit un détour.

Elle avait l'impression d'être perdue dans une ville hostile quoiqu'elle connût chacune de ces maisons et qu'elle eût cent fois critiqué le jour, en se promenant avec Bernard, les rideaux de chacune de ces fenêtres. Elle courait entre les grands bâtiments comme entre les murs d'arbres qui cernent° un sentier° de forêt. Et elle était sûre qu'elle entendrait derrière elle la respiration d'un animal

René Magritte, The Empire of
Light, II. (L'Empire de lumières,
II). 1950. Oil on canvas, 31 x 39″. Collection, The Museum of Modern Art, New York. Gift
of D. and J. de Menil.

la clairière clearing
la bâche tarpaulin cover
le trou d'épingle pinhole

la touche key (of a keyboard)

ténu slender, thin

le gouffre abyss
le trottoir sidewalk
la corde rope
raide tight
transi frozen
lâcher to let go

desserrer to unclench, loosen
les lèvres lips

féroce, si elle s'arrêtait. Elle traversa une place déserte, une clai-
rière° de ciment, que la nuit recouvrait d'une bâche° percée de trous
d'épingles° aux endroits des étoiles. Elle atteignit les limites du parc
et se mit à courir le long des grilles en comptant les barreaux.

Ses talons frappaient l'asphalte avec le tintement clair d'un marteau tombant sur les touches° d'un xylophone. La peur courait le
long de sa peau comme une armée de fourmis. Elle retint son souffle. La lune projetait devant elle une ombre ténue,° impalpable.

Elle se retourna, faisant voler sa robe. Il n'y avait rien derrière elle
que l'enfilade des murs nocturnes, sans relief ni nuances, tels de
grandes glaces de lave dévorant toute lumière et toute couleur,
transformant la nuit en un gouffre° et le bord du trottoir° en une
corde° raide° sur laquelle elle avait couru, légère et transie°
d'angoisse et de froid. Elle était seule avec la nuit.

Une main se posa sur son bras et la fit pivoter. Elle cria. La main
la lâcha° et elle recula jusqu'au mur du parc et pressa ses épaules
contre les barreaux et lança ses mains en avant.

—Excusez-moi, m'dame, dit l'agent d'une voix lourde et trébu-
chante, mais étrangement rassurante. On a demandé à tout le
monde de rester chez soi. Avez-vous la radio?

—Oui, souffla Marion, avec effort, sans bouger, sans respirer, sans
même desserrer° vraiment les lèvres.°

—Voulez-vous que je vous raccompagne chez vous? Il n'y a pas
beaucoup de danger, par ici, mais ... il hésita. Sa face était pâle

le tic nervous spasm

écarquillé spread out
le pli fold

se dépêcher to hurry up

gonflé swollen
s'éparpiller to scatter

le filet net
la maille mesh

le ceinturon belt
le cuir leather
un étui case
ciré waxed

griffer to scratch
blême pale

Sans . . . garde Without her giving
   it any care

luisant shining

l'ouïe (*f.*) hearing

dans l'obscurité. Un tic° lui secouait périodiquement la joue . . . un homme a été attrapé, tout à l'heure, et il vaudrait mieux . . .

—Bernard, dit Marion, les doigts écarquillés° et pressés contre les plis° de sa robe.

—Ça n'a pas été joli, murmura l'agent. Il vaudrait mieux que vous veniez avec moi. Et maintenant la chose appelle. Dépêchez-vous,° m'dame. J'ai ma ronde à terminer. Vous n'habitez pas trop loin, j'espère. C'est une ronde tout à fait extraordinaire. Je n'ai pas l'habitude de marcher seul, vous savez. Mais on manquait d'hommes ce soir.

Du bout de sa chaussure, il écrasa une cigarette à demi brûlée et gonflée° d'eau, le papier se déchira et le tabac s'éparpilla.°

—Mon mari, dit Marion.

—Allons, venez. Il vous attend chez vous.

—Non, dit Marion, secouant la tête, et ses cheveux lui retombèrent sur le visage comme un filet° aux fines mailles° noires. Il est là dans le parc. Je l'ai entendu.

—Il n'y a personne dans le parc. Le tic réapparut et déforma sa joue. Marion vit que sa mâchoire tremblait légèrement. Sa main gauche caressait le ceinturon° de cuir° et sa main droite effleurait l'étui° ciré° de son revolver. Il avait plus peur qu'elle. Il craignait pour lui-même.

—N'entendez-vous pas? cria-t-elle. Ne comprenez-vous pas? Elle se précipita vers lui et lui prit le bras. Elle avait envie de griffer° ce visage blême° et tremblotant, cette façade humaine aussi blanche qu'étaient sombres les façades de la ville.

—Mon mari est là-dedans qui m'appelle. J'ai entendu sa voix dans la radio. Pourquoi ne me laissez-vous pas tranquille?

Sans qu'elle y prît garde,° des larmes coulèrent le long de ses joues.

—Oh! laissez-moi aller, gémit-elle.

Il se balança un instant sur le bout carré de ses souliers noirs et luisants° de cire.

—Peut-être, dit-il, hésitant, peut-être. Je ne sais pas. Puis, plus doucement:

—Excusez-moi, m'dame. Venez avec moi.

Ils marchèrent le long des grilles. Elle courait devant lui sur la pointe des pieds et tous les quatre ou cinq pas s'arrêtait pour l'attendre.

—Dépêchez-vous, disait-elle, pour l'amour de Dieu, dépêchez-vous!

—Ne faites pas trop de bruit, m'dame, il n'est pas si loin et il paraît qu'il a l'ouïe° fine. On va bientôt l'entendre, maintenant.

—Je sais, dit-elle, c'est la voix de mon mari.

Il la regarda fixement, silencieux.

—Il l'a dévoré, dit-elle encore. Je sais. Je l'ai vu. Il a de grandes dents pointues et toutes d'acier. Je les ai entendues claquer. C'était affreux.

Elle recommença brusquement à pleurer. Ses épaules étaient agitées par les sanglots.°

—Calmez-vous. Il ne peut rien vous arriver.

—Non, admit-elle, non. Plus maintenant.

le sanglot   sob

Mais les hoquets° hachaient° sa voix et les larmes brouillaient° sa vue tandis qu'elle courait. Elle glissa et l'une de ses chaussures vola en l'air et elle se défit de l'autre en un mouvement hâtif du pied et elle continua de courir sur ses bas.°

le hoquet   hiccup, convulsion
hacher   to break up
brouiller   to blur

les bas (*m.*)   nylon stockings

Elle entendit soudain la voix du monstre et elle vit se mouvoir les lèvres de Bernard. Ç'était un son prolongé et tranquille, nullement effrayant, mais si faible qu'elle eût voulu le serrer dans sa main pour le protéger du vent.

Elle vit les hommes vêtus de bleu sombre qui gardaient l'entrée du parc. Elle attendit, immobile, l'échange des questions et des réponses fusant sans force entre les lèvres serrées. Ella entra dans le parc. Elle vit la toile de fils de cuivre° qu'ils avaient tissée,° de fils dorés° enserrant la terre, entourant la chose étrangère qui parlait avec la voix de Bernard. Elle éprouva l'humidité de l'herbe sous ses pieds.

la toile . . . cuivre   the canvas of copper wires
tisser   to weave
doré   gilded, golden

—Qui êtes-vous? souffla une voix.

—Je suis venue pour . . . commença-t-elle, mais elle écoutait la voix lointaine.

—MA-riON. MA-riON.

—Ne l'entendez-vous pas? dit-elle.

—Voilà une heure que je l'entends, dit l'homme. Il promenait le faisceau° de sa lampe sur Marion. Les boutons de son uniforme et ses dents étincelaient.° Sa moustache mince donnait l'impression qu'il souriait toujours, mais ses yeux, maintenant, semblaient désespérés.

le faisceau   thin ray
étinceler   to sparkle

—Il prononce des sons d'ici, des mots de la Terre qu'il a trouvés dans ce pauvre type qu'il a attrapé, des mots sans suite, des mots sans raison. D'abord, nous avons cru que c'était un homme qui appelait. Puis nous avons compris que pas une bouche sur la terre n'avait cette voix-là.

—C'est la voix de Bernard, dit-elle. Bernard est mon mari. Je l'ai épousé il y aura un an dans un mois.

—Qui êtes-vous? Votre nom?

Elle se laissa tomber sur le gazon et entoura sa tête de ses bras pour ne plus entendre la voix.

—Marion, répétait la voix, insistante. Ce ne pouvait être une voix d'homme, car elle était trop pénétrante. Elle semblait venir d'un fond de puits,° ou du fond d'un four.° Elle se faufilait° au ras du sol° et paraissait sortir de terre, comme la voix des herbes, ou la voix des insectes, ou la voix d'un serpent glissant dans l'herbe mouillée.

le puits   well
le four   furnace
se faufiler   to thread one's way
au . . . sol   skimming the ground

—On croirait presque qu'il attend quelqu'un, dit l'homme. Il s'était assis auprès d'elle. «Dites-moi votre nom.»

—C'est moi qu'il appelle, dit-elle, il faut que j'y aille.

—Ne bougez pas. Comment vous appelez-vous? Que faites-vous ici, dans cette robe, par cette nuit froide?

—Marion, chuchota-t-elle, Marion Laharpe. C'était mon nom.

Elle songea à son nom, cette bulle° tellement fragile, envolée le temps de passer un anneau au doigt,° soufflée, le temps de courir vers un parc envahi par la nuit.

—Mon mari a été ... —elle hésita, puis se décida— ... dévoré par cette chose et il m'appelle et je dois y aller.

—Restez tranquille, dit l'homme. Sa moustache mince frémit. Personne n'a été dévoré. Et même si cela était, comment pourriez-vous être sûre qu'il s'agit de votre mari?

Mais la voix tremblait, se fissurait° comme un mur prêt à s'effondrer, elle recelait° une certaine qualité d'incertitude, de peur et de pitié mêlées et alourdies de colère.

—Ne mentez pas, dit Marion. Je reconnais sa voix et cet agent qui m'a accompagnée m'a dit qu'un homme avait été tué et il devait passer par le parc, et il n'est pas rentré, et j'ai entendu la voix dans le poste, tout à l'heure, et elle m'appelait. Un million de personnes ont entendu la voix. Vous ne pouvez pas dire le contraire.

—Non, dit-il, je vous crois. Sa voix s'éteignit tandis qu'il parlait et elle semblait morte, les syllabes dansant telles des cendres dans le souffle d'air venu de ses poumons.

—Nous n'avons rien pu faire. Nous avions fermé trop tard les portes. Nous l'avons vu sortir d'une allée et, en un clin d'œil,° la chose était sur lui, l'enrobait.° Cela s'est passé très vite. Je vous demande pardon. Si je puis vous aider ...

Puis sa voix se durcit.

—Nous allons tuer cette chose. Je sais que votre mari ne reviendra pas pour autant, mais je tiens à vous le dire. Nous ne prendrons pas de risques supplémentaires. Regardez.

Les longs tubes des lance-flammes luisaient° comme des langues sur l'herbe, comme des dents intactes dans une bouche cariée.° Ils étaient posés sur la pelouse, de l'autre côté du réseau° scintillant des fils électriques. Et à côté de chacune des lances, un homme paraissait dormir, mais un tressaillement parcourait parfois son dos et sa tête remuait tandis que son regard s'efforçait de s'infiltrer entre les hautes herbes et les feuilles des buissons et de tâter cette région hostile et pleine d'embûches° qui s'étendait devant lui.

---

la bulle bubble of sound

envolée ... doigt flown away in the instant of time it takes to slip a ring on a finger

se fissurer to crack

receler to conceal, harbor

en un clin d'œil in a wink, in a flash

enrober to engulf

luire to shine

carié rotten, decayed

le réseau network

une embûche ambush, trap

COMPRÉHENSION

1. Que fait Marion quand elle reconnaît la voix de Bernard?
2. Relevez dans le texte les expressions qui expriment l'atmosphère des rues désertes.
3. Où va Marion? Décrivez ses sentiments et ses impressions pendant qu'elle court. Pourquoi s'arrête-t-elle?
4. Décrivez l'agent de police. Qu'est-ce qu'il explique à Marion?

5. Où l'agent de police mène-t-il la jeune femme, quand il comprend que c'est son mari qui a été attrapé par le monstre?
6. Décrivez le son émis par le monstre.
7. Caractérisez l'attitude de l'autre agent vis-à-vis de Marion. Considère-t-il Marion avec sympathie?
8. Que compte-t-on faire du monstre?
9. Par quel moyen les hommes se protègent-ils contre le monstre?

3

—Non, dit Marion, à voix haute. Ne le touchez pas. Je suis sûre que c'est Bernard.

L'homme secoua la tête.

—Il est mort, madame. Nous avons vu la chose se passer. Peut-être le monstre répète-t-il sans fin sa dernière parole, mécaniquement. Il est mort en pensant à vous, c'est sûr. Le professeur vous expliquerait cela mieux que moi.

—Le professeur, dit Marion. Je l'ai entendu. Il disait qu'il n'y avait aucun danger, qu'il fallait rester calme et qu'il savait ce qu'il faisait et que c'était un grand événement et...

hurler to scream

—Il est comme nous. Rien de plus. Il a hurlé° lorsque la chose s'est attaquée à votre mari. Il a dit qu'il ne comprenait pas. Il a dit qu'il avait attendu toute sa vie l'ami descendu des étoiles. Il a dit qu'il aurait préféré être dévoré lui-même plutôt que de voir cela.

Il s'est tu (se taire) He became silent
s'affoler to panic
balayer to sweep away
un enfer hell

—Il s'est tu,° dit-elle amèrement. Il a dit que tout allait bien. Il a dit qu'il ne fallait pas s'affoler° et il savait que Bernard...

—Il a agi pour le mieux. Maintenant, il dit qu'il faut balayer° cette vermine de la surface de la Terre et la rendre à l'enfer.° Il est en train de fabriquer un gaz.

rutilant glowing red, gleaming

—Marion, appela doucement la voix sans lèvres, la voix sans dents d'ivoire, ni langue de chair, de l'autre côté des tubes rutilants° de cuivre.

—Je veux lui parler, dit-elle, le silence revenu. Je suis sûre que c'est Bernard et qu'il me comprendra.

Soit. So be it.

—Soit.° Nous avons essayé cela aussi. Mais il ne répond rien.

Elle serrait le micro entre ses doigts comme une pierre curieusement polie par la mer.

—Bernard, souffla-t-elle. Bernard, je suis là.

jaillir to spring forth

Sa voix jaillissait° du haut-parleur comme de l'eau d'une source, étrangement altérée, distillée. Elle se répercutait contre les arbres et

s'émietter to break up, disperse
la tige stem
la sève sap

s'émiettait° entre les feuilles, coulait le long des tiges° comme une sève° de bruit, se faufilait entre les brindilles et les herbes dans les interstices de la terre. Elle inondait la pelouse, imprégnait les mas-sifs, emplissait les allées, ébranlait la surface du bassin d'une onde°

une onde wave
indécelable invisible, undetectable

indécelable.°

—Bernard. M'entends-tu? Je veux t'aider.

la pelle shovel

la balançoire swing

le manège merry-go-round

la bascule seesaw

un anneau ring

pendus au portique dangling from the gym bars

le piège trap

Qu'est-ce . . . faire? What can that matter?

bouillonnant bubbling

écumant foaming

accolé coupled

crever to burst

flasque flaccid, flabby

une éponge sponge

le jais jet (black mineral)

déglutir to swallow

le crachat spit

la toile d'araignée spider web

un appât bait

mat dull

moissonné harvested

engrangé stored

broyé ground

creux hollow

la demeure dwelling

des êtres . . . nom beings that are called

Et la voix répondit:

—Marion. Je t'attends. Je t'ai attendue si longtemps. Marion.

—Me voici, Bernard, dit-elle, et sa voix était légère et fraîche, elle survolait les tas de sable abandonnés dans la journée aux pelles° des enfants, elle se glissait entre les balançoires,° le manège,° les bascules,° entre les anneaux° et le trapèze pendus au portique.°

—Il m'appelle. Je dois y aller, dit-elle.

—C'est un piège,° dirent plusieurs voix derrière elle. Restez ici. Il n'y a rien d'humain là-bas.

—Qu'est-ce que cela peut faire?° C'est la voix de Bernard.

—Regardez, dit-on.

Un phare s'alluma comme s'ouvre un œil et transperça comme une barre tangible de lumière l'air noir. Et elle vit une masse d'obscurité, étincelante, bouillonnante,° écumante,° faite de grosses bulles accolées,° venant crever° à la surface d'une sphère de charbon visqueux et flasque.° C'était une vivante éponge° de jais,° aspirant et déglutissant.°

—Un crachat° de l'espace, dit la voix solennelle du professeur, derrière elle.

—Je viens, Bernard, dit Marion, et elle laissa tomber le micro et se lança en avant. Elle évita les mains qui essayaient de la retenir et elle se mit à courir dans l'allée sablée. Elle sauta par-dessus la toile d'araignée° aux mailles de cuivre et passa entre les langues rutilantes des lance-flammes.

—C'est un piège, cria une voix grave derrière elle. Revenez. L'être s'est assimilé certaines des connaissances de votre mari et il s'en sert comme d'un appât.° Revenez. Cela n'est pas humain. Cela n'a pas de visage.

Mais personne ne la poursuivit. Lorsqu'elle tourna la tête, elle vit les hommes se lever et saisir leurs lances et la regarder, horrifiés, leurs yeux et leurs dents brillant du même éclat métallique que les boutons de leurs uniformes.

Elle contourna le bassin. Ses pieds frappaient avec un bruit souple et mat° le sol de ciment, puis ils retrouvèrent le contact caressant et frais de l'herbe.

Elle se demanda tout en courant ce qui allait se passer, ce qu'elle allait devenir, mais elle se dit que Bernard le savait pour elle, qu'il l'avait toujours su et que c'était bien ainsi. Il l'attendait de l'autre côté de cette porte noire que sa voix franchissait avec tant de peine, et elle était sur le point de le rejoindre.

Un souvenir lui revint brusquement à l'esprit. Une phrase lue, une phrase entendue, une idée moissonnée° et engrangée° pour être maintenant broyée° et savourée. C'était quelque chose comme ceci. Les hommes ne sont que des enveloppes creuses,° parfois froides et désertes comme des demeures° abandonnées, et parfois habitées, hantées par des êtres qui ont nom° la vie, la jalousie, la joie, la crainte, l'espoir, et tant d'autres. Alors finit la solitude. Et elle se prit

tiède warm

à penser, tout en courant, et soufflant par la bouche une haleine tiède° qui se condensait en un lambeau fragile de vapeur, et tout en regardant les visages pâles et contractés, et diminuant à chaque pas, des soldats, que cet être avait franchi l'espace et cherché un nouveau monde parce qu'il se sentait désespérément creux et inutile sur le sien, parce qu'aucun de ces êtres insaisissables ne voulait le hanter, et qu'elle et Bernard vivraient peut-être au centre de son esprit comme vivent la confiance et l'angoisse, le silence et l'ennui, dans les cœurs et les esprits des hommes. Et elle espéra qu'ils lui apporteraient la paix, qu'ils seraient deux petites lumières paisibles,

alvéolaire honeycombed

éclairant les profondeurs alvéolaires° de son cerveau immense et inconnu.

frissonner to shudder

Elle frissonna° et rit.

—Quel effet cela fait-il d'être mangée? se demanda-t-elle.

Elle essaya de se représenter une glace fondant entre ses lèvres, coulant fraîche dans sa gorge, reposant dans la petite chaleur obscure de son estomac.

—Bernard, cria-t-elle. Je suis venue.

Elle entendit les hommes hurler derrière elle.

—Marion, dit le monstre avec la voix de Bernard, tu as mis si long-

mettre longtemps to take a long time

temps.°

Elle ferma les yeux et se jeta en avant. Elle sentit le froid glisser sur sa peau et la quitter comme un vêtement qu'on enlève. Elle sentit qu'elle se transformait. Son corps se dissolvait, ses doigts

s'effiler to fray away

s'effilaient,° elle se dispersait dans cette grande sphère moite et tiède, confortable, et, elle le savait maintenant, belle et bonne.

—Bernard, dit-elle, ils nous cherchent pour nous tuer.

—Je sais, dit la voix toute proche maintenant et rassurante.

—Ne pouvons-nous rien faire, fuir?

—C'est à lui de décider, dit-il. J'apprends à peine à le connaître. Je lui ai dit de t'attendre. Je ne sais pas au juste ce qu'il va faire. Peut-

regagner to go back to
blotti snuggled up

être regagner° l'espace? Écoute.

Et, blottis° l'un contre l'autre, à l'intérieur d'une caverne de peau, avec autour d'eux tous ces arbres, cette herbe étrangère et cette

fouillant probing
la pâte jelly, viscous matter
feutré muffled
crispé clenched

lumière hostile, fouillant° comme un scalpel cette pâte° palpitante de jais, ils entendirent approcher les pas précis, feutrés,° des tueurs humains qui, les doigts crispés° sur leurs lances de cuivre, le visage couvert d'un masque, prêts à exhaler un brouillard léthal et gris, les

le juron swearword
le déclic click (of a trigger)

cernaient, une branche brisée, un frôlement humide, un juron° étouffé, un déclic.°

COMPRÉHENSION

1. Pourquoi Marion ne veut-elle pas que l'on tue le monstre?
2. Par quel moyen va-t-on tuer le monstre?
3. Marion a-t-elle confiance dans le professeur? Pourquoi?

4. Comment le professeur avait-il réagi quand «son ami descendu des étoiles» a dévoré un être humain?
5. Décrivez ce que fait Marion.
6. Quand Marion parle au monstre, que lui répond-il?
7. À quoi le monstre ressemble-t-il sous la lumière du phare? Quelle comparaison le professeur fait-il?
8. Marion a-t-elle horreur du monstre? Expliquez.
9. Qu'est-ce que les autres lui disent au sujet du monstre?
10. Quelle pensée rassure la jeune femme?
11. En s'élançant vers le monstre, quelles réflexions fait-elle?
12. Quelles sensations Marion éprouve-t-elle en étant engloutie par le monstre?
13. Quels propos échange-t-elle avec Bernard à l'intérieur de cet être d'un autre monde?
14. Expliquez la fin de la nouvelle.

DISCUSSION

1. Quelles qualités la S.F. doit-elle posséder? Répondez en vous appuyant sur d'autres exemples de la S.F. que vous connaissez.
2. En quoi consiste l'art de Gérard Klein dans *Le Monstre*? Caractérisez son style et citez des exemples tirés du texte.
3. Y a-t-il dans cette nouvelle une attitude morale ou un commentaire implicite?
4. La psychologie de Marion vous paraît-elle vraisemblable?

COMPOSITION DIRIGÉE

La Science Fiction

I. Formulez une définition de la S.F.

Quels en sont les traits principaux? Les qualités? Les défauts?

II. Donnez des exemples de la science fiction tirés de

A. la littérature
B. le cinéma
C. la télévision

III. Faut-il ou non prendre la S.F. au sérieux?

Les Signes du zodiaque

33

The origins of astrology reach back to the most ancient of times, before the modern concept of freedom had evolved. Based on the belief that human destiny is controlled by the celestial bodies, astrology holds that a person's character and fate are determined at the moment of birth by the relative position of the sun and the planets in the zodiac. The zodiac is the circular zone that the sun appears to define in the course of a year. It is divided into twelve regions that correspond to the sun signs. People born under the same sign are said to have certain characteristics in common.

We present here personality descriptions of the twelve sun signs. Of course, the shifting positions of the planets produce a wide range of variations within a particular sign. Nevertheless, there is perhaps more than just a coincidental accuracy in these charts. Read your own and those of the few people whom you know best and see whether you agree.

LECTURE | Les Signes du zodiaque

Le Bélier° (*Du 21 mars au 20 avril*)

le Bélier Aries, the ram

la volonté willfulness, willpower
la foi faith

bagarreur brawling
sectaire sectarian, narrow-minded

la voie the way

le cran (*fam.*) courage, daring
une épreuve obstacle, hardship

foncièrement fundamentally
se mêler de to get mixed up in

le coup de foudre love at first sight

affectif emotional

tendu tense

se heurter à to clash with

digne worthy
chaleureux warm

se mettre en quatre to do one's utmost

Les traits psychologiques les plus caractéristiques du signe sont, dans son aspect positif: la volonté,° l'enthousiasme, la foi,° le dynamisme et la générosité. Dans son aspect le moins heureux, le Bélier peut être violent, bagarreur,° impulsif, irréfléchi, sectaire.°

Il est fait pour l'action, pour entraîner les autres. C'est lui qui ouvre la voie° et montre le chemin. Il ignore la peur et cela lui permet d'entreprendre de grandes choses, d'agir avec audace. Il a du cran,° quoi qu'il arrive, quelles que soient les épreuves° rencontrées.

Souvent altruiste, il aime intervenir dans la vie de ses proches mais c'est un être foncièrement° indépendant et il n'apprécie pas qu'on se mêle de° ses affaires.

C'est un passionné. Il ne sait pas aimer avec sa tête et se précipite dans les aventures les plus folles, sur un «coup de cœur». Il est sujet au coup de foudre° mais ses amours sont habituellement peu durables. Si on le quitte, il est prêt à se tuer mais son chagrin s'envole dès qu'un autre amour apparaît, dès qu'un nouvel enthousiasme l'entraîne. Parfois il ne lui faut pas plus d'une semaine pour «retomber amoureux».

Une chose est certaine, c'est qu'il ne supporte pas de vivre sans amour et que les relations affectives° occupent dans sa vie une place de choix.

Ses relations avec sa famille sont souvent difficiles, tendues,° à moins qu'il ne reçoive de ses parents une énorme somme d'affection. S'il est frustré de la tendresse dont il a besoin, la rupture avec la famille se produit tôt dans la vie et dans des conditions pénibles.

Il n'est pas rare qu'il se heurte à° son père, plus qu'à sa mère, car une rivalité peut apparaître de bonne heure. Il lui faut un père digne° de son admiration et de son idéal masculin.

Avec ses amis, le Bélier est extrêmement chaleureux° et généreux. Il suscite des amitiés intenses, passionnées, nombreuses. Il peut tout demander à ses amis; ceux-ci ne lui refusent rien. C'est un agréable compagnon de voyage, toujours prêt à marcher, à visiter, à découvrir. On ne s'ennuie pas avec lui.

Les femmes du signe sont particulièrement dévouées et savent se «mettre en quatre»° pour ceux qu'elles aiment, les couvrir de cadeaux, leur rendre mille services. Les hommes sont également hospitaliers mais plus égoïstes.

D'une manière générale, il ne s'accomplit que s'il se bat pour—ou contre—quelque chose.

S'il ne parvient jamais à se lancer dans le combat, il devient facilement amer, agressif. Ne se pardonnant pas à lui-même son échec, il retourne toute sa violence à la fois contre lui-même et contre les autres. Cela ne va pas sans danger ... Ses chances de réussite sont grandes, néanmoins, grâce à un atout° essentiel: la volonté. Il connaît parfois de grandes crises de découragement mais il «repart» chaque fois, avec un peu plus d'impétuosité et de foi. Abandonner la lutte équivaudrait pour lui au suicide.

un atout a trump, an all-purpose quality

Le Taureau° (*Du 21 avril au 21 mai*)

le Taureau Taurus, the bull

Les tendances communes à tous les natifs du Taureau sont dans leur aspect le plus positif: un solide équilibre, du bon sens, un grand amour de la vie, de la nature et de la beauté, le goût des plaisirs sains,° un caractère affectueux et facile, le goût des choses stables, du travail, des constructions durables. Dans leur aspect le plus négatif: un matérialisme excessif, l'âpreté° au gain, une sensualité débridée,° la gloutonnerie, l'obstination, la rancune, la paresse, la jalousie, la lenteur.

sain wholesome, healthy

une âpreté ruthlessness
débridé unbridled

Le Taureau aime l'amour. Vénus n'est pas en vain maîtresse du signe et elle donne à ses sujets un instinct très sûr dans ce domaine ainsi qu'une grande précocité ...

Les relations affectives occupent une place essentielle dans la vie du Taureau, mais il accorde à une entente° physique, charnelle, une importance première, déterminante. Un mariage auquel manquerait cette forme d'entente serait rapidement voué à l'échec.

une entente rapport, agreement

Mais le Taureau n'en est pas pour autant° un être dénué° de sentiments. Il a au contraire beaucoup de tendresse à donner. Mais c'est un possessif, un jaloux, un exclusif ... bref,° un propriétaire-né!

n'en ... autant is not, however,
dénué de bereft of

bref in short

Il a assez de sagesse pour ne pas se précipiter dans le mariage. Pour faire son choix avec lucidité, attendre celle ou celui qui répondra à son idéal. Un idéal parfaitement accessible, d'ailleurs, et qui lui permet de réussir le plus souvent sa vie affective.

Avec ses amis: c'est surtout le compagnon rêvé de ceux qui veulent «faire la fête»,° se distraire ... Bon vivant,° il sait apprécier tout ce qui est bon et n'hésite pas à entraîner ses amis. Mais il peut être aussi le compagnon calme et silencieux avec lequel on peut pêcher à la ligne,° se promener dans la campagne, lire au coin du feu. Il y a en lui un côté «père tranquille» qui se révèle dès qu'il dispose° d'une maison, d'un cadre° selon son cœur ...

faire la fête to have a grand time
bon vivant one who knows how to enjoy life's pleasures

pêcher à la ligne to fish
disposer de to own
un cadre setting

Il ne fait pas de grands sacrifices pour ses amis mais sa présence est tonique et—tant que cela ne le dérange pas dans ses habitudes—extrêmement serviable.°

serviable helpful

Le Taureau est fait pour construire, pour édifier, pour amasser, il travaille avec une remarquable ténacité. Quand il sait ce qu'il veut, rien ne peut l'arrêter: il avancera pas à pas, lentement mais sûrement, vers le but qu'il s'est fixé.

convenir à to be appropriate, fitting for
la viticulture vine growing
L'élevage (*m.*) Animal breeding
avoir trait à to have to do with, to deal with
le sous-sol underground
la carrière quarry

Tous les travaux liés à la terre lui conviennent:° agriculture, horticulture, viticulture.° L'élevage° également. L'agronomie. Ce qui a trait° au sous-sol:° géologie, exploitation de mines ou de carrières.°

La construction d'immeubles, la maçonnerie, l'architecture peuvent également le séduire.

Ses chances de réussite sont grandes, en particulier sur le plan matériel. Il est servi par son sens de l'effort et par sa ténacité ainsi que par un instinct très sûr, un sens des réalités jamais pris en défaut.° Le Taureau ne rêve pas: cela limite ses ambitions mais lui permet de les satisfaire.

pris en défaut found wanting

Le Taureau est un signe de grande vigueur physique et de bon équilibre nerveux. Les maladies sont rares et la récupération se fait facilement, par le repos, le sommeil et une vie saine.

Les Gémeaux° (*Du 22 mai au 21 juin*)

les Gémeaux Gemini, the twins

Dans ce qu'elle a de meilleur, la personnalité du Gémeaux offre toutes les ressources d'une intelligence souple, rapide, ouverte à tout. Sa curiosité d'esprit est immense et s'oriente vers tous les domaines. Le Gémeaux éprouve, dès la jeunesse, le besoin d'établir avec autrui une communication constante, d'échanger des idées, de comprendre le pourquoi et le comment des choses.

Il faut toutefois distinguer entre deux types de Gémeaux—signe qui représente les deux frères, Castor et Pollux—l'un «Pollux»—inémotif-actif—qui redoute° les émotions du cœur et emploie toute son intelligence, toute son habileté° à réussir dans sa vie professionnelle et matérielle, à établir des contacts; l'autre «Castor»—émotif-inactif—beaucoup plus nettement orienté vers la recherche intellectuelle, sous une forme plus contemplative, plus tourmentée, plus vulnérable dans ses relations affectives.

redouter to be wary of
une habileté cleverness, skill

Malgré ces différences essentielles, les Gémeaux ont tous en commun une tendance à l'instabilité, un besoin constant de changement et de mouvement, le goût des voyages et le sens de l'amitié. Ils doivent prendre garde à la dispersion à laquelle un excès de dons° et un manque de concentration d'esprit les exposent.

le don talent, gift

Ils ont généralement du mal à dégager leur vraie personnalité d'une multitude d'influences reçues à travers leurs contacts amicaux ou leurs lectures et doivent se méfier de ce don reçu à la naissance: l'imitation.

Les relations sentimentales des Gémeaux sont souvent compliquées. Il n'est pas rare qu'ils mènent de front° plusieurs amours . . . Comment un seul être pourrait-il leur apporter cette diversité d'expériences et de sensations dont ils ont besoin? Ils auront, par exemple, une liaison avec deux personnes d'âges différents, l'une plus mûre, l'autre plus jeune qu'eux. Ou bien ils auront une liaison avec deux êtres venant d'un milieu social opposé, ou de races différentes. L'essentiel pour eux est d'échapper à la monotonie.

mener de front to have several things on hand at once

Le Gémeaux, comme bien des adolescents, n'a pas de sens moral inné et il n'acquiert le sens du bien et du mal que s'il rencontre sur sa route un être qui lui inculque ces notions. Il y a en lui une ten-

éveiller to awaken

tenir lieu de to take the place of

qui lui fait défaut that he lacks

un touche-à-tout a dabbler in various trades
mener à son terme to see to a conclusion

le Cancer Cancer, the crab

la chaleur warmth

au sein de in the midst of

misogyne misogynist, a person who dislikes women

une attente expectation
épuiser to exhaust
s'épanouir to blossom, become fulfilled

dance certaine à suivre la voie de la facilité. Il faut éveiller° en lui le sens de la lutte.

Il a des idées . . . cela lui tient lieu° d'ambition. Mais un être qu'il admire—intellectuellement surtout—peut exercer sur sa vie une influence déterminante et le contraindre à faire quelque chose de ses dons. C'est ce qu'on peut lui souhaiter de plus heureux. Seul un autre être, en effet, peut lui apporter cette unité intérieure qui lui fait défaut° et le stabiliser.

Il a de nombreuses aptitudes. Il en a trop. Le Gémeaux, grâce à son exceptionnelle adaptabilité, à ses dons d'assimilation et à son intelligence, peut s'intéresser à tout et réussir là où il veut. Mais là encore, la dispersion qui le menace peut faire de lui un perpétuel touche-à-tout° qui ne mène rien à son terme,° car c'est un «voyeur» qui s'implique difficilement dans ce qu'il vit et qui ne vit que de l'instant.

Le Cancer° (*Du 22 juin au 22 juillet*)

Dans ses meilleurs aspects le signe du Cancer représente tout un monde de sensibilité, d'émotion, de rêves. Ses natifs sont des êtres réceptifs, intuitifs à l'extrême. Ils ont besoin de chaleur° humaine, de contacts affectifs et savent mieux que d'autres créer une ambiance intime, établir des liens spontanés qui touchent immédiatement les êtres au plus profond de leur cœur.

Ils ont du charme, de la fantaisie, vivent dans un univers poétique qu'ils ont le don de communiquer à autrui. Ce sont des êtres affectueux qui ont besoin de protection et se sentent facilement incompris. C'est là leur plus grande faiblesse: il y a en eux un aspect infantile, un manque d'assurance qui les rendent très vulnérables. Ils ont du mal à devenir adultes et à ne plus dépendre que d'eux-mêmes.

Les Cancériens sont trop influençables et trop rêveurs. Ils doivent apprendre à s'intégrer dans le monde de la réalité, à lutter . . . et cela leur est toujours difficile.

Les liens familiaux ont une importance considérable dans la vie des Cancer. S'ils grandissent au sein° d'une famille unie, dans une ambiance harmonieuse, ils se développent avec force. Si leurs parents sont séparés ou s'ils se font la guerre, les enfants du Cancer en restent traumatisés pour le restant de leurs jours. Ce seront d'éternels blessés, plus ou moins misogynes,° craintifs devant la femme. La femme du signe, elle aussi, surmonte mal ces conflits: elle peut se réfugier au couvent, dans un mariage hâtif ou dans l'homosexualité. Les Cancériens ont de grands besoins de tendresse mais ils sont jaloux et possessifs à la manière des enfants et se sentent frustrés dès que le comportement de l'autre ne répond plus à leur attente.° Ils peuvent alors faire des «scènes» qui les épuisent° eux-mêmes autant que leurs partenaires . . . Dans une union heureuse—et féconde—ils s'épanouissent° et trouvent un équilibre qu'on leur envie souvent. Elle leur permet de reconstituer le foyer dont ils ont besoin ou de compenser une enfance douloureuse, si ce foyer familial leur a manqué. Avec leurs amis, les natifs du Cancer sont charmants . . . mais il ne faut jamais leur demander beaucoup de sacrifices. Ce sont d'agréables compagnons de «virées»° mais il est difficile de «faire quelque chose» de constructif avec eux, de s'associer à eux ou de monter un projet en commun. On leur reproche parfois une forme d'opportunisme.

Les natifs du Cancer sont surtout des poètes et il leur coûte de se plier° à une discipline quotidienne de travail.

Ils sont distraits,° souvent un peu paresseux,° presque toujours incapables d'exactitude. Mais l'intuition leur permet de saisir la chance au vol,° de reconnaître d'instinct l'affaire ou la proposition qui «marchera» et de fournir alors l'effort nécessaire. Comme ils ont du charme, ils savent se concilier les sympathies, obtenir les appuis° dont ils ont besoin.

la virée spree, binge, joy ride

se plier à to bend, conform to
distrait absent-minded
paresseux lazy
saisir . . . vol to catch good luck on the wing

un appui support

Le Lion° (*Du 23 juillet au 23 août*)

le Lion Leo, the lion

Dans ce qu'il a de meilleur, le Léonien est un être noble, aux ambitions généreuses, magnanime, confiant et sincère, doué° d'une volonté puissante et d'une intelligence apte à la synthèse. Il peut réussir «de grandes choses» parce qu'il n'y a en lui aucune mesquinerie° et qu'il a de l'envergure.° Sa vitalité exceptionnelle lui permet de fournir des efforts peu communs, d'abattre le travail de dix personnes sans fatigue.

Mais il y a un revers à cette médaille:° cet être naturellement porté à° prendre la direction des choses peut devenir tyrannique, despotique et pousser l'autorité jusqu'à l'autoritarisme. Son besoin de domination risque d'ouvrir la voie à l'égoïsme aveugle, à l'orgueil sans mesure. Le Lion est souvent un être coléreux° et qui, hors de lui, perd tout contrôle de ses actes. Cet homme sincère, d'une franchise redoutable, risque de jouer la comédie pour sauver son prestige.

La vanité est son point faible. Il n'oublie jamais une humiliation.

Il faut, pour susciter son attachement, flatter sa vanité, être digne de lui en toutes circonstances. Il aime les femmes décoratives et élégantes, dont il n'aura pas à rougir devant ses amis les plus difficiles. Il lui faut aussi une compagne affectueuse, qui comprenne et partage ses ambitions.

La femme du signe ne cède à° son séducteur qu'après une longue cour ponctuée de lettres enflammées, de cadeaux, d'attentions et de compliments. Il lui faut un cadre° digne d'elle et son amour résiste rarement à une vie matérielle médiocre . . . à moins que la passion ne soit savamment° entretenue° par un climat affectif très heureux.

Les relations familiales du Lion sont généralement axées° sur le père. Il lui faut certes° une mère affectueuse, mais plus encore un père digne de son admiration. L'enfant Lion tient à être fier de ses

doué de endowed with

la mesquinerie pettiness, meanness
a de l'envergure has potential, scope
le revers de la médaille the other side of the coin
porté à prone to

coléreux angry, quick-tempered

céder à to yield to

le cadre setting

savamment skillfully
être entretenu to be maintained
axé sur centered upon
certes = certainement

Les Officiers sont des Lions

Les astrologues n'ont peut-être pas toujours (ni tout à fait) tort. C'est ce que paraissent indiquer les travaux de deux sérieux sociologues britanniques, MM. Joe Cooper et Alan Smithers. Ils s'intéressaient aux officiers de l'armée et l'idée leur vint de comparer les dates de naissance de 12.000 officiers en activité en 1909 et de 4.000 officiers qui servaient en 1968. Ce fut pour constater que les officiers ne naissent pas en même temps que tout le monde.

En effet, si la courbe[1] de naissance pour les deux promotions est identique, en revanche,[2] elle ne correspond pas du tout à la courbe de l'ensemble de la population: les officiers naissent beaucoup plus en août et en novembre que la moyenne des citoyens. Ou encore, sous les signes du Lion et du Scorpion. Coïncidence? Fait exceptionnel? Pour en avoir le cœur net,[3] les deux sociologues dressèrent alors des listes[4] de médecins, d'avocats, d'écrivains, de musiciens, de prêtres. Conclusion: «Pour nous, écrivent-ils, il est évident que certaines professions au moins ont une relation directe avec le mois de naissance.»

C'est ainsi que les artistes ont une tendance très nette à naître en avril,

les musiciens en novembre, les acteurs comiques en décembre-janvier, les romanciers en septembre. Mais, les prêtres, les traducteurs, les poètes et les joueurs de cricket, eux, viennent au monde, indifféremment, d'un bout à l'autre de l'année.

En bons scientifiques, MM. Joe Cooper et Alan Smithers se sont aussitôt mis en quête d'explications. Ils en ont trouvé au moins deux possibles. La première met en cause,[5] directement, l'influence de l'environnement, la température, qui joue sur l'ensemble des réactions bio-chimiques du métabolisme et définit ainsi le caractère de l'individu. La seconde fait intervenir une histoire de rythme du corps, «d'horloge biologique» propre à chacun de nous, découverte récente et sur laquelle on sait encore bien peu de chose.

Il ne s'agit là, bien entendu, que d'hypothèses de travail. Mais les Égyptiens de l'Antiquité, qui choisissaient leurs officiers chez les natifs du Lion et du Scorpion uniquement, connaissaient déjà le phénomène. Ils l'attribuaient à l'influence des astres sur le caractère. À quand la mobilisation de Mme Soleil[6] comme sergent recruteur?

Source: *Le Point*
[1] **la courbe** graph, chart
[2] **en revanche** on the other hand
[3] **Pour . . . net** To have it out, to clear the matter up
[4] **dresser une liste** to draw up a list

[5] **mettre en cause** to implicate
[6] **Madame Soleil** astrologue française célèbre

---

voyant flashy

parents. S'il s'élève au-dessus de leur condition sociale, il les traite soit avec mépris, soit avec une affection un peu condescendante ou il les comble de cadeaux voyants° et coûteux. Le Lion aime avoir une cour d'amis admiratifs, il la choisit soit parmi les gens qui peuvent flatter son amour-propre, soit parmi ceux qu'il peut inonder

jouer les mécènes to behave like a great benefactor

de ses bienfaits. Il adore jouer les mécènes.° Comme il a le goût du beau et qu'il est souvent artiste, il s'entoure volontiers de jeunes talents qu'il aide à «réussir», s'il en a les moyens. S'il n'est pas riche, il sort volontiers avec des peintres, des comédiens, des musiciens dont il fait ses amis.

Le Lion a le sens de l'organisation, un excellent esprit de synthèse, l'art de juger une situation dans son ensemble et dans une large perspective d'avenir. Il voit grand et loin. Il a le don du commandement, une autorité naturelle et de vastes ambitions. Sa puissance de travail et la diversité des problèmes qu'il est capable de concevoir lui ouvrent presque toutes les portes.

la Vierge Virgo, the virgin

La Vierge° (*Du 24 août au 23 septembre*)

viser to aim

une étroitesse narrowness

se . . . eux-mêmes are introverted, retire into their shell

tatillon finical, fussy
maniaque compulsive
pointilleux fastidious
se noyer to drown
une envergure (*lit.*) wingspread, here, breadth, potential
du . . . revendre devotion with enough left over to sell

un coupeur . . . quatre one who splits hairs

rangé orderly, dutiful
la liaison love affair
tapageur uproarious

voire even, indeed
les leurs their family

Les qualités essentielles de ceux de la Vierge sont faites d'intelligence, de sens analytique, d'intériorisation et d'adaptabilité. Ils visent° en toute chose à l'efficacité, au résultat pratique. Ils ont du discernement et un esprit logique. La raison les gouverne. Ils doivent craindre une tendance à l'étroitesse° d'esprit, à la mesquinerie, à l'inhibition et aux complexes d'infériorité. Ils ont du mal à communiquer avec autrui et se replient sur eux-mêmes.° S'ils sont ingénieux, méthodiques et pleins de ressources, ils doivent éviter de se montrer tatillons,° maniaques° et pointilleux,° de se noyer° dans les détails, d'être paralysés par une tendance à tout calculer et à tout prévoir, au détriment de l'audace et de l'envergure.°

Ils ont le sens du devoir, du dévouement à revendre° . . . mais ils ne savent pas toujours respecter les besoins de liberté et d'indépendance de leur entourage. Ils sont trop critiques et souvent égoïstes, sans en prendre conscience. Ce sont des «coupeurs de cheveux en quatre»° et ils ont un côté «fourmi» qui fait la morale à la cigale.[1]

Il ne faut pas l'oublier, il s'agit d'un signe double, comme les Gémeaux, les Poissons et le Sagittaire, plus exposés que les autres aux troubles provoqués par leurs propres dualités. On verra ainsi certains sujets de la Vierge mener une vie «bien rangée»,° de digne père de famille et parallèlement avoir une liaison° tapageuse° avec un être appartenant à un monde social différent du sien.

Les natifs de la Vierge, du type classique, mènent néanmoins le plus souvent une vie sage, voire° exemplaire; conscients de leurs responsabilités, ils cherchent avant tout à préserver les leurs° de tous les coups du sort. Ils mènent une existence régulière, un peu monotone, toute faite d'habitudes quotidiennes auxquelles ils ne sauraient

---

[1] Allusion à une fable de la Fontaine, *La Cigale et la fourmi*. La cigale, ayant chanté tout l'été, n'a rien mis de côté pour l'hiver. Elle demande de l'aide à sa voisine industrieuse, la fourmi. Celle-ci la lui refuse en lui donnant une leçon de morale: «Vous chantiez? j'en suis fort aise: Eh bien! dansez maintenant.»

déroger à to depart (from something), diverge

déroger.° Le type Vulcain met plus de fantaisie dans l'organisation de sa vie … il y met même souvent du désordre et de la folie. Il estime que celle-ci ne mérite pas d'être vécue si elle n'est pas ponctuée par de violentes et intenses passions.

L'homme ou la femme de la Vierge représente dans une organisation ou une entreprise de quelque importance la plus précieuse des chevilles ouvrières.° C'est l'être consciencieux et efficace par excellence, auquel on peut confier les missions les plus délicates. Il les mènera toujours à bien,° avec diplomatie. Sachant organiser son travail, il ne perd jamais de temps. Il prépare, calcule, réfléchit. Puis il avance un pion° sur son échiquier° et prépare la bataille suivante. Il gagne ainsi lentement mais sûrement, gravit les échelons,° sait se faire apprécier sans jamais manquer de modestie, se rend indispensable. Le natif de la Vierge joue ainsi le parfait secrétaire, toujours au courant° de tout, capable de résoudre tous les problèmes.

Mais le manque d'envergure empêche trop souvent les Virginiens de se hisser° au-dessus d'une condition subalterne.

Ils sont légion dans les administrations publiques … à tous les échelons, sauf les plus élevés.

la cheville ouvrière mainspring (of an enterprise)

mener à bien to bring to a successful conclusion

le pion pawn
un échiquier checkerboard
gravir les échelons to rise in the ranks

être au courant to be informed

se hisser to hoist oneself

la Balance Libra, the scales

La Balance° (*Du 24 septembre au 23 octobre*)

Les plus sûres qualités de la Balance sont très certainement la sensibilité, l'ouverture d'esprit, l'indulgence et la richesse de sentiment. Les sujets de la Balance ont la passion de la justice et un idéal élevé parfois un peu utopique. Ils ne peuvent vivre sans aimer, sans donner, sans comprendre. Ils sont pleins de délicatesse et de tact, leurs goûts sont raffinés. Ils ne supportent pas la solitude et éprouvent toujours le besoin de renouveler leurs contacts, de «voir du monde».°

voir du monde to see people

Cet excès même de sensibilité les rend très vulnérables et ils surmontent difficilement les peines de cœur qui pourtant trop souvent les atteignent. Ils ne se sentent pas assez sûrs d'eux, manquent de volonté et se montrent surtout hésitants. À force de° peser le pour et le contre,° ils ne parviennent pas à se décider. La lutte, le «struggle for life», leur fait peur. Ils risquent ainsi de se laisser dominer par des êtres plus volontaires qu'eux et d'entraver° ainsi l'épanouissement° de leur personnalité.

À force de By dint of
peser … contre to weigh the pros and cons

entraver to fetter, to impede
un épanouissement blossoming out

Ils ont parfois des préoccupations superficielles, sont trop sensibles à l'opinion des autres, craintifs devant leurs réactions. Ils ont besoin d'être approuvés et compris, et souffrent plus que les autres de l'hostilité de leur entourage.

Les relations affectives jouent dans l'existence des natifs de la Balance un rôle capital, car ce sont avant tout de grands sentimentaux. Ils ne vivent que pour et par l'amour. Ils sont paralysés dans l'existence s'ils n'ont, pour les stimuler, pour leur donner l'élan et l'enthousiasme indispensables, un grand amour au cœur.

un emballement enthusiasm

les oubliettes (f.) secret dungeon, place where one is forgotten

traduire to interpret

conduire . . . barque to manage their affairs

En amitié, les sujets du signe sont infiniment agréables . . . mais pas toujours fidèles. Ils ont des emballements° soudains qui relèguent parfois pour un certain temps des amitiés anciennes . . . dans les oubliettes.° Ils ne sont pas insensibles à la flatterie et se laissent séduire facilement . . . jusqu'au jour où ils sont déçus. Ils font alors du charme et reviennent vers leurs vrais amis qui ne parviennent jamais à les repousser car les Balances ont l'art de tout se faire pardonner.

D'une manière générale, on trouve surtout chez les natifs des dispositions artistiques. Leur sensibilité, leur réceptivité extrême les prédisposent à traduire,° de façon exemplaire, les œuvres d'autres artistes plus créateurs qu'eux-mêmes. Ce sont d'excellents interprètes, au théâtre, en musique, dans la danse. Mais on trouve aussi une autre orientation fréquente chez les Balances. Leur goût de la justice et de l'équilibre les dirige vers la magistrature, parfois vers la politique, s'ils reçoivent en même temps l'influence de signes plus volontaires que celui-ci. Les femmes du signe sont habituellement plus dynamiques et plus réalistes que les hommes. Elles ont aussi plus de caractère et savent mieux conduire leur barque.°

le Scorpion Scorpio, the scorpion

deviner to guess

le juste milieu the golden mean (absence of extremism)

d'où hence

Le Scorpion° (*Du 24 octobre au 22 novembre*)

Les meilleures tendances du signe sont liées à la force, à l'énergie psychique qu'il confère à ses natifs. Ils sont capables d'une grande concentration d'esprit, d'un jugement sûr et lucide et devinent° d'instinct les intentions véritables des autres. Cette perspicacité est entre leurs mains une arme redoutable . . .

Il serait juste de dire que l'instinct avec ses forces saines et ses dangers gouverne le Scorpion. C'est sans doute la raison pour laquelle c'est aussi le signe des extrêmes et des excès. C'est lui qui fait les assassins ou les saints et qui ignore le juste milieu.°

Dans ses mauvais aspects, le Scorpion est, en effet, agressif, violent, parfois cruel, souvent brusque. Il est jaloux, tyrannique, envieux, doué d'un caractère entier et exclusif. Ses haines sont tenaces. Il y a en lui une force de destruction susceptible de se retourner contre lui-même également—d'où° une forte proportion de suicides chez ses natifs. Mais, s'il met son énergie au service des autres, sa puissance de méditation et de réflexion au service d'une recherche ou d'un idéal, d'un art ou d'une action, nul ne peut aller plus loin que lui. En effet les difficultés le stimulent au lieu de le rebuter et comme il ne supporte pas l'échec, il saura tout mettre en œuvre pour réussir. Sinon, l'échec non surmonté, donne en lui naissance à des complexes et à des névroses très difficiles à guérir.

Être de passion, le Scorpion ne peut rester neutre devant l'amour. C'est le grand problème et le grand drame de sa vie car il ne peut imaginer des amours calmes et sans tourments. Il conçoit l'amour comme un absolu, mais il est en même temps conscient de la difficulté d'accéder à cet absolu. Il s'en veut à lui-même et reproche à l'autre de ne pas savoir vivre cet amour idéal et parfait. D'où la menace permanente d'un châtiment ou d'une autopunition, d'où aussi, rapidement, l'apparition d'un rapport sado-masochiste dans les relations amoureuses du Scorpion.

Avec ses amis, le Scorpion se montre capable d'un grand dévouement mais là encore, il se montre assez exclusif. Des amitiés étranges naissent entre le Scorpion et les femmes qu'il «respecte». Celles-ci acquièrent à ses yeux d'autant plus de prestige qu'elles sont exclues de sa vie sentimentale proprement dite. Il en va de même pour° la femme Scorpion qui a des amitiés passionnées pour certains hommes. Malgré eux, les sujets du signe, sans même le vouloir, aiment à créer de l'ambiguïté dans leurs relations amicales. Pour une femme d'un autre signe, l'amitié d'une «Scorpionne» n'est pas de tout repos° et la rivalité féminine est toujours à craindre. Pour un homme, l'amitié du Scorpion est beaucoup plus profonde et solide, surtout si cette amitié repose sur une action ou une recherche commune.

Le Scorpion est un signe de grande endurance physique, plus que de vigueur pure ou de robustesse. Se santé, il la doit en grande partie à son énergie psychique. Il veut, donc il peut. Il peut même fatigué, même épuisé,° fournir encore des efforts prodigieux. Tant qu'il faut tenir, il tient. Mais le Scorpion, bien souvent, met sa santé en péril, il fume trop, boit trop, sort tard le soir et passe des nuits blanches° ... il lui arrive même de faire des expériences dangereuses, de goûter à la drogue; d'une manière ou d'une autre, il cherche à multiplier ses sensations et ses émotions.

Il en ... pour The same goes for

de tout repos safe, comfortable

épuisé exhausted

la nuit blanche a sleepless night

Le Sagittaire° (*Du 23 novembre au 21 décembre*)

le Sagittaire Sagittarius, the archer

Le Sagittaire—signe double—présente deux visages selon que le natif du signe—symbolisé par un Centaure, mi-cheval mi-archer—se rapproche plus de la nature humaine ou de la nature animale.

Si le type «archer» est plus sentimental, émotif et romanesque que son frère «cheval», à son tour plus sensuel, plus gourmand,° plus attaché aux plaisirs de ce monde, on peut découvrir de nombreux points communs aux deux types.

gourmand epicurean, fond of good food

Ils ont l'un et l'autre un réel amour de la vie, de l'ambition, un caractère indépendant, le goût des voyages.

Si l'on peut dire du signe qu'il est celui du dépassement de toutes les frontières, géographiques aussi bien que physiques ou intellectuelles, on comprendra pourquoi le Sagittaire peut fournir aussi bien des explorateurs, des aviateurs—tels que Mermoz ou Guynemer[2]—et des champions sportifs que des représentants du haut clergé, d'éminents professeurs et des philosophes.

---

[2] **Mermoz:** aviateur français qui le premier, fit la traversée de l'Atlantique Sud. Il disparut au cours d'un vol en 1936. **Guynemer:** l'un des plus célèbres aviateurs français pendant la Première Guerre mondiale. Il mourut en combattant en 1917.

fait ... étoile trusts in his good luck

Le Sagittarien est un être optimiste, qui va de l'avant et fait confiance à sa bonne étoile° comme à ceux qu'il approche. Il a habituellement l'occasion d'utiliser ses dons d'organisation, d'administrateur, ce qui lui promet une belle réussite à l'âge mûr. À cinquante ans, il est au sommet de sa fortune, épanoui, sûr de lui, calme et satisfait du chemin parcouru.

On trouve aussi fréquemment chez le Sagittaire une tendance à jouer les mousquetaires: le Sagittaire se bat courageusement pour ses idées, pour les faibles et les opprimés, avec générosité et un certain goût du panache° ... Il joue volontiers les «chargés de mission».

le panache flourish, display

soucieux careful, concerned

Mais il convient de distinguer, là encore, deux attitudes, propres aux deux types du signe: l'un sera un conformiste, soucieux° de l'opinion des autres, désireux de «rentrer dans le rang», généralement influençable par ses lectures ou par ceux qu'il admire. L'autre, au contraire, aura un côté «anarchiste», révolté, anticonformiste, indépendant à l'extrême.

Tour à tour By turn

le déplacement moving around

Tour à tour° heureux avec ostentation ou inquiet avec agressivité, le Sagittaire n'est pas facile à bien connaître. Mais il a fort heureusement des qualités profondes: un réel besoin de déplacement,° une nature orientée vers une compréhension large et tolérante du monde, un grand cœur, une intelligence attentive et assez de force pour affronter de grands projets, de grandes entreprises, de grandes conquêtes.

se ressentir de to show the effects of

Le comportement amoureux du Sagittaire se ressent° évidemment des contradictions inhérentes au signe. S'il est habituellement partisan du mariage et joue volontiers le chef de la famille tout puissant, patriarche ou matriarche, cela ne l'empêche pas toujours de mener une vie compliquée. Il a besoin de stimulant affectif puissant pour avoir le sentiment de sa force, et pour cela, il lui faut du renouveau ... de temps en temps. S'il est du type non conformiste, il divorce et se remarie—mais c'est encore là une façon de sacrifier aux convenances et, dans le premier cas, de les braver. On le voit, ces attitudes contradictoires sont toujours étroitement imbriquées.° De même, à cause de son bon cœur il lui sera pénible de faire de la peine à l'être qui l'aime encore, alors qu'il est lui-même détaché, mais il ne pourra sacrifier sa passion naissante.

imbriqué overlapping

le Capricone Capricorn, the goat

Le Capricorne° (*Du 22 décembre au 20 janvier*)

leur vaut brings in, produces

la souplesse suppleness

Tous les représentants du signe ont en commun un air de distinction naturelle, une certaine «classe», quelque chose de mystérieux et d'aristocratique qui leur vaut° un charme un peu intimidant. Un évident manque de souplesse° physique en est d'ailleurs—sans doute—partiellement responsable ... ! Si le Capricorne intimide, il en est le premier surpris et désolé, car personne n'est plus simple que lui ni plus profondément naturel. Aucune affectation, aucun souci d' «épater»° les autres. Il est lui-même et ne se sent guère capable de jouer un personnage qui ne «l'habite» pas.

épater to bowl over, astound

une épreuve   trial, tribulation

insouciant   carefree
ternir   to tarnish
éclatant   brilliant

On lui trouve parfois l'air sévère et distant . . . il ne faut y voir que sa très grande timidité, son manque de confiance en lui-même, son manque d'aisance «dans le monde». En réalité, c'est un être sérieux, dont les préoccupations ne sont jamais frivoles ni superficielles. S'il apprend, avec les épreuves,° à ne rien prendre au tragique, il demeure néanmoins incapable de prendre les choses avec légèreté. Sa nature n'est pas insouciante;° l'inquiétude est là, permanente, prête à ternir° ses joies les plus éclatantes.°

Il y a chez tout Capricorne, à l'origine, un sentiment de frustration affective qui détermine le double aspect de son comportement devant l'amour. Il a manqué d'affection—soit parce que, de bonne heure, il a perdu ses parents, soit parce qu'il a été élevé par des parents froids et sévères—et au sortir de l'adolescence il attend de l'amour—le Grand Amour Absolu—toute la chaleur qui va lui rendre la vie, la confiance, la force qu'il sait obscurément posséder. Il tend vers lui avec avidité et violence mais sans jamais pouvoir se libérer de l'inquiétude castratrice° de voir s'éloigner l'être aimé. Alors il rencontre l'échec et se replie sur lui-même, rentre dans sa coquille:° l'amour désormais lui fait peur, les souffrances qu'il a endurées lui laissent des cicatrices° toujours sensibles et au risque de les éprouver à nouveau il préfère la solitude, le travail, les plus arides études. Et puis, avec le temps et sa lucidité toujours en éveil, il prend conscience de lui-même, se construit, consolide sa forteresse. C'est alors que deux attitudes peuvent se dessiner en lui: ou bien il devient misogyne, cynique, un peu amer, tel Alceste,[3] et accumule des aventures° auxquelles son cœur ne participe pas mais qui ne lui refusent pas les plaisirs sensuels ni même la possibilité de riches échanges intellectuels. Ou bien il devient véritablement maître de lui-même, trouve son équilibre affectif, s'humanise; il ouvre à nouveau la porte à la tendresse, tout en sachant mieux la canaliser,° la contenir, et devient ainsi mûr pour un amour paisible et constructif. C'est pourquoi le Capricorne est presque toujours plus heureux après l'âge mûr.

castrateur   castrating, debilitating
la coquille   shell

la cicatrice   scar

une aventure   brief love affair, escapade

canaliser   to channel

Le Capricorne est fait pour tous les travaux de longue haleine,° qui exigent° et une préparation minutieuse et une conscience sans défaillance.° C'est pourquoi la recherche scientifique peut le passionner—en médecine par exemple—la philosophie, les mathématiques, tout ce qui, en fait, se trouve lié à de patientes études. Mais c'est un signe de terre et il ne peut se contenter d'un travail purement abstrait. Il lui faut une activité ou des résultats concrets.

Le Capricorne est fréquemment attiré par la politique.

Le Capricorne possède également un goût très vif pour tout ce qui a trait au passé. Les origines du monde et de l'homme le passionnent. C'est pourquoi il est fréquemment attiré par l'archéologie, l'étude des langues anciennes, la paléontologie, l'anthropologie . . . etc.

de longue haleine   drawn out, long
exiger   to demand
la défaillance   weakness

---

[3] **Alceste:** personnage principal de la comédie de Moliére, *Le Misanthrope.*

Le Verseau° (*Du 21 janvier au 18 février*)

le Verseau Aquarius,
the water-bearer

une idée reçue preconceived idea,
misconception

déborder to overflow

dérouter to disconcert

l'on s'y attend one expects it
mû moved

jadis formerly

Le Verseau est un signe d'intelligence. Il donne le goût des idées,
oriente les esprits vers la Connaissance et vers la recherche dans son
aspect le plus universel. C'est aussi le signe des grandes découvertes,
du progrès, de la liberté et de l'amitié. Ses natifs refusent toutes les
«idées reçues»° et veulent tout découvrir ou retrouver par eux-
mêmes, sans accepter aucune limite, aucune frontière initiale. Ce
sont des êtres sans préjugés, ni sur le plan moral ni sur le plan intellectuel et leur comportement est non conformiste.

Ils sont toujours marqués par une forte cérébralité qui peut
déborder° le plan affectif et physique, s'exercer à leur détriment. De
même, leur refus des préjugés les incite parfois à provoquer le
monde extérieur ou à se livrer à certaines excentricités. Ils sont
néanmoins altruistes, généreux, doués d'un pouvoir latent de sympathie car ils s'intéressent sincèrement à leurs frères humains. Toutefois, ce sont des natures indépendantes et ils tiennent à ce que l'on
respecte leur liberté.

Leur comportement, à cause de cela même, déroute° parfois leur
entourage. Ils «fuient», ils disparaissent au moment où l'on s'y at-
tend° le moins, mûs° par une peur soudaine de se voir emprisonnés.

Le Verseau recherche en amour un compagnon avec lequel il
puisse toujours conserver des liens d'amitié; il exigera donc avant
tout une entente intellectuelle—pour lui primordiale—puis une entente affective et sentimentale et enfin, une entente physique.

Si le Verseau a du mal à se fixer et s'il connaît des liaisons tour-
mentées, qui se terminent souvent de façon brusque, il s'efforce
néanmoins de renouer avec l'être qu'il a jadis° aimé. Précisons aussi
que le Verseau est le signe du zodiaque qui provoque le plus de di-
vorces et de séparations. Cela semble lié chez lui à un «complexe de
Tristan»[4] qu'il lui faut surmonter s'il veut réussir sa vie affective (ce
complexe l'incitant à idéaliser l'être aimé, et à rechercher des
amours impossibles ou à se frustrer lui-même du bonheur dont il
pourrait jouir).

En amitié, le natif du Verseau ne peut être comparé à aucun autre:
c'est vraiment le meilleur des amis, le plus attentif, le plus fidèle, le
plus vigilant et le plus généreux. Il a plus que personne le sens de
l'amitié. On devrait dire le «don» de l'amitié.

On trouvera de nombreux Verseau dans la presse, la radio, la télévision. Mais partout, le natif du signe cherchera à innover, à réfor-
mer, à révolutionner, et à travailler pour l'avenir. Le futur est son
domaine. C'est pourquoi aussi, depuis Jules Verne, le Verseau a

---

[4] **Tristan:** personnage d'une légende médiévale, *Tristan et Iseut.* Pour avoir bu un phil-
tre magique, Tristan et Iseut s'aiment d'un amour éternel et fatal. Mais Iseut est
l'épouse du roi Marc, à qui Tristan doit sa loyauté. Leur amour est donc impossible
mais irrésistible.

fourni de nombreux auteurs de science-fiction. En art, c'est un créateur d'avant-garde; en médecine ou dans toute autre activité scientifique, un inventeur. Comme technicien, il sera toujours prêt à utiliser les découvertes les plus récentes. Ajoutons que le signe est aussi symbole des ondes° et que tout ce qui a trait à l'électricité, à l'électronique, est de nature Verseau.

une onde wave

Le Verseau a un but dans l'existence: faire quelque chose pour les autres, à l'échelle° la plus vaste possible. S'il peut œuvrer pour le bien commun, contribuer au progrès de l'humanité, il meurt satisfait . . .

une échelle scale

Les Poissons° (*Du 19 février au 20 mars*)

les Poissons Pisces, the fish

Les Poissons est un signe double qui présente deux types: Jupitérien et Neptunien.

Certes, les deux types Jupitérien et Neptunien, presque opposés l'un à l'autre, sont parfois «à l'état pur» et sans mélange chez un natif des Poissons. On aura alors d'un côté un optimiste sûr de sa bonne étoile, qui semble, dans la vie, «passer à travers les gouttes»° et qui jouit d'une chance insolente, réussissant tout ce qu'il entreprend, faisant fortune au jeu, sans que son mérite personnel intervienne jamais. De l'autre, on trouvera le Poissons mystique, rêveur, sans cesse à la poursuite d'un idéal utopique, incapable de défendre ses intérêts, se laissant gruger° par quelque beau parleur lui promettant de placer ses économies°—si jamais il en a.

passer . . . gouttes to avoid difficulties

se laisser gruger to allow oneself to be taken in
les économies (*f.*) savings

remporter to carry off

Mais le plus souvent, ces deux personnages se mêlent l'un à l'autre dans le cœur du Poissons, l'un combattant l'autre, l'un remportant° parfois sur l'autre une brève victoire. Ce sera la lutte caractéristique chez le natif du signe entre une nature infiniment sensuelle, faible devant les tentations, vulnérable à tous les troubles et une nature mystique, assoiffée de° sacrifices et de vie spirituelle.

assoiffé de thirsting after

C'est pourquoi l'univers des Poissons est attachant mais donne parfois le sentiment d'une inconsistance, d'un inachèvement tragique.

Il y a chez le natif des Poissons des tendances narcissiques fréquentes: il croit aimer les autres mais il se préfère, au fond de lui-même. Comme bien des êtres sensuels, il y a en lui de fortes tendances égoïstes dont il cherche à se défaire par des élans altruistes. On peut lui reprocher, presque toujours, son inconscience. Il ne se rend pas compte du mal qu'il peut faire. Ayant peur de faire du mal—car il est dénué de méchanceté—il risque d'agir avec cruauté, parce que lâchement.° Ainsi, désirant quitter une personne pour une autre, il sera incapable de rompre:° il deviendra de plus en plus indifférent, froid, distant mais n'aura pas le courage de prendre l'initiative «chirurgicale»° . . .

lâchement in a cowardly fashion
rompre to break off

chirurgical surgical

Pourtant, personne ne sait comme lui communier dans l'amour, entraîner l'être aimé dans son univers poétique et chatoyant,° créer une sorte de magie, ponctuée de rites et de mystères, dans le rapport

chatoyant shimmering

susciter   to arouse

le verbe   speech, way of speaking
le regard   gaze, expression of the
  eyes
flou   soft, undefined, blurred

amoureux. C'est pourquoi sans doute le «Poissons» suscite° de violentes passions. L'être qui se laisse prendre au piège de son
«verbe»,° au charme de son regard° oublie difficilement et guérit
mal de ces amours subtiles, aux contours un peu flous,° où rien n'est
dit mais où tout est suggéré . . .

En amitié, le «Poissons» est difficile, toujours un peu insaisissable.
On n'a pas de prise sur lui. Il échappe, presque malgré lui, à la confrontation qu'exige l'amitié. C'est pourquoi ses liens dans ce domaine sont rarement durables, mais comme il a du charme, il peut
toujours renouveler ses interlocuteurs.

Victor Hugo

COMPRÉHENSION

1. Résumez les caractères principaux de chaque signe. S'accordent-ils à vos
   camarades de classe nés sous ces signes?
2. Pour cinq ou six des signes qui s'y prêtent, relevez les traits qui sont en rapport avec le symbole du signe.
3. Lisez attentivement la description de votre signe. En quoi vous paraît-elle
   juste? En quoi vous paraît-elle erronée quant à vous-même? Lisez la description d'un signe autre que le vôtre (de préférence un signe qui est loin du
   vôtre). Vous semble-t-il plus, moins, ou aussi valable?

4. Étudiez les descriptions de deux ou trois autres signes—ceux des personnes que vous connaissez le mieux. Semblent-elles être plus ou moins exactes dans leur cas?

DISCUSSION

1. Croyez-vous personnellement à l'astrologie? Quelles sont vos idées à ce sujet?

2. En général, l'occulte et le mystérieux vous intéressent-ils? Racontez ce que vous savez ou ce que vous pensez des sujets suivants:

les revenants (*ghosts*)	les miracles
la magie noire	la métempsycose (*trans-*
la vie après la mort	*migration of souls*)
les cartes de tarot	le mythe de l'Atlantide
le I Ching (*Chinese Book of Changes*)	Carnak et l'Île de Pâques
les diseurs de bonne aventure (*fortune tellers*)	les prémonitions
les voyants (*psychically gifted people*)	la télépathie

3. Avez-vous jamais eu une expérience occulte ou surnaturelle? Connaissez-vous personnellement des personnes qui en ont eu?

COMPOSITION DIRIGÉE

Analyse de caractère (peut-être vous-même)

I. Introduction

Âge et description physique de la personne dont vous faites l'analyse: taille, gestes, allure, façon de s'habiller, etc.

II. Développement—portrait moral

A. ses rapports avec autrui
B. ses intérêts
C. les principaux mobiles de sa conduite
D. son attitude vis-à-vis de l'argent
E. sa réaction aux situations difficiles
F. sa réaction aux circonstances heureuses
G. ce qu'elle admire
H. ce qu'elle déteste
I. comment elle envisage son avenir

III. Conclusion

Cette personne vous semble-t-elle ordinaire ou extraordinaire? Expliquez.

Appendix

REGULAR VERBS

1. Model *-er* verb **(aimer)**
2. Model *-ir* verb **(finir)**
3. Model *-re* verb **(rendre)**
4. Model pronominal verb **(se laver)**
5. Model verb in the passive voice **(être aimé)**

1. Model *-er* verb

aimer		
Mode Indicatif		*Mode Conditionnel*

PRÉSENT	PASSÉ COMPOSÉ	PRÉSENT
j' aim*e*	j' ai aimé	j' aim er*ais*
tu aim *es*	tu as aimé	tu aim er*ais*
il aim *e*	il a aimé	il aim er*ait*
nous aim *ons*	nous avons aimé	nous aim er*ions*
vous aim *ez*	vous avez aimé	vous aim er*iez*
ils aim *ent*	ils ont aimé	ils aim er*aient*

IMPARFAIT	PLUS-QUE-PARFAIT	PASSÉ
j' aim *ais*	j' avais aimé	j' aurais aimé
tu aim *ais*	tu avais aimé	tu aurais aimé
il aim *ait*	il avait aimé	il aurait aimé
nous aim *ions*	nous avions aimé	nous aurions aimé
vous aim *iez*	vous aviez aimé	vous auriez aimé
ils aim *aient*	ils avaient aimé	ils auraient aimé

PASSÉ SIMPLE	PASSÉ ANTÉRIEUR	
j' aim *ai*	j' eus aimé	
tu aim *as*	tu eus aimé	
il aim *a*	il eut aimé	
nous aim *âmes*	nous eûmes aimé	
vous aim *âtes*	vous eûtes aimé	
ils aim *èrent*	ils eurent aimé	

FUTUR	FUTUR ANTÉRIEUR	
j' aim er*ai*	j' aurai aimé	
tu aim er*as*	tu auras aimé	
il aim er*a*	il aura aimé	*Mode Impératif*
nous aim er*ons*	nous aurons aimé	aim *e*
vous aim er*ez*	vous aurez aimé	aim *ons*
ils aim er*ont*	ils auront aimé	aim *ez*

Mode Subjonctif

PRÉSENT			PASSÉ		
que j'	aim	*e*	que j'	aie aimé	
que tu	aim	*es*	que tu	aies aimé	
qu'il	aim	*e*	qu'il	ait aimé	
que nous aim	*ions*		que nous ayons aimé		
que vous aim	*iez*		que vous ayez aimé		
qu'ils	aim	*ent*	qu'ils	aient aimé	

IMPARFAIT		PLUS-QUE-PARFAIT	
que j'	aimasse	que j'	eusse aimé
que tu	aimasses	que tu	eusses aimé
qu'il	aimât	qu'il	eût aimé
que nous aimassions		que nous eussions aimé	
que vous aimassiez		que vous eussiez aimé	
qu'ils	aimassent	qu'ils	eussent aimé

Mode Infinitif

PRÉSENT	PASSÉ
aimer	avoir aimé

Mode Participe

PRÉSENT	PASSÉ
aimant	aimé, ayant aimé

2. Model *-ir* verb

finir

Mode Indicatif

PRÉSENT			PASSÉ COMPOSÉ		
je	fin	*is*	j'	ai fini	
tu	fin	*is*	tu	as fini	
il	fin	*it*	il	a fini	
nous fin	*issons*		nous avons fini		
vous fin	*issez*		vous avez fini		
ils	fin	*issent*	ils	ont fini	

IMPARFAIT		PLUS-QUE-PARFAIT	
je	fin iss*ais*	j'	avais fini
tu	fin iss*ais*	tu	avais fini
il	fin iss*ait*	il	avait fini
nous fin iss*ions*		nous avions fini	
vous fin iss*iez*		vous aviez fini	
ils	fin iss*aient*	ils	avaient fini

PASSÉ SIMPLE		PASSÉ ANTÉRIEUR	
je	fin *is*	j'	eus fini
tu	fin *is*	tu	eus fini
il	fin *it*	il	eut fini
nous fin *îmes*		nous eûmes fini	
vous fin *îtes*		vous eûtes fini	
ils	fin *irent*	ils	eurent fini

FUTUR		FUTUR ANTÉRIEUR	
je	fin ir*ai*	j'	aurai fini
tu	fin ir*as*	tu	auras fini
il	fin ir*a*	il	aura fini

Mode Conditionnel

PRÉSENT	
je	fin ir*ais*
tu	fin ir*ais*
il	fin ir*ait*
nous fin ir*ions*	
vous fin ir*iez*	
ils	fin ir*aient*

PASSÉ	
j'	aurais fini
tu	aurais fini
il	aurait fini
nous aurions fini	
vous auriez fini	
ils	auraient fini

FUTUR	FUTUR ANTÉRIEUR	*Mode Impératif*
nous fin ir*ons*	nous aurons fini	fin *is*
vous fin ir*ez*	vous aurez fini	fin *issons*
ils fin ir*ont*	ils auront fini	fin *issez*

Mode Subjonctif

PRÉSENT	PASSÉ
que je fin iss*e*	que j' aie fini
que tu fin iss*es*	que tu aies fini
qu'il fin iss*e*	qu'il ait fini
que nous fin iss*ions*	que nous ayons fini
que vous fin iss*iez*	que vous ayez fini
qu'ils fin iss*ent*	qu'ils aient fini

Mode Infinitif

PRÉSENT	PASSÉ
finir	avoir fini

IMPARFAIT	PLUS-QUE-PARFAIT
que je fin isse	que j' eusse fini
que tu fin isses	que tu eusses fini
qu'il fin ît	qu'il eût fini
que nous fin issions	que nous eussions fini
que vous fin issiez	que vous eussiez fini
qu'ils fin issent	qu'ils eussent fini

Mode Participe

PRÉSENT	PASSÉ
finissant	fini, ayant fini

3. Model *-re* verb

rendre

Mode Indicatif		*Mode Conditionnel*

PRÉSENT	PASSÉ COMPOSÉ	PRÉSENT
je rend*s*	j' ai rendu	je rend*rais*
tu rend*s*	tu as rendu	tu rend*rais*
il rend	il a rendu	il rend*rait*
nous rend*ons*	nous avons rendu	nous rend*rions*
vous rend*ez*	vous avez rendu	vous rend*riez*
ils rend*ent*	ils ont rendu	ils rend*raient*

IMPARFAIT	PLUS-QUE-PARFAIT	PASSÉ
je rend*ais*	j' avais rendu	j' aurais rendu
tu rend*ais*	tu avais rendu	tu aurais rendu
il rend*ait*	il avait rendu	il aurait rendu
nous rend*ions*	nous avions rendu	nous aurions rendu
vous rend*iez*	vous aviez rendu	vous auriez rendu
ils rend*aient*	ils avaient rendu	ils auraient rendu

PASSÉ SIMPLE	PASSÉ ANTÉRIEUR
je rend*is*	j' eus rendu
tu rend*is*	tu eus rendu
il rend*it*	il eut rendu

nous rend*îmes*	nous eûmes rendu
vous rend*îtes*	vous eûtes rendu
ils rend*irent*	ils eurent rendu

FUTUR	FUTUR ANTÉRIEUR
je rend*rai*	j' aurai rendu
tu rend*ras*	tu auras rendu
il rend*ra*	il aura rendu
nous rend*rons*	nous aurons rendu
vous rend*rez*	vous aurez rendu
ils rend*ront*	ils auront rendu

Mode Impératif

rends
rend*ons*
rend*ez*

Mode Subjonctif

PRÉSENT	PASSÉ
que je rend*e*	que j' aie rendu
que tu rend*es*	que tu aies rendu
qu'il rend*e*	qu'il ait rendu
que nous rend*ions*	que nous ayons rendu
que vous rend*iez*	que vous ayez rendu
qu'ils rend*ent*	qu'ils aient rendu

IMPARFAIT	PLUS-QUE-PARFAIT
que je rendisse	que j' eusse rendu
que tu rendisses	que tu eusses rendu
qu'il rendît	qu'il eût rendu
que nous rendissions	que nous eussions rendu
que vous rendissiez	que vous eussiez rendu
qu'ils rendissent	qu'ils eussent rendu

Mode Infinitif

PRÉSENT	PASSÉ
rendre	avoir rendu

Mode Participe

PRÉSENT	PASSÉ
rendant	rendu, ayant rendu

4. Model pronominal verb

se laver

Mode Indicatif		*Mode Conditionnel*

PRÉSENT	PASSÉ COMPOSÉ	PRÉSENT
je me lave	je me suis lavé(e)	je me laverais
tu te laves	tu t'es lavé(e)	tu te laverais
il se lave	il s'est lavé	il se laverait
nous nous lavons	nous nous sommes lavé(e)s	nous nous laverions
vous vous lavez	vous vous êtes lavé(e)(s)	vous vous laveriez
ils se lavent	ils se sont lavés	ils se laveraient

IMPARFAIT	PLUS-QUE-PARFAIT	PASSÉ
je me lavais	je m'étais lavé(e)	je me serais lavé(e)
tu te lavais	tu t'étais lavé(e)	tu te serais lavé(e)
il se lavait	il s'était lavé	il se serait lavé
nous nous lavions	nous nous étions lavé(e)s	nous nous serions lavé(e)s
vous vous laviez	vous vous étiez lavé(e)(s)	vous vous seriez lavé(e)(s)
ils se lavaient	ils s'étaient lavés	ils se seraient lavés

PASSÉ SIMPLE	PASSÉ ANTÉRIEUR
je me lavai	je me fus lavé(e)
tu te lavas	tu te fus lavé(e)
il se lava	il se fut lavé
nous nous lavâmes	nous nous fûmes lavé(e)s
vous vous lavâtes	vous vous fûtes lavé(e)(s)
ils se lavèrent	ils se furent lavés

FUTUR	FUTUR ANTÉRIEUR	
je me laverai	je me serai lavé(e)	
tu te laveras	tu te seras lavé(e)	
il se lavera	il se sera lavé	*Mode Impératif*
nous nous laverons	nous nous serons lavé(e)s	lave-toi
vous vous laverez	vous vous serez lavé(e)(s)	lavons-nous
ils se laveront	ils se seront lavés	lavez-vous

Mode Subjonctif

PRÉSENT	PASSÉ
que je me lave	que je me sois lavé(e)
que tu te laves	que tu te sois lavé(e)
qu'il se lave	qu'il se soit lavé
que nous nous lavions	que nous nous soyons lavé(e)s
que vous vous laviez	que vous vous soyez lavé(e)(s)
qu'ils se lavent	qu'ils se soient lavés

Mode Infinitif

PRÉSENT	PASSÉ
se laver	s'être lavé

Mode Participe

PRÉSENT	PASSÉ
se lavant	s'étant lavé(e)(s)

IMPARFAIT	PLUS-QUE-PARFAIT
que je me lavasse	que je me fusse lavé(e)
que tu te lavasses	que tu te fusses lavé(e)
qu'il se lavât	qu'il se fût lavé
que nous nous lavassions	que nous nous fussions lavé(e)s
que vous vous lavassiez	que vous vous fussiez lavé(e)(s)
qu'ils se lavassent	qu'ils se fussent lavé

5. Model verb in the passive voice

être aimé

Mode Indicatif		*Mode Conditionnel*

PRÉSENT	PASSÉ COMPOSÉ	PRÉSENT
je suis aimé(e)	j'ai été aimé(e)	je serais aimé(e)
tu es aimé(e)	tu as été aimé(e)	tu serais aimé(e)
il est aimé	il a été aimé	il serait aimé
nous sommes aimé(e)s	nous avons été aimé(e)s	nous serions aimé(e)s
vous êtes aimé(e)(s)	vous avez été aimé(e)(s)	vous seriez aimé(e)(s)
ils sont aimés	ils ont été aimés	ils seraient aimés

IMPARFAIT	PLUS-QUE-PARFAIT	PASSÉ
j'étais aimé(e)	j'avais été aimé(e)	j'aurais été aimé(e)
tu étais aimé(e)	tu avais été aimé(e)	tu aurais été aimé(e)

il était aimé
nous étions aimé(e)s
vous étiez aimé(e)(s)
ils étaient aimés

il avait été aimé
nous avions été aimé(e)s
vous aviez été aimé(e)(s)
ils avaient été aimés

il aurait été aimé
nous aurions été aimé(e)s
vous auriez été aimé(e)(s)
ils auraient été aimés

PASSÉ SIMPLE

je fus aimé(e)
tu fus aimé(e)
il fut aimé
nous fûmes aimé(e)s
vous fûtes aimé(e)(s)
ils furent aimés

PASSÉ ANTÉRIEUR

j'eus été aimé(e)
tu eus été aimé(e)
il eut été aimé
nous eûmes été aimé(e)s
vous eûtes été aimé(e)(s)
ils eurent été aimés

FUTUR

je serai aimé(e)
tu seras aimé(e)
il sera aimé
nous serons aimé(e)s
vous serez aimé(e)(s)
ils seront aimés

FUTUR ANTÉRIEUR

j'aurai été aimé(e)
tu auras été aimé(e)
il aura été aimé
nous aurons été aimé(e)s
vous aurez été aimé(e)(s)
ils auront été aimés

Mode Impératif

sois aimé(e)
soyons aimé(e)s
soyez aimé(e)(s)

Mode Subjonctif

PRÉSENT

que je sois aimé(e)
que tu sois aimé(e)
qu'il soit aimé
que nous soyons aimé(e)s
que vous soyez aimé(e)(s)
qu'ils soient aimés

PASSÉ

que j'aie été aimé(e)
que tu aies été aimé(e)
qu'il ait été aimé
que nous ayons été aimé(e)s
que vous ayez été aimé(e)(s)
qu'ils aient été aimés

Mode Infinitif

PRÉSENT	PASSÉ
être aimé	avoir été aimé(e)(s)

Mode Participe

PRÉSENT	PASSÉ
étant aimé(e)(s)	ayant été aimé(e)(s)

IMPARFAIT

que je fusse aimé(e)
que tu fusses aimé(e)
qu'il fût aimé
que nous fussions aimé(e)s
que vous fussiez aimé(e)(s)
qu'ils fussent aimés

PLUS-QUE-PARFAIT

que j'eusse été aimé(e)
que tu eusses été aimé(e)
qu'il eût été aimé
que nous eussions été aimé(e)s
que vous eussiez été aimé(e)(s)
qu'ils eussent été aimés

STEM-CHANGING VERBS

1. Model verb in *-ger* (**manger**)
2. Model verb in *-cer* (**commencer**)
3. Model verb in *e + consonant + er* (**mener**)
4. Model verb in *é + consonant + er* (**espérer**)
5. Model verb in *-yer* (**employer**)
6. Model verb **appeler**
7. Model verb **jeter**

1. Model verb in *-ger*[1]

manger

PRÉSENT	IMPARFAIT	PASSÉ SIMPLE	IMPÉRATIF
je mange	*je mangeais*	*je mangeai*	mange
tu manges	*tu mangeais*	*tu mangeas*	*mangeons*
il mange	*il mangeait*	*il mangea*	mangez
nous mangeons	nous mangions	*nous mangeâmes*	PARTICIPE
vous mangez	vous mangiez	*vous mangeâtes*	PRÉSENT
ils mangent	*ils mangeaient*	ils mangèrent	*mangeant*

Some other verbs like **manger: arranger,** to arrange; **changer,** to change; **diriger,** to direct; **encourager,** to encourage; **longer,** to go along (something); **mélanger,** to mix; **négliger,** to neglect; **obliger,** to oblige; **partager,** to share; **plonger,** to dive; **protéger,** to protect; **voyager,** to travel.

2. Model verb in *-cer*[1]

commencer

PRÉSENT	IMPARFAIT	PASSÉ SIMPLE	IMPÉRATIF
je commence	*je commençais*	*je commençai*	commence
tu commences	*tu commençais*	*tu commenças*	*commençons*
il commence	*il commençait*	*il commença*	commencez
nous commençons	nous commencions	*nous commençâmes*	PARTICIPE
vous commencez	vous commenciez	*vous commençâtes*	PRÉSENT
ils commencent	*ils commençaient*	ils commencèrent	*commençant*

Some other verbs like **commencer: déplacer,** to move; **effacer,** to erase; **forcer,** to force; **lancer,** to throw; **menacer,** to threaten; **placer,** to place; **remplacer,** to replace; **renoncer,** to give up.

3. Model verb in *-e* + consonant + *er*[2]

mener

INDICATIF PRÉSENT	IMPÉRATIF	SUBJONCTIF PRÉSENT		FUTUR	CONDITIONNEL PRÉSENT	
je mène		*que je*	*mène*	*je mènerai*	*je mènerais*	
tu mènes	*mène*	*que tu*	*mènes*	*tu mèneras*	*tu mènerais*	
il mène		*qu'il*	*mène*	*il mènera*	*il mènerait*	
nous menons	menons	que nous menions		*nous mènerons*	*nous mènerions*	
vous menez	menez	que vous meniez		*vous mènerez*	*vous mèneriez*	
ils mènent		*qu'ils*	*mènent*	*ils mèneront*	*ils mèneraient*	

---

[1] General Principle: **g** becomes **ge** before **a, o, u; c** becomes **ç** before **a, o, u.** In all other cases these verbs are like **aimer.**

[2] General Principle: **e** becomes **è** before a mute **e.**

Some other verbs like **mener: acheter,** to buy; **achever,** to complete; **amener,** to take to; **élever,** to raise; **emmener,** to take away; **lever,** to raise; **peser,** to weigh; **promener,** to walk.

4. Model verb in -é + consonant + *er*[1]

espérer

	INDICATIF			SUBJONCTIF	
	PRÉSENT	IMPÉRATIF		PRÉSENT	
j'	*espère*		*que*		*j'espère*
tu	*espères*	*espère*	*que tu*		*espères*
il	*espère*		*qu'il*		*espère*
nous	espérons	espérons	que nous		espérions
vous	espérez	espérez	que vous		espériez
ils	*espèrent*		*qu'ils*		*espèrent*

Some other verbs like **espérer: céder,** to yield; **compléter,** to complete; **exagérer,** to exaggerate; **gérer,** to manage; **interpréter,** to interpret; **libérer,** to liberate; **préférer,** to prefer; **répéter,** to repeat; **révéler,** to reveal, **suggérer,** to suggest.

---

[1] General Principle: **é** becomes **è** before a mute **e** (except in the future and conditional). In all other cases these verbs are like **aimer.**

5. Model verb in -*yer*[1]

employer

	INDICATIF		SUBJONCTIF			FUTUR		CONDITIONNEL
	PRÉSENT		PRÉSENT					PRÉSENT
j'	*emploie*	*que j'*	*emploie*		*j'*	*emploierai*	*j'*	*emploierais*
tu	*emploies*	*que tu*	*emploies*		*tu*	*emploieras*	*tu*	*emploierais*
il	*emploie*	*qu'il*	*emploie*		*il*	*emploiera*	*il*	*emploierait*
nous	employons	que nous	employions		*nous*	*emploierons*	nous	emploierions
vous	employez	que vous	employiez		*vous*	*emploierez*	vous	emploieriez
ils	*emploient*	*qu'ils*	*emploient*		*ils*	*emploieront*	*ils*	*emploieraient*

IMPÉRATIF: *emploie,* employons, employez

Some other verbs like **employer: envoyer,** to send (except future stem **enverr-**); **nettoyer,** to clean; **renvoyer,** to dismiss; **tutoyer,** to say "tu" to; **vouvoyer,** to say "vous" to; **appuyer,** to support; **ennuyer,** to annoy, bore; **essuyer,** to wipe; to undergo; **balayer,** to sweep[2]; **bégayer,** to stammer[2]; **essayer,** to try[2]; **payer,** to pay[2].

---

[1] General Principle: **y** becomes **i** before a mute **e**
[2] Verbs in **-ayer** need not be changed, but the changed form is preferred.

6. Model verb *appeler*[1]

appeler

INDICATIF	SUBJONCTIF	FUTUR	CONDITIONNEL
PRÉSENT	PRÉSENT		PRÉSENT
j' appelle	que j' appelle	j' appellerai	j' appellerais
tu appelles	que tu appelles	tu appelleras	tu appellerais
il appelle	qu'il appelle	il appellera	il appellerait
nous appelons	que nous appelions	nous appellerons	nous appellerions
vous appelez	que vous appeliez	vous appellerez	vous appelleriez
ils appellent	qu'ils appellent	ils appelleront	ils appelleraient

IMPÉRATIF: *appelle*, appelons, appelez

Some other verbs like **appeler: chanceler,** to stagger; **épeler,** to spell; **ficeler,** to tie up; **renouveler,** to renew; **ruisseler,** to stream.

---

[1] General Principle: **l** becomes **ll** before a mute **e**.

7. Model verb *jeter*[1]

jeter

INDICATIF	SUBJONCTIF	FUTUR	CONDITIONNEL
PRÉSENT	PRÉSENT		PRÉSENT
je jette	que je jette	je jetterai	je jetterais
tu jettes	que tu jettes	tu jetteras	tu jetterais
il jette	qu'il jette	il jettera	il jetterait
nous jetons	que nous jetions	nous jetterons	nous jetterions
vous jetez	que vous jetiez	vous jetterez	vous jetteriez
ils jettent	qu'ils jettent	ils jetteront	ils jetteraient

IMPÉRATIF: *jette*, jetons, jetez

Some other verbs like **jeter: feuilleter,** to leaf through; **rejeter,** to reject.

---

[1] General Principle: **t** becomes **tt** before a mute **e**.

IRREGULAR VERBS

1. Index of irregular verbs
2. Verbe **avoir**
3. Verbe **être**
4. Irregular verbs

1. Index of irregular verbs

Note that verbs in parentheses are conjugated in the same manner.

accueillir to welcome **(cueillir)**
acquérir to acquire
admettre to admit **(mettre)**

aller to go
apercevoir(s') to perceive **(recevoir)**
apparaître to appear **(connaître)**

appartenir to belong (venir)
apprendre to learn (prendre)
atteindre to attain (craindre)
avoir   to have (*See page 524*)
battre to beat
boire to drink
combattre to combat (battre)
complaire to please, humor (plaire)
se complaire to take pleasure in
  (plaire)
comprendre to understand (prendre)
concevoir to conceive (recevoir)
concourir to compete (courir)
connaître to be acquainted with
conduire to drive (détruire)
conquérir to conquer (acquérir)
consentir to consent (partir)
construire to construct (détruire)
convaincre to convince (vaincre)
convenir   to be appropriate, to agree
  (venir)
coudre to sew
courir to run
couvrir to cover (ouvrir)
craindre to fear
croire to believe
croître to grow
cueillir to gather
décevoir to disappoint (recevoir)
découvrir to discover (ouvrir)
décrire to describe (écrire)
détenir to hold, possess (venir)
détruire to destroy
devenir to become (venir)
devoir owe, ought, must
disparaître to disappear (connaître)
dire to say
dormir to sleep
écrire to write
élire to elect (lire)
émouvoir to move (emotionally)
  (mouvoir)
s'endormir to fall asleep (dormir)
s'enfuir to run away (fuir)
enfreindre to transgress (craindre)
entretenir to support (venir)
envoyer to send
éteindre to put out (craindre)
être to be (*See page 525*)
faire to do, make
falloir to be necessary
fuir to flee

haïr to hate
inscrire(s') to inscribe (enroll) (écrire)
instruire to instruct (détruire)
interdire to forbid (dire, *except*
  interdisez)
joindre to join (craindre)
lire to read
maintenir to maintain (venir)
mentir to lie (partir)
mettre to place, put
mourir to die
mouvoir (se) to displace (stir)
naître to be born
nuire to harm
obtenir to obtain (venir)
offrir to give (ouvrir)
omettre to omit (mettre)
ouvrir to open
paraître to appear (connaître)
partir to leave
peindre to paint (craindre)
permettre to permit (mettre)
plaindre (se) to complain (craindre)
plaire to be pleasing
pleuvoir to rain
pouvoir to be able
prendre to take
produire to produce (détruire)
se produire to occur (détruire)
promettre to promise (mettre)
promouvoir to promote (mouvoir)
recevoir to receive
reconnaître to recognize (connaître)
recouvrir to cover up (couvrir)
recueillir to gather (cueillir)
réduire to reduce (détruire)
se repentir to repent (partir)
résoudre to resolve
revenir to come back (venir)
revêtir to put on (vêtir)
revoir to see again (voir)
rire to laugh
satisfaire to satisfy (faire)
savoir to know
sentir to feel (partir)
servir to serve (partir)
sortir to go out (partir)
souffrir to suffer (ouvrir)
soumettre to submit (mettre)
sourire to smile (rire)
soutenir to sustain (venir)
se souvenir to remember (venir)

suffire to suffice		**vaincre** to win	
suivre to follow		**valoir** to be worth	
surprendre to surprise **(prendre)**		**venir** to come	
survivre to survive **(vivre)**		**vêtir** to dress	
taire (se) to silence		**vivre** to live	
(to be silent) **(plaire)**		**voir** to see	
tenir to hold **(venir)**		**vouloir** to want	
traduire to translate **(détruire)**			

2. Verbe *avoir*

avoir

Mode Indicatif

Mode Conditionnel

PRÉSENT		PASSÉ COMPOSÉ		PRÉSENT	
j'	ai	j'	ai eu	j'	aurais
tu	as	tu	as eu	tu	aurais
il	a	il	a eu	il	aurait
nous	avons	nous	avons eu	nous	aurions
vous	avez	vous	avez eu	vous	auriez
ils	ont	ils	ont eu	ils	auraient

IMPARFAIT		PLUS-QUE-PARFAIT		PASSÉ	
j'	avais	j'	avais eu	j'	aurais eu
tu	avais	tu	avais eu	tu	aurais eu
il	avait	il	avait eu	il	aurait eu
nous	avions	nous	avions eu	nous	aurions eu
vous	aviez	vous	aviez eu	vous	auriez eu
ils	avaient	ils	avaient eu	ils	auraient eu

PASSÉ SIMPLE		PASSÉ ANTÉRIEUR	
j'	eus	j'	eus eu
tu	eus	tu	eus eu
il	eut	il	eut eu
nous	eûmes	nous	eûmes eu
vous	eûtes	vous	eûtes eu
ils	eurent	ils	eurent eu

FUTUR		FUTUR ANTÉRIEUR	
j'	aurai	j'	aurai eu
tu	auras	tu	auras eu
il	aura	il	aura eu
nous	aurons	nous	aurons eu
vous	aurez	vous	aurez eu
ils	auront	ils	auront eu

Mode Impératif

aie
ayons
ayez

Mode Subjonctif

Mode Infinitif

PRÉSENT		PASSÉ	
que j'	aie	que j'	aie eu
que tu	aies	que tu	aies eu

PRÉSENT	PASSÉ
avoir	avoir eu

qu'il	ait	qu'il	ait eu		

qu'il   ait   qu'il   ait eu
que nous ayons   que nous ayons eu
que vous ayez   que vous ayez eu
qu'ils   aient   qu'ils   aient eu

Mode Participe

PRÉSENT	PASSÉ
ayant	eu, ayant eu

IMPARFAIT	PLUS-QUE-PARFAIT

que j'   eusse   que j'   eusse eu
que tu   eusses   que tu   eusses eu
qu'il   eût   qu'il   eût eu
que nous eussions   que nous eussions eu
que vous eussiez   que vous eussiez eu
qu'ils   eussent   qu'ils   eussent eu

3. Verbe *être*

être

Mode Indicatif		*Mode Conditionnel*

PRÉSENT	PASSÉ COMPOSÉ	PRÉSENT
je suis	j' ai été	je serais
tu es	tu as été	tu serais
il est	il a été	il serait
nous sommes	nous avons été	nous serions
vous êtes	vous avez été	vous seriez
ils sont	ils ont été	ils seraient

IMPARFAIT	PLUS-QUE-PARFAIT	PASSÉ
j' étais	j' avais été	j' aurais été
tu étais	tu avais été	tu aurais été
il était	il avait été	il aurait été
nous étions	nous avions été	nous aurions été
vous étiez	vous aviez été	vous auriez été
ils étaient	ils avaient été	ils auraient été

PASSÉ SIMPLE	PASSÉ ANTÉRIEUR
je fus	j' eus été
tu fus	tu eus été
il fut	il eut été
nous fûmes	nous eûmes été
vous fûtes	vous eûtes été
ils furent	ils eurent été

FUTUR	FUTUR ANTÉRIEUR
je serai	j' aurai été
tu seras	tu auras été
il sera	il aura été
nous serons	nous aurons été
vous serez	vous aurez été
ils seront	ils auront été

Mode Impératif

sois
soyons
soyez

Mode Subjonctif

PRÉSENT		PASSÉ	
que je	sois	que j'	aie été
que tu	sois	que tu	aies été
qu'il	soit	qu'il	ait été
que nous	soyons	que nous	ayons été
que vous	soyez	que vous	ayez été
qu'ils	soient	qu'ils	aient été

IMPARFAIT		PLUS-QUE-PARFAIT	
que je	fusse	que j'	eusse été
que tu	fusses	que tu	eusses été
qu'il	fût	qu'il	eût été
que nous	fussions	que nous	eussions été
que vous	fussiez	que vous	eussiez été
qu'ils	fussent	qu'ils	eussent été

Mode Infinitif

PRÉSENT	PASSÉ
être	avoir été

Mode Participe

PRÉSENT	PASSÉ
étant	été, ayant été

4. Irregular verbs

NOTE: Only basic forms are given in the table. All other forms may be derived from the verb tenses following. An asterisk after the infinitive indicates a verb conjugated with **être**.

Schematic Pattern for the Formation of Verb Tenses

Mode Indicatif

PRÉSENT			PASSÉ COMPOSÉ	
irregular			present tense of auxiliary verb	+ past participle

IMPARFAIT			PLUS-QUE-PARFAIT	
stem +	-ais	-ions	*imparfait* of auxiliary verb	+ past participle
	-ais	-iez		
	-ait	-aient		

PASSÉ SIMPLE							PASSÉ ANTÉRIEUR	
stem +	-ai	or:	-is	or:	-us		passé composé of auxiliary verb	+ past participle
	-as		-is		-us			
	-a		-it		-ut			
	-âmes		-îmes		-ûmes			
	-âtes		-îtes		-ûtes			
	-èrent		-irent		-urent			

FUTUR			FUTUR ANTÉRIEUR	
stem +	-ai	ons	*futur* of auxiliary verb	+ past participle
	-as	-ez		
	-a	-ont		

Mode Conditionnel		
PRÉSENT		PASSÉ
stem of *futur* + endings of *imparfait*		*conditionnel présent* of auxiliary verb + past participle

---

Mode Subjonctif		
PRÉSENT		PASSÉ
irregular		*subjonctif présent* of auxiliary verb + past participle
IMPARFAIT		PLUS-QUE-PARFAIT
stem of *passé simple* + endings		*subjonctif imparfait* of auxiliary verb + past participle

-asse	or:	-isse	or:	-usse
-asses		-isses		-usses
-ât		-ît		-ût
-assions		-issions		-ussions
-assiez		-issiez		-ussiez
-assent		-issent		-ussent

Mode Impératif	*Mode Participe*
irregular	irregular

---

1. acquérir

IND. PRÉS.	j'acquiers, tu acquiers, il acquiert, nous acquérons, vous acquérez, ils acquièrent
IMPARFAIT	j'acquérais
PASSÉ SIMPLE	j'acquis
FUTUR	j'aquerrai
SUBJ. PRÉS.	que j'acquière, tu acquières, il acquière, nous acquérions, vous acquériez, ils acquièrent
IMPÉRATIF	acquiers, acquérons, acquérez
PARTICIPES	acquérant, acquis

2. aller*

IND. PRÉS.	je vais, tu vas, il va, nous allons, vous allez, ils vont
IMPARFAIT	j'allais
PASSÉ SIMPLE	j'allai
FUTUR	j'irai
SUBJ. PRÉS.	que j'aille, tu ailles, il aille, nous allions, vous alliez, ils aillent
IMPÉRATIF	va, allons, allez
PARTICIPES	allant, allé

3. battre

IND. PRÉS.	je bats, tu bats, il bat, nous battons, vous battez, ils battent
IMPARFAIT	je battais

PASSÉ SIMPLE	je battis
FUTUR	je battrai
SUBJ. PRÉS.	que je batte, tu battes, il batte, nous battions, vous battiez, ils battent
IMPÉRATIF	bats, battons, battez
PARTICIPES	battant, battu

4. boire

IND. PRÉS.	je bois, tu bois, il boit, nous buvons, vous buvez, ils boivent
IMPARFAIT	je buvais
PASSÉ SIMPLE	je bus
FUTUR	je boirai
SUBJ. PRÉS.	que je boive, tu boives, il boive, nous buvions, vous buviez, ils boivent
IMPÉRATIF	bois, buvons, buvez
PARTICIPES	buvant, bu

5. connaître

IND. PRÉS.	je connais, tu connais, il connaît, nous connaissons, vous connaissez, ils connaissent
IMPARFAIT	je connaissais
PASSÉ SIMPLE	je connus
FUTUR	je connaîtrai
SUBJ. PRÉS.	que je connaisse, tu connaisses, il connaisse, nous connaissions, vous connaissiez, ils connaissent
IMPÉRATIF	connais, connaissons, connaissez
PARTICIPES	connaissant, connu

6. coudre

IND. PRÉS.	je couds, tu couds, il coud, nous cousons, vous cousez, ils cousent
IMPARFAIT	je cousais
PASSÉ SIMPLE	je cousis
FUTUR	je coudrai
SUBJ. PRÉS.	que je couse, tu couses, il couse, nous cousions, vous cousiez, ils cousent
IMPÉRATIF	couds, cousons, cousez
PARTICIPES	cousant, cousu

7. courir

IND. PRÉS.	je cours, tu cours, il court, nous courons, vous courez, ils courent
IMPARFAIT	je courais
PASSÉ SIMPLE	je courus
FUTUR	je courrai
SUBJ. PRÉS.	que je coure, tu coures, il coure, nous courions, vous couriez, ils courent
IMPÉRATIF	cours, courons, courez
PARTICIPES	courant, couru

8. craindre

IND. PRÉS.	je crains, tu crains, il craint, nous craignons, vous craignez, ils craignent
IMPARFAIT	je craignais
PASSÉ SIMPLE	je craignis
FUTUR	je craindrai
SUBJ. PRÉS.	que je craigne, tu craignes, il craigne, nous craignions, vous craigniez, ils craignent
IMPÉRATIF	crains, craignons, craignez
PARTICIPES	craignant, craint

9. **croire**

IND. PRÉS.	je crois, tu crois, il croit, nous croyons, vous croyez, ils croient
IMPARFAIT	je croyais
PASSÉ SIMPLE	je crus
FUTUR	je croirai
SUBJ. PRÉS.	que je croie, tu croies, il croie, nous croyions, vous croyiez, ils croient
IMPÉRATIF	crois, croyons, croyez
PARTICIPES	croyant, cru

10. **croître**

IND. PRÉS.	je croîs, tu croîs, il croît, nous croissons, vous croissez, ils croissent
IMPARFAIT	je croissais
PASSÉ SIMPLE	je crûs
FUTUR	je croîtrai
SUBJ. PRÉS.	que je croisse, tu croisses, il croisse, nous croissions, vous croissiez, ils croissent
IMPÉRATIF	croîs, croissons, croissez
PARTICIPES	croissant, crû

11. **cueillir**

IND. PRÉS.	je cueille, tu cueilles, il cueille, nous cueillons, vous cueillez, ils cueillent
IMPARFAIT	je cueillais
PASSÉ SIMPLE	je cueillis
FUTUR	je cueillirai
SUBJ. PRÉS.	que je cueille, tu cueilles, il cueille, nous cueillions, vous cueilliez, ils cueillent
IMPÉRATIF	cueille, cueillons, cueillez
PARTICIPES	cueillant, cueilli

12. **détruire**

IND. PRÉS.	je détruis, tu détruis, il détruit, nous détruisons, vous détruisez, ils détruisent
IMPARFAIT	je détruisais
PASSÉ SIMPLE	je détruisis
FUTUR	je détruirai
SUBJ. PRÉS.	que je détruise, tu détruises, il détruise, nous détruisions, vous détruisiez, ils détruisent
IMPÉRATIF	détruis, détruisons, détruisez
PARTICIPES	détruisant, détruit

13. **devoir**

IND. PRÉS.	je dois, tu dois, il doit, nous devons, vous devez, ils doivent
IMPARFAIT	je devais
PASSÉ SIMPLE	je dus
FUTUR	je devrai
SUBJ. PRÉS.	que je doive, tu doives, il doive, nous devions, vous deviez, ils doivent
IMPÉRATIF	dois, devons, devez
PARTICIPES	devant, dû

14. **dire**

IND. PRÉS.	je dis, tu dis, il dit, nous disons, vous dites, ils disent
IMPARFAIT	je disais
PASSÉ SIMPLE	je dis
FUTUR	je dirai
SUBJ. PRÉS.	que je dise, tu dises, dise, nous disions, vous disiez, ils disent

IMPÉRATIF	dis, disons, dites
PARTICIPES	disant, dit

15. **dormir**

IND. PRÉS.	je dors, tu dors, il dort, nous dormons, vous dormez, ils dorment
IMPARFAIT	je dormais
PASSÉ SIMPLE	je dormis
FUTUR	je dormirai
SUBJ. PRÉS.	que je dorme, tu dormes, il dorme, nous dormions, vous dormiez, ils dorment
IMPÉRATIF	dors, dormons, dormez
PARTICIPES	dormant, dormi

16. **écrire**

IND. PRÉS.	j'écris, tu écris, il écrit, nous écrivons, vous écrivez, ils écrivent
IMPARFAIT	j'écrivais
PASSÉ SIMPLE	j'écrivis
FUTUR	j'écrirai
SUBJ. PRÉS.	que j'écrive, tu écrives, il écrive, nous écrivions, vous écriviez, ils écrivent
IMPÉRATIF	écris, écrivons, écrivez
PARTICIPES	écrivant, écrit

17. **envoyer**

IND. PRÉS.	j'envoie, tu envoies, il envoie, nous envoyons, vous envoyez, ils envoient
IMPARFAIT	j'envoyais
PASSÉ SIMPLE	j'envoyai
FUTUR	j'enverrai
SUBJ. PRÉS.	que j'envoie, tu envoies, il envoie, nous envoyions, vous envoyiez, ils envoient
IMPÉRATIF	envoie, envoyons, envoyez
PARTICIPES	envoyant, envoyé

18. **faire**

IND. PRÉS.	je fais, tu fais, il fait, nous faisons, vous faites, ils font
IMPARFAIT	je faisais
PASSÉ SIMPLE	je fis
FUTUR	je ferai
SUBJ. PRÉS.	que je fasse, tu fasses, il fasse, nous fassions, vous fassiez, ils fassent
IMPÉRATIF	fais, faisons, faites
PARTICIPES	faisant, fait

19. **falloir** (Impersonal)

IND. PRÉS.	il faut
IMPARFAIT	il fallait
PASSÉ SIMPLE	il fallut
FUTUR	il faudra
SUBJ. PRÉS.	qu'il faille
PART. PASSÉ	fallu

20. **fuir**

IND. PRÉS.	je fuis, tu fuis, il fuit, nous fuyons, vous fuyez, ils fuient
IMPARFAIT	je fuyais

PASSÉ SIMPLE	je fuis
FUTUR	je fuirai
SUBJ. PRÉS.	que je fuie, tu fuies, il fuie, nous fuyions, vous fuyiez, ils fuient
IMPÉRATIF	fuis, fuyons, fuyez
PARTICIPES	fuyant, fui

21. haïr

IND. PRÉS.	je hais, tu hais, il hait, nous haïssons, vous haïssez, ils haïssent
IMPARFAIT	je haïssais
PASSÉ SIMPLE	je haïs
FUTUR	je haïrai
SUBJ. PRÉS.	que je haïsse, tu haïsses, il haïsse, nous haïssions, vous haïssiez, ils haïssent
IMPÉRATIF	hais, haïssons, haïssez
PARTICIPES	haïssant, haï

22. lire

IND. PRÉS.	je lis, tu lis, il lit, nous lisons, vous lisez, ils lisent
IMPARFAIT	je lisais
PASSÉ SIMPLE	je lus
FUTUR	je lirai
SUBJ. PRÉS.	que je lise, tu lises, il lise, nous lisions, vous lisiez, ils lisent
IMPÉRATIF	lis, lisons, lisez
PARTICIPES	lisant, lu

23. mettre

IND. PRÉS.	je mets, tu mets, il met, nous mettons, vous mettez, ils mettent
IMPARFAIT	je mettais
PASSÉ SIMPLE	je mis
FUTUR	je mettrai
SUBJ. PRÉS.	que je mette, tu mettes, il mette, nous mettions, vous mettiez, ils mettent
IMPÉRATIF	mets, mettons, mettez
PARTICIPES	mettant, mis

24. mourir*

IND. PRÉS.	je meurs, tu meurs, il meurt, nous mourons, vous mourez, ils meurent
IMPARFAIT	je mourais
PASSÉ SIMPLE	je mourus
FUTUR	je mourrai
SUBJ. PRÉS.	que je meure, tu meures, il meure, nous mourions, vous mouriez, ils meurent
IMPÉRATIF	meurs, mourons, mourez
PARTICIPES	mourant, mort

25. mouvoir

IND. PRÉS.	je meus, tu meus, il meut, nous mouvons, vous mouvez, ils meuvent
IMPARFAIT	je mouvais
PASSÉ SIMPLE	je mus
FUTUR	je mouvrai
SUBJ. PRÉS.	que je meuve, tu meuves, il meuve, nous mouvions, vous mouviez, ils meuvent
IMPÉRATIF	meus, mouvons, mouvez
PARTICIPES	mouvant, mû (*but* ému, promu)

26. naître*

IND. PRÉS.	je nais, tu nais, il naît, nous naissons, vous naissez, ils naissent
IMPARFAIT	je naissais
PASSÉ SIMPLE	je naquis
FUTUR	je naîtrai
SUBJ. PRÉS.	que je naisse, tu naisses, il naisse, nous naissions, vous naissiez, ils naissent
IMPÉRATIF	nais, naissons, naissez
PARTICIPES	naissant, né

27. nuire

IND. PRÉS.	je nuis, tu nuis, il nuit, nous nuisons, vous nuisez, ils nuisent
IMPARFAIT	je nuisais
PASSÉ SIMPLE	je nuisis
FUTUR	je nuirai
SUBJ. PRÉS.	que je nuise, tu nuises, il nuise, nous nuisions, vous nuisiez, ils nuisent
IMPÉRATIF	nuis, nuisons, nuisez
PARTICIPES	nuisant, nui

28. ouvrir

IND. PRÉS.	j'ouvre, tu ouvres, il ouvre, nous ouvrons, vous ouvrez, ils ouvrent
IMPARFAIT	j'ouvrais
PASSÉ SIMPLE	j'ouvris
FUTUR	j'ouvrai
SUBJ. PRÉS.	que j'ouvre, tu ouvres, il ouvre, nous ouvrions, vous ouvriez, ils ouvrent
IMPÉRATIF	ouvre, ouvrons, ouvrez
PARTICIPES	ouvrant, ouvert

29. partir*

IND. PRÉS.	je pars, tu pars, il part, nous partons, vous partez, ils partent
IMPARFAIT	je partais
PASSÉ SIMPLE	je partis
FUTUR	je partirai
SUBJ. PRÉS.	que je parte, tu partes, il parte, nous partions, vous partiez, ils partent
IMPÉRATIF	pars, partons, partez
PARTICIPES	partant, parti

30. plaire

IND. PRÉS.	je plais, tu plais, il plaît, nous plaisons, vous plaisez, ils plaisent
IMPARFAIT	je plaisais
PASSÉ SIMPLE	je plus
FUTUR	je plairai
SUBJ. PRÉS.	que je plaise, tu plaises, il plaise, nous plaisions, vous plaisiez, ils plaisent
IMPÉRATIF	plais, plaisons, plaisez
PARTICIPES	plaisant, plu

31. pleuvoir (Impersonal)

IND. PRÉS.	il pleut
IMPARFAIT	il pleuvait
PASSÉ SIMPLE	il plut
FUTUR	il pleuvra

SUBJ. PRÉS.	qu'il pleuve
PARTICIPES	pleuvant, plu

32. **pouvoir**

IND. PRÉS.	je peux (je puis), tu peux, il peut, nous pouvons, vous pouvez, ils peuvent
IMPARFAIT	je pouvais
PASSÉ SIMPLE	je pus
FUTUR	je pourrai
SUBJ. PRÉS.	que je puisse, tu puisses, il puisse, nous puissions, vous pussiez, ils puissent
IMPÉRATIF	——
PARTICIPES	pouvant, pu

33. **prendre**

IND. PRÉS.	je prends, tu prends, il prend, nous prenons, vous prenez, ils prennent
IMPARFAIT	je prenais
PASSÉ SIMPLE	je pris
FUTUR	je prendrai
SUBJ. PRÉS.	que je prenne, tu prennes, il prenne, nous prenions, vous preniez, ils prennent
IMPÉRATIF	prends, prenons, prenez
PARTICIPES	prenant, pris

34. **recevoir**

IND. PRÉS.	je reçois, tu reçois, il reçoit, nous recevons, vous recevez, ils reçoivent
IMPARFAIT	je recevais
PASSÉ SIMPLE	je reçus
FUTUR	je recevrai
SUBJ. PRÉS.	que je reçoive, tu reçoives, il reçoive, nous recevions, vous receviez, ils reçoivent
IMPÉRATIF	reçois, recevons, recevez
PARTICIPES	recevant, reçu

35. **résoudre**

IND. PRÉS.	je résous, tu résous, il résout, nous résolvons, vous résolvez, ils résolvent
IMPARFAIT	je résolvais
PASSÉ SIMPLE	je résolus
FUTUR	je résoudrai
SUBJ. PRÉS.	que je résolve, tu résolves, il résolve, nous résolvions, vous résolviez, ils résolvent
IMPÉRATIF	résous, résolvons, résolvez
PARTICIPES	résolvant, résolu

36. **rire**

IND. PRÉS.	je ris, tu ris, il rit, nous rions, vous riez, ils rient
IMPARFAIT	je riais
PASSÉ SIMPLE	je ris
FUTUR	je rirai
SUBJ. PRÉS.	que je rie, tu ries, il rie, nous riions, vous riiez, ils rient
IMPÉRATIF	ris, rions, riez
PARTICIPES	riant, ri

37. **savoir**

IND. PRÉS.	je sais, tu sais, il sait, nous savons, vous savez, ils savent
IMPARFAIT	je savais

PASSÉ SIMPLE	je sus
FUTUR	je saurai
SUBJ. PRÉS.	que je sache, tu saches, il sache, nous sachions, vous sachiez, ils sachent
IMPÉRATIF	sache, sachons, sachez
PARTICIPES	sachant, su

38. suffire

IND. PRÉS.	je suffis, tu suffis, il suffit, nous suffisons, vous suffisez, ils suffisent
IMPARFAIT	je suffisais
PASSÉ SIMPLE	je suffis
FUTUR	je suffirai
SUBJ. PRÉS.	que je suffise, tu suffises, il suffise, nous suffisions, vous suffisiez, ils suffisent
IMPÉRATIF	suffis, suffisons, suffisez
PARTICIPES	suffisant, suffi

39. suivre

IND. PRÉS.	je suis, tu suis, il suit, nous suivons, vous suivez, ils suivent
IMPARFAIT	je suivais
PASSÉ SIMPLE	je suivis
FUTUR	je suivrai
SUBJ. PRÉS.	que je suive, tu suives, il suive, nous suivions, vous suiviez, ils suivent
IMPÉRATIF	suis, suivons, suivez
PARTICIPES	suivant, suivi

40. vaincre

IND. PRÉS.	je vaincs, tu vaincs, il vainc, nous vainquons, vous vainquez, ils vainquent
IMPARFAIT	je vainquais
PASSÉ SIMPLE	je vainquis
FUTUR	je vaincrai
SUBJ. PRÉS.	que je vainque, tu vainques, il vainque, nous vainquions, vous vainquiez, ils vainquent
IMPÉRATIF	vaincs, vainquons, vainquez
PARTICIPES	vainquant, vaincu

41. valoir

IND. PRÉS.	je vaux, tu vaux, il vaut, nous valons, vous valez, ils valent
IMPARFAIT	je valais
PASSÉ SIMPLE	je valus
FUTUR	je vaudrai
SUBJ. PRÉS.	que je vaille, tu vailles, il vaille, nous valions, vous valiez, ils vaillent
IMPÉRATIF	——
PARTICIPES	valant, valu

42. venir*

IND. PRÉS.	je viens, tu viens, il vient, nous venons, vous venez, ils viennent
IMPARFAIT	je venais
PASSÉ SIMPLE	je vins, tu vins, il vint, nous vînmes, vous vintes, ils vinrent
FUTUR	je viendrai
SUBJ. PRÉS.	que je vienne, tu viennes, il vienne, nous venions, vous veniez, ils viennent
IMPÉRATIF	viens, venons, venez
PARTICIPES	venant, venu

43. vêtir

IND. PRÉS.	je vêts, tu vêts, il vêt, nous vêtons, vous vêtez, ils vêtent
IMPARFAIT	je vêtais
PASSÉ SIMPLE	je vêtis
FUTUR	je vêtirai
SUBJ. PRÉS.	que je vête, tu vêtes, il vête, nous vêtions, vous vêtiez, ils vêtent
IMPÉRATIF	vêts, vêtons, vêtez
PARTICIPES	vêtant, vêtu

44. vivre

IND. PRÉS.	je vis, tu vis, il vit, nous vivons, vous vivez, ils vivent
IMPARFAIT	je vivais
PASSÉ SIMPLE	je vécus
FUTUR	je vivrai
SUBJ. PRÉS.	que je vive, tu vives, il vive, nous vivions, vous viviez, ils vivent
IMPÉRATIF	vis, vivons, vivez
PARTICIPES	vivant, vécu

45. voir

IND. PRÉS.	je vois, tu vois, il voit, nous voyons, vous voyez, ils voient
IMPARFAIT	je voyais
PASSÉ SIMPLE	je vis
FUTUR	je verrai
SUBJ. PRÉS.	que je voie, tu voies, il voie, nous voyions, vous voyiez, ils voient
IMPÉRATIF	vois, voyons, voyez
PARTICIPES	voyant, vu

46. vouloir

IND. PRÉS.	je veux, tu veux, il veut, nous voulons, vous voulez, ils veulent
IMPARFAIT	je voulais
PASSÉ SIMPLE	je voulus
FUTUR	je voudrai
SUBJ. PRÉS.	que je veuille, tu veuilles, il veuille, nous voulions, vous vouliez, ils veuillent
IMPÉRATIF	veuille, veuillons, veuillez
PARTICIPES	voulant, voulu

VERBS FOLLOWED BY A COMPLEMENTARY INFINITIVE

Use or Omission of a Preposition

accepter de   to accept (doing something)
  Georges accepte de nous aider.

s'accoutumer à   to get used to
  Il faut s'accoutumer à parler français.

accuser de   to accuse of
  Le gouvernement accuse certains étudiants d'être
  dangereux.

achever de   to finish
  Patrice a achevé d'écrire ses devoirs avant le
  dîner.

aider à   to help to
  Un passant m'a aidé à garer la voiture.

aimer   to like
  Marie aime danser.

aimer à   to like (literary)
«Il y a des lieux où l'on aimerait à vivre». (La Bruyère)

aimer mieux   to prefer
J'aime mieux aller au cinéma que de regarder la télévision.

aller   to be going (to do something)
Paul va étudier ce soir.

s'amuser à   to have fun (doing something)
Nous nous sommes amusés à lire les magazines en attendant le médecin.

s'appliquer à   to apply oneself to
Pour maîtriser le français il faut s'appliquer à assimiler le vocabulaire.

apprendre à   to learn to, to teach to
Ton frère apprend à jouer au tennis.

arrêter de   to stop (from doing something)
Cet enfant n'arrête pas de parler.

se borner à   to limit oneself to
Pierre voulait battre cet homme grossier, mais il s'est borné à l'accabler d'injures.

cesser de   to stop (doing something)
Autrefois je rêvais constamment; maintenant j'ai cessé de penser à ce qui n'est pas possible.

chercher à   to seek to
Tout le monde cherche à influencer les autres.

choisir de   to choose to
Henri aurait pu voyager avec ses parents, mais il a choisi de rester à la maison.

commander de   to order to
Le président lui commande de se taire.

commencer à (de)   to begin
Tu commençais à (de) parler, quand je t'ai interrompu.

compter   to expect
Puisque je compte voir Louis ce soir, je lui communiquerai votre message.

condamner à   to condemn to
Le juge m'a condamné à payer une amende.

conseiller de   to advise to
Le professeur nous a conseillé de nous renseigner sur les programmes.

consentir à   to consent to
Je ne consentirai jamais à épouser quelqu'un que je n'aime pas.

consister à   to consist in
La vraie générosité consiste à aider les autres sans arrière-pensée.

se contenter de   to be content to
Charles s'est contenté de protester.

continuer à (de)   to continue
Gervaise est alcoolique; elle continuera à (de) boire.

convaincre de   to convince to
Un ami m'a convaincu de me faire couper les cheveux.

courir   to run (to do something)
Un jeune homme a couru aider l'enfant.

craindre de   to fear
Les habitants de cette ville craignent de sortir la nuit à cause des crimes récents.

crier de   to shout (to do something)
Le sergent crie aux soldats d'avancer.

croire   to believe (to be doing something)
Tout en croyant résoudre le problème, les ministres ne faisaient que l'exacerber.

daigner   to condescend to
Le directeur a daigné recevoir le représentant des employés.

décider à   to persuade to
André m'a décidé à partir avec lui.

décider de   to decide to
Paul a décidé de rester.

se décider à   to make up one's mind to
Eric s'est décidé à prendre des vacances.

défendre de   to forbid
Ce professeur nous défend de fumer en classe.

demander à   to ask to
Le détenu demande à voir son avocat.

demander de   to request
Ma sœur lui demande poliment de prêter sa bicyclette.

se dépêcher de   to hurry to
Dépêchez-vous de finir; il se fait tard!

descendre   to go downstairs (to do something)
Vous êtes descendu ouvrir la porte au visiteur.

désirer   to desire
Qu'est ce que vous désirez faire dans la vie?

déterminer à   to induce to
La promesse d'un meilleur salaire l'a déterminé à accepter le poste.

sé déterminer à   to resolve to
Rodrigue s'est déterminé à venger son père.

détester   to detest
Beaucoup de femmes détestent faire la cuisine.

devoir   to have to
Vous devez étudier pour réussir.

se disposer à   to prepare to
Je me disposais à partir quand un visiteur inattendu est arrivé.

écouter   to listen to
J'écoute chanter les oiseaux.

s'efforcer de   to strive to
Paul s'efforce d'apprendre le latin.

empêcher de   to hinder from
Sa paresse l'empêche de réussir.

s'empresser de   to hasten to
Chaque couple s'empresse d'établir des rites.

entendre   to hear
As-tu entendu tousser le malade?

envoyer   to send
Ils m'ont envoyé chercher un médecin.

espérer   to hope to
J'espère finir bientôt.

essayer de   to try to
Nous essayons de faire attention.

éviter de   to avoid
Il faut éviter de parler anglais dans la classe de
français.

exciter à   to incite to
Cet ouvrier nous a excités à faire la grève.

s'excuser de   to apologize for
Je m'excuse d'être en retard.

s'exercer à   to practice
Tous les jours je m'exerce à taper à la machine.

faillir   to almost do something
J'ai failli avoir un accident.

faire   to cause to, to make
Le professeur nous fait écrire une dictée.

falloir   to be necessary
Il faut manger pour vivre.

féliciter de   to congratulate for
On me félicite de recevoir le prix.

finir de   to finish (doing something)
J'ai fini de travailler.

forcer à   to compel to
Les circonstances nous forcent à partir.

s'habituer à   to get used to
Peu à peu, il s'habitue à se lever de si bonne
heure.

hésiter à   to hesitate to
J'hésite à révéler la vérité au public.

inciter à   to provoke to
Ces insultes nous incitent à nous battre.

interdire de   to forbid to
Il est interdit de stationner dans cette rue.

inviter à   to invite to
Paul m'a invité à danser.

jurer de   to swear to
Le témoin a juré de dire la vérité.

laisser   to allow
Laissez venir à moi les petits enfants.

manquer de   to fail to

Ne manquez pas de remercier vos bienfaiteurs.

menacer de   to threaten to
Les guerrillas ont menacé de tuer l'otage.

mériter de   to deserve to
Cette équipe ne mérite pas de gagner le match.

se mettre à   to begin to
Le conférencier s'est mis à parler.

négliger de   to neglect to
J'ai négligé de fermer la fenêtre en sortant.

obliger à   to compel to
Ma maladie m'oblige à garder le lit.

obtenir de   to procure permission
J'ai obtenu de voir le président.

s'occuper à   to busy oneself in (doing something)
Elle s'occupe à faire des tapisseries.

offrir de   to offer to
Jacques a offert de réparer ma voiture.

ordonner de   to command to
Le général ordonne d'attaquer.

oser   to dare to
Qui ose contredire le chef?

oublier de   to forget to
J'ai oublié d'acheter du lait.

paraître   to appear to
Il paraît comprendre la difficulté.

parler de   to speak about (doing something)
Ma famille parle de construire une nouvelle
maison.

parvenir à   to succeed in
Après de longs efforts, les déménageurs sont
parvenus à faire entrer le piano.

penser   to expect to
Je pense téléphoner à mon père ce soir.

penser à   to think about
As-tu pensé à demander de l'argent à mes
parents?

permettre de   to permit to
Sa fortune lui permet de voyager toute l'année.

persister à   to persist in
Je persiste à croire que cet homme est innocent.

persuader de   to induce to
Mes amis m'ont persuadé de sortir ce soir.

se plaire à   to take pleasure in
Ils se plaisent à me tourmenter.

préférer   to prefer
Je préfère partir tout de suite au lieu d'attendre.

se préparer à   to get ready to
Nous nous préparons à passer l'examen final.

se presser de   to be in a hurry to
Les spectateurs se pressent de quitter la salle.

prétendre   to claim

Ce monsieur prétend être un comte.

prier de   to request to, beg to

On nous a priés de rester debout pendant qu'on jouait l'hymne national.

promettre de   to promise

Mon fiancé m'a promis d'être fidèle.

proposer de   to propose

Le guide a proposé aux touristes de prendre un verre au café du coin.

provoquer à   to provoke

Ces insultes nous provoquent à nous battre.

pouvoir   to be able

Un bon athlète peut courir longtemps sans s'essouffler.

recommencer à (de)   to begin again to

Après une interruption, les garçons recommencent à jouer.

réduire à   to reduce to

La grève générale nous a réduits à nous coucher plus tôt.

refuser de   to refuse to

Mes amis ont refusé de m'aider.

regarder   to watch

Au parc, les mères regardent jouer leurs enfants.

regretter de   to regret to

Je regrette de dire qu'on demande votre démission.

remercier de   to thank for

Irène a remercié le professeur de lui avoir expliqué la leçon.

renoncer à   to give up

Mes parents ont renoncé à corriger mon petit frère.

rentrer   to go home (to do something)

Elle est rentrée préparer le dîner.

reprocher de   to reproach for

La mère de cet enfant lui reproche d'être impoli.

se résigner à   to resign oneself to

N'étant pas riche, je dois me résigner à travailler toute ma vie.

se résoudre à   to resolve to

On ne peut pas se résoudre à vivre sans honneur.

retourner   to return (to do something)

Après avoir quitté le cinéma, il y est retourné chercher son parapluie.

réussir à   to succeed in

Tous les étudiants ont réussi à terminer l'examen en deux heures.

risquer de   to risk

Si vous sortez ce soir au lieu d'étudier, vous risquez d'échouer à l'examen.

savoir   to know how (to do something)

Ce professeur sait lire dix langues différentes.

sembler   to seem

Alice semble être malade aujourd'hui.

sentir   to feel (something happening)

Le malade sentait diminuer ses forces.

servir à   to serve to

Un beau discours servira à calmer la foule.

songer à   to consider (doing something)

Avant de rencontrer Marianne, Gaston ne songeait pas à se marier.

souhaiter   to wish to

Antoine souhaite continuer ses études à Paris.

soupçonner de   to suspect of

La police le soupçonne d'avoir tué sa fiancée.

tâcher de   to try to

Tâchez d'apprendre la vérité.

tarder à   to delay in (doing something)

Je m'excuse d'avoir tardé à vous répondre.

tenir à   to be anxious to

Je tiens à faire un long voyage l'année prochaine.

tenter de   to attempt to

Cet écrivain a tenté de se suicider.

travailler à   to work to

Les ouvriers travaillent à terminer la maison avant l'hiver.

valoir mieux   to be preferable

Il vaut mieux partir tout de suite.

venir   to come (in order to do something)

Paul est venu voir mon père hier soir.

venir de   to have just

Le jeune ménage vient de déménager.

viser à   to aim to

Il vise à augmenter ses connaissances.

voir   to see (something being done)

Tout le monde vous a vu quitter la scène du meurtre.

vouloir   to want

Je veux m'acheter une belle voiture.

BASIC WORD ORDER

1. Declarative Sentences

Simple Tense

Subject	ne	Pronoun Objects	Verb	pas
		me te le se la lui nous les leur y en vous		
François			parle.	
François		me	parle.	
François		m'en	parle.	
François	ne	m'en	parle	pas.

Compound Tense

Subject	ne	Pronoun Objects	Auxiliary Verb	pas	Past Participle
François			a		parlé.
François		en	a		parlé.
François		m'en	a		parlé.
François	ne	m'en	a	pas	parlé.

1. The verb is the heart of the sentence (the auxiliary verb in compound tenses).
2. Pronoun objects precede the verb (auxiliary verb). If there is more than one, observe the order above.
3. If the sentence is negative, the pronoun objects and the verb form an indivisible core which is sandwiched by **ne ... pas.**

2. Interrogative Sentences

With est-ce-que:

(Question Word)	est-ce-que	Declarative Word Order
(Pourquoi)	Est-ce-que	François ne m'en a pas parlé?

With inversion:

SIMPLE TENSE:	(Question Word)	(Noun Subject)	ne	Pronoun Objects	Verb –	Subject Pronoun	pas
	(Pourquoi)	(François)	ne	m'en	parle-t-il		pas?

COMPOUND TENSE:	(Question Word)	(Noun Subject)	ne	Pronoun Objects	Auxiliary Verb	Subject Pronoun	pas	Past Participle
	(Pourquoi)	(François)	ne	m'en	a-t-il		pas	parlé?

3. Affirmative Commands

Verb Direct Object	Indirect Object	y	en
Dites-le!	Parlez-moi!		
Dites-le-lui!	Parlez-m'en!		

NOTE: Negative commands follow the order for declarative sentences, except, of course, that there is no subject.

4. Sentences with a Complementary Infinitive

Subject	Verb	Pronoun Objects	Complementary Infinitive
François	veut	m'en	parler.
	ne veut pas		
	a voulu		
	n'a pas voulu		

In sentences with a complementary infinitive, pronoun objects precede the infinitive. However, if the verb is **faire, laisser,** or a verb of the senses (**voir, entendre, regarder,** etc.), the pronoun object precedes the conjugated verb (i.e., **faire, laisser, voir,** etc.) (cf. Lesson 27).

French-English Vocabulary

This vocabulary contains all the words that occur in the readings and exercises with the exception of: structural words, such as articles, pronouns, and common prepositions; conjugated verb forms; proper nouns; and obvious cognates. If the gender of a noun is not evident from the determiner, it is given in parentheses. A verb that is used pronominally without change of meaning is followed by (**se**). If the pronominal form of a verb has a different meaning, there is a separate entry. Only the meanings of words as they occur in this textbook are given.

The following abbreviations are used:

arg.	argot, slang peculiar to a particular milieu
fam.	familiar, said of colloquial words used in everyday speech, but which would be improper in formal speech or writing
f.	feminine
fig.	figurative
inf.	infinitive
m.	masculine
part.	participle
pej.	pejorative
pl.	plural
pop.	popular, said of slang words in wide usage, but which would be out of place in better society
subj.	subjunctive
vulg.	vulgar, said of words that are strongly offensive or distasteful

A

abaisser to lower
une abeille bee
aberrant unusual, deviant
aborder to approach, confront
aboutir to end up at, converge upon
un aboutissement end; **point d'aboutissement** end point
aboyer to bark
abriter to shelter
absorber to consume
abuser to deceive
accablant, -e overwhelming, oppressive
accabler to overwhelm
s'accorder harmonize, concur
un accouchement childbirth
accoudé, -e leaning (on the elbows)
un accroc hitch, difficulty
s'accrocher to cling to, fasten on to
un accroissement increase
accroupi, -e crouching
accru, -e increased
un accueil welcome, reception, greeting; **une hôtesse d'accueil** receptionist
accueillir to receive, welcome
achever(s') to finish up, end
achopper à, sur to stumble upon
un acier steel
âcre pungent
un acroissement increase
un actif credit, assets
actuellement currently
une acuité sharpness
un adepte a fan
une adresse adroitness, skill
s'affairer to busy oneself
les affaires (*f.*) business; **un homme d'affaires** business man
affairé -e busy
affecter to appropriate
affectif, -ive emotional
s'affoler to panic
agacer to irritate
un agencement arrangement, disposition

s'agenouiller to kneel
agir to act; **il s'agit de** it's about, it's a matter of
agiter to shake
agréable pleasant
aigu, -ë sharp
une aile wing
ailleurs elsewhere; **d'ailleurs** besides, anyway, furthermore
un aîné older, eldest
ainsi thus; **ainsi que** as well as
ainsi de suite soon, and so forth
à l'aise at ease, comfortable
ajouter to add
ajusté, -e closely fitting
un aléa risk, hazard
aligner to align, set in columns
un aliment food
alimentaire having to do with food
alléger to lighten
s'allonger to stretch out
une allure walk, gait, bearing, aspect, rate (of speed)
alourdir to weigh down
aller en augmentant to increase
une amabilité likeability, friendliness
un amaigrissement loss of weight
améliorer (s') to improve
une amélioration improvement
amener to bring, take (a person or animal)
amer, -ère bitter
amoindrir to lessen, diminish
s'amollir to become soft
une ampoule blister
s'amuser to have fun
ancien, -enne former, ancient
un ange angel
une angoisse anxiety, anguish
une annonce announcement; **une petite annonce** classified ad
un aperçu glimpse, survey
un appareil device, apparatus; **appareil ménager** household appliance
appartenir to belong
un appât bait

un appoint odd money; **le salaire d'appoint** supplementary income
apporter to bring
après after; **d'après** according to
un archange archangel
ardu, -e arduous, difficult
une arête fishbone
une armoire wardrobe closet
il arrive que + subj. it happens that
en arriver à to come to
arrondir rounded
un artichaut artichoke
un ascenseur elevator
un asile shelter, old peoples' home
une asperge asparagus
assener to strike (as a blow)
asservir to reduce to servitude
assidu, -e assiduous, steady
une assiette plate
assister to attend; **assister à** to witness
assommer to knock out
assoupli, -e loosened
une assurance insurance
un athlétisme track and field gymnastics
atteindre to attain, reach
attendre to wait for, expect; **s'attendre à** to expect
atterrir to land
atterré, -e crushed
un atterrissage landing
attirer to attract; **attirant** attractive
attraper to catch, trap
une aube dawn
un au-delà beyond
au-dessous de below
au-dessus de above
augmenter to increase
auparavant before
auprès de with
autant as much; **d'autant plus** all the more
une autogreffe transplant
un automate robot
autonome autonomous, independent

auto-stop (faire de l'—) to hitch-hike

autrefois formerly

s'avachir to slouch

avaler to swallow

un avant-bras forearm

un avenir future

s'avérer to prove

aveugle blind

un avis opinion, judgment

avoir to have; **avoir l'air perdu, -e fatigué, -e, etc.** to look lost, tired, etc.; **avoir bonne (mauvaise) mine** to look well (ill); **avoir de la chance** to be lucky; **avoir le cœur net** to have it out, to clear the matter up; **avoir confiance en** to trust; **avoir une courbature** to stoop; **avoir de l'envergure** to have potential, scope; **avoir faim** to be hungry; **avoir de la fièvre** to have a fever; **avoir lieu** to take place; **avoir mal à la tête, à l'estomac, etc.** to have a headache, stomach ache, etc.; **avoir mal au cœur** to be nauseated; **en avoir marre** (*arg.*) to be fed up; **avoir une peur bleue** to be terribly frightened; **avoir raison** to be right; **avoir soif** to be thirsty; **avoir sommeil** to be sleepy; **avoir tort** to be wrong; **avoir trait à** to have to do with, to deal with

un avortement abortion

B

le baccalauréat equivalent of a high school diploma

le badaud gaper, gawker

badiner to jest, trifle

la baffe slap, fisticuff

la bagarre brawl

la bague ring

le bahut chest

baigner to bathe, suffuse, steep

baisser to lower

le balai broom

se balancer to sway, rock

balayer to sweep away

ballant, -e dangling, swinging

la bande gang, group of children

la bande sonore soundtrack

la banlieue suburb

la barbe beard

la barque vessel

le barreau bar

bas, basse low

le bassin ornamental pond, pan, pelvis

le bâtiment building

bavarder to chat

baver to salivate

le berceau cradle

la bêtise foolish thing

le béton concrete

de biais crosswise

le bibelot knickknack

le biberon baby bottle

la bienveillance benevolence

le bistouri lancet

la blague joke; **faire des blagues** *to play jokes*

blanchir to whiten, bleach

le blé wheat

blême pale, wan

le bloc note pad

la bobine spool

la boisson drink

la boîte (*pop.*) one's place of work

bondir to start, jump, leap

le bonheur happiness

la bonne maid

à bord de aboard

la bordure border, edge

borner to limit

bosser (*pop.*) to work hard

la bouchée bite, mouthful

boucher to stop up, cork

la bouffée puff

bouger to budge, move

bouillir to boil

le boulot (*fam.*) work

bourdonnant, -e buzzing

le bourreau torturer

la bourse scholarship, purse

bousculé, -e jostled

la boussole compass

le bout end, bit

le bouton de manchette cufflink

brancher sur to tune in on

le bras arm; **à bras raccourcis: elle tomba sur lui—** she pummelled him; **à bras le corps: saisir—** to seize from the middle, grapple

breton, -onne from Brittany

le brevet vocational school diploma

le bréviaire breviary, prayer book

bricoler to do odd jobs about the house

la brie kind of cheese

briser to break

brodé, -e embroidered, embellished

brosser un portrait to paint a portrait

brouhaha commotion, hubbub

le brouillard fog

brouter to browse

brûler to burn

brunir to turn brown, tan

bruyant, -e noisy

bûcher (*pop.*) to work hard

le buisson brush

la bulle bubble, frame (as in a comic strip)

le bureau office, desk

C

cacher to hide

le cadet, la cadette younger, junior

le cadre executive

cadrer to frame

la caisse crate; **la caisse en carton** cardboard carton

le calvaire Calvary, torment

la caniche French poodle

la cantine school cafeteria

le caoutchouc rubber, raincoat

capricieux, -euse capricious, given to whims

le carnet de timbres booklet of postage stamps

carré, -e square

le carton claim slip, cardboard

la cartouche ammunition cartridge

la case hut

caser to stow away

le casque helmet

le casse-croûte snack

catégorique categorical, firm

le cauchemar nightmare

céder to yield

célibataire single, unmarried

la cendre ash

le cendrier ashtray

censer to be supposed to

la centrale electrical power station

cerner to limit, circumscribe; to surround

le cerveau brain

le chagrin deep sorrow

la chaîne channel, chain; **la chaîne haute-fidélité** stereo system

la chaleur heat

le champ field, field of the camera

sur-le-champ immediately

la chance good luck; **avoir de la chance** to be lucky

le chansonnier singer-composer

le chantier construction site

le char chariot

le charbon coal

les charges (*f.*) maintenance and utilities

charrié -e transported

châtain, -e chestnut

le chauffage heating

le chauffeur driver

chauve bald

le chef leader, chief, head

le chef d'œuvre masterpiece

le chef de chantier building site supervisor

le chemin road; **à mi-chemin** halfway

le chercheur researcher

le chiffre figure, number

la chirurgie surgery

chouette (*pop.*) swell, nice

la chute decline, fall

ci-dessous below

ci-dessus above

le cil eyelash

la circulation traffic

la cire wax

le citadin city dweller

la cité housing project

la clairière clearing

claquer to bang

le cliché snapshot, worn phrase; **le cliché radio** X-ray picture

cligner, cligner des yeux to blink

la climatisation air conditioning

la clôture enclosure, fence

le clou nail

le cobaye guinea pig

le cochon pig

se cogner à to bump into

le coin corner

coincé, -e stuck, jammed

la colère anger

le collatéral (*legal terminology*) relative

collégial, -e collegial, characterized by equal sharing of authority

coller to glue

le collier collar

la colline hill

au comble de at the height of

le commerçant merchant

le commerce de détail retail sales

la commune municipality

le comportement behavior

comporter to allow, admit of, include; **se comporter** to behave

composé, -e compound, combined

comprendre to understand, to include; **y compris** including

le comprimé medicine tablet

le compte en banque bank account

compter to count; **compter +** *inf.* to expect

concourir to compete

la concurrence competition

conduire to drive; **se conduire** to conduct oneself, behave

la confiture jam

le congé leave

le conjoint (*legal terminology*) spouse

conjurer to exorcise ill fate

se consacrer à to dedicate oneself to

le conseil advice

la considération respect

la consigne order

la constatation observation, affirmation

constater to affirm (by observation)

le contenu content

le contestataire dissenter

contre against; **par contre** on the other hand

le contremaître foreman

convenable appropriate, proper

convenir de to be appropriate to

le copain, la copine pal

le coquillage shell

la coquille egg shell

la corde rope

la corvée heavy task

la côte coast

côtoyer to keep close to; **se côtoyer** to exist side by side

le cou neck

la couche layer

le coucher du soleil sunset

le coude elbow

couler to flow

le couloir corridor

le coup blow; **le coup de feu** gunshot; **le coup du fauteuil** (*fam.*) the armchair incident; **le coup de fil** phone call; **le coup de main** helping hand; **le coup de poing** punch

coupable guilty

la coupe cut (of a garment)

couper to cut

le courrier mail, messenger

le cours course; **au cours de** in the course of; **être en cours** to be in progress, at hand

le coussin cushion

le couteau knife

la couture sewing; **haute-couture** high fashion

le couvercle cover

un couvert à poisson special flatware for eating fish

la couverture blanket

le crachat sputum

cracher to spit out

la craie chalk

craindre to fear

le crapaud toad

le crayon à bille ball point pen

la crèche child-care center

le creux hollow

crever to burst

crier to yell

croiser to cross, pass by, meet

la croissance growth

croître to increase

cru, -e raw

les crudités (*f.*) vegetables that are eaten raw (carrots, celery, cucumbers, etc.)

cueillir to gather, pick

la cuiller spoon

le cuir leather

la cuisinière stove

la cuisse thigh

le cuivre copper

cumuler to combine, discharge (a plurality of functions)

D

davantage more

déambuler to walk up and down

se débarrasser de to get rid of

se débattre to struggle

débordé, -e overloaded (*i.e.* overworked)

le débouché trade channel, outlet

débourser to disburse, put out (money)

se débrouiller to get out of difficulties

le début beginning

le décalage gap, difference

décapuchonner to uncap

déceler to detect, discover

la décennie decade

les déchets (*m.*) waste, refuse

déchiffrer to decipher

déchirer to tear

se décider à to make up one's mind to

déclencher to set off, unleash

le décollage take-off

le décret decree, order

décrocher to lift the receiver

décroître to decrease

déçu, -e (decevoir) disappointed, deceived

défendre to forbid

le défilé parade

se dégager to free oneself

dégagé, -e relaxed

les dégâts (*m.*) damage

la dégoulinade dribbling

découper to cut up

se découvrir to be revealed

la dégringolade collapse, downfall

dégueulasse (*vulg.*) disgusting

dehors outside; **en dehors de** outside of

demander to ask for, request; **se demander** to wonder

démanteler to dismantle

la démarche step, measure, way of walking

le démarcheur canvasser

démarrer to start up

demeurer to remain

démodé, -e outmoded, obsolete

dénoué, -e untied, relaxed

dénué, -e de bereft of, stripped of

dépareillé, -e odd, mismatched

dépasser to exceed

se dépayser to go abroad, change surroundings

se dépêcher to hurry

le dépistage detection; **centre de dépistage précoce** early detection center

en dépit de in spite of

se déplacer to move about

déposer to drop off

le dépôt deposit

dépouiller de to divest of

déranger to disturb, bother

dérangé, -e disturbed

le désaveu disavowal

désormais henceforth

dévolu à fallen to

le dérèglement disruption

dériver to drift down

dérober to steal

le déroulement here, progress

se dérouler to take place

dès as early as, as soon as; **dès maintenant** right away

le désarroi dismay

se déshabituer to lose a habit

désolé, -e very sorry

désormais henceforth

desserrer to unclench, loosen

détenir to hold, possess

le détenu prisoner

le deuil loss of a loved one, mourning

deviner to guess, divine the meaning of

diffuser to diffuse (light), broadcast

digne worthy

diminuer to diminish

la diminution decrease, reduction

le dindon turkey

diriger to direct

le discours speech

la disponibilité availability

disponible available

se disputer to argue

dissimulé, -e hidden

le distique couplet

le doigt finger

dominicale having to do with Sunday

le don gift

la donnée fact, datum

dont of which, whose, including

dorénavant henceforth

dorloter to pamper

le dos back

doter to endow

la douane customs

la doublure lining

la douceur mildness

la douche shower

se doucher to take a shower

doué, -e talented

douillet downy, soft

la douleur pain

se douter de to suspect

drainer to tap
le drapeau flag
dresser to train (an animal)
droit here, straight
le droit right, privilege; **avoir droit à** to be entitled to
drôle funny; **un drôle de . . .** a funny kind of
drôlement (*arg.*) very
durcir to harden
la durée duration, length (of time)

E

ébahi, -e flabbergasted, astounded
s'ébaudir to gawk
une ébriété drunken state; **semi-ébriété** half-drunkenness
un écart disparity
écarter to separate, spread, put aside
écarté, -e apart
une échange exchange, trade
un échec failure
les échecs (*m.*) chess
une échelle ladder
échouer to fail
un éclair flash
éclairé, -e enlightened
un éclat brightness, brilliance
éclatant, -e dazzling
écœurer to sicken
économiser to save (money)
écorché, -e abraded, (*lit.*, skinned)
un écouteur telephone receiver
un écran screen
écrasant, -e crushing
écraser to crush, run over
une écriture handwriting
s'écrouler to collapse, crumble
s'effacer to be obliterated, wiped out
efficace efficient
un effectif effective; **crise d'effectifs** shortage of manpower
effleurer to graze, brush lightly
un effluent sewage

s'effondrer to collapse
effrayer to frighten; **s'effrayer** to become frightened
s'effriter to crumble away
un effroi fright
également equally, as well
un égard respect, consideration
à l'égard de with respect to
égarer to misplace, lose; **s'égarer** to stray, get lost
égayer to make cheerful
égoïste selfish, **en égoïste** as a selfish person
égratiner to scratch, scrape
élaborer to work out, build up
s'élancer to leap, spring
élevé, -e high
s'éloigner to go away
une embauche hiring; **la visite d'embauche** job interview
embêter (*fam.*) to bother, annoy
une embûche ambush, trap
émergé, -e emerged, developed
s'émerveiller to be astounded
émettre to broadcast
émettre (une opinion) to express, transmit
une émission broadcast
une emmanchure armhole
emménager to move to
emmener to take away from
s'emparer to seize, grasp
empêcher de to keep from
emplir to fill
un emploi job
emporter to carry off, away; **l'emporter sur** to prevail over
emprunter to borrow
ému, -e touched with emotion
enceinte pregnant
enclin, -e inclined
un encre ink
s'encroûter to become encrusted, (*fig.*) get into a rut
enfermer to shut up, enclose
une enfilade succession, series
enfiler to slip on
enfler to swell
s'enfoncer to go deeper
enfoui, -e buried
enfreindre to transgress, break (a

rule, a law)
un engagement commitment (to a cause)
s'engager to become involved, committed
s'engouffrer to be swallowed up in, lost to sight
un engrais fertilizer
engraisser to fatten
un ennui problem, boredom
ennuyer to bore; **s'ennuyer** to be bored
une enquête investigation
enrayer to check, arrest
enrober to engulf
enrouler to coil, wind
un enseignant teacher, educator
un enseignement teaching, schooling
ensemble together; **un ensemble** set; **le grand ensemble** housing project
ensevelir to bury
ensuite next, then, afterwards
entasser to pile up
s'entendre to get along
enterrer to bury
entourer to surround
à l'entour roundabout
entraîner to cause, result in, bring about, sweep along
une entreprise company, firm
envahir to invade
une envie desire; **avoir envie de** to feel like
s'envoler to fly off
envoûté, -e enchanted
épargné, -e spared
une épaule shoulder
une épave wreck
épeler to spell
épinglé, -e pinned down
éplucher to peel
une éponge sponge
à l'époque at the time
épousseté, -e dusted
épousseter to dust off
époux, épouse spouse
une épreuve test
éprouver to feel
un épuisement exhaustion

épuiser to exhaust
un équilibre balance
équilibré, -e balanced
un équipage crew
une équipe team
un ermite hermit
une escale stopover
un escalier stairway
une espace space
s'espacer to become fewer and farther between
les espadrilles cheap sandals
une espèce species, type, kind
une espérance hope; **une espérance de vie** life expectancy
espionner to spy
un esprit spirit, mind, wit; **l'esprit maison** the company spirit
esseulé, -e solitary
un essor flight, soaring; **en plein essor** in full development
s'essouffler to become short of breath
essoufflé, -e breathless
estimer to be of the opinion
et and; **et . . . et . . .** both, and
un étalage display
s'étaler to spread out
une étape step, stage, stopping place, leg (of a journey)
un état state, condition; **de son état** by profession
étayer to support, prove
éteindre to shut off, put out, extinguish
s'étendre to spread out, extend
un étendu expanse
étinceler to sparkle
une étincelle spark
une étiquette ticket, label; manners
une étoile star
étonner to surprise; **s'étonner** to be surprised
étouffer to smother
à l'étranger abroad
un être creature, being
en être to be at a certain point
étriqué, -e cramped

étroit, -e narrow, straight, tight, close
un étui case, sheath
s'évader to escape
s'éveiller to awaken
un éventail range, fan
un évêque bishop
éviter to avoid
une exaltation excitement, elation
exiger to demand, require
exigeant, -e demanding
exigu, -ë tiny
expirer to exhale
une exposition exhibit
un extra-terrestre creature from another world
un exutoire outlet

F

fabriquer to make, manufacture
le facteur mailman
facultatif, -ive optional
faible weak
faire to do, make; **en faire autant** to do as much; **faire le beau** to sit up and beg; **faire les comptes** to do the accounts; **faire des courses** to run errands; **faire horreur à** to horrify; **faire des intérims** to hold temporary replacement positions; **faire illusion** to create illusions; **faire jour** to be daylight; **faire mal** to hurt; **faire le mort** to play dead; **faire la navette** go back and forth, commute; **faire passer avant** to allow to precede; **faire de la peine à qq'un** to make someone feel sorry; **faire plaisir à qq'un** to please; **faire pression** to bring pressure to bear; **faire un tour** to take a little walk; **faire des tours** to do tricks
le faisan pheasant
le fait fact; **de fait** in effect
la falaise cliff
fameux, -euse celebrated, famous (*ironical*)
le fardeau burden

se faufiler to thread one's way
faute de for lack of
fauve wild
favoriser to favor, be favorable to
fébrile feverish
fendre to break, split
le fer iron
fermer to close; **fermer à clef** to lock
feuilleter to leaf through
les fiançailles (*f.*) engagement
fier, fière proud
se fier à to trust
fièrement proudly
le fil thread; **au fil des ans** over the years
la filature spinning mill
filer to run off
le filet net
en finir avec quelque chose to do away with something
fixer to attach; to stare at
flâner to stroll
flatter to caress, pet (an animal)
la flaque puddle
la flèche arrow; **monter en flèche** to rise sharply
le fleuve river
flotter to hesitate
la foi faith
le foie liver
le foin hay, fibrous part (of an artichoke)
la folie madness
foncer to speed ahead
en fonction de on the basis of
la Fonction Publique Civil Service
le fonctionnaire government employee, civil servant
le fond bottom; **fond de pantalon** seat of trousers; **au fond de** in the back of
fondre to melt
la fonte d'acier cast steel
le football soccer
le forage oil well
la force strength; **à force de** by dint of; **la force de l'âge** prime of life

forer to drill, sink a well
formidable (*fam.*) terrific
un fossé ditch
fouiller to grope in
le fouillis jumble of papers
la foulée stride, crush
la fourchette fork
la fourmi ant
fourrer dans to stuff into
le foyer home, hearth
les frais (*m.*) expenses
franchir to cross (a limit)
la francisation gallicization
franciser to gallicize, make French
la frange bangs, fringe
frapper to strike
freiner to check, restrain
le frémissement tremor, shudder
fréquenter to attend
le frisson shivers, thrills
frissonner to shiver, shudder
frivole frivolous, flighty
froisser to crumple
le fromage cheese
le fromager large-leafed tropical tree
la fronde slingshot; **un vent de fronde** a wind of insurrection
le front forehead
la fontière border
fructueux, -euse fruitful
fuir to flee, withdraw
la fumée smoke
au fur et à mesure de gradually, in proportion as
la fusée rocket

G

gâcher to spoil, ruin
gagner to earn, win
la galerie marchande shopping center
le gamin, la gamine child, kid
le gant glove
garder to guard; to keep
le gaspillage waste
se gâter to be spoiled
le gaz gas

le gazon grass
la gelée frost
geler to freeze
gémir to moan
gênant, -e bothersome
gêné, -e ill at ease, embarrassed
gêner to hinder, bother, embarrass, distrub
le généraliste general practitioner
la Genèse Genesis, first book of the old testament
génial, -e highly talented, ingenious
le genou knee; **les genoux** lap
le geste gesture
le gibier game animals
la glace ice cream
glisser to slip
global, -e overall, aggregate
gluant, -e sticky
gonflé, -e swollen
la gorge throat
la gorgée swallow, gulp
le gosse (*pop.*) kid
le goudron tar
le gouffre abyss
le goût taste
le goûter afternoon tea
la goutte drop
grâce à thanks to
gracier to pardon
gracieusement gracefully, (*fig.*) free
la graisse fat
se gratter to scratch
grave serious
graver to chisel, carve out
la greffe graft
le grenier attic
la grève strike
la griffe claw
griffer to scratch
grimper to climb up
grincer to grind
gronder to scold
la grossesse pregnancy
la grosseur lump
grossir to gain weight, grow larger
la guenille tattered garment, rag

guérir to cure, become cured
le guerrier warrior
guetter to lie in wait for
la gueule de bois hangover
le gui mistletoe
le gymnase gymnasium

H

Words beginning with an 'aspirate' h are indicated by an asterisk.

un habillement garment industry
s'habiller to get dressed
s'habituer à to get used to
hacher* to chop up
la hanche* hip
le hasard* chance, luck, accident; **à tout hasard** at all odds
la hâte* haste
le haut-parleur* loud speaker
hebdomadaire weekly
héberger lodge, shelter
héler* to hail, call
une herbe grass, plant
une heure d'affluence rush hour
le heurt* bump, shock, blow; **sans heurt** smoothly
hiérarchique* hierarchical, related to an order of strictly defined ranks
honteux, -euse* shameful
un horaire schedule
une horloge clock
un hors-d'œuvre* appetizer
hors* out of, outside; **hors taxe** duty-free
un hôte guest, host
une houille pit coal
une huile oil
un huissier process-server
hurler* to scream, howl

I

ignare ignorant
ignorer not to know
un îlot little island
un immeuble building
un imperméable raincoat

important, -e   sizeable, important
importer   to matter
n'importe comment   any which way; **n'importe où**   no matter where; **n'importe quand**   any time at all; **n'importe qui**   no matter who; **n'importe quoi**   no matter what; **n'importe quel . . .**   any . . . whatever
un impôt   tax
imprévisible   unforeseeable
inattendu, -e   unexpected
incongru, -e   incongruous, unfitting
incomber à   to be the responsibility of
un inconvénient   drawback
un indicateur   timetable
un indice   clue
indicible   unspeakable
inéluctable   inevitable
un infarctus   heart attack
un infirmier, une infirmière   nurse
infliger   to inflict
ingurgiter   to gulp down
inquiéter   to worry; **s'inquiéter**   to be worried
une inquiétude   worry, concern
s'inscrire   to register
insister sur   to emphasize
inspirer   to inhale, inspire
s'installer   to settle
interdire   to forbid
interdit, -e   forbidden
intéresser   to interest; **s'intéresser à**   to be interested in
un interlocuteur   interlocutor, one who takes part in dialogue or conversation
intersidéral, -e   interstellar
insouciant, -e   carefree
un interstice   crack, chink
une intimité   intimacy, privacy; **dans l'intimité**   in private
un intrus   intruder
un(e) invité(e)   guest
ivre   drunk
ivrogne   drunken

J

jadis   formerly, once, long ago
jaillir   to spring forth
jamais   ever, never; **à jamais**   forever
jaunir   to turn yellow
jeter   to throw
le jeton   token
le jeu   set, game; **être en jeu**   to be at stake
à jeun   with an empty stomach, having fasted
joindre les deux bouts   to make ends meet
la joue   cheek
jouer   to play; **jouer un mauvais tour**   to play a bad trick; **se jouer**   to be played out
le jouet   toy
jouir de   to enjoy; **il entend en jouir**   he means to enjoy it
la jupe   shirt
jurer   to swear
jusque   up to, until; **jusqu'à ce que** (prep.)   until; **jusqu'ici**   until now; **jusque là**   until then
juste   close, tight
juteux, -euse   juicy

K

le kaolin   porcelain clay

L

lâcher   to let go
la laideur   ugliness
le lainage   woolens
la laine   wool
lancer   to launch, hurl; **le lancer du poids**   shot put
la langue   tongue
la languette   small slice
large   wide, broad
largement   broadly
las, lasse   weary, tired
la lassitude   weariness
la lave   lava
laver à grande eau   scrub down

la layette   clothing for infant
lécher   to lick
le légume   vegetable
la lèvre   lip
la liane   tropical vine
libertaire   believing in unrestricted liberty
libertin   dissolute, free-thinking
la licence   permit
licencier   to fire, dismiss; **être licencié, -e**   to be fired
le lien   link, tie
le lieu   place; **au lieu de**   instead of; **il n'y a toutefois pas lieu de . . .**   however, there's no need to . . .
la lieue   league (2½ miles)
le linge   linen, wash
la lisière   the outskirts, edge, border
le livreur   delivery boy
la location   rental; **une villa de location**   rented house
les locaux (m.)   premises
se loger   to find housing
lointain, -e   distant, vague
le loisir   leisure
long-courrier   long distance
lors de   at the time of
lorsque   when
louer   to rent; **sous-louer**   to sublet
la loupe   magnifying instrument
lourd, -e   heavy; **lourdement**   heavily
le loyer   rent
la lucidité   clearmindedness
la lueur   gleam, glimmer
luire   to shine
lumineux, -se   luminous, bright
la lune   the moon
les lunettes (f.)   eyeglasses
lutter   to struggle

M

mâcher   to chew
la mâchoire   jaw
le magasin   store; **le grand magasin**   department store

maigrir to grow thin
la maille mesh
le maillot de bain bathing suit
la main d'œuvre labor force
le maire mayor
avoir du mal to have difficulty
maladroit, -e clumsy
la malédiction curse
le malentendu misunderstanding
malgré in spite of
le malheur misfortune, unhappiness
malin, maligne shrewd, wicked, malignant; **à l'esprit malin** cunning
la Manche The English Channel (*lit.*, the sleeve)
la manie mania, habit
le manifeste manifesto, public declaration of views
le manœuvre unskilled worker
manquer to miss, to be lacking in
le manuel textbook
se maquiller to put on cosmetics
la marâtre stepmother
le marché market
marcher to walk; to work, function
la mare pond
la marée tide; **contre vent et marée** against overwhelming odds
la marge margin
le marin sailor
la marque brand, make, mark
la marraine godmother
le marteau hammer
mat, -e dull
le mazout fuel oil
le mécanicien, la mécanicienne mechanic
la méchanceté wickedness
la méconnaissance misreading, misunderstanding
le médicament medicine
se méfier de to be mistrusting of
le mégot cigarette butt
le mélange mixture
mélanger to mix
même same; **tout de même** all

the same
menacer to threaten
le ménage household; **le jeune ménage** young couple
ménager having to do with the houshold; **se ménager** to be very careful in dealing with each other
mener to lead
le menhir monolith
menteur, -euse lying, deceptive
la mesure the right proportions
le métier profession
le métro(politain) subway
les mets (*m.*) dishes (to eat)
mettre to put, place; **se mettre à** to begin; **mettre en accusation** to indict; **mettre en avant** to advance, put forward (an explanation); **mettre le couvert** to set the table; **mettre en marche** to start up, turn on; **mettre au point** to perfect; **mettre en œuvre** to put into operation; **mettre sur le compte de** to attribute to; **mettre le feu à** to set fire to
meubler to furnish, fill in
en meublé in furnished quarters
meurtri, -e bruised, wounded
la midinette young working girl
mignon, -onne cute
mignoter to fondle
le millénaire millenium, period of a thousand years
mince thin
le minerai de fer iron ore
miser sur to bet on
misogyne distrusting of women
mixte integrated by sex
le mobilier furniture
la mobylette small vehicle like a moped
la mode fashion
la modicité slenderness
la mœlle osseuse bone marrow
moins less; **à moins que** unless; **du moins** at least
moite damp
se moquer de not to care about,

make fun of
mordre to bite; **mordre dans** to bite into
la motocyclette motorbike
le mouchoir handkerchief
mouillé, -e wet
la mouillette sippet, bit
la moustiquaire mosquito net
moyen, moyenne average; **en moyenne** on an average

N

la nage swimming
la naissance birth
la nappe sheet, layer, tablecloth; **le napperon** doily
la natation swimming
le naufrage shipwreck; **le naufragé** one who is shipwrecked
le navire vessel, ship
néanmoins nevertheless
la nécrologie obituary
la nécropole elaborate cemetary
le nénuphar water-lily
net, nette clear, clean; **nettement** clearly
la niche dog house
le nid nest
le niveau level
les noces (*f.*) wedding; **le voyage de noces** honeymoon
nocif, -ive harmful
la nocivité noxiousness
noircir to blacken
la note grade (academic evaluation)
nouer to tie; **nouer des liens** to make ties
la nourriture food
noyer to drown
le nuage cloud
la nuque nape of the neck

O

occupé, -e busy
s'occuper de to take care of
un œsophage esophagus, throat

un œuf egg; **œuf à la coque** soft-boiled egg
ombrageux, -euse easily offended, touchy
une ombre shadow
une onde wave
opacifier to become opaque, unclear
une opulence opulence, affluence, wealth
or now
un orage storm
orageux, -euse stormy
un ordinateur computer
un orgueil pride
orgueilleux, -euse proud
un os bone
ôter to take away, take off
d'où whence
une ouïe hearing
un ouragan hurricane
un ourlet hem
un outil tool
outre, en outre moreover, besides
outre-mer overseas
ouvrable: un jour ouvrable working day
un ouvrage work
un ouvrier worker; **un ouvrier tisserand** weaver

P

le pagne loincloth
le pair peer
paisiblement quietly, peacefully
le palier the landing
pâlir to grow pale
palper to feel
palpiter to throb
le paludisme malaria
le pamplemousse grapefruit
le panneau panel
la pantoufle slipper
le papetier stationery seller
le parc park, playpen
le parcours run, route
pareil, -eille similar; **pareille chose** such a thing

pareillement similarly, likewise
le parent relative, parent
parer to adorn
la paresse laziness
parmi among
parsemer to be scattered over
la part share; **d'une part . . .** on the one hand . . . **de l'autre (part) . . .** on the other (hand) . . .
partager to share
le parti political party; **être de parti pris** to be prejudiced
le particulier private individual
la partie part, portion
parvenir à to succeed in
passer to pass, spend; **se passer** to happen; **tout s'est bien passé** everything went well; **qu'est ce qui se passe ici?** What's going on here?
pathogène pathogenic, disease causing
le patron boss
la patte paw; **à quatre pattes** on all fours
la paupière eyelid
le paysage countryside, landscape
le paysan, la paysanne peasant
la peau skin
la pêche fishing
le pêcheur fisherman
se peigner to comb one's hair
peindre to paint
la peine difficulty, penalty; **à peine** hardly; **sous peine de** under penalty of
la pelouse lawn
la pentecôte Pentecost, seventh Sunday after Easter
la pénurie shortage
la perruche parakeet
la pesanteur weight, gravity
se pencher to lean over
la penderie closet
pénible difficult
le perdreau young partridge
la perdrix partridge
périr to perish

en permanence always
la grande personne grown-up, adult
peser to weigh
la pétanque lawn bowling
le pétrole crude oil
le pétrolier tanker
peu à peu little by little
un phare headlight, beacon
le piège trap
la pierre stone
le pilier pillar
le pilon drumstick
la pilule pill
la pince pincher, nipper
piqué, -e nettled, offended, pinched
la piqûre d'insecte insect bite
la piscine pool
le placard cupboard, closet
le plafond ceiling
la plage beach
plaider to plead a case
se plaindre de to complain about
la plaisanterie joke
le plan blue-print, plane, level; **sur le plan politique** from the political point of view
la planche board
planifier to plan by stages
planter (un clou) to hammer in (a nail)
le plat dish (to eat)
à plat flat
le platras plaster debris
plein, -e full
plié, -e folded
plissé, -e puckered
la plume feather, pen, penpoint
plus more; **plus . . . plus** the more . . . the more; **de plus en plus** more and more
plutôt rather
la pochette packet
la poêle frying pan
le poids weight; **le poids lourd** tractor trailer
les pois (*m.*) peas
le poisson fish
la poitrine chest

la politique politics, policy
le pommelé dappled pony
le pompage pumping
le pont bridge, deck (of a ship)
le port posture, act of wearing
à la portée de within reach of; **à votre portée** within your reach
le portefeuille wallet
porter to bear, carry; **porter plainte** to file a complaint; **porter sur** to deal with, to bear upon
la portière car door
le portillon gate
posément deliberately, steadily
le poste set, receiver (radio or TV)
le pouls pulse
le poumon lung
pour ce qui est de as to
pourrir to rot
poussé, -e extended
pousser to grow up, to push, to induce
poussiéreux, -euse dusty
pouvoir to be able; **il se peut que** it is possible that
prêcher to preach
se précipiter to rush
préconisé, -e advocated
prélevé, -e cut off
prendre to take; **prendre au sérieux** to take seriously; **se prendre à** to begin to; **s'en prendre à** to attack
près near; **à peu près** almost, nearly
pressé, -e hurried
presser le pas to hasten one's step
la pression pressure
prétendre to claim
prétendu, -e alleged
prétendument supposedly
les prétentions claims
prêter to lend
le prêtre priest
prévoir to foresee
prévu, -e planned (*lit.* foreseen)
la prise de courant electrical outlet

la probité integrity, honesty
le processus process
les proches near relations
prodiguer to lavish
se produire to occur
se profiler to stand out in silhouette
la progéniture offspring
le projet plan; **le projet de loi** bill, proposed law
prolonger to prolong
prôner to extol
le propos remark, statement
proprement dit properly speaking, actual
la propreté cleanliness
le propriétaire property owner
en provenance de coming from
provenir de to come, originate from
provisoire provisional, temporary
la puce flea
la pudeur modesty
puéril, -e childish
puiser to draw (water)
la puissance power
le puits well
punir to punish

Q

quant à as for
le quartier neighborhood
le quart quarter
quasi almost
quitte à even if it entails
quitter to leave; **ne quittez pas** don't hang up (the phone)
qui que ce soit whomever
que . . . que . . . + *subjonctif* whether . . . or . . .
quel(l)(e)(s) que + *subjonctif* whatever
quelconque whatever, ordinary; **un quelconque regard** an ordinary look
quêter (pour) to seek out
la queue tail, waiting line

le quolibet jibe
quotidien, quotidienne daily

R

raccourcir to shorten
raccrocher to hang up
la racine root
racler to scrape
la radiographie X-ray
le radis radish
raide tight, stiff, steep
se raidir to stiffen
ralentir to slow down
ramasser to pick up, gather up
ramener to bring back
la rancune bitterness
le rang rank, row
ranger to put in order, stand back, stand aside
par rapport à in comparison to
se raser to shave
le raseur bore
rater to fail
rattraper to catch up, recover
à ravir ravishingly
ravissant, -e ravishing, beautiful
le rayon ray
le rayonnement radiation
receler to conceal
recensé, -e counted in a census
le recensement census
recevoir to entertain, receive guests
réchauffer to warm up; **se réchauffer** to warm up
la rechute relapse
le récit account
réclamer to request, claim (what one is due)
le recoin nook, recess
en recommandé by registered mail
la récompense reward
récompenser to reward
reconnaître to acknowledge, recognize
recourir to have recourse to
recousu, -e sewed up
le recueil collection

recueillir   to gather, collect
le recul   regression
récurer   to wipe clean
rédiger   to draft, write
redoutable   fearful
redouter   to fear
(se) refroidir   to grow cold
le regard   look, gaze
la régie   state-owned works
le régime   special diet
les registres   records
la règle   rule
la réglementation en vigueur   the rule in effect
les règles   menstrual period
régner   to reign, dominate
le rein   kidney
le rejeton (*fam.*)   offspring
le relâchement   relaxation, slackening
relier   to connect, join, link
la remède   solution, remedy
se remettre de   to get over
remuer   to shake, wag, move, stir
rémunéré, -e   remunerated, paid
renchérir   to add (a remark), go one better
rendre   to give back; to bring up, vomit; **se rendre**   to surrender, to go
se renfrogner   to scowl, frown
renoncer à   to give up, renounce
renseigner   to inform
la rentrée   reopening of school
renverser   to spill
répandre   to pour out, spread, spill
répartir   to divide
le repas   meal
repassé, -e   ironed
réprouver   to disapprove of
le réseau   network
résonner   to sound, resound
respirer   to breath, to relax, breath easy
ressentir   to feel
ressortir   to stand out
resurgir   to arise again
le retrait   withdrawal (from a bank account)
le réverbère   street light

le reste   the remainder; **du reste**   besides
le retard   delay
retarder   to delay
le retraité   retired person
retranché, -e   entrenched
rétrécir   to shrink
la réunion   meeting
la revanche   revenge; **en revanche**   on the other hand
la revendication   claim, demand
revenir à   to amount to
le revenu   income
le revers   lapel
revêtir   to put on
le rez-de-chaussée   ground floor
rhénan   at the Rhine river
ricaner   to snicker
le rideau   curtain
se rider   to wrinkle
rien qu'une fois   just once
rigoler (*argot*)   to laugh
le rivage   shore, bank
riverain, -e   on the banks of, bordering
le robinet   tap, faucet
le roman   novel; **le roman policier**   detective novel; **le romancier, la romancière**   novelist
rompre   to break
ronger   to nibble away
ronronner   to purr
la rosée   dew
la roue   wheel
rougir   to blush
le ruisseau   stream

S

le sable   sand
sablé, -e   sandy
saisissant, -e   striking, startling
salé, -e   salty, salted
saluer   to greet
le salut   greeting
salut!   hi
le sanglier   wild boar
le sanglot   sob
la santé   health; **en bonne santé**   healthy

sauf   except
sauter   to leap, jump, skip over; **sauter au cou**   to greet enthusiastically
se sauver   to run off
le savant   scientist
savoir   to know; **j'ai su**   I found out; **savoir-vivre**   knowledge of the world; **savoir-faire**   know-how
sceller   to seal
le scientifique   scientist
scintillant, -e   glistening
la scolarité   schooling
le scrutin   ballot
sécher   to dry
secouer   to shake
secourir   to help
le seigneur   lord
le sein   breast
le séjour   stay, visit
selon   according to
semer   to sow, strew
le sens   direction, sense
sensible   perceptible, sensitive
le sentier   path
le sentiment   feeling, emotion
sentir   to smell like
la serre   talon, claw (of bird of prey)
serrer   to squeeze, hold
servir   to serve; **se servir de**   to use; **servir à**   to serve for
sévir   to rage; to be severe
la sidérurgie   metallurgy of iron and steel
le siège   seat
le sifflement   whistling
siffler   to whistle
le signalement   description (on a document)
le smicard   someone who works for the minimum wage
soigné, -e   cared for, careful
soigner   to care for
soit   or, that is; **soit . . . soit . . .**   either . . . or . . .
le sol   ground
la solde   sale
sombre   dark
sombrer   to sink

somnoler to doze

le sondage opinion poll, sounding

songer à to daydream, muse, consider

le sort fate

sot, sotte silly, foolish

se soucier de to care, be concerned about

soucieux, -euse careful, caring

souffler to breath, pant, blow, whisper

souhaiter to wish

le soulagement relief

soulever to raise (a question); to pick up, lift

souligner to underline

le soupir sigh

soupirer to sigh

la source spring

sourdre to spring, well up; **il sourd** it gushes forth

la souris mouse

le soutien-gorge bra

se souvenir de to remember

le stade stadium

le stage training period

stationner to park

la suavité smoothness

subalterne subordinate

subir to come under (an influence), undergo

subventionner to subsidize

sucer to suck

la sueur sweat

suffire to suffice

suffisant, -e satisfactory, sufficient

suivre to follow

superbement proudly

la superficie surface area

supplier to beg

supporter to bear

supprimer to do away with, abolish

sûr, -e certain, sure; **bien sûr** naturally, of course

surgir to arise, spring forth

sursauter to leap up, give a start

le sursis delay, reprieve

surveiller to look after, oversee

le survêtement track suit

sympathique nice

le syndicat labor union

T

la tâche task

la taille size

taillé, -e trimmed, pruned; **taillé, -e en sportive** with an athletic physique

taire to silence; **se taire** to be quiet

le talisman good-luck charm

le talon heel

tandis que while, whereas

tant so much; **tant de** so many; **en tant que** as, in the capacity of

taper to bang, knock; **taper à la machine** to type

le tapis rug

taquiner to tease

tordre to twist, wring

tari, -e dried up

la tarte kind of pie

le tas heap, pile

tâtillon, -onne finical, demanding of particulars

tatonner to feel, grope

le taux rate; **le taux de natalité** birthrate

le taxiphone public call box

tel, telle such

tel quel as is, as such

le témoignage testimony

témoigner to bear witness

le témoin witness

tempêter to storm, rage

le tenancier, la tenancière proprietor

tendre to stretch out, hold out; **tendre la main** to stretch out one's hand (for a handshake); **tendre l'oreille** to listen closely

tendu, -e tense; **tendu, -e de** upholstered with

tenir to hold, occupy; **tenir à + noun** to value; **tenir bon** to hold firm; **tenir au courant** to keep informed; **tenir compte de** take into account

la tentative attempt, effort

tenter de to attempt to

la tenue conduct, manners; **la tenue de course** running outfit

terne dull, dim

le terrain land

le tic nervous twitch

tiède warm

la tiédeur warmth

la tige stem

le tintement clinking

tirer to pull, draw; **tirer le premier** to shoot first; **se tirer de** to get out of (a difficulty)

le tiroir drawer

le titre title; **à titre de** by way of; **à titre individuel** as an individual

tituber to stagger

la toile canvas

la toilette restroom

le toit roof

le ton tone; **de mauvais ton** in poor taste

tonton uncle (lang. enfantin)

toucher to touch; **toucher un traitement** to collect a payment

le tour trick

la tour tower

tourner en rond to be futile

la Toussaint all Saint's day

tousser to cough

la toux cough

tout all, everything; **tout à coup, tout d'un coup** suddenly; **tout à fait** quite, completely

toutefois however

traduire to translate; to show; **se traduisant par** resulting in

traîner to lie about, loaf, drag, trail behind

le trait feature, stroke, mark; **avoir trait à** to have to do with

le trajet trip

la tranche slice

trancher to slice, resolve (a problem)

à travers through

traverser to cross

trébucher to trip
trempé, -e dipped, soaked
le tresaillement shiver, tremble
tressaillir to tremble
le tri sorting out
le tricot knitted garment, sweater
trier to sort out
tripoter to dabble with, finger
tromper to deceive; **se tromper** to make a mistake
le trottoir sidewalk
le trou hole
le truand vagrant
le truc (*pop.*) "thing"
le type (*fam.*) fellow

U

un usage custom, practice
user to wear out
une usine factory
une usure wear

V

la vaisselle dishware; **faire la vaisselle** wash the dishes
la valise suitcase
valoir to be worth; **il vaut mieux** it is better; **lui a valu** has earned him/her
se vanter de to boast of
la vapeur vapor, steam
vaquer à to go about (a routine)
vaut (see **valoir**)
le vautour vulture
la vedette star, celebrity
la veille the day before
venir de + (*inf.*) to have just (done something); **venir à** to come to the point of
le ventre belly
vérifier to check
le vers line of poetry
verser to pour
la vessie bladder
le vestiaire checkroom, cloakroom, locker room
le veston suit jacket
la veuve widow
le vide void, vacuum
vidé, -e emptied
le vieillard old person
la vieillesse old age
le vieillissement aging
en vigueur in force
la virgule comma
viser to aim at
la vitre shop window
la vitrine display window

vitré, -e with glass panes
vivre to live; **vivre de sa plume** to live by one's pen
vit (see **vivre**)
la voie route, way; **la voie ferrée** railway; **la voie lactée** the milky way
voiler to veil, block out
voire and even
le voisin, la voisine neighbor
le vol flight, theft
la volaille poultry
le volant steering wheel
voler to fly, fly around; to steal
le volet shutter
la volonté will
volontiers gladly, willingly
voué, -e à l'échec doomed to failure
vouloir to wish, want; **vouloir bien** to be willing; **vouloir dire** to mean; **en vouloir à** to have a grudge against
voûté, -e curved
la voyante seer, fortune teller
la vue sight

Z

zut (*fam.*) darn!

Index